학교긍정심리학 1

학생의 긍정적 심리특성과 발달

Handbook of Positive Psychology in Schools, Second Edition

by Michael J. Furlong, Rich Gilman and E. Scott Huebner

학교긍정심리학 1

학생의 긍정적 심리특성과 발달

Michael J. Furlong · Rich Gilman · E. Scott Huebner 편저
김광수 · 김경집 · 하요상 · 양곤성 · 기경희 · 한선녀 공역

Handbook of
Positive Psychology
in Schools (2nd Edition)

학지사

역자 서문

최근 삶을 더욱 가치 있게 하는 주제에 대해 탐구하는 새로운 접근으로 대두된 긍정심리학은 기존의 심리학에서 목표로 했던 문제나 증상의 제거에만 멈추지 않고, 그 사람이 어떤 출발선상에 있는지와 상관없이 문제나 증상의 제거를 넘어 그 사람을 그 이상의 상태로 변화시켜 행복한 삶으로 이끄는 것을 목표로 하고 있다. 긍정심리학은 태어나서 죽는 순간까지 그리고 삶의 모든 순간에 있어서, 삶에서 잘되는 것(what goes right)과 삶을 가장 살 만한 가치가 있게 만드는 것, 요컨대 인간이면 누구나 갈망하는 진정한 행복에 대해 과학적으로 탐구하는 학문이다.

오늘날 우리 사회에서 학교는 교육적 제도로서 아동, 청소년 그리고 젊은 이들의 삶에 가장 중요한 영향을 미치는 기관이 되었다. 그런데 공식적 교육 기관인 학교는 학생들의 건강한 심신상의 발달을 촉진해야 하는 본래의 기대와는 달리 많은 어려움과 문제를 드러내고 있다. 오늘날 학교교육 현장에서는 심각한 학업 스트레스, 학교폭력, 학교 부적응, 자살, 우울증, 인터넷 스마트폰 중독 등 학생들의 정신건강 문제가 증대되고 있다. 이뿐만 아니라 교사들의 정신건강 문제, 즉 다양한 고통으로 인한 휴직과 면직, 스트레스와 소진 및 감정노동 현상의 증가는 학교 문제를 넘어 사회문제가 되고 있다.

인간의 성장과 발달을 통한 행복 추구를 지향하는 학교가 이렇게 어려움을 겪는 이유를 여러 가지로 분석해 볼 수 있지만, 학교교육이 그 본질과 가치에 충실하지 못하고 교육의 비본질적 특성, 즉 학교 밖의 사회적 요구나 기대에 따라 결정된 교육과정의 수행과 평가에 치우쳐 단지 사회적 성취를 위한 길, 즉 입시 위주의 교육으로 전락한 데 가장 중요한 이유가 있다는 지적을 피할 수 없을 것이다. 이러한 학교교육은 학생들의 내적 욕구, 기대, 특성은 무시하고 간과한 채 오직 학교 밖 사회의 요구나 기대에 따라 이미 결정된 교육과정 내용을 이해 · 습득시키는 것만을 일차적 목표로 삼고, 그 외의 것들은 무시하거나 우선순위에서 밀어내 왔다.

오늘날 우리 학교교육의 현상에 대해서 교육학자 장상호는 이것이 '교육의 비본질성'에 몰두하고 있는 학교의 모습이라고 지적하며, 학교가 교육이라는 이름하에 실제로는 교육 이외의 요구, 즉 사회적 요구나 목적의 수행을 대행하는 데 치우쳐 있음을 비판한 바 있다. 이러한 지적은 학교가 교육의 본질과 가치를 바로 이해하고 이를 제대로 수행하는 기관이 될 때, 오늘날 학교교육 현상과 더불어 나타나는 여러 가지 문제, 즉 학생들이 겪고 있는 다양한 정신건강 문제와 교사들의 소진 및 정신건강 문제가 극복되고 바람직한 교육적 성과가 나타날 수 있음을 시사한다.

오늘날 우리의 학교교육이 안고 있는 다양한 부작용을 극복하고 교육의 본질과 가치를 추구하는 방향으로 나가야 한다는 필요성에 대해서 학부모, 교사, 학생, 교육 관련 당국을 비롯해 우리나라 국민이라면 누구나 이를 공감하고 절실히 바라고 있다. 이러한 우리의 바람과 기대에 하나의 도전이자 기회로 다가오는 것이 인간의 행복에 대한 경험과학적 탐구를 시작한 긍정심리학 운동이다.

긍정심리학은 개인, 집단 그리고 사회의 성장과 번영을 촉진하는 것을 목표로 한다. 이를 위해 타당한 연구 주제를 확장함으로써 기존의 심리학을 보완하려는 입장을 취하고 있다. 긍정심리학은 심리학 내의 연구에서 무엇이 삶을 가치 있게 만드는지에 대한 의식적인 논쟁을 자극하고, 괜찮은 삶 혹은 좋은 삶(good life)이 무엇인지를 이해하고 설명하며, 이러한 삶을 살 수 있는 방안을 탐구한다. 심리학적으로 좋은 삶과 관련하여 긍정심리학은 긍정적인 주관적 경험(예: 행복, 삶의 만족, 성취, 몰입), 긍정적인 개인적 특성(예: 성품, 흥미, 가치), 긍정적인 대인관계(예: 우정, 결혼, 동료애) 그리고 긍정적인 집단 및 기관(예: 가족, 학교, 기업, 지역사회) 등의 주제 영역을 제시하고 있다.

긍정심리학은 집단 및 기관이 긍정적인 특성을 지녔을 때 구성원들 간에 긍정적인 대인관계 특성이 나타나고 발전할 수 있으며, 이것은 구성원들의 긍정적인 주관적 경험과 긍정적인 심리특성의 발달 또한 가능하게 한다고 본다. 즉, 사람들이 긍정적인 기관에 속하여 긍정적인 대인관계를 맺고 긍정적인 특성을 나타내고 발전시키며 긍정적인 경험을 하게 될 때 최상의 기능을 발휘하며 좋은 삶(good life), 행복한 삶을 살고 있는 것이라고 본다.

이 책은 궁극적으로 인간의 행복과 안녕에 대한 과학적 탐구를 하는 긍정심리학 관점에서, 지금까지 학교교육이 학생들의 강점을 확인하고 길러 주는 것은 소홀히 하면서 오히려 학생의 약점을 확인하고 이를 개선하려는 데에 치중한 결과 학생들의 잠재력을 최대화하는 데 실패하였다는 진단을 출발점으로 삼고 있다.

이 책은 학생들의 안녕과 행복 그리고 그들의 강점과 잠재력 등 긍정적 심리자산을 증진시킴으로써 그러한 증진이 질병이나 부적응, 문제행동, 학습부진 등의 부정적인 결과를 어떻게 예방하고 조절하는지를 밝혀내기 위한 학문적 · 실증적 노력을 보여 주며, 아동 · 청소년 기반 긍정심리 구념들이 어떻게 연구되고 있고, 세계 여러 나라에서 어떻게 실천 · 증진되고 있는지를 소개한다.

학교 장면의 아동 · 청소년 대상 긍정심리에 대한 기초연구, 측정 이슈, 발달적 고려, 관련 개입에 대한 더 많은 연구를 자극하는 데 이 책이 활용될 수 있다. 그리고 이러한 노력은 법적 기관, 예산 지원기관과 학교교육 이해 당사자들이 최적의 아동 · 청소년 발달 증진을 위해 교육환경과 내용을 창조하는 목표를 구축함에 있어 새로운 대안과 통합된 관점을 갖도록 자극한다.

긍정심리학 연구를 학교 장면에서 실행하고 적용하여 학생들의 학업성취와 안녕 및 건강을 증진시키려는 목적으로 구성된 이 책은 특히 학생이 갖고 있거나 학생 속에 잠재해 있는 재능과 강점들, 긍정적 심리적 특성과 자산에 초점을 두고 이를 발견 · 격려 · 강화하여 학생들의 주관적이고 심리적인 안녕감과 인지적 · 학업적 능력을 증진하려는 목표하에 구성되고 집필되었다. 이 책의 구체적 구성내용을 살펴보면 다음과 같다.

학교긍정심리학의 이론적 토대를 다루고 있는 제1부에서는 학교긍정심리학의 개념적 구조를 살펴보고, 학교긍정심리학의 가장 중핵 개념으로 작동하는 상호활성화 개념과 모형 및 이와 관련된 실제 연구 내용을 제시한다. '다양한 긍정심리 구성요인의 상호작용 결과로 나타나는 긍정 정신건강의 상조적인 효과'를 뜻하는 상호활성화 개념과 모형은 학생들의 긍정심리, 강점, 재능, 자산들이 개인의 특성에 맞게 상호 연합 · 통합되어 작동할 때 안녕감, 성취, 회복탄력성 등의 증진을 어떻게 가져오는지에 대해 경험과학적으로 탐구하는 것으로, 학교긍정심리학 연구의 핵심 관점이 되고 있다.

제2부에서는 학생들이 건강하고 행복한 삶을 살기 위해 필요한 긍정적 심리특성과 자산들에 대해서 각 장별로 하나씩 다루고 있다. 희망, 낙관성, 감사, 공감, 정서조절, 학업적 자기효능감, 긍정적 동기화, 성취 정서, 창의성, 학생 참여, 삶의 만족 등의 주제가 다루어지며, 각 주제의 개념, 중요성, 연구현황 및 이러한 특성을 증진시키는 과제 등이 다루어지고 있다.

제3부에서는 학생들의 건강한 발달, 안녕, 성취, 행복을 촉진하기 위해서 필요한 환경적 · 맥락적 교육 요인과 자산들에 대해서 다루고 있다. 구체적으로 몰입하는 학습자를 기르기 위한 최적의 학습 환경, 긍정적 발달을 촉진하기 위한 의미 있는 활동 참여, 학교에서의 긍정적 적응을 위한 또래관계 조성, 긍정적 학급 환경 조성, 사회정서학습을 통한 학교 회복탄력성 구축, 긍정적 학교 풍토 조성을 위한 연구와 적용, 학교 풍토 증진을 위한 학생참여 촉진 전략, 긍정심리 증진을 위한 학교규칙, 학생의 학교만족도 증진 방안, 학생의 회복탄력성과 행복 증진을 위한 학교 기반 개입 프로그램 보급의

혁신적 모델 등의 주제들이 다루어지고 있다.

제4부에서는 학교긍정심리학의 국제적 적용 사례들이 다루어지고 있다. 호주의 긍정교육 사례, 영국교육의 긍정심리 개입 사례, 중국 학교의 긍정심리 개입 사례, 이탈리아의 학교 기반 정서지능 연구와 실천 사례, 포르투갈의 학생 희망 연구 사례, 그리고 내면적 · 외현적 문제에 대한 미국 학교의 긍정심리학 개입 사례 등이 제시되고 있다. 이러한 국제적 적용 사례들은 학교긍정심리학 연구와 적용이 어떠한 효과를 가져오고 있으며, 우리의 학교교육에 어떻게 연구 · 적용될 수 있을 것인지에 대한 다양한 통찰과 시사점을 제시해 준다.

마지막으로 제5부에서는 학교긍정심리학 연구와 실천에 대한 전망과 과제를 다루고 있다. 학교교사와 학부모, 학교관리자, 상담가, 자문자, 교육행정가들이 긍정심리학 정보와 지식을 갖고 있는 것이 학생들의 학업적 수행과 안녕감 증진에 매우 필수적인 요소가 되고 있음을 지적하며 교사 양성과정과 현직교사 연수과정에 학교 긍정심리학 지식, 정보, 프로그램 제시 및 이의 실행을 위한 교육정책과 훈련 및 실행 촉진 모델 개발과 적용의 필요성을 강조하고 있다. 그리고 성공적 실행 모델의 제시와 더불어 지식과 실천 간의 괴리를 극복하기 위해 긍정심리학 최신 연구들을 학교교사, 학부모, 관리자, 교육행정가 및 관련 기관이나 담당자들에게 전파 · 보급하기 위한 체계(종합 및 이행 체계, 지원 체계, 전달 체계 등)를 구축할 필요가 있음을 강조하고 있다. 무엇보다도 학교, 지역사회, 시 · 군 · 구 및 국가의 정책 및 리더십의 중요성과 재원 확보 문제, 교육 현장의 피드백에 의해 수정 · 보완 · 발전되는 정교한 연구 진행의 필요성 등을 제시하면서, 우리 자녀들의 행복을 위한 이러한 헌신이야말로 지속적으로 추구되어야 할 위대한 가치임을 강조하고 있다.

이 책은 원저『Handbook of positive psychology in schools(2nd Edition)』의 내용이 비교적 방대한 관계로 1, 2권으로 나누어서 번역 출간하게 되었

다. 이번에는 제1부 '이론적 토대'와 제2부 '긍정적 심리특성' 부분을 합하여 『학교긍정심리학 1: 학생의 긍정적 심리특성과 발달』이라는 제목으로 출간하였다. 이어서 원저의 제3부 '맥락적 교육 요인과 자산', 제4부 '학교 기반 국제적 적용 사례', 제5부 '전망' 부분을 모아서 『학교긍정심리학 2: 긍정적 학교환경 조성과 긍정심리의 교육적 적용 사례』라는 제목으로 출간할 예정이다.

미래의 행복한 교사를 꿈꾸는 예비교사들, 교육 현장에서 많은 고통과 소진을 경험하면서도 우리 다음 세대의 주역인 아동 · 청소년들과 함께 더불어 성장하며 의미 있고 아름다운 행복을 만들어 내고자 참교육을 탐구하고 실천하는 학교교사들, 다양한 교육적 지식과 문제의식을 갖고 있지만 현실과는 분리된 느낌을 극복하고자 미래의 교육이 나아갈 방향과 가치를 명확하게 하고 이를 위해 경험과학적이고 체계적인 연구를 시도하고 있는 대학원생, 연구자, 교수, 학자들 그리고 교육실천과 정책에 보다 나은 방향과 철학과 가치를 분명히 하고 좋은 리더십을 발휘해야 할 위치에 있거나 이를 추구하는 사람들, 교육 관련 행정 · 재정 · 입법 관계자들과 다양한 교육기관 종사자 및 자녀들의 행복과 건강한 교육을 모색하는 학부모들에게 도움이 되리라 생각하여 이 책의 탐독을 권한다.

이 책은 한 번 읽고 제쳐 두는 책이 아니라 교육을 생각하면서 연구하고 성찰하며 행복한 삶과 교육을 위한 정책, 방안, 아이디어, 프로그램을 창조 · 개발 · 실행하는 데 자극이 되고 촉매가 되는 책으로 활용될 수 있을 것이다. 무엇보다 이 책은 교육전공, 심리전공, 상담교육 및 교육복지 전공, 교육과 연계 통합되는 여러 전공의 학부나 대학원 과정의 강의 교재로 활용될 수 있으며, 각 장에 있는 풍부한 참고문헌과 추천자료는 논문을 작성하고 연구 활동을 하는 데 도움을 줄 수 있을 것이다.

아무쪼록 긍정심리학에 기반을 둔 학교교육 연구와 개입이 우리 교육의 문제, 증상, 부작용, 고통과 같은 부정적 현상들을 극복하는 데 기여할 수 있기를 기대한다. 이뿐만 아니라 더 나아가 학생들의 변화와 발달 가능성, 잠재력을 바라보면서 학생들의 긍정적 심리특성, 강점, 회복탄력성, 인성 및 창의성 계발에 기여하고, 결과적으로 다음 세대와 우리 모두의 안녕과 성취와 행복 증진에 기여할 수 있기를 기대한다. 그리고 이 책이 우리의 학교교육 및 다양한 교육 현장에서 건강한 자아, 건강한 관계, 건강한 공동체 형성을 꿈꾸며 행복한 학생, 행복한 교사, 행복한 학교를 꿈꾸는 모든 사람에게 자극과 격려와 도전이 될 수 있기를 기대한다.

이 책이 연구서적의 특성을 갖고 있기에 번역 과정에서 매끄럽게 되지 않은 부분이 있는 아쉬움도 있지만, 앞으로 번역진의 계속된 노력과 함께 독자들의 피드백을 잘 반영하여 수정이나 보완이 필요한 부분은 더 충실히 다듬어 나갈 것을 약속드린다. 끝으로 출간의 시대적 필요성과 중요성을 인지하고 이를 추진해 주신 학지사 김진환 사장님과 편집과 출간의 실제 과정을 도와주신 편집부의 황미나 선생님께 감사드린다.

긍정심리연구모임
역자 대표 김광수

편저자 서문

아동 · 청소년이 학업에 있어 능동적 행위자(active agents)가 될 수 있도록 촉진하는 요인들을 이해하는 일은 매우 중요하다. 긍정심리학은 학생의 학교활동참여도와 주체적 능동성을 길러 주는 요인들을 밝힐 수 있는 유용한 체계이다. 이 획기적인 편람의 두 번째 판인 이 책은 긍정심리학의 최근 연구들을 소개한다. 명망 있는 연구자들이 제공한 이 연구들은 근래 가장 주목받는 주요 주제들에 관한 기술적인 지식들(descriptive knowledge)을 풍부하게 제공한다. 주요 주제는 다음과 같다.

- 긍정적 감정, 긍정적 특질, 긍정적 기관들이 어떻게 학교 내 성취와 건강한 사회적 · 정서적 발달을 고취하는가
- 특정 긍정심리 구인들은 학생과 학교 그리고 학교 기반 공공 지원사업과 어떤 연관이 있는가
- 교육정책 수립에 긍정심리학을 어떻게 적용할 수 있는가

이번 2판은 긍정심리학이 계속적으로 성장하기 위해 오랜 기간 요구되었던 주요 연구 주제들을 제시한다. 그리고 2판에는 세계 여러 나라에서 적용되었던 긍정심리학의 사례들이 새롭게 포함되었다.

차례

제1부 이론적 토대

제2부 긍정적 심리특성

제3장 / 희망 … 79

제4장 / 낙관성 … 107

제5장 / 감사 … 137

학교긍정심리학 2권 차례

학교긍정심리학 2
-긍정적 학교환경 조성과 긍정심리의 교육적 적용 사례-

제3부 맥락적 교육 요인과 자산

제4부 학교 기반 국제적 적용 사례

제5부 전망

제1부

이론적 토대

제1장
학교긍정심리 과학과 실제: 개념적 구조

1. 서론

아동 · 청소년의 긍정적 발달은 가정환경과 또래집단 속에서 그리고 학교환경 등과 같은 가정 밖 환경 속에서 이루어진다(Gilman, Huebner, & Buckman, 2008). 그런데 어떤 요인이 아동 · 청소년기 최적의 학교 경험을 촉진하는지에 대한 연구는 가정과 또래집단에 관한 연구에 비해 상대적으로 뒤처져 있는 실정이다. 아동기부터 형성된 학교 경험의 질은 동기형성과 같은 중요한 발달적 학습 사건(van Grinsven & Tillema, 2006), 정체감 발달(Gonzales, 2009), 건강(Forest, Bevans, Riley, Crespo, & Louis, 2013) 및 전반적 학업성취(Cohen, McCabe, Michelli, & Pickeral, 2009) 등에 중요한 역할을 한다고 보고된다. 무엇보다 학창시절 경험의 질은 성인기에 이를 때까지 계속해서 학생의 행동에 영향을 미친다. 예컨대 종단적 연구 결과에 의하면 긍정적 학교 경험이 많은 학생이 성인 초기에 더 높은 수준의 정신적 · 신체적 건강을 유지하고(Reynolds & Ou, 2010; Wickrama & Vazsonyi, 2011), 알코올 사용과 같은 위험행동에도 덜 가담하며(Locke & Newcomb, 2004), 자신의 미래를 훨씬 더 잘 준비하는 것으로 나타났다(Lapan, Gysbers, & Sun, 1997).

최적의 학교 경험을 돕는 요인과 관련하여 기존의 제한적 관점은 학생의 건강 및 교육적 행동 증진보다는 법률적으로 제도화된 의무, 제안, 훈련모델 등(주로 잘못된 것을 수정하는 문제 중심 접근)을 강조한다(Froh, Huebner, Yousef, & Conte, 2011; Knoop, 2011; Kristjansson, 2012). 과거 십여 년간의 교육문헌에 대한 개괄적 조사에 의하면 불안, 우울, 정신증, 문제행동과 같은 병리 기반 구념에 대한 연구가 자존감, 학교 만족, 희망, 개인적 가치 등과 같은 긍정적 특성에 대한 연구보다 4배 이상 많은 것으로 나타났다. 이 같은 경향은 교육에서만 특별히 나타나는 것은 아니다. 다양한 문헌분석에 의하면 전통적으로 긍정 구념에 대한 탐색보다 심리적, 신체적, 교육적 장애와 같이 '잘못된 것', 즉 부정 구념의 탐색에 대한 연구에 관심이 집중되어 왔다(Lopez et al., 2006; Myers, 2000).

이러한 연구 경향은 심리문제를 발생시키는 요인이 회복되고 개선된다면 자동적으로 최적의 발달이 동반된다는 가정을 전제하고 있다. 그러나 이러한 가정에 대한 문제제기가 계속 이어져 왔다. 예를 들면, 성인 대상 연구들에서 삶의 질과 관련된 변인들은 심리적 병리를 가져오는 변인들과 다르다는 사실이 밝혀지고 있다(Fredrickson & Losada, 2005; Keyes, 2005). 따라서 심리병리적 증상의 부재가 곧 최적의 상태라는 가정은 옳지 않다(Keyes & Westerhof, 2012). 요컨대 '정신건강'이 문제, 장애, 질병의 부재 이상의 것을 뜻한다는 주장이 수년에 걸친 경험적 연구의 지지를 받고 있다(Johoda, 1958; World Health Organization, 1948). 그리고 질병(ill-being)을 가져오는 요인 이외에도 삶의 안녕(well-being)에 기여하는 요인을 별도로 연구하고 이해해야 할 필요성이 강조되고 있다.

결점이나 문제 중심 연구가 지나치게 강조되는 경향에 대한 반작용으로 지난 15년 동안 '긍정심리학'이 주목을 받기 시작했다(Seligman &

Csikszentmihalyi, 2000; Sheldon & King, 2001; Snyder & McCullough, 2000). 긍정심리학은 태어나서 죽는 순간까지 그리고 삶의 모든 순간에 있어서 '바르게 잘 사는 것(what goes right)'과 '삶을 가치 있게 만드는 것'에 대해 과학적으로 탐구하는 학문이다(Peterson, 2006, p. 4). '과학적 탐구(scientific study)'라는 표현은 강점, 성품, 가치와 같은 원리들이 잘 사는 것(what goes right)의 전제조건이라고 주장하는 꽤 영향력 있는 기존 이론들과 구별하기 위한 표현이다(Simonton, 2011). 또한 이 표현은 긍정심리학이 상관연구 설계와 경험연구 설계 모두에서 엄격한 과학적 연구방법을 적용하여 최적의 기능과 관련된 변인 및 원인을 경험적으로 탐구한다는 사실을 강조하기 위한 표현이다. 긍정심리학이 일반적 흐름으로 나타나기 전에도 긍정적 심리 구념을 밝히려는 노력이 여러 학문(상담심리, 신학, 경제학) 내에서 이루어졌다. 이러한 노력은 인간의 강점, 능력에 대한 총체적 이해를 촉진하는 지식과 통찰을 제공했다. 긍정심리학은 이제 비슷한 관심을 가진 연구자들에게 보다 초점을 분명하게 하여 더욱 중요하고 도발적인 발견을 이끌어 내는 역할을 하고 있다(Igram & Snyder, 2006; King, 2011).

몇몇 예외가 있기는 하지만, 그동안 대부분의 긍정심리학 연구가 주로 성인이나 노인을 대상으로 이루어졌다. 그러나 과거 20여 년 동안 적어도 2가지 이유에서 아동 · 청소년의 웰빙에 대한 탐구가 증가되어 왔다.

첫째, 성인연구에서 보고되는 것과 마찬가지로 아동 · 청소년에게도 '정신질병'과 '정신건강'은 구분이 되는 개념이다. 예를 들어, 중학생 대상 연구에서 Keyes(2006)는 상당수의 학생이 낮은 수준의 심리적 어려움과 함께 낮은 수준의 심리적 안녕을 갖고 있는 것으로 보고했다. 단순히 심리적 문제에만 초점을 둔 학교 표준화 검사는 이 학생들이 심리적으로 건강하다고 진단한다. 하지만 실제로는 그렇지가 않다(Suldo와 Shaffer의 2008년 연구 결과 참조). 둘째, 최적의 기능에 기여하는 요인에 대한 연구는 많은 이해당사자, 특히 학부모들의 요구와 맞닿아 있다. 실제로 대부분의 학부모가 가장 중시하는 교육목표는 심리적 병리의 예방에서 한발 더 나아가 생산적인 삶에 기여하는 기술과 가치를 증진시키는 것이다. 놀라울 정도로 높은 수준의 안녕감을 유지하는 사람이 심리적, 사회적, 학문적으로 높은 수준의 기능을 보인다는 것이 연구를 통해 밝혀지고 있다(Gilman & Heubner, 2006; Haranin, Huebner, & Suldo, 2007). 따라서 긍정심리 구념들과 관련된 변인들을 이해하는 일은 아동·청소년들의 최적의 기능 증진을 위한 개입에 기여할 수 있다.

점점 더 많은 문헌이 아동·청소년이 최적으로 기능하기 위한 발달적 경로들을 밝히고 있다(최근 연구로 Huebner, Gilman, Ma의 2011년 연구 참조). 아동·청소년 긍정심리는 1차 예방(Madden, Green, & Grant, 2011), 건강 불균형(Vera & Shin, 2006), 긍정 청소년 발달(Lerner, Phelps, Forman, & Bowers, 2009) 그리고 회복탄력성 연구(Nobel & McGrath, 2012) 등의 영역에서 활발하게 연구되고 있다. 그 밖에 다른 영역의 연구는 아직은 부족한 실정이다. 학교는 긍정적 특성, 심리적 자산, 성격 강점이 발달·유지될 수 있는 환경을 구성할 필요가 있다. 이 책의 1판에서는 긍정심리 이론 및 적용과 학교교육, 학교생활이라는 맥락에서 실행된 연구와 발견을 종합적으로 제시하였다. 1판 출판 이래로 200여 편 이상의 연구가 더 발표되어 삶의 중요한 장면인 학교에서 긍정심리 연구가 어떻게 적용될 수 있는지에 대한 지평이 확장되었다. 이에 미국과 전 세계에서 급속도로 이루어진 학교 기반 연구들을 반영하고자 1판이 출간된 후 비교적 짧은 시간 내에 이 개정판을 출간하게 되었다.

2. 개념적 모델

긍정심리학 운동이 급속도로 진행되어 왔지만, 정작 긍정심리학을 안내하는 개념적 틀이나 구조는 찾기 힘들다는 의견이 여러 곳에서 제기되었다(Csikszentmihalyi, 2003). 특정 긍정심리 구념 내에서 이러한 지적에 부응하는 노력이 이루어져 왔다(Lent et al., 2005; Seligman, Steen, Park, & Peterson, 2005). 그러나 개인적이고 맥락적인 요인들을 아우르는 긍정심리학의 개념적 구조(틀) 제시는 아직 미흡한 실정이다(Schueller, 2009). 1판에서는 아동 · 청소년들이 심리적, 사회적, 교육적 발달에 필수적인 상호연결체계 내에서 생활하고 있다는 생태체계적 관점에서 긍정심리학의 개념적 모델이 소개된 바 있다. 이 모델 자체는 Bronfenbrenner(1979)의 생태체계이론과 Belsky(1980)의 개체발생(개인내적) 모형에 기초를 두고 있고, Schalock과 Alonso(2002)의 삶의 질에 대한 통합적 모델에서 채택한 것이다. 이 생태체계 구조는 [그림 1-1]과 같다. 먼저 개인내적 체계는 자존감과 같은 측면에서처럼 개인적인 차이를 반영한다. 반면, 미시체계는 가정, 동료집단, 학교와 같은 주변 상황으로 구성되는데, 이러한 미시체계는 개인내적 요인에 영향을 주기도 하고 반대로 영향을 받기도 한다. 중간체계와 이의 확장이라 할 수 있는 외부체계는 이웃, 공동체 서비스, 조직, 미시체계 변인 간의 상호작용(부모-학교 상호작용 같은) 같은 좀 더 떨어져 있는 큰 맥락 요인을 말한다. 마지막으로 거시체계는 다른 하위체계에 영향을 미치는 문화 혹은 하위문화(예를 들면, 경제적, 사회적, 교육적, 법적, 정치적 체계)와 기관 양식 등을 말한다.

개인적 흥미 강점, 개인적 안녕감(신체적, 인지적 또는 사회정서적)과 관련된 긍정심리 구념들이 수직 축, 즉 [그림 1-1]의 왼쪽 편에 나열되어 있다. 모델 자체는 매우 유연하게 변형 가능하고, 아직 탐구되지 않은 긍정심리 구념들에 의해서 이후 조절되고 변형될 수 있다. 긍정심리 축의 두 번째 차원인 생태체계 차원에서 긍정심리 변인들 중 개인적 차이를 가져오는 주요 상관변인들, 높은 경험적 가치를 갖거나 또는 덜 그러한 변인들이 각 개인의 셀 안에 나열될 수 있다. 이런 식으로 현재까지의 연구 결과들이 요약되어 제시될 수 있고, 앞으로 더 탐구가 필요한 영역을 표시할 수 있다. 예를 들면, 최적의 학교만족과 상관이 있는 변인을 탐구하는 연구들은 우선적으로 개인내적 체계와 미시체계 수준에 초점을 맞출 수 있다. 중간체계와 거시체계 수준

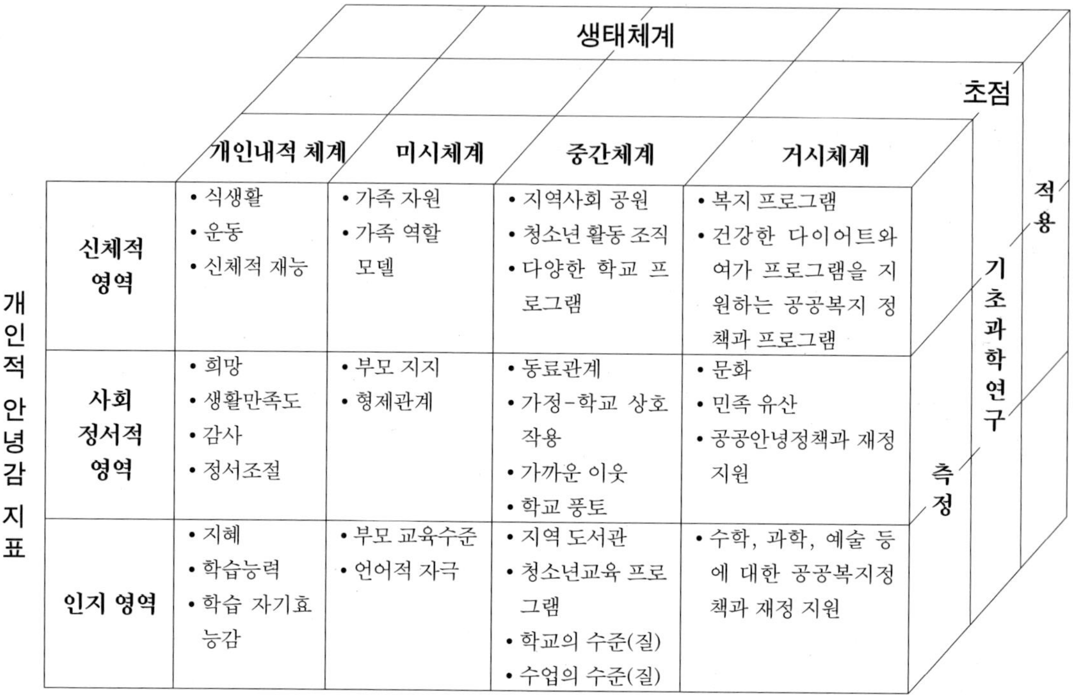

[그림 1-1] 아동 · 청소년 긍정심리 연구의 축과 개념 구조

의 연구는 아직 부족한 실정이다(Gilman & Huebner, 2006; Siddall, Huebner, & Jiang, 2013). 그러나 앞으로 더 높은 수준의 체계에 대해, 혹은 희망, 낙관성, 학교 소속감, 건강한 신체 활동 등과 같은 개인내적 체계의 긍정심리에 대해 유사한 나열이 계속 가능할 것이다.

긍정심리 축의 세 번째 차원은 아동 · 청소년 긍정심리 연구의 세 초점, 즉 측정, 기초과학연구 그리고 적용 영역을 나타내 준다. 측정 영역은 심리측정에 있어서 아동 · 청소년의 긍정심리 구념에 대한 적합한 측정 방법(예를 들면, 삶의 만족도, 희망, 사회적 자기효능감 등에 대한 발달적으로 타당하고 신뢰성 있는 측정) 관련 연구들을 말한다. 기초과학연구 영역은 개인의 긍정심리 특성의 발달, 상관변인, 결과 등에 대한 연구를 나타낸다. 마지막으로 적용 영역은 긍정심리 구념과 관련된 계획적 · 비계획적 개입 연구(Suldo, Savage, &

Mercer, 2013) 혹은 청소년의 삶의 만족에 대한 거주처치(캠프 등과 같이 입소하여 진행되는) 프로그램의 효과 연구(Gilman & Handwerk, 2001) 등과 관련된 것이다. 4개의 체계×3개의 지표(사회정서적, 인지적, 신체적)×3가지 형태의 연구 축은 학교 맥락에서 아동·청소년 대상 긍정심리 연구 결과를 조직하고 종합하고 소통하는 데 유용한 개념적 구조를 제공할 수 있다.

[그림 1-1]의 개념적 도식에는 반영되지 않았지만, 긍정심리 연구에서는 발달적 요인을 고려할 필요가 있다. 건강한 상태에 대한 정의와 이와 관련된 특성, 과정 등이 대상 연령에 따라 변화될 수 있다. 단순한 예로 동성 간 또래관계가 청소년기 이전 대상에게는 중요한 지표가 될 수 있지만, 청소년기에는 동성 간 또래관계보다 이성관계가 더 많이 주목해야 할 지표가 된다(Gilligan & Huebner, 2007). 또한 결정요인이나 지표의 성격도 아동이 성장함에 따라 더욱 복잡해진다(Gonzales, Casas, & Coenders, 2006). 결정요인의 상대적인 강도도 시간이 지남에 따라 변화가 계속될 수 있다. 예를 들면, Suldo와 Huebner(2004)는 부모의 정서적 지지와 삶의 만족도 간 관계의 강도가 청소년기를 지나면서 약해지는 것을 발견했다. 따라서 긍정심리 연구의 종합적인 구조에서는 성장하며 변화하는 안녕의 특성 및 결정요인을 포착하기 위해 발달적 측면을 고려할 필요가 있다.

이 책의 1판 출간 이래로 이 모델은 학교 장면의 아동·청소년에게 적용되면서 긍정심리학의 길잡이 역할을 하였다. 예를 들면, Floh와 동료들(2011)은 1963년부터 2008년까지 선정된 4개의 학교심리 학술지에 수록된 긍정심리 연구 주제의 상대적 빈도를 요약 정리하는 데 이 모델을 사용하였다. 그들의 내용분석은 몇 가지 흥미 있는 결과를 보여 주고 있다. 예를 들면, 비교적 많이 연구되는 긍정심리 주제(능력, 자아개념 등)와는 달리 상대적으로 등한시된 주제(낙관성, 목적 등)가 확인되었다. 또 다른 예는 연구의 61%가 측정에, 22%는 개입에, 5%는 기본 개념(기초과학)에 초점을 두고 이루어진 것으로 나타났다. 긍정심리 주제를 포함하는 논문의 비율이 대략

50년 동안 지속적으로 25~33% 정도를 유지하고 있는 것으로 나타났다. Floh와 동료들은 학교심리에서 긍정심리는 계속 유지되고 있었다고 결론 내렸다. 그러나 그들은 긍정심리 적용의 기반이 되는 기초과학연구와 비교적 새로운 구념(성격 강점, 목적, 삶의 만족 등)에 더 깊은 관심과 연구가 집중될 필요가 있다고 제안하였다. 앞으로 이 개념 모델을 활용한 분석은 긍정심리 연구의 범위와 발전을 평가하는 데 좋은 정보를 제공할 수 있을 것이다. 긍정심리의 국제적인 영향력이 증가하면서 국가별 및 문화별 아동·청소년 중심 긍정심리 비교연구 또한 흥미로운 주제가 될 것이다.

결론을 맺기 전에 유의해야 할 두 가지 사항을 간략히 언급하고자 한다. 첫째, 여기에서 제안된 축이 어떤 특별한 긍정심리 특성에서 개인적 차이를 보여 주는 결정적 요인을 제공한다거나, 결과의 차이를 가져오는 차원을 제공하려는 것이 아니라는 점이다. 어떤 관계는 속성상 상호교환적이지만, 그렇지 않은 관계도 있다. 예를 들면, Martin, Huebner와 Valois(2008)는 청소년의 삶의 만족에서의 개인적 차이가 이후에 또래에 의한 관계적 피해 경험 정도를 의미 있게 예측하였지만, 반면 관계적 피해 경험에서의 개인적 차이는 이후의 삶의 만족 수준을 의미 있게 예측하지 못했음을 밝혔다.

둘째, 이 모델의 축이 학교 장면에서 아동·청소년 대상 긍정심리 지식의 발달 형태를 조직, 종합하는 데 유용한 도구를 제공할 수 있을 것이다. 그러나 이 모델은 긍정심리 구념의 개인적 차이의 근원과 발달을 설명하려고 고안된 것은 아니다. 아동의 건강에 대한 전체적 조망을 갖기 위해서는 성별, 문화, 발달 특성 등을 고려하면서 개인과 환경 변인 간 상호작용을 고려할 수 있어야 한다. 이 일이 쉽지는 않지만 시간과 환경에 따른 아동 발달의 경로를 구축하는 노력을 할 필요가 있다. 학교교육 맥락에서 아동·청소년의 건강과 안녕에 효과적인 것들을 밝히기 위해 정교한 과학을 발달시키는 일이 현재 진행 중이다. 하지만 이를 위해 더 많은 연구가 계속되어야 할 것이다.

3. 결론

긍정심리학은 아직 초기 단계에 있다. 그러나 학교 장면의 아동 · 청소년의 긍정심리 발달에 대한 관심은 계속 증가되고 있다. 이 책의 1판에서 언급했듯이 이러한 노력이 지속되면서 더 많은 분야와 대상에 관심을 가질 필요가 있다. 예를 들면, 아동 · 청소년의 긍정심리 구념을 나이에 적합하고 심리측정적으로도 적합하게 측정하는 연구는 정신병리 측정연구에 비해 아직은 많이 뒤처져 있다. 미국의 학교들은 그동안 학생의 약점을 확인하고 이를 개선하는 데에 치중했으나 학생들의 강점을 확인하고 길러 주는 일은 소홀히 했다. 그 결과, 학생의 잠재력을 기르는 데 실패했다는 비판을 받고 있다(Gordon & Crabtree, 2006). 앞에서 제안한 모델의 축에 포함될 수 있는 중요한 긍정심리 강점에 대한 측정 기술을 지속적으로 발전시키는 일은 학생에 대한 종합적인 평가, 학생 정신건강의 총체적 측면 평가, 사회 · 교육적 기능 측정(이 책의 제2장에서 제시된 것처럼)을 통해 학교교육의 성과를 제대로 밝혀 나가는 데 기여할 것이다. 이러한 평가는 단순한 문제 확인에 그치지 않고, 학생의 강점을 길러 주는 교육적 프로그램을 개발하는 데 필요한 정보를 제공해 줄 수 있다.

긍정심리 지표를 강화하기 위한 발달과 개입에 대한 기초연구 및 응용연구에 더 많은 노력이 요구되고 있다. 그동안 많은 긍정심리 구념의 속성과 상관변인에 대한 이해를 증진시키는 연구가 진행되고 있지만, 미국 이외의 다양한 나라의 청소년 대상에게 확대하여 적용해 보는 연구는 부족한 실정이다. 이 개정판에 첨부된 중요한 내용 중 하나는 아동 · 청소년 기반 긍정심리 구념들이 최근 어떻게 연구되고 있고, 특히 여러 나라에서 어떻게 증진되고 있는지에 대한 것이다. 지금까지의 여러 시도에도 불구하고 아직 연구 노력이 적절하게 분배되지 않고 있다. 즉, 몇몇 긍정적 구념에 대해서는 관심이 집중되는 반면, 그 밖에 다른 구념에 대한 관심과 연구는 부족한 실정이다. 아직 탐구가 이루어지지 않은 다양한 긍정심리학 영역의 기초 개념 연구와 이에 대한 많은 비평적 문제제기는 긍정심리 운동에 더 큰 추진력으로 작용할 수 있을 것이다.

끝으로 긍정심리 구념과 구념 간 관계를 정의하고 탐구하는 측면의 발전은 있었지만, 긍정심리 구념을 증진시키기 위해 경험적으로 타당화된 프로그램이 아직은 부족하다. 그동안 나름의 발전이 있었지만, 이 책의 개정판에서 논의되는 여러 학교 기반 프로그램도 건강의 증진보다는 병리의 예방에 초점을 두고 있는 것들이 많다(Cowen, 1991). 학생들에게 긍정 구념을 증진시키기 위해서, 그리고 긍정 구념의 증진이 질병이나 학습부진 등의 부정적인 결과를 어떻게 조절하는지를 밝혀내기 위해서 더 많은 노력이 요구된다. 이러한 노력은 학생의 학습과 더불어 사회적 · 개인내적 분투를 설명해 주는 긍정심리의 실제적 적용효과를 보여 줄 수 있기 때문에 중요하다.

이 개정판이 긍정심리학에 흥미를 갖는 사람들에게 중요한 자료로 쓰이길 기대한다. 그리고 이 책이 학교 장면에서 아동 · 청소년 대상 긍정심리에 대한 기초연구, 측정 이슈, 발달적 고려, 관련 개입에 대한 더 많은 연구를 촉진할 수 있기를 기대한다. 이러한 노력은 교육 관련 기관, 예산 지원기관과 학교 이해당사자들에게 최적의 아동 · 청소년 발달과 학습을 증진시키는 환경을 조성하는 데 보다 현실적이고 대안적이며 균형 있는 관점을 제공할 수 있을 것이다.

참고문헌

Belsky, J. (1980). Child maltreatment: An ecological integration. *American*

Psychologist, 35, 320–335. doi:10.1037/0003-066X.35.4.320

Bronfenbrenner, U. (1979). Toward an experimental ecology of human development. *American Psychologist, 32,* 513–529. doi:10.1037/0003-066X.32.7.513

Cohen, J., McCabe, E. M., Michelli, N. M., & Pickeral, T. (2009). School climate: Research, policy, practice, and teacher education. *Teacher's College Record, 111,* 180–213.

Cowne, E. L. (1991). In pursuit of wellness. *American Psychologist, 46,* 404–408. doi:10.1037/0003-066X.46.4.404

Csikszentmihalyi, M. (2003). Legs or wings? A reply to R. S. Lazarus. *Psychological Inquiry, 14,* 113–115.

Forrest, C. B., Bevans, K. B., Riley, A. W., Crespo, R., & Louis, T. A. (2013). Health and school outcomes during children's transition into adolescence. *Journal of Adolescent Health, 52,* 186–194. doi:10.1016/j.jadohealth.2012.06.019

Fredrickson, B. L., & Losada, M. F. (2005). Positive affect and the complex dynamics of human functioning. *American Psychologist, 60,* 678–686. doi:10.1037/0003-066X.60.7.678

Froh, J. J., Huebner, E. S., Youssef, A., & Conte, V. (2011). Acknowledging and appreciating the full spectrum of the human condition: School psychology's (limited) focus on positive psychological functioning. *Psychology in the Schools, 48,* 110–123. doi:10.1002/pits.20530

Gilligan, T. D., & Huebner, E. S. (2007). Initial development and validation of the Multidimensional Students' Life Satisfaction Scale-Adolescent version. *Applied Research in Quality of Life, 2,* 1–16. doi:10.1007/s11482-007-9026-2

Gilman, R., & Handwerk, M. L. (2001). Changes in life satisfaction as a function of stay in a residential setting. *Residential Treatment for Children and Youth, 18,* 47–65. doi:10.1300/J007v18n04_05

Gilman, R., & Huebner, E. S. (2006). Characteristics of adolescents who report high life satisfaction. *Journal of Youth and Adolescence, 35,* 293–301. doi:10.1007/s10964-006-9036-7

Gilman, R., Huebner, E. S., & Buckman, M. (2008). Positive schooling. In S.

J. Lopez (Ed.), *Positive psychology: Exploring the best in people, Vol. 4: Pursuing human flourishing* (pp. 87–98). Westport, CT: Praeger/Greenwood.

Gonzales, M., Casas, F., & Coenders, G. (2006). A complexity approach to psychological well-being in adolescence: Major strengths and methodological issues. *Social Indicators Research, 80,* 267–295. doi:10.1007/s11205-005-5073-y

Gonzalez, R. (2009). Beyond affirmation: How the school context facilitates racial/ethnic identity among Mexican American adolescents. *Hispanic Journal of Behavioral Sciences, 31,* 5–31. doi:10.1177/0739986308328387

Gordon, G., & Crabtree, S. (2006). *Building engaged schools: Getting the most out of America's classrooms.* New York, NY: The Gallup Organization.

Haranin, E. C., Huebner, E. S., & Suldo, S. M. (2007). Predictive and incremental validity of global and domain-based adolescent life satisfaction reports. *Journal of Psychoeducational Assessment, 25,* 127–138. doi:10.1177/0734282906295620

Huebner, E. S., Gilman, R., & Ma, S. (2011). Perceived quality of life among children and youth. In K. Land (Ed.), *Encyclopedia of social indicators and quality of life studies.* New York, NY: Springer.

Ingram, R. E., & Snyder, C. R. (2006). Blending the good with the bad: Integrating positive psychology and cognitive psychotherapy. *Journal of Cognitive Psychotherapy, 20,* 117–122. doi:10.1891/jcop.20.2.117

Jahoda, M. (1958). *Current concepts of positive mental health.* New York, NY: Basic Books.

Keyes, C. L. M. (2005). Mental illness and/or mental health? Investigating axioms of the complete state model of health. *Journal of Consulting and Clinical Psychology, 73,* 539–548. doi:10.1037/0022-006X.73.3.539

Keyes, C. L. M. (2006). Mental health in adolescence: Is America's youth flourishing? *American Journal of Orthopsychiatry, 76,* 395–402. doi:10.1037/0002-9432.76.3.395

Keyes, C. L. M., & Westerhof, G. J. (2012). Chronological and subjective age differences in flourishing mental health and major depressive episode. *Aging & Mental Health, 16,* 67–74. doi:10.1080/13607863.2011.596811

King, L. A. (2011). Are we there yet? What happened on the way to the demise of positive psychology. In K. M. Sheldon, T. B. Kashdan, & M. F. Streger (Eds.), *Designing positive psychology: Taking stock and moving forward* (pp. 439-446). New York, NY: Oxford University Press.

Knoop, H. H. (2011). Education in 2025: How positive psychology can revitalize education. In S. I. Donaldson, M. Csikszentmihalyi, & J. Nakamura (Eds.), *Applied positive psychology: Improving everyday life, health, schools, work, and society* (pp. 97-115). New York, NY: Routledge/Taylor & Francis.

Kristjánsson, K. (2012). Positive psychology and positive education: Old wine in new bottles? *Educational Psychologist, 47,* 86-105. doi:10.1080/00461520.2011.610678

Lapan, R. T., Gysbers, N. C., & Sun, Y. (1997). The impact of more fully implemented guidance programs on the school experiences of high school students: A statewide evaluation study. *Journal of Counseling & Development, 75,* 292-302. doi:10.1002/j.1556-6676.1997.tb02344.x

Lent, R. W., Singley, D., Sheu, H., Gainor, K. A., Brenner, B. R., Treistman, D., & Ades, L. (2005). Social-cognitive predictors of domain and life satisfaction: Exploring the theoretical precursors of subjective well-being. *Journal of Counseling Psychology, 52,* 429-442. doi:10.1037/0022-0167.52.3.429

Lerner, J. V., Phelps, E., Forman, Y., & Bowers, E. P. (2009). Positive youth development. In R. M. Lerner & L. Steinberg (Eds.), *Handbook of adolescent psychology, Vol. 1: Individual bases of adolescent development* (3rd ed., pp. 524-558). Hoboken, NJ: Wiley.

Locke, T. F., & Newcomb, M. D. (2004). Adolescent predictors of young adult and adult alcohol involvement and dysphoria in a prospective community sample of women. *Prevention Science, 5,* 151-168. doi:10.1023/B:PREV.0000037639.78352.3c

Lopez, S. J., Magyar-Moe, J. L., Peterson, S. E., Ryder, J. A., Krieshok, T. S., O'Byrne, K. K., . . . Fry, N. A. (2006). Counseling psychology's focus on positive aspects of human functioning. *The Counseling Psychologist, 34,* 205-227. doi:10.1177/0011000005283393

Madden, W., Green, S., & Grant, A. M. (2011). A pilot study evaluating strengths-based coaching for primary school students: Enhancing engagement and hope. *International Coaching Psychology Review, 6,* 71–83. doi:10.1007/978-94-007-6398-2_13

Martin, K., Huebner, E. S., & Valois, R. F. (2008). Does life satisfaction predict victimization experiences in adolescence? *Psychology in the Schools, 45,* 705–714. doi:10.1002/pits.20336

Myers, D. G. (2000). The funds, friends, and faith of happy people. *American Psychologist, 55,* 56–67. doi:10.1037/0003-066X.55.1.56

Noble, T., & McGrath, H. (2012). Wellbeing and resilience in young people and the role of positive relationships. In S. Roffey (Ed.), *Positive relationships: Evidence based practice across the world* (pp. 17–33). New York, NY: Springer.

Peterson, C. (2006). *A primer in positive psychology.* Oxford, UK: Oxford University Press.

Renshaw, T. L., Furlong, M. J., Dowdy, E., Rebelez, J., Smith, D. C., O'Malley, . . . Strom, I. F. (2014). Covitality: A synergistic conception of adolescents' mental health. In M. J. Furlong, R. Gilman, & E. S. Huebner (Eds.), *Handbook of positive psychology in the schools* (2nd ed., pp. xx–xx). New York, NY: Routledge/Taylor & Francis.

Reynolds, A. J., & Ou, S. R. (2010). Early childhood to young adulthood: An introduction to the special issue. *Children and Youth Services Review, 32,* 1045–1053. doi:10.1016/j.childyouth.2010.03.024

Schalock, R., & Alonso, M. A. V. (2002). *Handbook on quality of life for human service practitioners.* Washington, DC: American Association on Mental Retardation.

Schueller, S. M. (2009). Promoting wellness: Integrating community and positive psychology. *Journal of Community Psychology, 37,* 922–937. doi:10.1002/jcop.20334

Seligman, M. E. P., & Csikszentmihalyi, M. (2000). Special issue on happiness, excellence, and optimal human functioning. *American Psychologist, 55*(1).

Seligman, M. E. P., Steen, T. A., Park, N., & Peterson, C. (2005). Positive psychology progress: Empirical validation of interventions. *American*

Psychologist, 60, 410-421. doi:10.1037/0003-066X.60.5.410

Sheldon, K. M., & King, L. (2001). Why positive psychology is necessary. *American Psychologist, 56,* 216-217. doi:10.1037/0003-066X.56.3.216

Siddall, J., Huebner, E. S., & Jiang, X. (2013). A prospective study of differential sources of school-related social support and adolescent global life satisfaction. *American Journal of Orthopsychiatry, 83,* 107-114. doi:10.1111/ajop.12006

Simonton, D. K. (2011). Positive psychology in historical and philosophical perspective: Predicting its future from the past. In K. M. Sheldon, T. B. Kashdan, & M. F. Streger (Eds.), *Designing positive psychology: Taking stock and moving forward* (pp. 447-454). New York, NY: Oxford University Press.

Snyder, C. R., & McCullough, M. E. (2000). A positive psychology field of dreams: "If you build it, they will come . . ." *Journal of Social and Clinical Psychology, 19,* 151-160. doi:10.1521/jscp.2000.19.1.151

Suldo, S. M., & Huebner, E. S. (2004). The role of life satisfaction in the relationship between authoritative parenting dimensions and adolescent problem behavior. *Social Indicators Research, 66,* 165-195. doi:10.1023/B:SOCI.0000007498.62080.1e

Suldo, S. M., Savage, J. A., & Mercer, S. H. (2013). Increasing middle school students' life satisfaction: Efficacy of a positive psychology group intervention. *Journal of Happiness Studies.* First published online February 2013. doi:10.1007/s10902-013-9414-2

Suldo, S. M., & Shaffer, E. J. (2008). Looking beyond psychopathology: The dual-factor model of mental health in youth. *School Psychology Review, 37,* 52-68.

van Grinsven, L., & Tillema, H. (2006). Learning opportunities to support student self-regulation: Comparing different instructional formats. *Educational Research, 48,* 77-91. doi:10.1080/00131880500498495

Vera, E., & Shin, R. Q. (2006). Promoting strengths in a socially toxic world: Supporting resiliency with systemic interventions. *The Counseling Psychologist, 34,* 80-89. doi:10.1177/0011000005282365

Wickrama, T., & Vazsonyi, A. T. (2011). School contextual experiences and longitudinal changes in depressive symptoms from adolescence to young adulthood. *Journal of Community Psychology, 39,* 566-575. doi:10.1002/

jcop.20453

World Health Organization. (1948). *Official records of the World Health Organization*, no. 2, p. 100. Geneva, Switzerland: Author.

제2장
상호활성화: 청소년 정신건강에 대한 상조적 개념

1. 정의 및 이론의 기초

1) 완전한 정신건강의 지향

전통적으로 청소년의 정신건강 증진에 대한 관심은 정신건강에 대한 1차원 모델을 채택하고 있다. 이 관점에서는 심리적으로 문제가 있는 상태와 정상적으로 기능하는 상태를 서로 정반대되는 것으로 여겨, 문제 상태와 건강한 상태를 한 연속선의 양 끝단에 위치시키고 있다. 이 관점에 따르면 청소년들의 심리적 문제(예: 정서적 · 행동적 문제)의 감소는 곧 심리건강(예: 행복 · 친사회적인 행동)의 증진을 뜻한다. 그 반대 경우도 마찬가지이다(Keys, 2007). 이러한 전통 모델이 분명하고 직관적이긴 하지만, 최근 몇 년 동안 정신건강의 복합 모델(예: 두 개의 연속선, 다양한 요인)에 대한 연구가 이루어지면서 전통 모델이 청소년의 정신건강을 모두 설명할 수 있을 정도로 충분히 포괄적인가에 대한 의문이 제기되었다. 1차원 모델과 달리, 다중요인 모델에서는 심리적 문제와 안녕의 구성요인이 서로 관련되어 있지만 인간 기능의 서로 다른 모습이라고 주장한다. 그것들은 분리되어 있지만 또한 연합되어 있는 정신건강의 연속선으로 나타날 수 있다고 주장한다. 몇몇 연구에서는 심리 문제의 존재와 안녕감의 부재가 청소년의 학업 성적 부진과 독립적으로 관련되는 것으로 나타나, 청소년 심리건강에 대한 2차원 모델을 지지하고 있다(Suldo & Shaffer, 2008). 정신건강에 대한 긍정적인 지표와 부정적인 지표 모두 학생들의 출석률과 학업성취를 정적으로 예언하는 것으로 나타났다(Suldo, Thalji, & Ferron, 2011). 이러한 연구 결과는 청소년의 정신건강을 살펴볼 때 문제 증상과 개인적인 강점 및 자산 모두에 관심을 기울일 필요가 있다는 것을 시사한다.

2) 긍정 특성에서 상호활성화까지

지난 15년 동안 교육학자들과 교육 관계자들은 긍정심리학의 이론적 가정 아래 강점이 아동·청소년의 발달 과정에 미치는 영향에 관심을 가지기 시작했다(Chafouleas & Bray, 2003; Huebner & Gilman, 2003; Huebner & Hills, 2001; Seligman, Ernst, Gillham, & Linkins, 2009). 지금까지 긍정성에 초점을 둔 연구들은 이전의 전통적이고 부정적인 측면에 초점을 둔 정신건강 연구들과 유사한 여러 경로로 연구되어 왔다. 아동·청소년 긍정심리학 연구는 처음에는 어른을 대상으로 한 실증연구에서 일반화된 각각의 특성(감사, 마음챙김, 희망 등)을 확인하고 평가하는 것에 초점을 두었으며, 그러한 개인 특성들 간의 관계와 이 특성들이 삶의 질을 좌우하는 핵심 성과(긍정적 관계, 신체적 건강, 학업성취 등)와 어떠한 관계가 있는지를 탐구하였다. 초기의 문제초점 '측정' 접근이 여전히 진행 중이지만, 아동·청소년의 강점을 평가하는 여러 도구가 생겨나면서 점차 아동·청소년의 특정 강점을 신장시키고 강화시키기 위한 개입(감사를 신장시키기 위한 '축복 세기', 마음챙김을 기르기 위한 '호

흡 자각' 등)을 개발하고 평가하는 연구가 진행되었다. 이러한 '목표지향 개입' 접근이 진행되는 가운데, 세 번째로 더욱 통합적인 연구 국면이 출현하게 되었다.

아동 · 청소년 긍정심리학의 세 번째 국면으로 아동 · 청소년의 강점 전체를 측정하는 도구와 개입 교육과정을 개발하는 연구가 학교를 중심으로 하여 나타나기 시작했다(Seligman et al., 2009). 이 접근은 학생 복지체계로 통합되면서 "모든 아동 · 청소년을 대상으로 심리학적으로 건강한 교육 환경"을 형성하는 데 도움을 줄 수 있는 실천방안을 개발하고 효과를 입증하는 것을 핵심 목표로 한다. 예를 들어, 더욱 광범위해진 긍정심리학 영역에서 Seligman(2001)은 PERMA, 즉 긍정 정서(Positive emotion), 참여(Engagement), 관계(Relationship), 의미(Meaning), 성취(Accomplishment)의 통합이 풍요로운 삶의 기초가 된다고 주장하였고, 이 PERMA 모형은 몇몇 학교 교육과정에 적용되었다. 이 접근은 외적 자산(지지적 가족과 학교관계 등)과 내적 자산(성취동기와 모방 능력 등)이 아동 · 청소년의 학업성취와 여러 다른 삶의 질을 풍요롭게 하는 성과 예언을 입증한 '아동기 위험과 탄력성 연구'에서 영감을 받았다(Scales, 1999 참조).

최근 이러한 접근의 주요 초점이 다중 강점 척도(예: Positive Experiences at School Scale; Furlong, You, Renshaw, O'Malley, & Rebelez, 2013)와 개입(예: Strong Kids; Harlacher & Merrell, 2010)에 대한 연구에 맞춰지면서 '상호활성화(covitality)'와 같은 몇몇 새로운 개념이 개발되었다(Jones, You, & Furlong, 2013). 상호활성화란 동시이환(한 환자가 두 만성 질환을 동시에 앓는 상태)과는 반대되는 개념으로, "다양한 긍정심리 구성요인의 상호작용의 결과로 나타나는 긍정 정신건강의 상조적인 효과"를 의미한다. 더욱 기술적으로 말하면, 상호활성화란 "잠재해 있으면서 몇몇 동시 발생을 가져오는 2차적인 정신건강 구조이며, 1차적 긍정 정신건강의 지표"를 뜻한다. 이 상위 구조가 아동 · 청소년에게 적용될 수 있는지를 확인하는 첫 번째 연구에서 상호활성화가 학교 현실에 기반을 둔 각각의 강점(감사, 열정, 낙관성, 인내 등)보다 초등학생(4~6학년)의 친사회적 행동, 배려하는 관계, 학교 적응과 학교 부적응을 더 잘 예언한다는 것이 발견되었다. Keyfitz, Lumley, Hennig과 Dozois(2013)가 실시한 인지치료 접근에 바탕을 둔 유사한 연구에서도 핵심적인 긍정 구조들과 아동·청소년(평균 11세) 자신이 지각한 문제행동 발달 및 긍정행동 발달 사이에 관계가 있음이 밝혀졌다. 또한 본인이 지각한 자기효능감, 낙관성, 신뢰, 성공, 훌륭함의 연합이 각각의 강점보다 우울, 염려 척도와 부적으로 더 크게 상관관계가 있고, 회복탄력성과 정적으로 더 큰 상관관계를 갖는 것으로 나타났다. 이러한 실증적 기초에 토대하여, 우리는 청소년을 위한 확장된 상호활성화 모델을 개발하고 검증했는데, 이 장에서 이에 대하여 설명하고 논의하고자 한다.

3) 청소년 상호활성화 모델

우리는 청소년 상호활성화 개념의 유효성과 유용성을 확인하기 위하여 검증 가능한 측정 모델([그림 2-1] 참조)을 보여 주는 개념 모델을 개발했다. 청소년 상호활성화 개념 모델은 12개의 하위 구성요인들을 가정하고 있는데, 우리는 이것들을 **긍정심리 구성요인**이라고 부른다. 이 하위 요인들은 긍정심리학(Toner, Haslam, Robsinson, & Williams, 2012)과 긍정 아동·청소년 발달(Lynch, Lerner, & Leventhal, 2013)에 관심이 있던 연구자들이 널리 연구해 온 것들이다. 이 모델은 12가지 하위 요인이 모두 4가지 핵심 구조, 즉 4가지의 긍정 정신건강 영역을 형성한다고 가정한다. 이 모델은 인지적 접근에 기초하여 아동·청소년 각자는 그들의 세계관을 능동적으로 형성하며, 사회적 맥락 안에서 그들의 적합성을 결정하는 존재라고 간주한다. 영역에 대한 개념적 기초는 사회심리학(Lips, 1995), 자기개념(Chi-hung, 2005), 인지치료(Dozois, Eichstedt, Collins, Phoenix, & Harris, 2012; Young, Klosko, & Weishaar,

12가지 심리적 강점 구성요인				자기 도식 속 잠재적 특성		
정서조절	자기 통제	공감	→	정서능력	→	상호활성화: 2차적 잠재 특성
낙관성	열정	감사	→	참여적 삶	→	
자기 자각	자기효능감	투지	→	자기 신뢰	→	
가족 응집성	동료 지지	학교 지지	→	타인 신뢰	→	

[그림 2-1] 사회정서적 건강 검사와 청소년 상호활성화의 기저가 되는 이론적 측정 모델

2003) 연구에 기반을 두고 있는데, 이들 연구에 의하면 아동·청소년은 성장하면서 점차 광범위한 인지구조가 발달되고 삶의 경험을 이해하고 통합하는 데 자신의 인지구조를 효과적으로 사용하게 된다.

Markus(1977)는 "자기 도식은 과거 경험에서 생성된 자신에 대한 인지적 산물이며, 개인의 사회적 경험이 내포된 자기 정보형성 과정에 기여한다."(p. 64)고 주장했다. 그 이후에 부적응 자기 도식이 우울(Carlson, 2001), 적대적 자기 귀인(Pornari & Wood, 2010), 공격행동(Calvete & Orue, 2012) 등의 정당화를 통해 긍정적 발달을 어떻게 파괴하는지에 대한 관심이 생기면서 연구의 초점이 부적응 자기 도식의 발달로 옮겨졌다. 그러나 부적응 자기 도식이 발달에 부정적인 영향을 주는 것과 마찬가지로, 적응적 자기 도식의 형성이 회복탄력성에 영향을 주는 것도 점차 인식되었다(Dozois et al., 2012). 사실 패러다임이 크게 변화하고 있는 회복탄력성 연구(Masten & Wright, 2010; Werner, 2013)와 빠르게 발전하고 있는 긍정심리학 연구(Norrish & Vella-Brodrick, 2009; Yates & Masten, 2004) 모두 긍정적 자기 도식이 어떻게 형성되는지, 긍정적 자기 도식이 적응적이고 충만한 발달적 성과와 어떻게 관련되는지, 삶의 과정에서 그것들이 어떻게 발달되는지를 이해하기 위해 노력하고 있다.

우리 모델은 4가지 긍정적 핵심 정신건강 영역 혹은 자기 도식을 제안한다. 이를 살펴보면 다음과 같다. 첫 번째 영역인 자기 신뢰는 사회정서학습이론(Social-Emotional Learning: SEL)에서 조사된 3가지 하위 요인들을 포함하는데, 자기효능감("나는 나의 문제들을 해결할 수 있다."), 자기 자각("내 삶에 목표가 있다."), 끈기("나는 수업에서 제시된 문제를 모두 풀기 위해 노력한다.")가 해당된다. 두 번째 영역인 타인 신뢰는 유아기 회복탄력성 연구에서 주로 다루어진 개념인 3가지 하위 요인을 포함하는데, 학교 지지("학교에는 내가 성공할 것이라고 믿어 주는 선생님과 다른 어른들이 있다."), 동료 지지("나는 나를 아껴 주는 또래 친구가 있다."), 가족 지지("우리 가족 구성원 사이에 유대감이 있다.")가 해당된다. 세 번째 영역인 정서능력은 첫 번째 영역과 마찬가지로 사회정서학습이론 연구에서 주로 다루어졌고, 3가지 하위 요인을 포함하는데, 정서조절("나는 거절당하는 것에 잘 적응할 수 있다."), 공감("나는 누군가가 아플 때 함께 고통을 느낀다."), 행동 조절("내가 원하는 것을 위해 기다릴 수 있다.")이 해당된다. 마지막 긍정 정신건강 영역인 참여적 삶은 긍정심리학에서 기인한 3가지 요인으로 구성되는데, 감사(감사함을 느끼는 빈도), 열성(열정적인 기분을 느끼는 빈도), 낙관성("나는 대개 하루하루 잘 보낼 수 있으리라 기대한다.")이 해당된다. 이 모델은 각각의 긍정 영역이 서로 연관되어 있다는 것을 발견하고 제시하고 있다. 그러나 우리는 이 추론을 더욱 확장하여, 이 4가지 영역이 고차적인 구조, 즉 상호활성화를 구성한다는 것을 주장한다. 또한 누적 회복탄력성 모델에 근거하여, 하위 차원의 긍정심리 구성요인들이 연합해서 작용할 때 더욱 큰 효과를 낼 수 있음을 알 수 있다(Furlong et al., 2013; Jones et al., 2013).

측정 모델의 관점에서 살펴보면, 12개의 긍정심리 구성요인은 단지 개념 모델에서 직접 측정된 요인들일 뿐이다. 4가지 긍정적 정신건강 영역과 상호활성화 구성요인 모두 잠재적 요인으로 볼 수 있다. 다음 절에서는 우리의 모델을 더욱 확장시켜 조작적 정의를 하고, 12가지 긍정심리 구성요인과 관련된 연구들을 검토하여 청소년 상호활성화에 대한 기초를 세울 것이다. 그리고 측정 모델을 적용할 수 있게 한 사회정서적 건강 검사(Social Emotional

Health Survey: SEHS; Furlong et al., 2013)의 개발에 대한 연구를 검토할 것이다. 사회정서적 건강 검사에 대한 자세한 설명은 Furlong과 동료들(2013)의 연구를 참조하면 된다.

2. 주요 조사 연구 개관

1) 조작적 정의

아동 · 청소년의 상호활성화 모델에 기초한 12개의 긍정심리 구성요인에 대한 조작적 정의가 〈표 2-1〉에 제시되어 있다. 이러한 정신건강 구성요인이 새로운 것은 아니지만, 우리의 조작적 개념화는 기존의 연구에서 사용된 것과는 다소 다르며, 우리의 개념화 중 몇몇은 〈표 2-1〉에 인용된 연구에서 사용된 것과는 달리 범위가 더 넓게 사용되었다. 예를 들면, 첫 번째 지표인 자기 자각을 자기 자신의 개인적이고 사회적인 측면을 인지하고 관심을 기울이는 것으로 조작적 정의를 한 반면, 이 지표와 관련하여 우리가 인용한 연구들은 모두 아동 · 청소년의 마음챙김에 관한 것들이었는데, 한 연구에서는 그것을 단순히 지금 이 순간의 경험에 집중하는 것이라고 개념화했고(Drake, Duncan, Sutherland, Abernethy, & Henry, 2008), 다른 연구들에서는 '개인의 경험에 대한 수용적인 태도를 동반한 지금 이 순간에의 집중'이라고 정의했다(Ciarrochi, Kashdan, Leeson, Heaven, & Jordan, 2011; Greco, Baer, & Smith, 2011). 이 정의들을 우리가 정의한 자기 자각이나 사회정서적 건강 검사(SEHS) 연구에서 자기 자각 척도를 구성하는 3개 문항에 대해 실시한 내용분석과 비교해 보면, 우리의 자기 자각 개념이 마음챙김 개념을 아우르지만 동시에 마음챙김의 경계를 넘어 '삶의 목적' '개인의 행동에 대한 직관적인 이해'와 같은 것으로, 이는 이전의 아동 · 청소년 연구에서 다루어지지 않았던 자각의 하위 현상들을 포함하여 그 의미를 더욱 확장시켰다는 것을 알 수 있다.

2) 삶의 질과의 관련성

〈표 2-1〉에서 12개의 긍정심리 구성요인과 선택된 삶의 질(quality-of-life: QOL) 성과들, 즉 주관적 안녕감(subjective well-being: SWB)과 학교/학생 성취도(school/student achievement: SA) 사이의 관계를 나타내는 유효한 상관계수들을 개략적으로 살펴볼 수 있다. 조사의 개관에서 전적으로 상관관계를 보였고 2가지 주요 삶의 질(QOL) 지표에만 초점을 둔 것을 고려한다면, 관심 있는 독자들은 각각의 지표에 대한 추가적인 동시타당도를 확인해 볼 만하다. 예를 들어, 아동 · 청소년의 감사는 주관적 안녕감(SWB)과 학교/학생 성취도(SA)와 정적으로 관련이 있지만, 지각된 사회적 지지(다른 사람에게 제공하는 정서적 지지)와도 정적으로 관련이 있고, 사회통합과는 더 크게 관련이 있다(Froh et al., 2011). 한편, 낙관성은 스트레스와 질병에 대한 성공적 대처, 대학생활 적응, 친사회적 관계, 양호한 신체건강, 끈기와 정적으로 관련이 있음이 입증되었다(Gillham & Reivich, 2004). 이렇게 높은 공인타당도는 우리 모델에 포함된 12개의 지표 대부분에서 찾아볼 수 있다. 게다가 심리 구성요인(공감, 정서조절, 행동 자기 조절)의 많은 부분을 지지하는 추가 증거가 학교를 기초로 한 보편적 수준의 사회정서학습이론(SEL) 개입의 효과성을 증명한 실험연구 결과에서 입증되었다(Durlak, Weissberg, Dymnicki, Taylor, & Schellinger, 2011; Durlak, Weissberg, & Pachan, 2010). 그러므로 〈표 2-1〉에 제시된 인용들이 각각의 지표를 지지하는 관련 문헌을 적절하게 개괄하고 있음을 알 수 있다.

〈표 2-1〉 상호활성화 지표의 정의와 관련 변인

상호활성화 지표	조작적 정의	주관적 안녕감(SWB)과의 상관계수(r) [95% 신뢰도]	참고문헌	학교/학생 성취도(SA)와의 상관계수(r) [95% 신뢰도]	참고문헌
자기 신뢰					
자기 자각	자기 자신의 개인적이고 사회적인 측면을 인지하고 관심을 기울이는 것(Abrams & Brown, 1989)	.24~.35 [.17, .43]	Ciarrochi et al., 2011; Drake et al., 2008	~.28 [.23, .33]	Greco et al., 2011
끈기	어려움과 실패에 맞서서 흥미를 유지하면서 목표를 이루기 위하여 성실하게 노력하는 것(Duckworth et al., 2007)	.09~.34 [-.03, .42]	Garcia, 2011; Garcia et al., 2012	.24~.32 [.15, .42]	Duckworth & Quinn, 2009; Martin & Marsh, 2006
자기 효능감	환경적 요구에 효과적으로 대응할 수 있는 능력이 있다고 자각하는 것(Bandura et al., 1996)	.09~.48 [-.03, .51]	Danielsen et al., 2009; Diseth et al., 2012; Fogle et al., 2002; Lightsey et al., 2011; Vecchio et al., 2007; Vieno et al., 2007	.17~.44 [.06, .51]	Capara et al., 2011; Zhu et al., 2011; Zuffiano et al., 2013
타인 신뢰					
동료 지지	동료와의 관계를 서로 배려하고 도움을 주는 관계로 평가하는 것(Farmer & Farmer, 1996)	.23~.61 [.07, .63]	Danielsen et al., 2009; Flaspohler et al., 2009; Oberle et al., 2011; Schwarz et al., 2012; Vera et al., 2008	.10~.22 [.01, .33]	Chen, 2005; Danielsen et al., 2009; Ozer & Schotland, 2011; Rosalind, 2010

교사 지지	교사와의 관계를 서로 배려하고 도움을 주는 관계로 평가하는 것(Farmer & Farmer, 1996)	.32~.54 [.29, .61]	Danielson et al., 2009; Ferguson et al., 2010; Flaspohler et al., 2009; Stewart & Suldo, 2011	.15~.33 [.05, .43]	Chen, 2005; Danielsen et al., 2009; Rosalind, 2010; Stewart & Suldo, 2011
가정 지지	가족과의 관계를 서로 배려하고 도움을 주는 관계로 평가하는 것(Farmer & Farmer, 1996)	.32~.67 [.29, .72]	Danielson et al., 2009; Ferguson et al., 2010; Oberle et al., 2011; Schwarz et al., 2012; Stewart & Suldo, 2011; Vieno et al., 2007	.23~.27 [.13, .33]	Chen, 2005; Danielsen et al., 2009; Rosalind, 2010; Stewart & Suldo, 2011
정서능력					
공감	다른 사람의 감정 상태를 인지하고, 공유하고, 사려하는 것(Garaigordobil, 2004)	~.27 [.08, .44]	Oberle et al., 2010	유효한 연구 없음	
정서조절	긍정적 정서(행복 등)를 효과적으로 표현하고 부정적 정서(분노 등)를 효과적으로 조절하는 것(예: anger; Fry et al., 2012)	.19~.28 [.10, .38]	Haga et al., 2009; Saxena et al., 2011	.25~.28 [.19, .45]	Gail & Arsenio, 2002; Vidal Roderio et al., 2012; Vukman & Licardo, 2010
행동 자기 조절	주어진 맥락에 따라 효과적으로 개인의 행동을 표현하고 조절하는 것(Hofer, Busch, & Kartner, 2011)	.36~.48 [.27, .55]	Fry et al., 2012; Hofer et al., 2011	.25~.42 [.11, .48]	Bertrams, 2012; Kuhnle et al., 2012; Vidal Roderio et al., 2012

참여적 삶					
감사	좋은 일이 생겼을 때 자각하고 감사함을 느끼는 것(Emmons, 2007)	.11～.60 [.06, .66]	Froh et al., 2009, 2011; Proctor et al., 2010	～.28 [.23, .33]	Froh et al., 2011
열정	현재의 삶을 활기차고 열정적으로 경험하는 것(Park & Peterson, 2006b)	.31～.50 [.24, .59]	Park & Peterson, 2006a, 2006b	유효한 연구 없음	
낙관성	미래에 좋은 사건과 유익한 성과들이 나타나리라 기대하는 것(Utsey et al., 2008)	.24～.65 [.11, .68]	Chang et al., 2003; Extremera et al., 2007; Froh et al., 2009; Gadermann et al., 2011; Ho et al., 2010; Lai, 2009; Oberle et al., 2011; Piko et al., 2009; Veronese et al., 2012; Wong & Lim, 2009	.13～.27 [.07, .39]	Creed et al., 2002; Lounsbury et al., 2002; Vidal Roderio et al., 2012

3. 측정 접근 문제

1) 사회정서적 건강 검사의 초기 개발과 검증

사회정서적 건강 검사(SEHS)의 개발과 검증을 보고한 초기 연구가 8, 10, 12학년의 캘리포니아 학생 4,189명을 대상으로 실시되었다(Furlong et al., 2013). 이 연구의 주요한 목적은 사회정서적 건강 검사(SEHS)의 토대가 되는 (우리가 연구에서 청소년 상호활성화로 개념화한) 이론적 측정 모델을 검증하는 것이었다([그림 2-1] 참조). 이 연구는 또한 상호활성화와 상호활성화의 4가지 긍정 정신건강 영역, 12개의 긍정심리 구성요인을 측정할 수 있는 정상적이고 사회적으로 유효한 도구를 개발하는 것을 목적으로 했다. 사회정서적 건강 검사(SEHS)의 원래 버전은 12개의 핵심 긍정심리 구성요인을 대표하기 위해 작성된 51가지 문항으로 구성되어 있었다. 원 표본의 반절(n=2,056)을 가지고 실시한 확인적 요인분석 결과에 따라, 51개 문항이었던 초기 사회정서적 건강 검사(SEHS)는 각각의 세부 범주에서 상위 3개 문항만을 뽑아 36개 문항으로 줄어들었다. 나머지 반절의 표본(n=2,133)을 가지고 축소된 36개 문항의 버전에 대하여 확인적 요인분석을 실시한 결과, 종합적으로 적절한 수준의 모델을 발견하였다. 모든 문항이 중복 없이 각각의 세부 범주에 포함되고, 12개의 세부 범주는 각각의 가설적 1차 잠재요인들(긍정 정신건강 영역)에 포함된다. 그리고 4개의 1차 잠재요인은 하나의 2차 잠재요인(상호활성화를 나타내는)에 포함된다.

잠재변인 경로 분석 결과에서는 상호활성화 구조가 청소년의 주관적 안녕감을 의미 있게 예언하는 것으로 나타났다. 다른 분석에서도 사회정서적 건강 검사(SEHS)가 남성과 여성 모두에게 요인불변성을 갖는 것으로 나타나, 이것이 모든 성별에 대하여 완전한 정신건강을 측정하는 척도로서 유용하다는 것이 지지되었다. 이 연구는 또한 상호활성화가 높을수록 높은 자기보고에 의한 학업성취와 학교 안전에 대한 지각 점수와 관련이 있음을 입증하며 상호활성화 구조를 지지하는 공인타당도를 제시하기도 하였다. 낮은 상호활성화는 높은 약물 사용 및 우울증의 경험과 관련이 있었다. 종합하면, 이 연구 결과들은 사회정서적 건강 검사(SEHS)에 의해 측정된 청소년 상호활성화가 앞으로의 연구를 보장해 주는 실증적으로 전망 있는 현상이라는 것을 보여 준다.

2) 사회정서적 건강 검사에 대한 추가 검증

청소년 상호활성화 구조의 동시성과 예언성을 확인하기 위하여 9~12학년 캘리포니아 학생 2,240명을 대상으로 사회정서적 건강 검사(SEHS) 관련 후속 연구가 수행되었다(You et al., 2013). 원 표본의 반절(n=1,120)로 확인적 요인분석(CFA)을 실시하여 12개의 세부 범주의 요인 구조를 재확인하였다([그림 2-1] 참조). 분석 결과 초기의 개발 연구와 마찬가지로 모든 문항이 12개의 가설적 세부 범주에 포함되어 충분한 모델 적합성을 획득하였다. 이 분석 이후에 사회정서적 건강 검사(SEHS)의 가설적 구조 전체를 확인하기 위하여 원 표본의 나머지 반(n=1,120)을 이용하여 또 다른 확인적 요인분석(CFA)을 실시하였다. 그 결과, 초기 개발 연구와 마찬가지로 충분한 모델 적합성을 획득하였다.

구조방정식 모델을 사용한 추가적인 타당화 분석을 실시한 결과, 상호활성화는 청소년의 사회적·정서적·행동적 문제증상에 대한 주요한 부적 예측 변인으로 나타났고, 사회정서적 건강 검사(SEHS)가 낮은 연령(13~15세)과 높은 연령(16~18세)의 청소년 모두에게 요인불변성을 가지는 것이 확인되었다. 그리하여 이 연구는 모든 청소년의 완전한 정신건강을 측정하는 척도로서의 유용성이 추가적으로 지지되었다. 높은 상호활성화 점수가 기말고사에서 높은 점수를 예언한다는 것도 상호활성화 구조의 타당성을 추가로 지지하고 있다.

사회정서적 건강 검사(SEHS)의 타당성을 지지하는 증거 이외에도, 우리는 상호활성화 전체 점수(36개 문항의 총점)가 높은 신뢰도를 보이며(α= .92), 정상분포(왜도=-0.54, 첨도=0.49)를 따른다는 것을 발견하였다. 사회정서적 건강 검사(SEHS)의 잠재적 특성들은 자기 도식을 측정하기 위해 제안된 것들이기 때문에, 그 성질이 일관될 것이라고 생각된다. 사회정서적 건강 검사(SEHS)의 심리평가적 타당성을 검증하기 위해 115명의 청소년(첫 번째 검사

시 14~15세, 여성 55%)이 약 12개월 간격으로 두 번에 걸쳐 사회정서적 건강 검사(SEHS)를 받았다. 사회정서적 건강 검사(SEHS)의 잠재 구조에 대한 안정도 계수(검사 재검사 신뢰도)는 자기 신뢰(r_{12}= .56), 타인 신뢰(r_{12}= .57), 정서 능력(r_{12}= .57), 참여적 삶(r_{12}= .45), 상호활성화 전체(r_{12}= .60)로 나타났다. 결과적으로 사회정서적 건강 검사(SEHS)는 청소년의 정신건강을 사정하는 데 어느 정도 적절한 심리평가적 타당도를 지니며, 상호활성화는 학교 적응과 삶의 질을 나타내는 핵심 성과에 대하여 의미 있는 관련성과 예측성을 갖는다.

사회정서적 건강 검사(SEHS)의 장점 중 하나는 이것이 정상 분포를 따르기 때문에 모든 수준을 측정할 수 있다는 것이다. 높고 낮은 상호활성화 점수 모두가 의미 있는 정보를 제공한다. 따라서 사회정서적 건강 검사(SEHS)는 완전한 정신건강을 평가할 수 있는 일반적인 접근 중 하나로 사용될 수도 있다. 이제 교육자들이 학교 전체의 보편적인 검사 과정을 통해 완전한 정신건강을 측정하기 위하여 사회정서적 건강 검사(SEHS)와 상호활성화 구조를 어떻게 사용하고 있는지에 대해 논의하고자 한다.

4. 교육에의 적용

1) 학교 전체적으로 실시하는 정신건강 검사

예방이나 조기 개입을 필요로 하는 학생들을 가려내기 위하여 실시하는 학교 전체 검사에서 사회정서적 건강 검사(SEHS)가 청소년의 정신건강을 사정하는 도구로 사용될 수 있다(Doll & Cummings, 2008; Severson, Walker, Hope-Doolittle, Kratochwill, & Gresgam, 2007). 학생 정신건강 전수조사가 초기 단계이지만, 기존의 척도 대부분이 위험인자나 임상적 증상을 평가하도록 제작되어 있는데, 이러한 증상을 지닌 학생은 실제로 20%도 채 되지 않는다. 따라서 기존 검사 범위는 도움이 필요하거나 문제가 있는 몇몇 학생만을 선별하는 데 국한되어 있다. 이러한 문제를 해결하고 모든 학생에게 필요한 정보를 제공하기 위한 방법 중 하나로 청소년 정신발달의 긍정적 측면을 평가하는 척도를 사용하여 기존의 전통적인 '위험-증상에 초점을 둔 검사' 과정을 보완할 필요가 있다. 사회정서적 건강 검사(SEHS)의 높고 낮은 점수 모두는 의미 있는 정보를 제공하기 때문에, 이 검사도구의 사용은 학교 정신건강 검사의 적용 범위를 학생 전체로 확장할 수 있다. 장애나 위험 정도에 상관없이 모든 학생은 최선의 발달적 성과를 이루는 데 도움이 되는 강점을 가지고 있다. 결국, 학교의 학생 관리부는 전통적인 정신건강 검사 자료와 더불어 사회정서적 건강 검사(SEHS) 자료를 함께 사용해서 청소년의 정신건강을 더 잘 이해할 수 있어야 한다. 보다 나은 이해를 바탕으로 학교는 모든 학생에게 학업성취와 삶의 질 향상을 위한 더욱 포괄적이고 균형 잡힌 서비스를 제공할 수 있다. 그러한 목적들을 이루는 데 사회정서적 건강 검사(SEHS)가 어떻게 사용될 수 있는지에 대한 이해를 돕기 위해 실제로 중등학교에서 긍정 정신건강 검사도구를 어떻게 사용하였는지 다음에서 살펴보고자 한다.

2) 사회정서적 건강 검사를 활용한 전수조사 사례

완전한 정신건강 검사 계획의 일환으로 캘리포니아 대도시의 고등학교에서 사회정서적 건강 검사(SEHS)가 실시되었다(9~12학년; 더 자세한 정보는 Dowdy의 2014년 연구 참조). 계획을 시행하기에 앞서 대학 인사과와 학교 지구 인사과 사람들이 모여 학교 전체적인 지원이 학교와 학생의 필요에 적절하게 맞춰질 수 있도록, 특히 추가 지원이 필요한 학생들을 확인하고, 모든 학생의 정신건강 기능에 대한 총체적인 정보를 수집한다는 검사 실시의 목적에 합의했다. 사회정서적 건강 검사(SEHS)와 행동 정서 평가 척도

(Behavioral and Emotional Screening System: BESS), 이 2개의 자기보고식 척도가 학생들의 정신건강을 평가하는 데 사용되었다. 행동 정서 평가 척도(BESS)는 행동과 정서적 문제의 위험을 측정하기 위해 고안된 30문항의 척도이다(Kamphaus & Reynolds, 2007).

새 학년이 시작되는 첫 달에, 학교 직원들과 연구팀은 정규 교육과정의 1시간 동안 각 반에 검사 과정에 대한 간단한 설명을 제공하며 검사 실시에 대한 학생들의 동의를 구했다. 검사에 동의한 모든 학생이 사회정서적 건강검사(SEHS)와 행동 정서 평가 척도(BESS) 검사지에 응답을 했다. 입학 학생의 83% 정도가 검사지에 응답했다. 각 학생들에게 T 점수가 부여되었고, 이에 따라 학생들을 행동 정서 평가 척도(BESS) 표준 절차에 의거하여 위험 수준에 따라 세 집단(보통, 높은 수준, 매우 높은 수준)으로 분류하였다. 사회정서적 건강 검사(SEHS) 36개 문항의 총합이 정상분포를 따른다는 이전의 연구에 기초하여, 종합 점수를 가지고 각각의 학생들을 낮은 강점(〈 -1 SD), 약간 낮은 강점(-1 SD~0 SD), 약간 높은 강점(0 SD~1 SD), 높은 강점(〉1 SD) 등의 네 집단으로 분류하였다. 학교 전체적으로 실시한 이 2가지 검사 결과 모두가 학교 인사과에 제공되었다. 학생들의 정신건강 기능에 대한 총체적인 정보가 담긴 결과가 학교 관리자들과 교직원들에게 전달되었다. 예를 들어, 강점에 따라 세 수준으로 분류하였을 때 학생들의 비율을 나타낸 그래프가 제공되었다(〈표 2-2〉 참조). 이 결과를 토대로 학교 직원들은 학생들의 동료 지지와 학업적 끈기를 증진시킬 수 있는 전략을 의논했다.

추가로, 행동 정서 평가 척도(BESS)와 사회정서적 건강 검사(SEHS)에 대한 학생들의 응답을 통합하여([그림 2-2] 참조) 학생들을 가장 높은 위험집단(매우 높은 수준의 BESS 점수, 낮거나 낮은 보통 수준의 SEHS 점수), 어느 정도 위험집단(높은 수준의 BESS 점수, 낮은 수준의 SEHS 점수), 낮은 위험집단(높은 수준의 BESS 점수, 낮은 보통 수준의 SEHS 점수), 쇠약집단(보통 수준의 BESS 점수, 낮은 수준의 SEHS 점수), 보통집단(보통 수준의 BESS 점수, 낮은 보통 수준의 SEHS 점

〈표 2-2〉 **학교 관리자, 교사 및 학생 지원 협력팀에 보고된 상호활성화 구성 프로파일을 보여 주는 완전한 정신건강 검사 결과의 예**

<table>
<tr><th>행동 정서 평가(BESS) 위험 집단
사회정서적 건강(SEHS) 강점 집단</th><th>행동 정서 평가(BESS)
보통
(T≤60)</th><th>행동 정서 평가
(BESS)
높은 수준
(T=61-70)</th><th>행동 정서 평가
(BESS)
매우 높은 수준
(T≥71)</th></tr>
<tr><td>낮은 수준의
사회정서적 건강(SEHS) 강점
(z=〈 -1 SD)</td><td>4. 쇠약집단
(N=122)</td><td>2. 어느 정도
위험집단
(N=61)</td><td rowspan="2">1. 가장 높은
위험집단
(N=25)</td></tr>
<tr><td>낮은 보통 수준의
사회정서적 건강(SEHS) 강점
(z= -1 SD~0 SD)</td><td>5. 보통집단
(N=398)</td><td>3. 낮은 위험집단
(N=56)</td></tr>
<tr><td>높은 보통 수준의
사회정서적 건강(SEHS) 강점
(z= 0 SD~1 SD)</td><td>6. 어느 정도 번성집단
(N=504)</td><td rowspan="2">9. 불일치집단
(N=31)</td><td rowspan="2">8. 불일치집단
(N=3)</td></tr>
<tr><td>높은
사회정서적 건강(SEHS) 강점
(z= 〉1 SD)</td><td>7. 높은 번성집단
(N=248)</td></tr>
</table>

수), 어느 정도 번성집단(보통 수준의 BESS 점수, 높은 보통 수준의 SEHS 점수), 높은 번성집단(보통 수준의 BESS 점수, 높은 수준의 SEHS 점수), 불일치집단(높거나 매우 높은 수준의 BESS 점수, 높거나 높은 보통 수준의 SEHS 점수) 등의 8가지 정신건강 기능 범주로 분류하였다. 이 자료를 활용하여 위험 수준으로 분류된 학생 개인 정보가 학교 관계자에게 전달되어, 부가적인 도움을 필요로 하는 학생들을 결정하는 데 활용되었다. 모든 학생을 즉시 지원할 수 있을 만큼 자원이 충분하지 않으므로 이 분류체계를 활용하여 필요의 우선순위를 정한 뒤 고위험집단에 속하는 학생들을 우선 지원할 수 있다. 요컨대, 완전한 정신건강을 평가하기 위한 복합적인 평가 척도의 일부로서 사회정서적 건강 검사(SEHS)는 학생 각각의 정신건강 기능에 관련한 정보를 더욱 풍부하게 제공할 수 있다. 증상을 치료하는 것뿐 아니라 학생들의 강점을 키워 주는

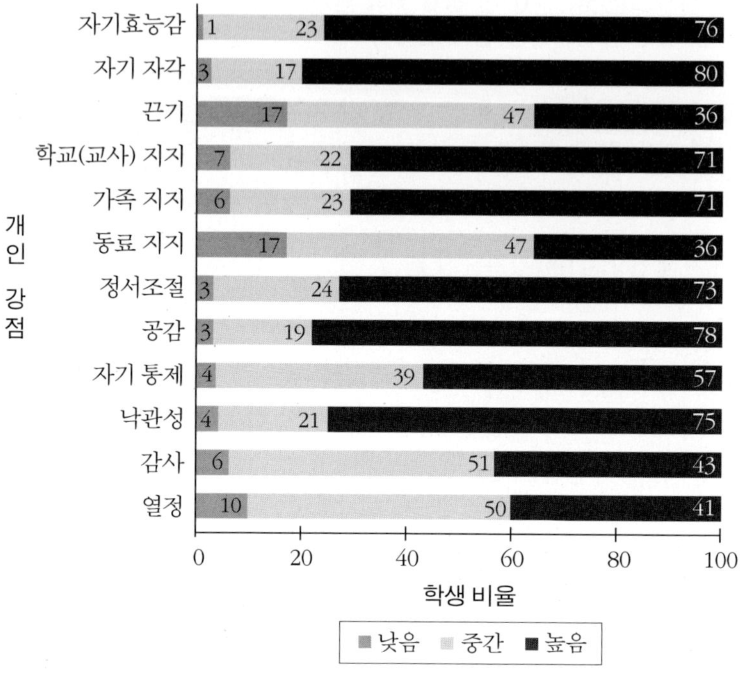

[그림 2-2] 정신건강 평가결과 보고

심리적 부적응 문제 평가를 위한 행동 정서 평가 척도(BESS)와 심리적 강점평가를 위한 사회정서적 건강 검사(SEHS)를 활용한 학교 전반의 완전한 정신건강 평가 결과 보고의 예. 학교복지팀은 우선순위를 정하여 가장 도움을 필요로 하는 학생들을 지원하고 학생 번영을 증진하는 학교 프로그램과 활동을 개발할 수 있다.

것까지 초점을 두어 개입 전략이나 지원방안을 개발하는 데 사회정서적 건강 검사(SEHS)가 사용될 수 있다. 더욱이 사회정서적 건강 검사(SEHS)를 통해 얻은 정보로 학교의 학생복지팀은 단지 몇몇 학생의 부정적 기능에만 초점을 두는 것이 아니라 모든 학생의 정신건강 상태를 살피면서 모든 학생에게 도움이 되는 적절한 지원 서비스를 개발하는 데 도움을 얻을 수 있다.

3) 개별 평가

사회정서적 건강 검사(SEHS)는 학생 전체의 상호활성화를 평가할 기회를 제공한다는 점에서 학교 전체적인 정신건강 척도로서 유용하며, 확인된 학생들의 강점과 약점을 바탕으로 증거에 기반을 둔 지원체계를 제공하는 데 도움이 될 수 있다. 또한 사회정서적 건강 검사(SEHS)는 기존의 개별화된 평가 구조에도 포함되어, 특별교육이 필요한 사람을 결정하기 위한 광범위한 평가도구 중 하나로 사용되어 개인의 강점에 기반을 둔 정보를 측정하고 종합하는 도구로 활용될 수 있다. 이 개별화 평가도구를 통해 얻을 수 있는 강점 기반 정보들은 학생들의 기능과 관련하여 더욱 넓고 광범위한 관점을 제공함으로써 평가와 개입 전략을 도출하는 데 보다 큰 도움을 줄 수 있다(Cox, 2006; Epstein, Hertzog, & Reid, 2001; Walrath, Mandell, Holden, & Santiago, 2004).

매개변인에 따른 사회정서적 건강 검사(SEHS)의 민감성을 검증하기 위한 연구가 더 필요하지만, 이 척도의 간결성과 폭넓은 범위는 이것이 학생들의 긍정적 정신건강을 강화하기 위해 고안된 개입들의 효과를 평가하는 실용적인 검사도구로 활용될 수 있음을 시사한다. 사회정서적 건강 검사(SEHS)는 학생들의 강점을 증진시키기 위해 고안된 개인상담과 집단상담 모두의 효과성을 평가하는 데 효과적이다. 요컨대 사회정서적 건강 검사(SEHS)는 개입들을 검증하고 평가하는 집단검사에서부터 개인검사에 이르기까지 광범위한 지원체계 모형 내의 여러 부분에서 사용될 수 있다.

5. 다양성, 발달적 논의

통합적 구조로서 상호활성화는 청소년의 행복 증진을 위하여 상보적으로 작용하는 넓은 범위의 내적 · 외적 강점들의 역동 이해를 위한 틀을 제공한다. 상호활성화 구조를 나이, 성별, 문화적 배경, 그 밖의 다른 요인에 있어서 개별적인 차이를 보이는 다양한 학생들에게 어느 정도까지 적용할 수 있는지에 대한 의문은 남아 있다. 이 질문에 대답하기 위해서는 더 많은 실증적 노력이 필요하겠지만, 우리 연구팀이 상호활성화 모델을 미국 이외의 다른 나라들에서 여러 학년의 학생 표본을 대상으로 다양한 대상에 적용하기 시작했다. 이 장에서 제시되는 사회정서적 건강 검사(SEHS) 말고도, 우리는 초등학교부터 대학교까지의 학생들에게 적용할 수 있는 상호활성화 척도를 추가로 개발하기도 했다. 우리는 그 척도를 통하여 각 척도의 예측성뿐 아니라, 나이, 성, 국적에 따른 구조적인 불변성을 확인하고자 한다.

나이와 성별의 차이를 고려하면, 사회정서적 건강 검사(SEHS)로 측정된 12개의 하위 특질은 원래 캘리포니아 표본들에서 남성과 여성에 대해 완전한 요인불변성을 보였으며, 중학생에게서도 요인불변성이 나타났다. 나이와 성 차이뿐 아니라 사회경제적 지위, 언어 능력을 포함한 인지적 차원, 문화와 인종과 관련된 더욱 광범위한 차이까지 고려하여 다양한 학생 표본을 대상으로 사회정서적 건강 검사(SEHS)의 요인불변성을 확인하는 연구는 더 필요하다.

어린 학생들의 행복과 학교 참여에 대한 예측변인으로서 상호활성화의 역할을 확인하기 위하여, Furlong과 동료들(2014)은 초등학생을 위한 긍정적 학교 경험 척도(Positive Experiences at School Scale: PEASS)를 개발했다. 감사, 열정, 낙관성과 인내를 포함한 4가지의 긍정심리 요인을 측정하는 긍정적 학교 경험 척도(PEASS)가 캘리포니아 중앙부의 4개 학군에서 4학년부터 6학년까지의 학생 1,995명에게 실시되었다. 사회정서적 건강 검사(SEHS)와 관련된 기존의 연구 결과와 마찬가지로 이 분석연구는 상호활성화가 네 긍정심리 요인을 개별적으로 고려하는 것보다 더 나은 공인타당도를 보임으로써 통합적 구조 개념인 상호활성화를 지지하고 있다. 또한 이 모형은 같은 표본의 남녀 모두에 대해서 충분한 안정성을 보여 주었다.

Jones와 동료들(2013)은 상호활성화 모델을 대학생에게 적용했는데, 그들은 캘리포니아 남부의 한 대학에 다니는 528명의 학부생들을 대상으로 자기효능감, 희망, 삶의 만족, 낙관주의, 행복, 감사를 포함한 긍정심리 구조의 상위 6개 요인의 조합을 확인했다. 요인분석 결과, 6개 상위 요인 중에서 5개 요인만 독립적인 것으로 나타났지만, 이들 모두는 상호활성화 하위 요인에 포함된다. 그리고 이들은 정신적 고통의 부정적 증상뿐 아니라 정신건강의 긍정적 측면을 예측하는 좋은 요인임이 증명되었다.

우리가 초등학생부터 대학생까지의 표본을 통한 연구에서 상호활성화가 긍정적인 학업 성과에 대한 유용한 예측인자임을 확인할 수 있었다는 결과는 청소년 정신건강의 추가적이고 복합적인 긍정심리 특성 모형을 지지한다. 성별에 대해서 높은 요인안정성은 성별에 상관없이 학생들의 상호활성화를 측정하는 것의 유용성을 지지하고 있다.

문화 간 비교가 언어적 차이뿐 아니라 문화적 차이를 내포하고 있기에 상호활성화에 대한 민족(인종)과 문화 변인에 따른 평가는 연구자들에게 많은 측정 과제를 부여하고 있다. 현재 우리는 사회정서적 건강 검사(SEHS)를 다양한 언어로 번역하고, 호주, 일본, 한국, 페루의 학생들로부터 사회정서적 건강 검사(SEHS) 자료를 수집하고 있으며, 태평양 주변의 여러 국가에서도 수집할 예정이다. 일본어로 번역된 사회정서적 건강 검사(SEHS)를 도쿄 학생 약 600명에게 두 차례에 걸쳐 실행한 결과, 상호활성화가 학교 적응과 학업성취를 포함한 청소년의 긍정적 성과들을 예언하는 유효한 요인임이 확인되었다(Smith, Ito, Shimoda, You, & Furlong, 2014). 우리는 앞으로 캘리포니아의 8개 고등학교로부터 자료를 수집하여 아프리카계 미국인과 아시아계 미국 학생들을 포함하여 더욱 다양한 인종을 대상으로 사회정서적 건강 검사(SEHS)를 실시하여 구조적인 비교를 할 계획이다.

연구의 진전을 위해서, 추가적인 긍정심리학적 성향이나 지지요인을 포함하여 다양한 대상에게 상호활성화 모형 관련 반복 연구를 실시할 필요가 있다. 심리적 특성들의 특정한 조합이 청소년의 다양한 긍정적 성과를 다르게 예언하고, 문화와 인종적 요인에 따라 이러한 차이가 나타날 수 있다. 그리고 기존에 개발된 측정도구들(PEASS, SEHS)의 구조 안정성을 미국뿐 아니라 다른 나라의 학생 집단을 통해서도 확인할 필요가 있다.

6. 결론

청소년의 행복을 더욱 광범위하게 이해하기 위한 의미 있는 진전이 이루어지고 있다. 심리적 문제뿐 아니라 개인적인 강점에 대한 평가 또한 가치 있다는 것이 분명해지고 있다. 개인 강점이 많을수록 긍정적인 결과가 많아진다는 것이 밝혀졌고, 교육자들은 이 강점들을 조합시킬 수 있는 방법을 배우기 시작했다. 이 장에서는 상호활성화를 다양한 긍정심리 강점의 조합을 통해 생겨나는 상조적인 효과라고 소개했다. 우리는 청소년의 상호활성화 모델을 제안했고, 상호활성화를 측정하는 도구로서 사회정서적 건강 검사(SEHS)의 타당도를 지지하는 증거를 제시하였다. 학자나 실천가들에게 상호활성화를 측정하고 평가할 수 있는, 심리측정적으로 양호하고 광범위한 분야에서 적용 가능한 도구를 제공했다는 점에서 사회정서적 건강 검사(SEHS)는 잠재적인 진보를 보여 주고 있다.

이 모델이 모든 범위에서 완전하다고 할 수는 없다. 아동 · 청소년의 긍정적 발달에 대한 기존의 모든 지표를 설명할 수 있도록 고안된 것이 아니기 때문이다. 대신, 우리는 이 모델이 핵심적인 긍정심리학의 지표들을 인식하고, 균형 있게, 개념에 근거하여 설명하고 있으며, 학생들의 행복, 학업적 성공과 다양한 삶의 질을 높이는 성과들에 대한 예측 요인으로서 타당도와 경험적 가능성을 지녔다고 제안한다. 우리가 상호활성화라는 특정 개념을 제안했지만, 추가적인 연구를 통해 이론적 · 경험적으로 변화가 필요하다면 우리의 모형은 더욱 확장되거나 줄어들거나 개정될 수도 있다.

상호활성화 구조의 개발 제시는 아직 이것의 복잡성을 이해하는 초기 단계에 불과하며, 그 하위 요인들도 학업과 삶의 질과 관련된 것에 제한되어 있다. 우리는 계속해서 ① 개인이 지닌 강점들, ② 긍정적 발달에 필요한 강점들의 조합, ③ 긍정적인 결과를 가져오는 충분조건으로서의 강점의 조합을 확인해 나갈 것이다. 우리는 초기 연구를 통해 특정한 요인이 독립적으로 작용하는 것보다 강점들이 조합을 이룰 때 더욱 강력한 효과를 낸다는 것을 알았다. 그리고 각각의 강점(예: 감사)을 독립적으로 발달시키는 것보다 상호활성화를 신장시키기 위한 개입이 더욱 효과적이라는 것도 발견했다. 그러나 요인 간 상호작용을 포함한 작동 기제에 대한 이해는 아직 부족한 실정이다. 즉, 우리가 어떻게 해야 학생들이 최적의 발달 성과를 이룰 수 있도록 돕고 개입할 수 있는지에 대한 이해는 아직 제한적이다. 이러한 이해의 부족이 이후의 개념 · 측정 · 개입 연구에 자극이 될 것이라 기대한다. 동시이환(한 환자가 2가지 만성 질환을 동시에 앓는 상태)에 대한 연구가 여러 문제를 동시에 겪고 있는 아동 · 청소년의 측정과 치료에 대한 새로운 통찰을 제공한 것과 같이, 상호활성화에 대한 지속된 연구가 학생들의 최적의 발달과업을 도울 수 있는 방법에 대한 더 나은 정보를 제공하기를 기대한다.

참고문헌

Abrams, D., & Brown, R. (1989). Self-consciousness and social identity: Self-regulation as a group member. *Social Psychology Quarterly, 52*, 311-318. doi:10.2307/2786994

Bandura, A., Barbaranelli, C., Capara, G. V., & Pastorelli, C. (1996). Multifaceted impact of self-efficacy beliefs on academic functioning. *Child Development, 67,* 1206–1222. doi:10.2307/1131888

Bertrams, A. (2012). How minimal grade goals and self-control capacity interact in predicting test grades. *Learning and Individual Differences, 22,* 833–838. doi:10.1016/j.lindif.2012.07.003

Calvete, E., & Orue, I. (2012). Social information processing as a mediator between cognitive schemas and aggressive behavior in adolescents. *Journal of Abnormal Child Psychology, 40,* 105–117. doi:10.1007/s10802-011-9546-y

Capara, G. V., Vecchione, M., Guido, A., Gerbino, M., & Barbaranelli, C. (2011). The contribution of personality traits and self-efficacy beliefs to academic achievement: A longitudinal study. *British Journal of Educational Psychology, 81,* 78–96. doi:10.1348/2044-8279.002004

Carlson, K. T. (2001). The self-yesterday, today, and tomorrow: Another look at adolescent suicide. *Child & Adolescent Social Work Journal, 18,* 241–252. doi:10.1023/A:1010932916107

Chafouleas, S. M., & Bray, M. A. (2004). Introducing positive psychology: Finding a place within school psychology. *Psychology in the Schools, 41,* 1–5. doi:10.1002/pits.10133

Chang, E. C., Sanna, L. J., & Yang, K. Y. (2003). Optimism, pessimism, affectivity, and psychological adjustment in U.S. and Korea: A test of a mediation model. *Personality and Individual Differences, 34,* 1195–1208. doi:1016/S0191-8869(02)00109-5

Chen, J. J. L. (2005). Relation of academic support from parents, teachers, and peers to Hong Kong adolescents' academic achievement: The mediating role of academic engagement. *Genetic, Social and General Psychology Monographs, 131,* 77–127. doi:10.3200/MONO.131.2.77-127

Chi-Hung, N. (2005). Academic self-schemas and their self-congruent learning patterns: Findings verified with culturally different samples. *Social Psychology of Education, 8,* 303–328. doi:10.1007/s11218-005-4015-5

Ciarrochi, J., Kashdan, T. B., Leeson, P., Heaven, P., & Jordan, C. (2011). On being aware and accepting: A one-year longitudinal study into adolescent well-being. *Journal of Adolescence, 34,* 695-703. doi:10.1016/j.adolescence.2010.09.003

Cox, K. (2006). Investigating the impact of strength-based assessment on youth with emotional or behavioral disorders. *Journal of Child and Family Studies, 15,* 287-301. doi:10.1007/s10826-006-9021-5

Creed, P. A., Patton, W., & Dee, B. (2002). Multidimensional properties of the LOT-R: Effects of optimism and pessimism on career and well-being related variables in adolescents. *Journal of Career Assessment, 10,* 42-61. doi:10.1177/1069072702010001003

Danielsen, A. G., Samdal, O., Hetland, J., & Wold, B. (2009). School-related social support and students' perceived life satisfaction. *Journal of Educational Research, 102,* 303-320. doi:10.3200/JOER.102.4.303-320

Diseth, A., Danielsen, A. G., & Samdal, O. (2012). A path analysis of basic need support, self-efficacy, achievement goals, life satisfaction and academic achievement level among secondary school students. *Educational Psychology: An International Journal of Experimental Educational Psychology, 32,* 335-354. doi:10.1080/01443410.2012.657159

Doll, B., & Cummings, J. (2008). Best practices in population-based school mental health services. In A. Thomas & J. Grimes (Eds.), *Best practices in school psychology V* (pp. 1333-1347). Bethesda, MD: National Association of School Psychologists.

Dowdy, E., Furlong, M. J., Raines, T. C., Price, M., Murdock, J., & Bovery, B. (2013). *Enhancing school-based mental health services with a preventive and promotive approach to universal screening for complete mental health.* Manuscript submitted for publication.

Dozois, D. J. A., Eichstedt, J. A., Collins, K. A., Phoenix, E., & Harris, K. (2012). Core beliefs, self-perception, and cognitive organization in depressed adolescents. *International Journal of Cognitive Therapy, 5,* 99-112. doi:10.1521/ijct.2012.5.1.99

Drake, L., Duncan, E., Sutherland, F., Abernethy, A., & Henry, C. (2008). Time perspective and correlates of wellbeing. *Time and Society, 17,* 47-61. doi:10.1177/0961463X07086304

Duckworth, A. L., Peterson, C., Matthews, M. D., & Kelly, D. R. (2007). Grit: Perseverance and passion for long-term goals. *Personality Processes and Individual Differences, 92,* 1087–1101. doi:10.1037/0022-3514.92.6.1087

Duckworth, A. L., & Quinn, P. D. (2009). Development and validation of the Short Grit Scale (Grit-S). *Journal of Personality Assessment, 91,* 166–174. doi:10.1080/00223890802634290

Durlak, J. A., Weissberg, R. P., Dymnicki, A. B., Taylor, R. D., & Schellinger, K. B. (2011). The impact of enhancing students' social and emotional learning: A meta-analysis of school-based interventions. *Child Development, 82,* 405–432. doi:10.1111/j.1467-8624.2010.01564.x

Durlak, J. A., Weissberg, R. P., & Pachan, M. (2010). A meta-analysis of after-school programs that seek to promote personal and social skills in children and adolescents. *American Journal of Community Psychology, 45,* 294–309. doi:10.1007/s10464-010-9300-6

Emmons, R. A. (2007). *Thanks!* New York, NY: Houghton Mifflin.

Epstein, M., Hertzog, M., & Reid, R. (2001). The Behavioral and Emotional Rating Scale: Long-term test-retest reliability. *Behavioral Disorders, 26,* 314–320.

Extremera, N., Durán, A., & Rey, L. (2007). Perceived emotional intelligence and dispositional optimism-pessimism: Analyzing their role in predicting psychological adjustment among adolescents. *Personality and Individual Differences, 42,* 1069–1079. doi:10.1016/j.paid.2006.09.014

Farmer, T. W., & Farmer, E. (1996). Social relationships of students with exceptionalities in mainstream classrooms: Social networks and homophily. *Exceptional Children, 62,* 431–450.

Ferguson, Y. L., Kasser, T., & Jahng, S. (2010). Differences in life satisfaction and school satisfaction among adolescents from three nations: The role of perceived autonomy support. *Journal of Research on Adolescence, 21,* 649–661. doi:10.1111/j.1532-7795.2010.00698.x

Flaspohler, P. D., Elfstrom, J. L., Vanderzee, K. L., & Sink, H. E. (2009). Stand by me: The effects of peer and teacher support in mitigating the impact of bullying on quality of life. *Psychology in the Schools, 46,* 636–649. doi:10.1002/pits.20404

Fogle, L. M., Huebner, E. S., & Laughlin, J. E. (2002). The relationship between temperament and life satisfaction in early adolescence: Cognitive and behavioral mediation models. *Journal of Happiness Studies, 3,* 373-392. doi:10.1023/A:1021883830847

Froh, J. J., Fan, J., Emmons, R. A., Bono, G., Huebner, E. S., & Watkins, P. (2011). Measuring gratitude in youth: Assessing the psychometric properties of adult gratitude scales in children and adolescents. *Psychological Assessment, 23,* 311-324. doi:10.1037/a0021590

Froh, J. J., Yurkewicz, C., & Kashdan, T. B. (2009). Gratitude and subjective well-being in early adolescence: Examining gender differences. *Journal of Adolescence, 32,* 633-650. doi:10.1016/j.adolescence.2008.06.006

Fry, M. D., Guivernau, M., Kim, M. S., Newton, M., Gano-Overway, L. A., & Magyar, T. M. (2012). Youth perceptions of a caring climate, emotional regulation, and psychological well-being. *Sport, Exercise, and Performance Psychology, 1,* 44-57. doi:10.1037/a0025454

Furlong, M. J., You, S., Renshaw, T. L., O'Malley, M. D., & Rebelez, J. (2013). Preliminary development of the Positive Experiences at School Scale for elementary school children. *Child Indicators Research.* Advanced online publication. doi:10.1007/s12187-013-9193-7

Furlong, M. J., You, S., Renshaw, T. L., Smith, D. C., & O'Malley, M. D. (2013). Preliminary development and validation of the Social and Emotional Health Survey for secondary students. *Social Indicators Research.* Advanced online publication. doi:10.1007/s11205-013-0373-0

Gadermann, A. M., Schonert-Reichl, K. A., & Zumbo, B. D. (2011). Investigating validity evidence of the Satisfaction With Life Scale adapted for children. *Social Indicators Research, 96,* 229-247. doi:10.1007/s11205-009-9474-1

Gail, G., & Arsenio, W. F. (2002). Emotionality, emotion regulation, and school performance in middle school children. *Journal of School Psychology, 40,* 395-413. doi:10.1016/S0022-4405(02)00108-5

Garaigordobil, M. (2004). Effects of a psychological intervention on factors of emotional development during adolescence. *European Journal of Psychological Assessment, 20,* 66-80. doi:10.1027///1015-5759.20.1.66

Garcia, D. (2011). Two models of personality and well-being among adolescents. *Personality and Individual Differences, 50,* 1208-1212. doi:10.1016/j.paid.2011.02.009

Garcia, D., Kerekes, N., & Archer, T. (2012). A will and a proper way leading to happiness: Self-directedness mediates the effect of persistence on positive affectivity. *Personality and Individual Difference, 53,* 1034-1038. doi:10.1016/j.paid.2012.07.025

Gillham, J., & Reivich, K. (2004). Cultivating optimism in childhood and adolescence. *Annals of the American Academy of Political and Social Science, 591,* 146-163. doi:10.1177/0002716203260095

Greco, L. A., Baer, R. A., & Smith, G. T. (2011). Assessing mindfulness in children and adolescents: Development and validation of the Child and Adolescent Mindfulness Measure (CAMM). *Psychological Assessment, 23,* 606-614. doi:10.1037/a0022819

Haga, S. M., Kraft, P., & Corby, E. K. (2009). Emotion regulation: Antecedents and well-being outcomes of cognitive reappraisal and expressive suppression in cross-cultural samples. *Journal of Happiness Studies, 10,* 271-291. doi:10.1007/s10902-007-9080-3

Harlacher, J. E., & Merrell, K. W. (2010). Social and emotional learning as a universal level of student support: Evaluating the follow-up effect of Strong Kids on social and emotional learning outcomes. *Journal of Applied School Psychology, 26,* 212-229. doi:10.1080/15377903.2010.495903

Ho, M. Y., Cheung, F. M., & Cheung, S. F. (2010). The role of meaning in life and optimism in promoting well-being. *Personality and Individual Differences, 48,* 658-666. doi:10.1016/j.paid.2010.01.008

Hofer, J., Busch, H., & Kartner, J. (2011). Self-regulation and well-being: The influence of identity and motives. *European Journal of Personality, 25,* 211-224. doi:10.1002/per.789

Huebner, E. S., & Gilman, R. (2003). Toward a focus on positive psychology in school psychology. *School Psychology Quarterly, 18,* 99-102. doi:10.1521/scpq.18.2.99.21862

Huebner, E. S., Gilman, R., Reschly, A. L., & Hall, R. (2009). Positive schools. In S.

J. Lopez & C. R. Synder (Eds.), *The Oxford handbook of positive psychology* (2nd ed., pp. 561–568). New York, NY: Oxford University Press.

Huebner, E. S., & Hills, K. J. (2011). Does the positive psychology movement have legs for children in schools? *Journal of Positive Psychology, 6,* 88–94. doi: 10.1080/17439760.2010.536778

Jones, C. N., You, S., & Furlong, M. J. (2013). A preliminary examination of covitality as integrated well-being in college students. *Social Indicators Research, 111,* 511–526. doi:10.1007/s11205-012-0017-9

Kamphaus, R. W., & Reynolds, C. R. (2007). *BASC-2 Behavioral and Emotional Screening System manual.* Bloomington, MN: Pearson.

Keyes, C. L. M. (2007). Promoting and protecting mental health as flourishing: A complimentary strategy for improving national mental health. *American Psychologist, 62,* 95–108. doi:10.1037/0003-066X.62.2.95

Keyfitz, L., Lumley, M. N., Hennig, K. H., & Dozois, D. J. A. (2013). The role of positive schemas in child psychopathology and resilience. *Cognitive Therapy and Research, 37*(1), 97–108. doi:10.1007/s10608-012-9455-6

Kuhnle, C., Hofer, M., & Kilian, B. (2012). Self-control as predictor of school grades, life balance, and flow in adolescents. *British Journal of Educational Psychology, 82,* 533–548. doi:10.1111/j.2044-8279.2011.02042.x

Lai, J. C. L. (2009). Dispositional optimism buffers the impact of daily hassles on mental health in Chinese adolescents. *Personality and Individual Differences, 47,* 247–249. doi:10.1016/j.paid.2009.03.007

Lightsey, O. R., Maxwell, D. A., Nash, T. A., Rarey, E. B., & McKinney, V. A. (2011). Self-control and self-efficacy for affect regulation as moderators of the negative affect-life satisfaction relationship. *Journal of Cognitive Psychotherapy: An International Quarterly, 25,* 142–154. doi:10.1891/0889-8391.25.2.142

Lips, H. M. (1995). Through the lens of mathematical/scientific self-schemas: Images of students' current and possible selves. *Journal of Applied Social Psychology, 25,* 1671–1699. Retrieved from http://search.proquest.com/docview/618915232?accountid=14522

Lounsbury, J. W., Sundstrom, E., Loveland, J. L., & Gibson, L. W. (2002). Broad versus narrow personality traits in predicting academic performance of adolescents. *Learning and Individual Differences, 14,* 65–75. doi:10.1016/j.lindif

Lynch, A. D., Lerner, R. M., & Leventhal, T. (2013). Adolescent academic achievement and school engagement: An examination of the role of school-wide peer culture. *Journal of Youth and Adolescence, 42,* 6–19. Retrieved from http://search.proquest.com/docview/1285632683?accountid=14522

Markus, H. (1977). Self-schemata and processing information about the self. *Journal of Personality and Social Psychology, 35,* 63–78.

Martin, A. J., & Marsh, H. W. (2006). Academic resilience and its psychological and educational correlates: A construct validity approach. *Psychology in the Schools, 43,* 267–281. doi:10.1002/pits.20149

Masten, A. S., & Wright, M. O. (2010). *Resilience over the lifespan: Developmental perspectives on resistance, recovery, and transformation* (pp. 213–237). New York, NY: Guilford. Retrieved from http://search.proquest.com/docview/754045132?accountid=14522

Norrish, J. M., & Vella-Brodrick, D. (2009). Positive psychology and adolescents: Where are we now? Where to from here? *Australian Psychologist, 44,* 270–278. doi:10.1080/00050060902914103

Oberle, E., Schonert-Reichl, K. A., & Thomson, K. C. (2010). Understanding the link between social and emotional well-being and peer relations in early adolescence: Gender-specific predictors of peer acceptance. *Journal of Youth and Adolescence, 39,* 1330–1342. doi:10.1007/s10964-009-9486-9

Oberle, E., Schonert-Reichl, K. A., & Zumbo, B. D. (2011). Life satisfaction in early adolescence: Personal, neighborhood, school, family, and peer influences. *Journal of Youth and Adolescence, 40,* 889–901. doi:10.1007/s10964-010-9599-1

Ozer, E. J., & Schotalnd, M. (2011). Psychological empowerment among urban youth: Measure development and relationship to psychosocial functioning. *Health Education & Behavior, 38,* 348–356. doi:10.1177/1090198110373734

Park, N., & Peterson, C. (2006a). Character strengths and happiness among young children: Content analysis of parental descriptions. *Journal of Happiness*

Studies, 7, 323-341. doi:10.1007/s10902-005-3648-6

Park, N., & Peterson, C. (2006b). Moral competence and character strengths among adolescents: The development and validation of the Values in Action Inventory of Strengths for Youth. *Journal of Adolescence, 29,* 891-909. doi:10.1016/j.adolescence.2006.04.011

Piko, B. F., Kovacs, E., & Fitzpatrick, K. M. (2009). What makes a difference? Understanding the role of protective factors in Hungarian adolescents' depressive symptomatology. *European Child and Adolescent Psychiatry, 18,* 617-624. doi:10.1007/s00787-009-0022y

Pornari, C. D., & Wood, J. (2010). Peer and cyber aggression in secondary school students: The role of moral disengagement, hostile attribution bias, and outcome expectancies. *Aggressive Behavior, 36*(2), 81-94. doi:10.1002/ab.20336

Proctor, C., Linley, P. A., & Maltby, J. (2010). Very happy youths: Benefits of very high life satisfaction among adolescents. *Social Indicators Research, 98,* 519-532. doi:10.1007/s11205-009-9562-2

Rosalind, M. H. (2010). Relationship influences on students' academic achievement, psychological health, and well-being at school. *Educational and Child Psychology, 27,* 104-115. doi:10.1111/j.1475-3588.2011.00608.x

Saxena, P., Dubey, A., & Pandey, R. (2011). Role of emotion regulation difficulties in predicting mental health and well-being. *SIS Journal of Projective Psychology & Mental Health, 18,* 147-155.

Scales, P. C. (1999). Reducing risks and building developmental assets: Essential actions for promoting adolescent health. *Journal of School Health, 69,* 113-119. doi:10.1111/j.1746-1561.1999.tb07219.x

Schwarz, B., Mayer, B., Trommsdorff, G., Ben-Arieh, A., Friedlmeier, M., Lubiewska, K., . . . Peltzer, K. (2012). Does the importance of parent and peer relationships for adolescents' life satisfaction vary across cultures? *Journal of Early Adolescence, 32,* 55-80. doi:10.1177/0272431611419508

Seligman, M. E. P. (2011). *Flourish.* New York, NY: Free Press.

Seligman, M. E. P., Ernst, R., Gillham, K., & Linkins, M. (2009). Positive education: Positive psychology and classroom interventions. *Oxford Review of Education, 35,* 293–311. doi:10.1080/03054980902934563

Severson, H. H., Walker, H. M., Hope-Doolittle, J., Kratochwill, T. R., & Gresham, F. M. (2007). Proactive, early screening to detect behaviorally at-risk students: Issues, approaches, emerging innovations, and professional practices. *Journal of School Psychology, 45,* 193–223. doi:10.1016/j.jsp.2006.11.003

Smith, D. C., Ito, A., Shimoda, Y., You, S., & Furlong, M. J. (2014). *Covitality and school performance and engagement among Japanese youth.* Manuscript submitted for publication.

Stewart, T., & Suldo, S. (2011). Relationships between social support sources and early adolescents' mental health: The moderating effect of student achievement level. *Psychology in the Schools, 48,* 1016–1033. doi:10.1002/pits.20607

Suldo, S. M., & Shaffer, E. J. (2008). Looking beyond psychopathology: The dual-factor model of mental health in youth. *School Psychology Review, 37,* 52–68.

Suldo, S. M., Thalji, A., & Ferron, J. (2011). Longitudinal academic outcomes predicted by early adolescents' subjective well-being, psychopathology, and mental health status yielded from a dual-factor model. *Journal of Positive Psychology, 6,* 17–30. doi:10.1080/17439760.2010.536774

Toner, E., Haslam, N., Robinson, J., & Williams, P. (2012). Character strengths and wellbeing in adolescence: Structure and correlates of the Values in Action Inventory of Strengths for Children. *Personality and Individual Differences, 52,* 637–642. doi:10.1016/j.paid.2011.12.014

Utsey, S. O., Hook, J. N., Fischer, N., & Belvet, B. (2008). Cultural orientation, ego resilience, and optimism as predictors of subjective well-being in African Americans. *The Journal of Positive Psychology, 3,* 202–210. doi:10.1080/17439760801999610

Vecchio, G. M., Gerbino, M., Pastorelli, C., Del Bove, G., & Caparara, G. V. (2007). Multi-faceted self-efficacy beliefs as predictors of life satisfaction in late adolescence. *Personality and Individual Differences, 43,* 1807–1818. doi:10.1016/j.paid.2007.05.018

Vera, E., Thakral, C., Gonzales, R., Morgan, M., Conner, W., Caskey, E., . . .

Dick, L. (2008). Subjective well-being in urban adolescents of color. *Cultural Diversity and Ethnic Minority Psychology, 14,* 224-233. doi:10.1037/1099-9809.14.3.224

Veronese, G., Castiglioni, M., Tombolani, M., & Said, M. (2012). "My happiness is the refugee camp, my future Palestine": Optimism, life satisfaction and perceived happiness in a group of Palestinian children. *Scandinavian Journal of Caring Sciences, 26,* 467-473. doi:10.1111/j.1471-6712.2011.00951.x

Vidal Roderio, C. L., Emery, J. L., & Bell, J. F. (2012). Emotional intelligence and academic attainment of British secondary school children: A cross-sectional survey. *Educational Studies, 38,* 521-539. doi:10.1080/03055698.2011.643115

Vieno, A., Santinello, M., Pastore, M., & Perkins, D. D. (2007). Social support, sense of community in school, and self-efficacy as resources during early adolescence: An integrative model. *American Journal of Community Psychology, 39,* 177-190. doi:10.1007/s10464-007-9095-2

Vukman, K. B., & Licardo, M. (2010). How cognitive, metacognitive, motivational and emotional self-regulation influence school performance in adolescence and early adulthood. *Educational Studies, 36,* 259-268. doi:10.1080/03055690903180376

Walrath, C. M., Mandell, D., Holden, E. W., & Santiago, R. L. (2004). Assessing the strengths of children referred for community-based mental health services. *Mental Health Services Research, 6*(1), 1-8.

Werner, E. E. (2013). What can we learn about resilience from large-scale longitudinal studies? In S. Goldstein & R. B. Brooks (Eds.), *Handbook of resilience in children* (pp. 87-102). New York, NY: Springer. doi:10.1007/978-1-4614-3661-4_6

White, M. A. (2013). Positive education at Geelong grammar school. In *Proceedings of the Richard and Janet Southby Visiting Fellows Program* (pp. 657-668). New York, NY: Oxford University Press. Available from http://search.proquest.com/docview/1364719225?accountid=14522

Wong, S. S., & Lim, T. (2009). Hope versus optimism in Singaporean adolescents: Contributions to depression and life satisfaction. *Personality and Individual Differences, 46,* 648-652. doi:10.1016/j.paid.2009.01.009

Yates, T. M., & Masten, A. S. (2004). Fostering the future: Resilience theory and the practice of positive psychology. In P. A. Linley & S. Joseph (Eds.), *Positive psychology in practice* (pp. 521–539). Hoboken, NJ: Wiley. Retrieved from http://search.proquest.com/docview/620583191?accountid=14522

You, S., Dowdy, E., Furlong, M. J., Renshaw, T. L., Smith, D. C., & O'Malley, M. D. (2013). *Further validation of the Social and Emotional Health Survey for High School students. Applied Research In Quality of Life.* Advanced online publication. doi:10.1007/s11482-013-9282-2

Young, J. E., Klosko, J. S., & Weishaar, M. E. (2003). *Schema therapy: A practitioner's guide.* New York, NY: Guilford.

Zhu, Y. Q., Chen, L. Y., Chen, H. G., & Chern, C. C. (2011). How does Internet information seeking help academic performance? The moderating and mediating roles of academic self-efficacy. *Computers and Education, 57,* 2476–2484. doi:10.1016/j.compedu.2011.07.006

Zuffiano, A., Alessandri, G., Gerbino, M., Luengo Kanacri, B. P., Di Giunta, L., Milioni, M., & Vittorio Caprara, G. V. (2013). Academic achievement: The unique contribution of self-efficacy beliefs in self-regulated learning beyond intelligence, personality traits, and self-esteem. *Learning and Individual Differences, 23,* 158–162. doi:10.1016/j.lindif.2012.07.010

요약: 상호활성화

- 정신건강에 대한 일원적 모형과는 달리, 이원적 모델은 심리적 안녕감과 심리문제가 분리되면서 동시에 연합되어 있는 인간 기능의 상태이며, 정신건강의 긍정적 · 부정적 지표 모두 고려해야 함을 제시한다.
- 상호활성화는 여러 가지 긍정적인 사회정서적 특성들의 동시적인 상호작용 결과로 나타나는 긍정적 구조이다.
- 상호활성화 모형은 12개의 사회정서적 건강 구성요인으로 이루어지며, 이는 4개의 핵심적 정신건강 영역 혹은 자기 도식에 포함된다(자기 신뢰, 타인 신뢰, 정

서 능력, 참여적 삶). 그리고 이 모든 영역은 '상호활성화'라는 상위 구조에 포함된다.

- 사회정서적 건강 검사(SEHS)는 상호활성화와 4개의 긍정 정신건강 영역, 그리고 12개의 사회정서적 건강 구성요인을 측정할 수 있는 전망 있는 심리측정적 도구이며, 질 높은 삶 및 학업성취와도 유의미하게 관련이 있고 이를 예측할 수 있다.
- 사회정서적 건강 검사(SEHS)는 모든 학생에게 그 결과를 적용할 수 있다는 점에서 학교에서 전체 학생을 대상으로 한 사회정서적 건강 검사의 일부로 사용할 수 있으며, 개인평가와 과정평가의 도구로도 사용될 수 있다.
- 현재 사회정서적 건강 검사(SEHS) 연구 대부분이 라틴계 미국 학생들이 다수인 캘리포니아 표본을 대상으로 이루어졌다. 긍정심리측정적인 특징이나 성별과 연령에 대한 구조적 안정성이 미국이나 다른 나라의 다양한 사회문화적 집단에 대한 연구를 통해 확장, 검증될 필요가 있다.
- 청소년의 최적의 발달적 성과들을 가져오는 방법에 대한 더 많은 이해를 증진하기 위해 상호활성화 연구가 필요하다.

상호활성화 추천자료

Furlong, M. J., You, S., Renshaw, T. L., O'Malley, M. D., & Rebelez, J. (2013). Preliminary development of the Positive Experiences at School Scale for elementary school children. *Child Indicators Research*. Advanced online publication. doi:10.1007/s12187-013-9193-7

이 연구는 16문항으로 이루어진 긍정적 학교 경험 척도(PEASS)의 개발과 타당도에 대한 상세한 정보를 제공하고 있다. 긍정적 학교 경험 척도는 끈기, 감사, 낙관성, 지지를 통한 열정을 측정하는 하위 척도를 포함하고 있는데, 이 하위 척도들은 더 높은 수준의 상호활성화 구성개념과 연결된다.

Furlong, M. J., You, S., Renshaw, T. L., Smith, D. C., & O'Malley, M. D. (2013). Preliminary development and validation of the Social and Emotional Health

Survey for secondary students. *Social Indicators Research*. Advanced online publication. doi:10.1007/s11205-013-0373-0
이 연구는 이 장에서 기술된 사회정서적 건강 검사(SEHS)의 개발과 타당화에 대한 상세한 정보를 제공하고 있다. 집단 간 변량분석 및 남녀 간 잠재적 평균분석이 이루어지고 있다.

Keyfitz, L., Lumley, M. N., Hennig, K. H., & Dozois, D. J. A. (2013). The role of positive schemas in child psychopathology and resilience. *Cognitive Therapy and Research, 37*(1), 97-108. doi:http://dx.doi.org/10.1007/s10608-012-9455-6
이 연구에서는 9~14세 아동 대상 긍정적 인지 도식 검사의 예비 개발을 위해 작은 표집을 사용하고 있다. 심리측정적 특성이 공존타당도 분석과 함께 제시되고 있다.

Park, N., & Peterson, C. (2006b). Moral competence and character strengths among adolescents: The development and validation of the Values in Action Inventory of Strengths for Youth. *Journal of Adolescence, 29,* 891-909. doi:10.1016/j.adolescence.2006.04.011
Seligman과 Peterson의 성격강점 틀에 기초한 VIA 강점 척도(Values in Action Survey) 적용의 심리측정적 특성이 제시되어 있다.

Suldo, S. M., Thalji, A., & Ferron, J. (2011). Longitudinal academic outcomes predicted by early adolescents' subjective well-being, psychopathology, and mental health status yielded from a dual-factor model. *Journal of Positive Psychology, 6,* 17-30. doi:10.1080/17439760.2010.536774
Suldo는 학교 맥락에서 정신건강의 이중요인 모델 활용 연구에 기여한 주 연구자이다. 이 연구는 이중요인 모델을 더 상세히 기술하고, 이중요인 모델과 학업적 성취 간의 관계를 탐구하고 있다.

제2부

긍정적 심리특성

제3장
희망

1. 희망이론

Snyder와 동료들(Snyder, Harris, et al., 1991)은 ① 목표들을 분명하게 개념화하는 것(목표사고), ② 그러한 목표에 도달하기 위한 특정 전략들을 발달시키는 것(경로사고), 그리고 ③ 전략들을 사용하기 위해 동기를 부여하고 지속시키는 것(주도사고)과 같은 인간의 능력을 희망으로 묘사하였다. 목표사고는 어린 시절에 아주 흔하게 나타나지만 길들여지지 않고 세련되지 않은 경우가 많다. 경로사고와 주도사고는 두 가지 모두 중요하지만, 그 자체만으로 성공적인 목표를 추구하기에는 불충분하다. 이 두 가지 사고는 서로 부가적이고 상호적이며 정적인 관계에 있지만, 그 의미는 다르다.

목표이론, 낙관주의, 자기효능감, 문제해결능력과 같은 긍정심리학 요소는 목적 그 자체나 미래지향적인 주도사고 또는 경로사고 관련 과정들에 대한 강조점이 서로 다르다. 반면에 희망이론은 이러한 모든 목적 추구요소들(Snyder, 1994)을 동일하게 강조한다. 희망이론과 다른 이론들(예를 들어, 성취동기, 몰입, 마음챙김, 낙관주의, 탄력성, 자존감) 사이의 유사성과 차이점에 대한 더 자세한 사항은 Snyder(1994)를 참고하면 된다.

희망이론에 따르면 경험하는 것, 창조하는 것, 얻는 것, 하는 것, 되는 것 등 인간의 욕구는 무엇이든지 목표가 될 수 있다. 이러한 맥락에서 목표는 매우 중요하며, 평생 연구(예를 들면, 인간의 동기에 대한 포괄적인 이론을 개발하는 것)가 될지도 모른다. 또한 이것은 학교에 차를 타고 가는 것과 같이 매우 일상적이고 간단한 것일 수도 있다. 목표는 또한 매우 낮은 것에서 높은 것까지 어디서든지 성취의 가능성을 인식한다는 측면에서 매우 다양할 수 있다. 이러한 점에서, 높은 수준의 희망을 가진 사람들은 이전에 도달한 목표들보다 약간 더 어려운 '도전적 목표들'을 종종 선호한다는 것에 주목해야 한다.

희망이 높은 사람은 희망이 낮은 사람에 비해, 특히 목표가 중요하고 장애물이 나타날 때, 대안 경로를 더 잘 발달시키는 경향이 있다(Snyder, Harris et al., 1991). 그러나 아무리 좋은 인지 경로라도 주도성을 이끌어 내는 인지들과 연합되지 않으면 경로사고는 쓸모가 없어진다(Snyder, Cheavens, & Michael, 1999). 이러한 주도사고(agency thought)는 희망이 높은 개인들의 긍정적인 자기대화에서 많이 나타난다(예를 들면, "나는 이것을 할 수 있어." 또는 "나는 포기하지 않을 거야."). 높은 희망을 가진 사람들은 도전의식을 북돋우는 상황이나 장애물에 직면했을 때 그들의 주도사고로 버틸 수 있게 된다(Snyder, 1994). 따라서 높은 희망을 가진 사람들은 낮은 희망을 가진 사람들보다 '다음 단계를 밟으라.'거나 장기적인 목표를 갖고 그것을 단계적으로 구분하여 성취해 나가라고 스스로를 타이른다.

희망은 뜻밖에 일어나는 일을 대비하는 사고를 기초로 형성되며(Snyder, 1994), 사회적으로 미리 준비된다(Snyder, Cheavens, & Sympson, 1997). 예를 들면, Marques, Pais-Ribeiro와 Lopez(2007a)는 포르투갈 학생을 대상으로 아동의 희망과 부모의 희망 사이에 적절한 관계가 있음을 확인했다. 이러한 결과는 양육자들이 어떻게 아동의 희망 발달을 촉진시키는가에 대한 이전의 생각들을 지지해 준다. 그럼에도 불구하고 이 분야의 최근 성과들을 고려할 때, 이러한 과정 메커니즘에 대한 후속 연구가 더 필요한 실정이다(Hoy, Suldo, & Mendez, 2013 참조).

2. 희망을 측정하기

희망은 비교적 안정된 개인적 성향(즉, 특성) 또는 보다 일시적인 마음의 프레임(즉, 상태)으로 존재할 수 있다. 마찬가지로 희망적인 생각은 다양한 수준의 추상적인 개념에서 발생할 수 있다. 예를 들어, 사람마다 일반적인 영역(예: 개인적 특성)이나 특정한 영역(예: 학교), 또는 특별한 영역의 목표에 대해서 희망을 드러낼 수 있다.

Snyder, Hoza와 동료들(1997)은 7~15세 아동의 희망을 측정하기 위한 아동 희망 척도(Children's Hope Scale: CHS)를 개발하였다. 이 척도는 주도사고를 측정하기 위한 3개의 문항과 경로사고를 측정하기 위한 3개의 문항으로 구성되어 있다. 아동 희망 척도(CHS)는 충분한 ① 내적 일관성(전반적으로 알파계수가 .72~ .86), ② 한 달간의 검사-재검사 신뢰도(.71~ .73), 그리고 ③ 수렴타당도와 판별타당도를 입증했다. 또한 ① 신체적 · 심리적으로 건강한 공립학교 학생, ② 주의력결핍 과잉행동장애를 진단받은 남아, ③ 다양한 의학적 문제를 가진 아동, ④ 암이나 천식 치료를 받는 아동, ⑤ 화상을 입은 아동, ⑥ 겸상 적혈구 빈혈증을 가진 청소년, 그리고 ⑦ 폭력에 노출된 초기 청소년을 위해 사용되었다(Snyder, Hoza et al., 1997).

15세 이후 청소년(성인까지)에게서 희망의 특징적인 양상을 측정하기 위해 Snyder, Harris와 동료들(1991)은 희망 척도(Hope Scale: HS)를 개발하였다. 이 척도는 주도사고를 측정하는 4개의 문항, 경로사고를 측정하는 4개의 문항,

그리고 4개의 가짜 문항으로 구성되어 있다. 희망 척도(HS)는 넓은 범위의 표본에 사용되어, 수용 가능한 ① 내적 일관성(전반적으로 신뢰도가 .74~.88, 주도사고는 .70~.84, 경로사고는 .63~.86)을 나타냈다. ② 검사-재검사 신뢰도는 3주 동안 .85, 10주 동안 .82로 나타났으며, ③ 공인타당도와 판별타당도도 검증되었다.

갤럽의 학생여론조사기관(Gallup Student Poll: GSP; Gallup, 2009)은 최근 10~18세의 학생들에게 적합한 희망 측정에 기초하여 온라인 학교를 개발하였다(www.gallupstudentpoll.com에서 더 많은 정보를 얻을 수 있음). 이 척도를 사용한 연구에서 미국 학생의 절반은 희망적이라는 것을 알아냈는데, 그것은 그들이 어떤 일을 해내기 위해서 미래에 대한 많은 아이디어와 목표들, 인지적 전략들 그리고 동기들을 가지고 있다는 것을 의미한다. 나머지 절반의 학생들은 그들의 성공에 필요한 희망을 가지고 있지 않다는 것을 드러냈는데, 이렇게 무엇을 할지 모르는 학생(33%)이나 낙담한 학생(17%)은 목표 추구 동기가 부족하고 장애물에 직면했을 때 쉽게 포기한다. 왜냐하면 그들은 대안 경로를 찾을 수 없거나 장애물 극복에 필요한 지지를 받을 수 없는 경우가 많기 때문이다.

이후의 부분에서는 '희망이 높은' 학생과 '희망이 낮은' 학생(즉, 희망 척도 분포에서 점수가 가장 높은 학생과 가장 낮은 학생)의 특성을 구별하기 위해서 다양한 측정도구에서 얻은 결과들을 통합할 것이다. 특히 이러한 자기보고식 도구에서 평균 범위의 학생들이 꽤 자주 희망적인 생각을 한다는 점은 매우 주목할 필요가 있다.

3. 희망에 대한 연구

지난 20년 동안 연구자들은 희망과 학생들의 삶의 중요한 부분들의 관계에 대해서 더 분명한 이해를 갖게 되었다. 이 장에서는 학교 전문가들의 활동 중에서 가장 중요한 부분을 다루고자 한다.

1) 자신과 미래에 대한 관점

상관관계 연구에 따르면 아동의 희망적인 생각이 더 높을수록 인지된 능력과 자존감이 높고(Marques, Pais-Ribeiro, & Lopez, 2009), 우울 증상은 낮은 것으로 나타났다(Snyder, Hoza et al., 1997). 실제로 연구자들은 매우 높은 희망을 가진(분포에서 상위 10% 안에 드는) 학생들은 평균 정도(25%) 또는 매우 낮은 희망을 가진 학생들(하위 10%)과 달리 훨씬 더 높은 자존감을 갖고 있다는 것을 발견했다(Marques, Lopez, Fontaine, Coimbra, & Mitchell, in press). 또한 더 낮은 희망을 가진 학생들은 우울 증상이 더 많이 나타날 것으로 예측되었다(Kwon, 2000). 게다가 최근의 메타분석 결과에 따르면 희망이 학생 자산 중 23%의 비율을 차지하며, 자존감, 낙관성, 그리고 삶의 만족도에 가장 크게 기여하는 것으로 나타났다(Lopez, Reichard, Marques, & Dollwet, in press). 추가적으로, 높은 희망을 가진 아동 · 청소년(Snyder, Hoza et al., 1997)은 자신을 좋게 보고 약간의 긍정적인 자기 암시를 하는 것으로 나타났다.

희망이 높은 학생들은 미래에 대한 관점과 관련하여 전형적으로 더욱 낙관적이며, 목표를 추구할 때 성공에 초점을 맞추고, 다양한 삶의 목표를 개발한다. 또한 스스로 자신이 문제를 해결할 수 있는 사람이라고 인식한다(Snyder, Hoza et al., 1997). 마찬가지로, 더 높은 희망은 삶에서 더 크게 목표를 자각하는 것과 밀접하게 연결되었다(Feldman & Snyder, 2005).

2) 삶과 웰빙에 대한 만족

그동안 축적된 자료들은 희망이 삶의 만족, 행복과 관련이 있음을 보여 준다. 연구자들은 희망이 내면화 및 외현화 행동 문제, 심리적 스트레스 지표, 그리고 학교생활 부적응과 부적 상관이 있음을 밝혀냈다(Gilman, Dooley, & Florell, 2006). 학생들의 희망은 삶의 만족 및 정신건강과 매우 강한 상관을 보였다(횡단 및 종단적으로)(Marques, Pais-Ribeiro, & Lopez, 2007b, 2011a). 또한 희망이 매우 높은 아동(Merkas & Brajsa-Zganec, 2011)과 청소년(Gilman et al., 2006; Marques, Lopez, & Mitchell, 2013)은 삶에 더 만족했고, 희망이 낮은 학생과 비교했을 때 더 건강한 정신을 가진 것으로 보고되었다. 마지막으로, 희망은 일반적으로 부정적인 영향을 미치는 요인들보다 학생의 우울증을 더 잘 설명해 주는 것으로 나타났다(Lopez et al., in press).

3) 영성과 종교성

희망과 영성, 종교성과의 관계를 검증하려는 소수의 연구들이 있다. 포르투갈 청소년(Marques et al., 2013)에 대한 초기의 연구 결과들은 희망이 영성과 적당한 상관관계가 있지만 종교적 관습(예배 공간에 참석하는 것을 측정)과는 약한 상관관계가 있음을 밝혀냈다. 이러한 연관성은 6개월에서 1년까지 지속되었다. 그렇지만 다른 나라의 아동 · 청소년을 대상으로 하는 후속 연구가 필요하다(종교성의 다른 지표들을 포함하여).

4) 신체적 건강

연구들은 희망이 학생들의 건강에 중요한 역할을 한다는 것을 알아냈다. Berg, Rapoff, Snyder와 Belmot(2007)는 48명의 8~12세 천식 환자를 대상으로 그들이 매일 행하는 치료법에 대한 희망과 치료법 준수 사이의 관계에 대해 조사했다. 다변인 모델의 두 번째 단계에서 아동의 희망을 투입했을 때 치료법 준수를 예측했다. 다른 인구통계학적 배경이나 심리사회적 변인들은 치료법 준수에 대한 중요한 예측변인이 아니었다. 이러한 결과는 처방된 약 복용을 준수하는 것에 대한 중요한 예측변수로 희망을 지지한다. 학생들의 건강에 대한 지각에서 희망의 역할을 설명해 보면, 희망이 낮은 학생은 처방받은 약이 건강 향상이라는 목표를 달성하는 경로를 제공할 것으로 믿지 않거나 약 먹는 것을 어렵거나 불편하다고 느낄 것이고, 이러한 것이 그들의 주도적 믿음에 영향을 미칠 수 있다(Snyder, 2000). 이러한 연구 결과들은 치료법 준수를 위해 심리사회적인 예측변인, 특히 희망에 주의를 기울일 필요가 있음을 강조한다. 또한 실무자들이 소아천식 환자의 치료법 준수를 증가시키고자 노력할 때 희망과 같은 요인들을 목표로 삼도록 돕는다.

이와 유사하게, 비만 청소년에 관한 연구에서 희망이 높은 학생들은 혈당 조절에 필수적인 의학적 식이요법을 더 충실히 지키는 경향을 보였다(Lloyd, Cantell, Pacaud, Crawford, & Dewey, 2009). 겸상 적혈구 빈혈증 아동에 관한 연구(Lewis & Kliewer, 1996)에서는 적극적인 해결 전략과 더불어 높은 희망을 유지한 아동의 경우 불안의 부정적인 영향을 덜 경험하는 것으로 나타났다. 희망은 건강에 어려움을 겪는 사람에게 여러 가지 이로움을 제공할 뿐 아니라 건강 행동을 촉진시키기도 한다. 희망이 높은 대학생은 과음이나 흡연 가능성이 낮고(Berg, Ritschel, Swan, An, & Ahluwalia, 2011), 식단에서 지방을 제한하려는 경향이 크며, 더 자주 운동하는 것으로 밝혀졌다.

5) 학업적 성취

희망이 낮은 학생들은 특히 경쟁적인 시험 상황에서 높은 불안을 경험한다. 그러한 불안은 학생들이 수행을 향상시키기 위해서 실패 경험을 적응적으로 사용하지 않음을 반영한다(Onwuegbuzie & Snyder, 2000). 즉, 희망이 낮은 개인은 피드백을 체계적으로 사용하기보다 자신을 의심하고 정보의 투입(공부)과 산출(시험)을 위해 적절한 신호에 주의를 기울이는 것을 방해하는 부정적인 암시를 하기 쉽다.

반면, 높은 희망을 가진 학생은 실패했을 때 자신의 능력을 폄하하지 않고, 시간이 지나가도 실패가 스스로의 가치에 영향을 끼치는 것을 용인하지 않는다. 이러한 관점에서 희망이 높은 학생의 경우 실패는 단지 주어진 상황에서 충분히 열심히 하지 않았다거나 올바른 공부법이나 시험 전략을 확인하지 않았음을 의미하는 적응적인 귀인(歸因)을 한다. 전략과 노력 귀인을 강조하는 것은 희망이 타고난 지능과는 관련이 없지만 지속적인 학업적 성취와는 연관되어 있음을 부분적으로 설명한다.

높은 수준의 희망은 뛰어난 학문적 · 사회적 능력뿐 아니라 높은 창의력과도 관련이 있다(Onwuegbuzie, 1999). 높은 희망을 가진 학생들은 낮은 희망을 가진 학생들보다 상당히 뛰어난 학문적(그리고 대인관계적) 만족을 보고했고(Chang, 1998), 매우 높은 희망을 가진 학생들(상위 10%)은 중간 정도의 희망을 가진 학생들과 낮은 정도의 희망을 가진 학생들보다 뛰어난 학업적 성취(Marques et al., 2013)와 평균 학점(Snyder, McDermott, Cook, & Rapoff, 2002)을 나타냈다. 희망과 인지된 능력 그리고 적합한 해결 전략 사이의 관계를 고려해 볼 때, 당연하게도 높은 희망을 가진 중학생은 학업성취도에서 더 높은 점수를 받았고(Marques, Pais-Ribeiro, & Lopez, 2011b; Snyder, Hoza et al., 1997), 높은 희망을 가진 고등학생(Snyder, Harris et al., 1991)과 대학교 신입생(Day, Hanson, Maltby, Proctor, & Wood, 2010)도 전체적으로 높은 평점을 받았다. 이 연구에서 희망은 삶의 만족도, 자존감, 지능, 좋은 학점, 성격 그리고 입학시험 점수도 상당한 정도로 예측했다. 최근에 Lopez와 동료들(in press)은 희망과 학업적 성취의 관계에 대한 메타분석 결과, 희망이 수행의 12%를 나타내는 것으로 밝혔다.

희망이 학업 분야에 따라 어떻게 다른지 확인하는 것은 부족한 학업 분야를 확인하는 데 도움이 된다. 그러나 일부 학생은 전반적인 학업성취에 관하여 낮은 희망을 경험할지도 모른다. 예를 들어, Seirup과 Rose(2011)는 학사

경고를 받은 대학생들을 대상으로 실시하는 의무 프로그램의 잠재적인 혜택을 연구했다. 연구자들은 높은 희망을 가진 학생들이 낮은 희망을 가진 학생들보다 상당히 높은 GPA(평점)로 학기를 이수했고, 심지어 입학 당시의 GPA도 그랬다는 것을 발견했다. 연구자들은 높은 희망을 가진 학생들이 프로그램에서 제공된 긍정적인 전략을 더욱 내면화하여 그들의 학업 상황에 효과적으로 적용했을 것으로 보았다.

6) 운동적 성취

운동선수로 활동하는 학생들 사이에서 높은 희망은 더 우월한 운동적(그리고 학업적) 성취와 긍정적으로 연관되어 왔고(Curry, Maniar, Sondag, & Sandstedt, 1999; Curry, Snyder, Cook, Ruby, & Rehm, 1997), 심지어 그들의 타고난 운동 능력과 관련된 변수를 통계적으로 통제한 후에도 그러했다. 예를 들어, Curry와 동료들(1997)은 특성희망과 상태희망의 합산 점수가 이후 트랙 운동 성취도 변인의 56%를 설명하였기에 높은 희망을 가진 학생 선수들이 낮은 희망을 가진 학생 선수들보다 트랙과 경기장에서 상당히 더 뛰어난 것으로 보고했다.

Curry와 동료들(1999)은 학생들의 희망 수준을 높이는 것을 목적으로 하는 학교 수업의 효율성을 조사했다. 이 수업을 들은 후에, 학생들은 그들의 운동적 능력, 학업적 성취 그리고 자존감과 관련된 자신감이 높아졌다. 이러한 결과는 프로그램 종료 이후에도 최소 1년 동안 지속되었다. 또한 높은 희망을 갖는 학생 선수들은 운동을 그만두는 것을 덜 고려하는 경향이 있는 것으로 나타났다(Brown, Curry, Hagstrom, & Sandstedt, 1999).

7) 대인관계

희망적인 사고가 방해받으면, 대인관계의 어려움이 초래된다. 예를 들어, 지나친 반추는 적절한 목표 관련 사고를 막고, 좌절과 타인에 대한 공격성의 증가를 야기한다(Collins & Bell, 1997; Snyder, 1994). 그리고 주변 사람들의 대인관계 문제가 아동의 희망을 낮추는 것으로 해석된다. 예를 들어, 대인관계적인 폭력의 피해자인 가족이나 친구를 목격한 아동은 그러한 폭력을 목격하지 않은 아동보다 더 낮은 정도의 희망을 갖는 것으로 나타났다(Hinton-Nelson, Roberts, & Snyder, 1996). 반대로 높은 희망은 사회적 유능(Barnum, Snyder, Rapoff, Mani, & Thompson, 1998), 타인을 알아 가는 기쁨, 빈번한 상호작용에서 오는 즐거움, 그리고 타인의 목표 추구에 대한 흥미(Snyder et al., 1997)와 긍정적인 상관관계가 있다. 최근의 연구에서 높은 희망을 가진 아동은 낮은 희망을 가진 아동과 비교했을 때, 타인으로부터 더 많은 지원을 받고 가족의 응집력도 더 높은 것으로 드러났다(Merkas & Brajsa-Zganec, 2011).

8) 성과 인종에 따른 차이

연구 결과들은 나이와 성별에 따라 희망 정도에 차이가 없음을 끊임없이 드러낸다. 전 인종에 걸쳐 아동과 청소년들의 희망 차이를 조사한 결과, 통계적으로 유의한 정도는 아니지만 백인이 소수 인종보다 삶에서 어려움(예: 억압, 편견)을 덜 겪는 경향이 있는 것으로 드러났다. 그러나 소수 인종이 백인보다 평균적으로 더 높은 희망 수준을 보이며(McDermott et al., 1997; Munoz-Dunbar, 1993 참고), 주도사고도 더 높은 것으로 나타났다(Chang & Banks, 2007).

지금까지 재능 있는 학생이나 학습·신체적 장애를 겪는 학생이 갖는 희망의 상대적인 정도를 비교하는 연구는 거의 없었다. 따라서 이러한 집단에 대한 추가 연구가 매우 필요한 실정이다.

4. 학생들의 희망을 증진시키기

앞에서 기술된 내용을 고려해 볼 때, 아동 희망 척도(CHS)는 어린아이들에게, 그리고 희망 척도(HS)는 16세 이상 아이들에게 적용하는 것이 적절하다. 이러한 척도들은 주로 연구를 위해 사용되어 왔는데, 일관되게 높은 신뢰도와 타당도를 나타내어 실제 학교 장면에서 척도들을 학생들에게 사용하도록 힘을 실어 준다. 이러한 관점에서, 우리는 구체적으로 주도사고와 경로사고의 점수 수준에 초점을 맞추어야 한다. 예를 들어, 어떤 학생은 완전히 희망이 부족한 유형일 수 있고(예: 주도사고와 경로사고 모두 낮음), 행복하게도 어떤 학생은 완전히 희망으로 가득 찬 유형일 수도 있는데(예: 주도사고와 경로사고 모두 높음), 각 유형은 여러 가지 학업 · 건강과 관련된 결과물들과 상관관계를 갖는다. 또한 어떤 학생은 '주도사고는 높고 경로사고는 낮음' 또는 '주도사고는 낮고 경로사고는 높음'의 복합된 형태를 나타낼 수도 있는데, 이러한 학생들은 낮은 희망 요소를 높이도록 노력해야 한다.

희망 수준이 가장 낮은 학생들이 희망 개입을 통해 가장 많은 혜택을 얻는 경향이 있기는 하지만(Bouwkamp, 2001), 학교의 희망 프로그램에 참여한 모든 학생은 사실상 그들의 희망 정도를 높였다(Lopez, Bouwkamp, Edwards, & Teramoto Pedrotti, 2000; Marques, Lopez, & Pais-Ribeiro, 2011). 즉, 정신건강과 교육 전문가들은 학생들의 특성이나 학교와 관련된 희망의 정도에 상관없이 모든 학생의 희망적인 사고를 증진시킬 수 있는 집단 기반 형태의 접근법을 개발하고 싶어 한다. 마찬가지로, 매우 낮은 정도의 희망을 가진 것으로 확인된 학생들에게는 그들의 희망적인 사고를 증진시킬 수 있는 특별한 접근법이 개발될 수도 있다(학생들의 희망을 높이려는 단계적 목록은 〈표 3-1〉

을 참조할 것).

희망에 기반을 둔 중재는 희망 수준의 상당한 증가 외에도 추가 이익을 가져올 수 있다는 증거들이 나타나고 있다. 예를 들어, Marques, Lopez와 동료들(2011)은 간단한 희망중재 프로그램에 참여한 중학생의 희망 수준, 자기가치 그리고 삶의 만족도가 개입 이후 6개월 및 18개월 이후 통제집단에 비해서 상당히 높게 증가했음을 발견했다. 또한 Feldman과 Dreher(2012)는 희망적인 목표지향사고를 증진하기 위한 90분 프로그램에 참여한 대학생들의 경우 통제집단과 비교했을 때 희망, 삶의 목적, 직업적 소명 그리고 스스로

〈표 3-1〉 학생들의 희망을 증진시키는 단계

1. **아동이나 성인의 희망 측정**: 첫 번째 단계는 적절한 희망 척도로 학생의 희망 수준을 측정하는 것이다. 전문가는 전체 점수를 합산하고 하위 요인인 경로사고 점수와 주도사고 점수도 각각 계산한다.
2. **희망에 대해 배우기**: 일단 희망의 기저선이 결정되면, 전문가가 학생들과 함께 희망이론 그리고 희망이론과 변화 과정 및 긍정적인 결과의 연관성에 대해 논의한다.
3. **학생을 위해 희망을 구조화하기**: 이 과정에서 학생은 인생에서 중요한 요소들의 목록을 만들어 내고, 어느 요소가 가장 중요한지 결정하며, 그 요소들 내에서의 만족도에 대해 논의한다.
4. **긍정적이고 구체적인 목표 만들기**: 앞에서 정의된 삶의 중요한 요소들을 이용하여, 학생과 전문가는 긍정적이고 구체적이며 실행 가능한 목표를 만들기 위해 함께 일한다. 이러한 목표들은 학생에게 가장 중요하고 성취할 수 있는 것이어야 한다. 추가로, 학생들은 목표마다 다양한 경로를 발전시키고 각각의 목표를 향한 주도적인 사고를 명확하게 한다.
5. **연습하기(연습은 완벽을 만든다)**: 일단 학생과 전문가가 목표에 대한 의견에 동의하면, 학생이 목표 도달 과정을 시각화하고 말로 표현해야 한다. 이러한 연습을 통해 학생과 전문가는 가장 효과적인 경로와 목표 이면의 주도성을 위해 협력할 수 있다.
6. **확인하기**: 학생들은 목표, 경로사고, 주도사고를 삶과 통합하고 목표 달성 과정을 전문가에게 보고한다. 또한 학생과 전문가의 협력은 성공적인 목표 달성을 방해하는 특정 행동이나 생각을 수정하거나 조정하도록 한다.
7. **복습과 재활용**: 이 과정은 순환적이며 학생과 전문가 모두에게 지속적인 평가가 이루어져야 한다. 그러나 일단 학생이 희망이론의 개념을 이해하면, 희망이론을 실행하는 것에 대한 커다란 책임감을 삶의 독특한 경험으로 여긴다.

정한 목표가 상당히 증가했음을 발견했다.

학교에 희망이론을 적용했을 때, 우리는 우리의 의견을 3가지 범주(목표, 경로사고, 주도사고)로 종합했다. 이후에 논의할 제안들은 개인이나 집단에 적용될 수 있다[목표 설정, 경로사고와 주도사고를 학생들에게 알리는 것에 대한 더 자세한 정보를 위해서는 Snyder와 동료들(2002)을 참조할 것].

1) 학생들의 목표 설정을 돕기

희망을 전하는 것의 토대는 학생들의 목표 설정을 돕는 것에 달려 있다. 물론 목표는 학생들의 나이와 구체적인 상황에 맞게 교정되어야 한다.

만약 학교심리학자가 가치, 흥미 그리고 능력을 측정하는 도구를 주면, 학생들은 구체적인 목표를 세울 수 있다. 마찬가지로, 학생은 꽤 의미 있고 기뻤던 최근의 중요한 목표에 대해 질문을 받을 수 있다. 그러면 이러한 최근의 활동들은 적절한 미래의 목표를 만들어 내는 데 사용될 것이다. 일단 학생이 정신건강 및 교육 전문가의 도움을 받아 목표 리스트를 만들면, 그 학생은 목표의 중요도 순위를 매겨야 한다. 이 과정에서, 학생은 목표의 우선순위를 매기는 것에 대한 중요한 기술을 배운다. 몇몇 학생(특히 희망의 정도가 낮은)은 목표의 우선순위를 정하지 않는다(Snyder et al., 2005). 그 대신, 그들은 마음속에 떠오르는 모든 또는 어떠한 목표를 따르려는 충동적인 욕구에 관련된 부적응적 행동을 실행한다.

학생들이 원하는 목표를 확립하도록 도왔다면, 그다음 단계에서는 목표 달성을 위해 명확한 표시(marker) 설정 방법을 알려 준다. 표시들은 학생들이 목표를 향한 과정을 추적하도록 해 준다. 일반적인 목표가 매우 역효과를 내는 것 중 하나는 '좋은 학점 받기' 같은 모호성이다. 이와 비슷한 목표들은 명료성이 부족해서 목표가 언제 달성되는지 알 수 없고(Pennebaker, 1989), 잘 구체화된 목표보다 달성하기 어렵다(Emmons, 1992). 그렇기 때문에 우리는 '다음 생물학 시험을 준비하기 위해 하루에 한 시간씩 공부하는 것'과 같은 구체적인 표시들을 옹호한다. 후자의 경우, 학생들은 언제 목표를 달성했는지 말할 수 있을 뿐만 아니라 성공감도 경험할 수 있다.

학생들을 돕는 또 다른 중요한 측면은 그들이 무언가를 성취하도록 이끄는 접근 목표를 설정하도록 독려하는 것이다. 이것은 학생들이 무언가가 발생하는 것을 방지하려 하는 회피 목표와 대조된다(Snyder, Feldman, Talyor, Schroeder, & Adams III, 2000). 희망 수준이 높은 학생은 삶에서 접근 목표를 사용할 가능성이 높은 반면, 희망 수준이 낮은 학생은 회피 목표를 사용하는 경향이 있다. 따라서 학생들이 회피 목표 설정을 버리고 더 생산적인 접근 목표를 설정하도록 도와야 한다(Snyder et al., 2002).

또한 희망이 높은 사람은 자신의 목표뿐 아니라 다른 사람들의 목표에도 관심이 많은 것으로 나타났다. 그러므로 '우리'의 목표를 '나'의 목표로 생각하도록 학생들을 지도하는 것은 유익하다(Snyder, Cheavens, & Sympson, 1997). 예를 들면, 학생들에게 어려운 수학 문제를 서로 도와서 해결하도록 독려하는 것은 경쟁을 덜 강조하는 가운데 공유된 성취감을 형성하도록 돕는다. 이것은 학생들이 친구들과 잘 지내도록 돕고, 더 쉽게 더 충만한 대인관계로의 변화를 가져온다.

2) 학생들의 경로사고 발달을 돕기

경로사고를 향상시키는 가장 흔한 전략은 학생들이 큰 목표를 작은 세부적인 목표로 나누도록 돕는 것이다. 이러한 '단계 밟기'의 발상은 장기 목표를 세우고 그것을 논리적이고 순차적으로 진행하는 세부 단계로 나누어야 한다. 희망 수준이 낮은 학생들은 하위 목표를 정하는 데 큰 어려움을 겪는 경향이 있다(Snyder, Cheavens, & Sympson, 1997). 그들은 목표가 단번에 해결될 것이라는 부정확하고 역효과를 내는 믿음을 가지고 있다. 또한 희망 수준이 낮은 학생들의 보호자나 선생님들, 주변의 어른들이 계획 과정에서 더 일반적으로 지도하여 충분한 지도가 부족했을 수 있다. 그러나 계획 세우기는 학습될 수 있고, '단계 밟기'를 연습하면서 학생들은 삶에서 어떤 주요한 목표라도 하위 목표를 설정할 수 있다는 사실에 자신감을 얻을 수 있다. 어떤 학생들은 단계 밟기 그 자체보다 희망하는 목표에 도달하는 여러 경로를 확인하는 데 어려움을 겪는 경우도 많다. 희망 목표가 좌절되는 일은 삶에서 자주 일어나며, 목표 달성을 위한 대안 경로가 부족해서 매우 낙담하며 포기할 수 있다. 이것은 희망 수준이 낮은 학생들의 자퇴율이 높게 나타난 결과를 어느 정도 이해하게 해 준다(Snyder, Shorey, Cheavens et al., 2002). 따라서 학생들이 목표 달성을 준비하기 전부터 희망하는 목표 달성을 위한 몇 가지 경로를 확인하도록 가르쳐야 한다. 또한 학생들은 한 가지 경로가 막힐 경우 시도해 볼 또 다른 경로가 있다는 것을 배울 필요가 있다.

3) 학생들의 주도사고 증진을 돕기

학생들이 자신에게 중요한 목표를 정한다는 것이 매우 쉬워 보일지 모르지만, 그러한 목표는 실제로 동료들과 부모님 또는 선생님에 의해 부과된 것일 수 있다. 이런 경우 학생들은 목표를 추구하는 데 수반되는 동기부여가 되지 않는다. 또한 학생들이 자신의 욕구를 충족하는 개인적인 목표가 부족할 때, 고유한 동기부여와 성과는 약화된다(Conti, 2000).

이렇게 내부적이고 개인적인 기준에 의해 세워진 목표는 외부의 기준에 의해 세워진 것보다 더 활기를 불어넣는다. 학생들이 유연한 목표를 세우는 것을 돕는 것 또한 그들의 활기를 북돋울 수 있다. 이러한 유연한 목표는 이전에 거둔 성과나 개인적으로 세운 더 복잡한 목표들에 기초를 둔다. 따라서 유연한 목표는 과정이 방해받을 때 고유한 동기부여와 인내를 증진시킬 수 있다.

종종 개인들은 자기대화(혼잣말)가 그들의 목표달성능력에 미칠 수 있는 영향을 인지하지 못한다. 학생들이 (작은 공책이나 녹음기를 통해) 자신들의 자기대화를 기록하는 것은 그들의 주도력이 낮거나 높다는 것을 확인하도록 돕는다. 희망 수준이 낮은 내적 대화를 하는 학생들은 부정적이고 혹평에 가까운 자기대화를 반박하는 것을 배워야 한다고 제안한 바 있다. 특히 그 학생들의 자기비판을 어떻게 더 현실적이고 긍정적이며 생산적인 생각으로 바꿀 수 있는가를 강조했다. 그들의 불필요한 낙심을 줄이려면 이러한 접근을 적용하기 이전에 반복적인 연습이 요구된다는 사실을 알리는 것이 중요하다.

희망을 갖는 학생들은 대개 어려운 상황에서도 자신감을 가지기 위해 자신만의 긍정적인 경험을 이용한다. 이러한 방법으로, 그들은 그들 스스로 행복감을 주는 이야기를 말하거나, 그들만의 긍정적인 이야기를 만들어 낸다(Synder et al., 2002). 이와 대조적으로 희망 수준이 낮은 학생들은 그들을 지탱하는 긍정적인 기억의 기반이 없을지도 모른다. 다른 사람들이 어떻게 역경을 극복하며 성공했는지에 대해 묘사한 책을 읽게 하거나 이야기를 들려주는 것은 희망 수준이 낮은 학생들에게 주도력(agency)을 기르는 본보기를 보여 준다. 구체적인 희망과 관련된 주제(예를 들어, 입양, 술, 화, 다툼, 애착, 소통, 확신, 울음, 죽음)를 담고 있는 아동 도서에 대해서는 『The Psychology of Hope: You Can Get There From Here』(Synder, 1994)와 『Hope for the Journey: Helping Children Through the Good Times and Bad』(Synder et al., 2002)를 참조하고, 희망적인 생각을 증가시키는 일상적인 전략들을 요약한 <표 3-2>를 참조할 수 있다.

〈표 3-2〉 학생들에게 경로 생성과 주도력을 향상시키기 위한 확인사항

경로 생성

해야 할 것
- 장기적인 목표를 단계별 목표나 하위 목표로 나누라.
- 당신이 먼 목표를 추구하는 것은 그 첫 번째 하위 목표에 집중하는 것으로 시작하라.
- 당신의 목표에 도달하는 다른 경로들을 만드는 것을 연습하고, 그중 최고의 경로를 선택하라.
- 만약 장애물을 만나면 무엇을 할지 마음속으로 예행연습을 하라.
- 만약 목표에 도달하기 위해 새로운 기술이 필요하다면 그것을 배우라.
- 조언을 주고받을 수 있는 쌍방향의 우정을 도모하라.

하지 말아야 할 것
- 한번에 당신의 큰 목표들에 도달할 수 있다고 생각하지 말라.
- 당신의 목표에 도달할 경로를 만드는 것을 서두르지 말라.
- 목표에 도달할 가장 좋은 경로 또는 첫 번째 경로를 고르는 것에 매몰되지 말라.
- 당신의 목표에 완벽한 경로를 찾는 것에 대해 너무 오래 생각하지 말라.
- 첫 번째 전략이 실패했을 때, 당신이 재능이 부족하거나 훌륭하지 않다고 결론짓지 말라.
- 당신이 문제에 대한 해결책을 떠올리지 못했음에도 칭찬을 받을 때는 친교를 맺지 말라.

주도력 향상

해야 할 것
- 스스로에게 목표를 선택했다고 말하고 그것을 쫓으라.
- 스스로에게 긍정적으로 말하는 법을 배우라(예: 나는 할 수 있다!).
- 곤경에 빠졌을 때 이전에 성공적으로 목표를 추구했던 일을 회상하라.
- 목표 추구 과정에서 장애물을 만났을 때 자신에게 웃어 주라.
- 원래의 목표가 견고하게 막혔을 때 대안 목표를 찾으라.
- 최종 목표 달성에만 집중하지 말고 목표에 도달하는 과정을 즐기라.

하지 말아야 할 것
- 당신의 인생에 나타난 장애물들로 인해 반복적으로 놀라지 말라.
- 내부에 생긴 생각들에 너무 집착하지 말라. 그것들은 생각을 더 키우기만 할 뿐이다.
- 의도적인 생각이 빠르게 확장되지 않는다면 인내하지 말라.
- 상황이 절대 변하지 않을 거라 생각하지 말라. 특히 당신이 지쳤을 때.
- 역경과 마주할 때 스스로를 동정하지 말라.
- 목표가 완전히 막혔을 때 그것을 고수하지 말라.
- 목표에 대한 진전을 평가하기 위해 스스로 계속해서 잘하고 있는지 묻지 말라.

4) 교사들의 희망을 향상시키기

어린아이들이 부모나 돌보는 이와의 상호작용에서 인과관계의 예측 가능성을 경험하는 가운데 신뢰를 배움으로써 희망을 발달시키는 것처럼, 학생들도 선생님과의 상호작용에서 정돈된 예측 가능성과 일관성을 경험하는 가운데 신뢰를 배움으로써 희망을 만들어 낸다. 확고해지고, 공정해지며, 일관성이 생기면서, 교사들은 학생들과 희망을 창조한다. 그러한 과정을 통해 교사는 학생들이 자신의 행동에 책임을 지는 분위기를 만들 필요가 있다. 이것은 권위에 대한 완전한 순종이 필요하다거나 그것이 바람직한 것이라기보다는 학생들이 상당히 높은 기준을 가지고 있어야 한다는 것을 의미한다. 질서와 책임이 성립된 후에 교사는 교실에 신뢰의 씨앗을 심을 수 있다. 그것이 초등학교나 중학교, 고등학교 등 어디든지, 신뢰는 학생들이 지닌 기존의 지식과 통찰력을 기반으로 한다는 점에서 성장을 유도하는 유연한 목표 설정으로 나아가는 문을 열어 준다.

희망 수준이 높은 교사는 배우는 각 단원에서의 학습 내용을 터득하는 것뿐만 아니라 좋은 성적을 받는 것에서도 목표가 매우 뚜렷하다. 게다가 이러한 교사들은 이 목표들을 학생들에게 잘 전달한다(Synder, Lopez, Shorey, Rand, & Feldman, 2003). 목표가 구체적이고 이해하기 쉽게 만들어지고 하위목표로 나누어졌을 때, 교사와 학생은 모두 성장할 가능성이 있다. 마찬가지로 학교심리학자들은 단기 목표가 아닌 장기 목표에 초점을 두고 교사와 함께 연구해야 한다.

명확하고 구체적인 목표를 정하는 것을 넘어서, 희망적인 교사는 준비와 계획을 강조한다. 따라서 배우는 일은 쉽게 이해되는 방식으로 구성되어야 한다. 또한 주요 접근법이 효과가 없다면 대안을 고안하는 것도 도움이 된다. 그러나 그 방법이 무엇이든, 교사가 이기는 것을 지나치게 강조하면 안된다. 대신에, 학생들이 단지 좋은 결과를 얻는 데만 집중하기보다는 더 노력하고 정보 숙달에 관심을 기울이는 분위기가 만들어져야 한다(예: 높은 등급, 뛰어난 운동 기록; Dweck 1999). 이러한 분위기는 교사와 학생 간 상호협력 과정을 통해 고무된다.

학교심리학자들은 교사나 코치에게 아주 흔히 나타나는 소진 또는 개인적 희망의 소멸을 쉽게 알아차릴 수 있도록 학교 구조 속에 잘 자리 잡아야 한다. 이 목적에 도달하려면 교사가 교실을 벗어나 자신만의 주요 관심사와 인생 목표에 지속적으로 관여하고 투자하도록 격려해야 한다.

5. 오늘날 학교에서의 희망의 잔물결 효과

학교심리학자들은 상담이나 직접적인 중재를 통해 학생들과 교사에게 희망의 잔물결 효과의 이점을 극대화할 수 있다. 심리학자들은 학교에 있는 다른 전문가들과 협력하여 개인 또는 집단의 성취를 통해 자연스럽게 일어나는 희망 전염을 촉진시킴으로써 학교와 학군에 희망을 일으킬 수 있다. 이 부분에서 우리는 학교 맥락에서 희망적인 생각을 극대화하는 것에 대한 몇몇 생각을 공유하려 한다.

다양한 형태의 '장벽'을 제거하는 것은 각 교육 공동체에 희망을 퍼뜨리는데 필수적이다. 즉, 평가와 상담을 통해서 심리학자들은 학생들의 학업적 수행과 성장을 방해하고 있는 장애물을 알아낼 수 있다(예: 학습 문제나 행동 문제). 또한 그들은 그러한 장애물에서 빠져나갈 대안 경로를 만들어 낼 수 있다. 이에 더하여 심리학자들은 학생들, 교사들, 코치들, 그리고 직원들과 대화하면서 그들이 겪고 있을지 모르는 물리적 또는 심리적인 장벽들을 찾아낼 수도 있다. 그러한 장벽에 포함되는 것은 일정 문제, 편의시설의 물리적 배치에서 생겨난 불편함, 자원 부족, 부모의 무관심, 짜증 나는 사회적 행사들 그리고 건강과 관련된 전염병 등이다.

목표 설정을 용이하게 하는 것 또한 심리학자의 능력 중 일부이다. 희망은 한 학생(예: 체스를 배우고 싶어 하는 사교적이지 못한 학생)의 목표를 또 다른 학생(예: 체스는 잘하지만 일대일로 하길 원하는 사교적이지 못한 학생)의 목표에 연결시킴으로써 증진될 수 있다. 우리는 심리학자들에게 Aronson의 '조각 퍼즐' 접근법의 정신에 입각해서 다양한 무리의 학생들 사이에 상호의존성을 조성하라고 격려할 것이다. 조각 맞추기 협력 기술 속에 학생들은 다양한 그룹들로 나누어지는데, 각 그룹의 일원들은 그룹원들이 배워야 하는 재료의 일부분을 받는다. 각 그룹에서 모든 학생은 서로에게 의존하고, 각 학생들은 그 재료의 몇 가지 측면에서 전문가로 간주된다(Aronson, Bridgeman, & Geffner, 1978; www.jigsaw.org/steps.htm 참조). 이러한 점에서 희망은 특성상 협동과 관련된 개념으로 보이며, 그러한 연결을 촉진하기 위해서는 반복적인 노력이 이루어져야 한다. 심리학자들은 또한 집단에 포함된 학생들 또는 개별 교육 프로그램의 구성원들이 성취 가능한 공동의 목표를 세울 수 있게 도울 수 있다. 공유된 목표의 추구는 긍정적으로 한 그룹에게 활기를 줄 수 있다. 이 점에서 모둠 활동은 종종 참가자들에게 내재된 희망이 드러나도록 영향을 미친다. 이와 같이 학교에 대한 자부심을 일으키는 모둠 활동은 극단적으로 이루어지지 않을 경우 희망을 만들어 낼 수 있다.

장벽 제거에 능하고 학생과 교사가 의미 있는 목표를 추구하도록 도와주는 것에 헌신하는 학교심리학자들은 건강한 목표 추구의 본보기가 된다. 하지만 심리학자들이 희망적인 본보기가 되고자 해도 제도적인 장애물에 의해 제한될 수 있다. 따라서 학교 환경에서 장애물의 수와 강도를 줄이는 데 공동의 목표를 둔다면 모든 사람의 희망이 더 쉽게 자랄 수 있다. 심리학자들은 이 과정의 핵심적인 조력자로서 학교에서 다양한 교육적인 목표를 달성하는 데 도움을 주는 '장벽 파괴자'이다.

6. 결론

이 장에서는 학교심리학자들을 위한 희망이론의 기초가 제시되었다. 희망을 낳는 것이 이미 학교심리학자들이 하는 일 중의 하나라는 것이 더 정확한 표현일지 모른다. 이렇듯 현재 희망이론의 아이디어들은 심리학자들이 학교의 노력을 지원하는 더 좋은 일을 하도록 도울 수 있다. 즉, 학교가 의미 있는 목표를 설정하는 곳, 학부모, 교사, 학생들이 그 목표에 도달하는 방법을 아는 곳, 그리고 모든 구성원이 열심히 노력하도록 동기를 부여하는 곳이 되도록 도울 수 있다. 희망적 사고는 일생 동안의 배움을 강화하고 이끌어 주며, 심리학자들은 이러한 이론이 살아 움직이는 것을 돕는다.

참고문헌

Aronson, E., Bridgeman, D. L., & Geffner, R. (1978). Interdependent interactions and prosocial behavior. *Journal of Research and Development in Education, 12,* 16–27.

Barnum, D. D., Snyder, C. R., Rapoff, M. A., Mani, M. M., & Thompson, R. (1998). Hope and social support in the psychological adjustment of pediatric burn survivors and matched controls. *Children's Health Care, 27,* 15–30.

Berg, C. J., Rapoff, M. A., Snyder, C. R., & Belmont, J. M. (2007). The relationship of children's hope to pediatric asthma treatment adherence. *Journal of Positive Psychology, 2,* 176–184. doi:10.1080/17439760701409629

Berg, C. J., Ritschel, L. A., Swan, D. W., An, L. C., & Ahluwalia, J. S. (2011). The role of hope in engaging in healthy behaviors among college students. *American Journal of Health Behavior, 35,* 402–415. doi:10.5993/AJHB.35.4.3

Bouwkamp, J. (2001). *Making hope happen: A program for inner-city adolescents.* Master's thesis: University of Kansas, Lawrence.

Brown, M., Curry, L. A., Hagstrom, H., & Sandstedt, S. (1999, August). *Female teenage athletes, sport participation, self-esteem, and hope.* Paper presented at the Association for the Advancement of Applied Sport Psychology, Banff, Alberta, Canada.

Chang, E. C. (1998). Hope, problem-solving ability, and coping in a college student population: Some implications for theory and practice. *Journal of Clinical Psychology, 54,* 953-962. doi:10.1002/(SICI)1097-4679(199811)54:7〈953::AID-JCLP9〉3.0.CO;2-F

Chang, E. C., & Banks, K. H. (2007). The color and texture of hope: Some preliminary findings and implications for hope theory and counseling among diverse racial/ethnic groups. *Cultural Diversity & Ethnic Minority Psychology, 13,* 94-103. doi:10.1037/1099-9809.13.2.94

Chang, E. C., & DeSimone, S. L. (2001). The influence of hope on appraisals, coping, and dysphoria: A test of hope theory. *Journal of Social and Clinical Psychology, 20,* 117-129. doi:10.1521/jscp.20.2.117.22262

Collins, K., & Bell, R. (1997). Personality and aggression: The dissipation-rumination scale. *Personality and Individual Differences, 22,* 751-755. doi:10.1016/S0191-8869(96)00248-6

Conti, R. (2000). College goals: Do self-determined and carefully considered goals predict intrinsic motivation, academic performance, and adjustment during the first semester? *Social Psychology of Education, 4,* 189-211. doi:10.1023/A:1009607907509

Curry, L. A., Maniar, S. D., Sondag, K. A., & Sandstedt, S. (1999). *An optimal performance academic course for university students and student-athletes.* Unpublished manuscript, University of Montana, Missoula.

Curry, L. A., Snyder, C. R., Cook, D. L., Ruby, B. C., & Rehm, M. (1997). The role of hope in student-athlete academic and sport achievement. *Journal of Personality and Social Psychology, 73,* 1257-1267.

Day, L., Hanson, K., Maltby, J., Proctor, C., & Wood, A. (2010). Hope uniquely predicts objective academic achievement above intelligence, personality, and previous academic achievement. *Journal of Research in Personality, 44,* 550–553. doi:10.1016/j.jrp.2010.05.009

Dweck, C. S. (1999). Self-theories: Their role in motivation, personality, and development. Philadelphia, PA: Psychology Press.

Emmons, R. A. (1992). Abstract versus concrete goals: Personal striving level, physical illness, and psychological well-being. *Journal of Personality and Social Psychology, 62,* 292–300.

Feldman, D. B., & Dreher, D. E. (2012). Testing the efficacy of a single-session goal-pursuit intervention for college students. *Journal of Happiness Studies, 13,* 745–759. doi:10.1007/s10902-011-9292-4

Feldman, D. B., & Snyder, C. R. (2005). Hope and the meaningful life: Theoretical and empirical associations between goal-directed thinking and life meaning. *Journal of Social & Clinical Psychology, 24,* 401–421. doi:10.1521/jscp.24.3.401.65616

Gallup. (2009). *Hope, engagement, and well-being as predictors of attendance, credits earned, and GPA in high school freshmen.* Unpublished data. Omaha, Nebraska.

Gilman, R., Dooley, J., & Florell, D. (2006). Relative levels of hope and their relationship with academic and psychological indicators among adolescents. *Journal of Social and Clinical Psychology, 25,* 166–178. doi:10.1521/jscp.2006.25.2.166

Hinton-Nelson, M. D., Roberts, M. C., & Snyder, C. R. (1996). Early adolescents exposed to violence: Hope and vulnerability to victimization. *American Journal of Orthopsychiatry, 66,* 346–353. doi:10.1037/a0023867

Hoy, B., Suldo, S., & Mendez, L. (2013). Links between parents' and children's levels of gratitude, life satisfaction, and hope. *Journal of Happiness Studies, 14,* 1343–1361. doi:10.1007/s10902-012-9386-7

Kwon, P. (2000). Hope and dysphoria: The moderating role of defense mechanisms. *Journal of Personality, 68,* 199–223. doi:10.1111/1467-6494.00095

Lewis, H. A., & Kliewer, W. (1996). Hope, coping, and adjustment among children with sickle cell anemia: Tests of mediator and moderator models.

Journal of Pediatric Psychology, 21, 25–41. doi:10.1007/BF02895780

Lloyd, S. M., Cantell, M., Pacaud, D., Crawford, S., & Dewey, D. (2009). Brief report: Hope, perceived maternal empathy, medical regime adherence, and glycemic control in adolescents with type 1 diabetes. *Journal of Pediatric Psychology, 34,* 1025–1029. doi:10.1093/jpepsy/jsn141

Lopez, S. J., Bouwkamp, J., Edwards, L. E., & Teramoto Pedrotti, J. (2000, October). *Making hope happen via brief interventions.* Presented at the Second Positive Psychology Summit, Washington, DC.

Lopez, S. J., Reichard, R. J., Marques, S. C., & Dollwet, M. (in press). *Relation of hope to academic outcomes: A meta-analysis.* Manuscript submitted for publication.

Marques, S. C., Lopez, S. J., Fontaine, A. M., Coimbra, S., & Mitchell, J. (in press). *How much hope is enough? Levels of hope and students' psychological and school functioning.* Manuscript submitted for publication.

Marques, S. C., Lopez, S. J., & Mitchell, J. (2013). The role of hope, spirituality and religious practice in adolescents' life satisfaction: Longitudinal findings. *Journal of Happiness Studies, 14,* 251–261. doi:10.1007/s10902-012-9329-3

Marques, S. C., Lopez, S. J., & Pais-Ribeiro, J. L. (2011). "Building Hope for the Future"-A program to foster strengths in middle-school students. *Journal of Happiness Studies, 12,* 139–152. doi:10.1007/s10902-009-9180-3

Marques, S. C., Pais-Ribeiro, J. L., & Lopez, S. J. (2007a). *Relationship between children's hope and guardian's hope.* Paper presented at the 10th European Congress of Psychology, Prague, Czech Republic.

Marques, S. C., Pais-Ribeiro, J. L., & Lopez, S. J. (2007b). Validation of a Portuguese version of the Students' Life Satisfaction Scale. *Applied Research in Quality of Life, 2,* 83–94. doi:10.1007/s11482-007-9031-5

Marques, S. C., Pais-Ribeiro, J. L., & Lopez, S. J. (2009). Validation of a Portuguese version of the Children Hope Scale. *School Psychology International, 30,* 538–551. doi:10.1177/0143034309107069

Marques, S. C., Pais-Ribeiro, J. L., & Lopez, S. J. (2011a). Use of the "Mental Health Inventory-5" with middle-school students. *Spanish Journal of Psychology, 14,* 472–479. doi:10.5209/rev_SJOP.2011.v14.nl.43

Marques, S. C., Pais-Ribeiro, J. L., & Lopez, S. J. (2011b). The role of positive psychology constructs in predicting mental health and academic achievement in Portuguese children and adolescents: A 2-year longitudinal study. *Journal of Happiness Studies, 12,* 1049-1062. doi:10.1007/s10902-010-9244-4

McDermott, D., Hastings, S. L., Gariglietti, K. P., Gingerich, K., Callahan, B., & Diamond, K. (1997). A cross-cultural investigation of hope in children and adolescents. *Resources in Education,* CG028078.

Merkas, M., & Brajsa-Zganec, A. (2011). Children with different levels of hope: Are there differences in their self-esteem, life satisfaction, social support, and family cohesion? *Child Indicators Research, 4,* 499-514. doi:10.1007/s12187-011-9105-7

Munoz-Dunbar, R. (1993). *Hope: A cross-cultural assessment of American college students.* Master's thesis. University of Kansas, Lawrence, Kansas.

Onwuegbuzie, A. J. (1999). Relation of hope to self-perception. *Perceptual and Motor Skills, 88,* 535-540. doi:10.2466/pms.1999.88.2.53

Onwuegbuzie, A. J., & Snyder, C. R. (2000). Relations between hope and graduate students' studying and test-taking strategies. *Psychological Reports, 86,* 803-806.

Pennebaker, J. W. (1989). Stream of consciousness and stress: Levels of thinking. In J. S. Uleman & J. A. Bargh (Eds.), *Unintended thought* (pp. 327-349). New York, NY: Guilford.

Seirup, H., & Rose, S. (2011). Exploring the effects of hope on GPA and retention among college undergraduate students on academic probation. *Education Research International, 1,* 1-7. doi:10.1155/2011/381426

Snyder, C. R. (1994). *The psychology of hope: You can get there from here.* New York, NY: Free Press.

Snyder, C. R. (Ed.). (2000). *Handbook of hope: Theory, measures, and applications.* San Diego, CA: Academic Press.

Snyder, C. R., Berg, C., Woodward, J. T., Gum, A., Rand, K. L., Wrobleski, K., . . . Hackman, A. (2005). Hope against the cold: Individual differences in trait hope and acute pain tolerance on the cold pressor task. *Journal of Personality, 73,* 287-312. doi:10.1111/j.1467-6494.2005.00318.x

Snyder, C. R., Cheavens, J., & Michael, S. T. (1999). Hoping. In C. R. Snyder (Ed.), *Coping: The psychology of what works* (pp. 205–231). New York, NY: Oxford.

Snyder, C. R., Cheavens, J., & Sympson, S. C. (1997). Hope: An individual motive for social commerce. *Group Dynamics: Theory, Research, and Practice, 1,* 107–118. http://dx.doi.org/10.1037%2F%2F1089-2699.1.2.107

Snyder, C. R., Feldman, D. B., Taylor, J. D., Schroeder, L. L., & Adams III, V. (2000). The roles of hopeful thinking in preventing problems and enhancing strengths. *Applied and Preventive Psychology, 15,* 262–295. http://dx.doi.org/10.1016/S0962-1849(00)80003-7

Snyder, C. R., Harris, C., Anderson, J. R., Holleran, S. A., Irving, L. M., Sigmon, S. T., . . . Harney, P. (1991). The will and the ways: Development and validation of an individual-differences measure of hope. *Journal of Personality and Social Psychology, 60,* 570–585. http://dx.doi.org/10.1037%2F%2F0022-3514.60.4.570

Snyder, C. R., Hoza, B., Pelham, W. E., Rapoff, M., Ware, L., Danovsky, M., . . . Stahl, K. J. (1997). The development and validation of the Children's Hope Scale. *Journal of Pediatric Psychology, 22,* 399–421. doi:10.1093/jpepsy/22.3.399

Snyder, C. R., Lopez, S., Shorey, H. S., Rand, K. L., & Feldman, D. B. (2003). Hope theory, measurements, and applications to school psychology. *School Psychology Quarterly, 18,* 122–139. doi:10.1521%2Fscpq.18.2.122.21854

Snyder, C. R., McDermott, D., Cook, W., & Rapoff, M. (2002). *Hope for the journey* (revised ed.). Clinton Corners, NY: Percheron.

Snyder, C. R., Shorey, H. S., Cheavens, J., Pulvers, K. M., Adams, V. H., III, & Wiklund, C. (2002). Hope and academic success in college. *Journal of Educational Psychology, 94,* 820–826. doi:10.1037/0022-0663.94.4.820

Worrell, F. C., & Hale, R. L. (2001). The relationship of hope in the future and perceived school climate to school completion. *School Psychology Quarterly, 16,* 370–388. doi:10.1521%2Fscpq.16.4.370.19896

요약: 희망

- 희망은 인지적 구조로 개념화되는데, 이것은 개인적으로 관련 있는 목표를 향해 노력하기 위한 인간의 동기와 능력을 반영한다.
- 학생의 희망은 육체적 · 정신적 건강으로부터 학업적 · 운동적 성공까지의 많은 중요한 결과들을 예언한다.
- 교사들은 목표를 성취하고 장애물에 대처하는 능력에 대한 학생들의 인식에 중요한 역할을 한다.
- 학생들의 희망은 의도적인 노력을 통해서 변화되는 유연성을 갖는다.
- 학교는 희망을 교육과정에 통합하거나 독립적이고 정기적인 희망 증진 집단 프로그램을 운영함으로써 희망을 증진시킬 수 있는 이상적인 장소이다.

희망 추천자료

Marques, S. C., Lopez, S. J., & Pais-Ribeiro, J. L. (2011). "Building Hope for the Future"-A program to foster strengths in middle-school students. *Journal of Happiness Studies, 12,* 139-152.

이 연구는 중학생들을 대상으로 희망 기반 개입의 효과를 검증했다. 그 결과, 간략한 희망 개입이 심리적 힘을 증진시켰는데, 이 효과는 1년 6개월 후에도 지속되었다.

Snyder, C. R. (Ed.). (2000). *Handbook of hope: Theory, measures, and applications.* San Diego, CA: Academic Press.

이 책은 희망에 대한 심리적 연구의 종합적 이해를 제공한다. 희망의 측정, 희망의 발달, 희망의 부족이 어떻게 임상적 병리로 연결될 수 있는지, 그리고 희망을 잃은 사람들에게 희망을 주입하는 것을 돕는 치료적 접근은 무엇인지 등의 내용을 담고 있다. 마지막 장에서는 어떻게 희망을 적용하는 것이 개인을 더 나은 코치, 교사, 부모로 만들어 주는지에 대해 논의했다.

Snyder, C. R. (2002). Hope theory: Rainbows in the mind. *Psychological Inquiry, 13,* 249-275.

이 논문에서는 희망이론과 학습된 낙관성, 낙관주의, 자기효능감과 자아존중감을 비교하였다. 더 높은 희망 수준은 여러 삶의 영역에서의 더 나은 결과들과 관련이 있었다. 아동과 성인들의 희망 수준을 낮게 만드는 과정이 소개되었다.

Snyder, C. R., Harris, C., Anderson, J. R., Holleran, S. A., Irving, L. M., Sigmon, S. T., . . . Harney, P. (1991). The will and the ways: Development and validation of an individual-differences measure of hope. *Journal of Personality and Social Psychology, 60,* 570-585.

이 연구는 성인용 희망 측정도구의 개발과 심리측정적 속성에 대해 검증하였다.

Snyder, C. R., Hoza, B., Pelham, W. E., Rapoff, M., Ware, L., Danovsky, M., . . . Stahl, K. J. (1997). The development and validation of the Children's Hope Scale. *Journal of Pediatric Psychology, 22,* 399-421.

이 논문은 아동용 희망 측정도구의 개발과 심리측정적 속성에 대해 검증하였다.

제4장
낙관성

1. 서론

"나는 낙관주의자인데, 다른 입장을 취하는 것은 별로 유익하지 않아 보인다."

- Winston Churchill

낙관성은 17세기의 Descartes나 Voltaire와 같은 철학자들의 저서에서 현대적 근원을 살펴볼 수 있다(Domino & Conway, 2001). 이러한 철학적 저술 이전의 낙관성은 불교나 기독교와 같은 수많은 위대한 영적 전통의 가르침에서 찾아볼 수 있다(Miller, Richards, & Keller, 2001). 20세기의 낙관성은 비관성과 대립되는 개념으로 정의되기도 하고, 때로는 단일 차원에서 양극단에 있는 구인으로 개념화되기도 하며, 어떤 연구자들은 서로 연관은 있지만 별개의 구인으로 보기도 한다(Garber, 2000).

현대적 모델(Scheier & Carver, 1985; Seligman, 1991)에서는 기대이론에서 보

는 것처럼 낙관성-비관성을 일반적인 성격적 성향으로 보거나, 설명양식이론에서 기술하는 설명 과정으로 구분하는 것으로 점점 더 초점을 맞추고 있다.

2. 낙관성의 이론적 관점

기대이론 관점에서 낙관성은 "목표가치의 도달 가능성에 대한 확신이나 의심"과 관련된다(Carver & Scheier, 1999, p. 183). 이 이론에서의 낙관성과 비관성은 미리 앞을 내다보고 적극적으로 임하는 성격 경향을 나타낸다. 설명양식이론에서 보는 낙관성과 비관성은 사건의 원인을 설명하는 데 활용되는 즉각적인 반응 경향성을 의미하며, 일반적인 대처 반응과 관련 있다. 이러한 관점에서 기대는 목표 성취에 대한 일반화된 신념이며, 설명양식은 지배적인 인지조정 과정으로 본다.

1) 일반화된 기대로서 낙관성과 비관성

지금까지 기질적 낙관성과 비관성에 대하여 일반적으로 합의된 정의는 없다(Chang, Maydeu-Olivares, & D'Zurilla, 1997). 그러나 연구자들은 앞으로 일어날 일에 대한 일반화된 긍정적 혹은 부정적 기대로 편견을 포함하여 관련된 정의를 제시해 왔다(Peterson & Bossio, 1991). 낙관성은 ① 긍정적 결과를 기대하는 경향성(Kassinove & Sukhodolsky, 1995), ② 긍정적 사건이 부정적 사건보다 많다는 신념(Yates, Yates, & Lippett, 1995), ③ 밝은 면을 보려는 경향성(Silva, Pais-Ribeiro, & Cardoso, 2004) 등으로 정의되어 왔다. 반대로, 비관성은 ① 실패에 대한 기대(Kassinove & Sukhodolsky, 1995), ② 나쁜 결과 기대하기, ③ 우울한 관점을 가지려는 경향성(Scheier & Carver, 1985) 등으로 정의되었다.

낙관성과 비관성은 개인이 사용하는 대처 전략과 관계가 있다(Chang, 1996; Helton, Dember, Warm, & Matthews, 1999; Scheier, Weintraub, & Carver, 1986). 낙관성은 문제해결, 사회적 지지 확보 그리고 스트레스 상황에서의 긍정적인 측면 조망과 같은 적응 전략과 연관되어 있다. 반면에 비관성은 문제회피, 거부, 철회 그리고 스트레스 요인이 발생했을 때 목적 완수의 실패와 같은 부적응 전략과 관련이 있다. Boman과 Yates(2001)는 학교 상황에서 낙관적인 아동들이 초등학교에서 점차 고등학교로 진학할 때 더욱 성공적인 결과를 보여 준다고 밝히고 있다. 전반적으로 낙관성과 비관성은 개인이 사전 경험이 없는 일반화된 결과나 상황에서 중요한 역할을 할 것이라고 기대될 수 있다.

2) 인지설명양식으로서의 낙관성과 비관성

Seligman(1991)은 낙관성과 비관성 구인을 통합하는 또 다른 주요 이론을 제시했다. 이 이론은 인지설명양식의 역할을 강조하였고, 우울증을 앓고 있는 사람을 주 대상으로 한 학습된 무기력 연구에서 부각되었다(Seligman, 1975). 학습된 무기력은 우울한 사람이 앞으로 일어날 일에 대해 좋은 결과를 만들기 위해 자신이 할 수 있는 것이 아무것도 없다고 생각하는 기대라고 할 수 있다. 이 기대는 자신이 시도한 대처 전략이 통제불능 사건을 경험하면서 효과를 발휘하지 못하게 될 때 생겨나게 된다. 자신의 통제력 상실에 대한 믿음은 반응자발성이나 지속성 수준을 떨어뜨리며(동기 결핍), 새로운 기회를 통제할 수 있다고 지각하지 못하거나(인지 결핍), 자존감이 상실되고 우울감이 고조되는 결과(정서적 결핍)를 유발한다(Seligman, 1975).

그러나 학습된 무기력 이론은 몇 가지 근거에서 비판을 받아 왔다(Nolen-Hoeksema, Girgus, & Seligman, 1986; Seligman, 1991). 첫째, 취약한 사람이 모두 무기력하지는 않으며, 무기력한 사람 중에서도 어떤 사람은 즉각적으로 긍정적인 반응을 보인 반면, 어떤 사람은 결코 회복되지 않는 결과를 보인다. 둘째, 어떤 사람은 자신이 이전에 직면했던 어려운 상황을 만났을 때 포기하기도 하지만, 새로운 상황을 만날 때마다 포기하는 사람도 있다. 셋째, 어떤 사람은 그 상황에 대한 책임을 자신에게 돌리는 반면, 주변에 있는 타인이나 외부적 요인으로 책임을 돌리는 사람도 있다. Seligman과 다른 연구자들은 학습된 무기력 이론이 예측하지 못한 결과들에 대해 Weiner의 귀인이론으로 설명하였다(Seligman, 1991).

Weiner의 귀인이론은 개인의 행동이나 사건에 대한 인과적 해석이 대부분 성공과 실패에 따른 정서행동적 반응을 결정한다고 설명한다(Weiner et al., 1971). 이 이론은 원인이 사람 내부에 있는가 아니면 외부에 있는가, 시간에 따라 안정적인가 아니면 영구적인가, 다른 사람들이 통제할 수 있다고 보는가 아니면 통제할 수 없다고 보는가의 정도를 분석한다.

Seligman과 다른 연구자들은 Weiner의 이론으로부터 시사점을 얻었지만, 이를 몇 가지 차별화된 방식으로 적용하였다(Abramson, Seligman, & Teasdale, 1978; Seligman, 1991). 수정된 이론에서 개개인은 습관적인 설명양식을 가지고 있지만 개별적인 실패 경험에 대해 단지 한 가지 설명으로만 진술하지 않는다고 보았다. 결국은 Weiner의 지속성과 개인적 차원에 이어 세 번째로 확장성 차원이 추가되었다(Seligman et al., 1984; Seligman, Kamen, & Nolen-Hoekseman, 1988). 마지막으로, 그들은 성취에서 정신질환과 치료의 방향으로 초점을 옮겼다(Reivich, Gillham, Chaplin, & Seligman, 2005). 이러한 변화는 아동 · 청소년이 설명양식이론을 활용할 수 있도록 하는 데 기초가 되었다(Seligman, Reivich, Jaycox, & Gillham, 1995).

본질적으로 아동 · 청소년은 개인귀인 방식, 즉 그들의 설명양식에서 차이를 보일 수 있다. 비관적인 설명양식을 가지고 있는 사람들은 역경, 걸림돌, 도전적인 일, 스트레스 상황에 맞닥뜨릴 때 인과요인의 차원을 지속적인 것("항상 이런 식이에요."), 개인적인 것("내 잘못이에요."), 그리고 전반적인 것

("내가 하는 모든 일에 영향을 줘요.")으로 설명할 가능성이 높다. 낙관적인 설명양식을 가진 사람들은 걸림돌을 일시적이며, 자신의 잘못이 아니라고 생각하고, 그 당시 사건에 초점을 맞추어 인식할 가능성이 높다. 반면에 행운이 따르는 일을 접했을 때는 이러한 설명양식이 바뀌게 된다. 다시 말하면, 비관적인 설명양식을 가진 사람들은 좋은 사건을 일시적이고, 자신의 몫이 아니며, 단지 별개의 사건으로 보게 된다. 반대로, 낙관적인 설명양식을 가진 사람들은 똑같은 사건을 지속적이고, 자신에게 원인을 돌리고, 전반적인 것으로 인식한다. 이러한 설명양식은 부모나 다른 유의미한 어른들의 모델링 행동에 영향을 받게 된다(Seligman et al., 1995).

3) 기대 및 설명양식 관점 비교

Scheier와 Carver(1992)는 몇몇 연구에서 설명양식이 성격적 낙관성 및 비관성과는 밀접한 연관이 없다고 제시하였다. 전체적으로 상관관계가 .20을 넘지 않는 수준이었다. 8학년 학생을 대상으로 한 Boman과 Yates(2001)의 연구에서는 성격적 낙관성과 설명양식이 유의미하지 않은 상관관계를 나타냈다. Scheier와 Carver는 두 이론의 초점이 다르기 때문에 제한적으로 개념적 혼재가 나타난다고 주장하였다. 즉, 하나의 특수한 사건에 대한 인과적 설명이 미래에 대한 일반화된 기대와는 상충될 수 있다고 본다. Garber(2000)는 "귀인과 기대 사이에 명백한 개념적 · 임상적 차이가 존재한다."(p. 303)라고 하였으나, 귀인도 기대를 예측할 수 있다는 점을 함께 제시하고 있다. 즉, 일단 한 사람이 사건의 원인을 설명한 후 갖게 되는 기대는 그 사건과 관련된 긍정적 · 부정적 영향을 지속시킨다.

3. 낙관성 측정

1) 일반적인 기대로서 낙관성과 비관성 평가하기

일반적으로 낙관성과 비관성이 대처와 적응에서 중요한 역할을 하고 있음에도, 그것을 어떻게 측정해야 할 것인가에 대해서는 상반된 견해가 있다(Chang et al., 1997; Fischer & Leitenberg, 1986; Myers & Steed, 1999; Olason & Roger, 2001). 몇몇 연구자는 낙관성과 비관성을 단일차원의 연속선 양극단에 위치하는 개념으로 정의하고 있다. 따라서 개인은 낙관적이거나 비관적이어야 하며, 2가지를 함께 지닐 수는 없다고 보았다. Scheier와 Carver(1985)의 낙관성과 비관성에 대한 단일차원 관점이 지배적인 이론으로 자리 잡아 가지만, 그렇다고 모든 연구자가 낙관주의자를 비관성을 전혀 갖지 않는 존재로 보는 것은 아니다.

다른 연구자들은 낙관성과 비관성이 부분적으로 상호의존적인 차원을 가지고 있다는 견해를 제시하고 있다(Chang et al., 1997; Fischer & Leitenberg, 1986). 이와 관련된 연구들은 낙관성과 비관성이 2개로 구분될 수 있지만 상관관계가 있는 요인들을 포함하고 있다고 제시하였다. 한편, Lai와 Yue(2000)는 부분적인 의존적 관점이 중국 본토 학생에게서만 나타나고 있다고 보고하고 있다. 이러한 연구 결과는 서구 문화의 영향을 받지 않는 중국 본토와 비교해서 홍콩과 같이 서구 영향을 받는 지역에서는 낙관성과 비관성 관점이 다르게 나타날 수 있음을 보여 주는 것이라고 할 수 있다.

Chang 등(1997)은 낙관성과 비관성을 긍정적 혹은 부정적 결과 기대로 정의할 때 부분적 의존 모델이 더 적절하다는 입장을 제시하였다. Chang과 Bridewell의 대학생 대상 연구(1998)는 비합리적 신념을 더 많이 가지고 있는 학생들(예를 들어, "나는 절대로 잘못을 하지 말아야 한다.")이 유의미하게 더 높은 비관성을 지니고 있다는 점을 보여 주고 있다. 그러나 그들이 덜 낙관적이라고 밝혀지지는 않았다. 이러한 결과는 낙관성과 비관성에 대한 부분적인 의존적 관점을 지지하면서, 비관주의자가 낙관성을 가지고 있지 않다는 것이 아니라 낙관주의자보다 더 높은 수준의 비합리적 신념을 지니고 있다는 것을 나타내는 것이다.

(1) 기대로서 낙관성과 비관성 평가하기

삶의 지향성 검사(Life Orientation Test: LOT; Scheier & Carver, 1985)와 그 개정판(Revised Life Orientation Test: LOT-R; Scheier, Carver, & Bridges, 1994)은 성격적 낙관성과 비관성을 평가하는 데 가장 널리 사용되는 도구이다. 삶의 지향성 검사(LOT)와 개정판(LOT-R)은 비관성 점수를 역연산해서 낙관성 점수와 합산하는 단일차원의 낙관성 척도로 설계되었다. 삶의 지향성 검사(LOT) 척도는 12문항으로, 그중 4문항은 무의미 문항이다. 4문항은 긍정적으로 기술된 문항(예: "나는 항상 어떤 일의 밝은 면을 본다.")이고, 4문항은 부정적인 문항(예: "내게 좋지 않은 방향으로 전개될 수 있는 어떤 일이 일어날 것이다.")이다. 개정판(LOT-R)은 10문항으로 3개의 긍정 문항, 3개의 부정 문항, 4개의 무의미 문항으로 구성되어 있다. 이후에 삶의 지향성 검사(LOT) 문항에서 중복된 의미를 가진 몇 문항이 제외되었다(Chang, 2001). 또 다른 척도인 확장 삶 지향성 검사(Expanded Life Orientation Test: ELOT; Chang et al., 1997), 일반화된 성공 기대 검사(Fibel & Hale, 1978), 그리고 낙관성 및 비관성 척도(Dember, Martin, Hummer, Howe, & Melton, 1989)는 계속 개발이 진행되었지만 연구 분야에서 폭넓게 활용되지는 않았다.

확장 삶 지향성 검사(ELOT)는 청소년을 대상으로 한 연구에서 주로 사용되었지만(Boman, Smith, & Curtis, 2003; Boman & Yates, 2001), 최근에는 아동 및 청소년에 초점을 둔 청년 삶 지향성 검사(Youth Life Orientation Test: YLOT)가 개발되었다(Ey et al., 2005; Taylor et al., 2004). 청년 삶 지향성 검사

(YLOT)는 16문항의 자기보고 척도이며 취학아동의 낙관성 및 비관성을 더 잘 평정하기 위해서 개발되었다. 삶의 지향성 검사 개정판(LOT-R)의 문항들은 아동발달 수준을 고려하여 수정되었다. 척도는 7개의 낙관성 문항, 7개의 비관성 문항, 2개의 무의미 문항으로 이루어졌고, 0점에서 3점(0=나에게 맞지 않는, 3=나에게 잘 맞는)까지 4점 리커트 척도를 사용하였다. 척도의 결과는 낙관성, 비관성 그리고 합산 점수로 산출되는데, 이 점수들은 낙관성과 비관성 그리고 연속선 양극단으로서 별개의 개념을 의미하는 낙관성 합산 점수이다. 최초 검사의 Cronbach α 계수(낙관성 = .70, 비관성 = .78, 합산 낙관성 =.83)는 수용할 수 있는 범위에서 내적 일관성을 유지하였다. 그러나 이것은 3학년에서 6학년까지 적용되는 것으로, 1 · 2학년의 Cronbach α는 수용할 수 있는 수준이 아니었다. 따라서 낙관성 척도인 청년 삶 지향성 검사(YLOT)의 타당성을 확보하기 위해서는 더 많은 시간과 연구가 이루어질 필요가 있다.

2) 설명양식으로서 낙관성과 비관성 평가하기

Seligman의 이론적 맥락에서 보면, 설명양식은 다양한 삶의 상황에 적응하는 데 중요한 역할을 하는 인지적 성격 변인이다(Dykema, Bergbower, Doctora, & Peterson, 1996; Peterson, 2000). 설명양식은 특수하게 고안된 도구인 귀인양식 질문지(Peterson et al., 1982)에 대한 개인 반응으로 평정된다. 이 도구는 어떤 사건의 원인을 기술하도록 하여 그 사건과 관련된 개인적, 지속적, 전반적인 차원을 측정하는 것이다. Seligman(1991)은 낙관주의자가 실패에 대해 타인의 탓으로 돌림(외현화)으로써 개인적 책임감을 축소시킬 수 있다는 우려 때문에 개인적 차원은 제거하도록 권고했다. 처음에는 긍정적 · 부정적 사건을 함께 제시하는 것으로 도구가 개발되었지만, 부정적 사건에 대한 인과적 설명이 긍정적 사건에 대한 설명보다 더 강력하게 상관성이 있음이 연구를 통해 밝혀졌다(Peterson, 1990). 이것은 Fincham(2000)이 설명하는 것처럼 그리 놀랄 만한 것은 아니다. 예를 들어, 사람들이 행운에 대해서는 인과적 설명을 하지 않지만, 부정적인 사건에 대해서는 인과적 설명을 하려는 경향성이 더 높게 나타난다.

귀인양식 질문지(Attributional Style Questionnaire: ASQ)는 설명양식을 평가하는 것과 연관 있는 가장 일반화된 척도이다(Reivich & Gillham, 2003). 귀인양식 질문지(ASQ)에 이은 몇 가지 후속 검사가 특수한 대상이나 장면에 맞게 고안되었다(Dykema et al., 1996; Furnham, Sadka, & Brewin, 1992; Lieber, 1997; Mayerson, 1991; Norman, 1988; Peterson & Villanva, 1988; Whitley, 1991). 이것은 Peterson(1990)의 원검사를 사용하면서 대상 집단과 관련 있는 자극 사건을 수정하여 다양한 귀인양식 질문지(ASQ) 형태를 띤다. 귀인양식 질문지(ASQ)는 피검자가 먼저 가능성 있는 원인이 무엇인지 응답하게 하는 일련의 사건으로 구성되어 있고, 그 뒤에 지속적이고 전반적인 설명양식 차원을 측정하는 문항들이 제시되고 있다. 예를 들어, Boman과 동료들(2003)은 학교 맥락에서 일어날 가능성이 있는 상황(예: "너는 검사나 시험에서 실패한다.")을 포함하는 12개의 가정된 부정적 사건을 활용하여 고등학생용 도구를 개발하였다. 학생들에게 그 사건에 대한 주원인을 기술하게 한 후 그것이 지속적인지("이 원인이 계속해서 영향을 줄 가능성이 얼마나 있는가?"), 파급력이 있는지("이 원인이 이 시험 실패에만 영향을 주는가 아니면 삶의 다른 영역에도 영향을 주는가?")를 기록하게 한다. 이 도구의 Cronbach α는 .90과 .93으로 높은 일관성을 보여 주었다.

(1) 아동용 귀인양식 질문지

아동용 귀인양식 질문지(Children's Attributional Style Questionnaire: CASQ; Kaslow, Tannenbaum, & Seligman, 1978)는 아동을 위한 설명양식 척도로 가장 널리 사용되는 검사이다(Reivich & Gillham, 2003). 이 검사는 귀인양식 질문지(ASQ)와 같은 구조로 설계되어 48개의 의무응답문항으로 구성되어 있지만, 8세 아동처럼 어린 경우에는 발달 수준에 맞게 문항 수정이 가능하다. 각 문항은 사건이 일어난 이유를 설명하는 2개의 진술문이 제시된 후 가설 시나리오(24개 긍정 진술과 24개 부정 진술)가 전개된다. 아이들은 그 사건이 왜 일어났는지에 대해서 가장 적절한 설명을 하고 있는 진술문을 선택해야 한다. 예를 들어, "네가 시험에서 A를 받았다면"이라는 문항에 대해 아이들은 "내가 똑똑하니까" 또는 "그 시험 문제 주제에 대해 잘 알고 있어서"라는 응답 중에서 선택하게 된다. 각 문항은 아이들이 갖고 있는 귀인 방식이나 설명양식을 내재적/외재적, 전반적인/특수한, 안정적/불안정적 차원으로 평가할 수 있게 고안되었다.

아동용 귀인양식 질문지(CASQ)에서는 긍정성 점수, 부정성 점수, 총점수 등 3개의 점수가 산출된다. 아동용 귀인양식 질문지(CASQ)의 심리측정 검사는 긍정 점수는 .47~ .73, 부정 점수는 .42~ .67, 총점수는 .62로 모두 적정한 내적 일관성을 유지하고 있다. 6개월 후 검사-재검사 신뢰도는 긍정 점수에서 .71, 부정 점수에서 .66을 나타내었고, 총점수의 12개월 후 신뢰도는 .35로 나타났다(Thompson, Kaslow, Weiss, & Nolen-Hoeksema, 1998). 이와 같이 아동용 귀인양식 질문지(CASQ)는 가치 있는 정보를 제공하기 때문에 폭넓게 활용되는 도구이지만 검사 문항 수가 많아 시간이 제한되어 있거나 짧은 집중력을 가진 아동을 내상으로 평가할 때 제한섬이 있다.

이러한 점을 고려하여 Kaslow와 Nolen-Hoeksema(1991)는 초판 아동용 귀인양식 질문지(CASQ) 문항 중에서 24문항을 선별하여 아동용 귀인양식 질문지 수정판을 개발하였다. 이 척도는 사용자에게 보다 친화적이고, 아동의 주의집중력이 짧은 점을 고려하여 고안되었다. 새로운 수정 척도를 개발하기 위하여, 초판 아동용 귀인양식 질문지(CASQ) 척도를 가지고 449명의 초등학생을 대상으로 검사를 실시하였다. 응답을 분석하여 문항과 총점 사이의 상관관계가 가장 낮은 문항들을 제거하고 12개의 긍정 문항과 12개의 부정 문항을 선별하였다.

Thompson과 동료들은 수정판과 초판 아동용 귀인양식 질문지(CASQ) 검사의 신뢰도와 타당도를 비교하여 심리측정 구조를 평가하였다(Thompson et al., 1998). 아동용 귀인양식 질문지 수정판(CASQ-R)은 9세에서 12세 사이의 아동 1,086명(남 515, 여 570)에게 실시되었는데, Fisher의 z 변환을 통해 산출한 내적 일관성은 연령이나 성에 따른 차이가 없었다. 그러나 아동용 귀인양식 질문지 수정판(CASQ-R)은 아프리카-아메리카 학생보다 유럽-아메리카 학생에게 내적 일관성이 높게 나타났다. 또한 아동용 귀인양식 질문지 수정판(CASQ-R) 검사의 안정성은 6개월 동안 성, 인종, 연령에 따른 차이를 보이지 않았다(Thompson et al., 1998). 전반적으로 아동용 귀인양식 질문지 수정판(CASQ-R)과 초판 아동용 귀인양식 질문지(CASQ)를 비교한 결과, 시간 제약의 어려움이 있을 때 아동용 귀인양식 질문지 수정판(CASQ-R)이 심리측정 면에서 안전성이 유지되면서 사용하기에 적절한 것으로 나타났다. 그러나 시간이 충분하다면 초판 아동용 귀인양식 질문지(CASQ)를 선택하는 것이 좋다.

4. 낙관성이 변할 수 있나

1) 학교에서 낙관성 기르기

최근에 학생들의 강점과 긍정적 가치를 개발하는 데 학교가 중요한 역할을 한다는 점이 강조되고 있다(Lovat, Clement, Dally, & Toomey, 2010). 개인의 행복한 삶에 초점을 두고 있는 긍정심리학 운동(Seligman et al., 1995)은 단지 어려움을 겪고 있는 학생뿐만 아니라 모든 학생의 복지를 촉진시키는 프로그램을 개발하는 방향으로 나아가고 있다(McGrath & Noble, 2010). 학생들과 그들의 복잡한 삶에 대해 총체적 접근을 하는 많은 프로그램은 개인적 요인(낙관성, 개인적 책무, 문제해결), 사회적 요인(친구관계성 개발, 사회적 행동, 괴롭힘), 학교 요인(학생 참여/연결, 교사-학생 관계)을 아우르는 폭넓은 영역을 탐색하고 있다.

일반적으로 낙관성, 복지 그리고 정신건강을 증진시키는 학교 기반 프로그램은 다양한 결과를 산출해 내고 있다. Seligman이나 다른 연구자들은 우리에게 일어나는 긍정적 · 부정적 사건을 진술하는 설명 방식을 변화시키고, 미국에서 위기에 처한 10~13세 아동에게서 나타나는 우울 증상을 예방하는 데 기여하는 Penn 예방 프로그램을 개발하였다(Seligman et al., 1995; Shatte, Reivich, Gillham, & Seligman, 1999). 이 프로그램은 정서가 우리에게 영향을 주는 부정적 사건들에 대해 긍정적으로 영향을 미칠 수 있게 하고 우리가 경험하는 긍정적 사건에 대해 자신의 적절한 주체의식을 갖게 하는 낙관적 설명양식과 긍정적 사회적 기술을 증진시키는 훈련들을 모두 포함하고 있다. 이 프로그램은 우울 증상을 감소시키고 학급행동을 개선하는 데 효과적이며, 2년 후 추수 연구에서도 지속적인 효과를 나타내었다(Gillham, Reivich, Jaycox, & Seligman, 1995). 전반적으로 프로그램에 참여한 아동들은 설명양식에서 긍정적 변화가 일어났고, 보다 낙관적인 사고를 하게 되었다(Shattle et al., 1999). 최근에는 이 프로그램을 Penn 탄력성 프로그램(Penn Resiliency Program: PRP)이라고 부르며, 후속 연구는 성공적인 결과를 보고하고 있다(Gillham, Hamilton, Freres, Patton, & Gallop, 2006; Reivich, Gillham, Chaplin, & Seligman, 2005). 대부분의 연구들은 다양한 문화권에 걸쳐 발전된 설명양식과 더 낮은 수준의 우울 경향을 보여 주고 있다.

미국에서의 탄력성 프로그램(PRP)에 대한 성공적인 평가를 기반으로 많은 유사한 프로그램이 학교 장면에서 실시되고 있다. 지금까지 이 프로그램에 대한 제한된 수의 무작위 통제실험이 진행되었는데, 긍정적이고 유의미한 결과에서 불확실하고 유의미하지 않은 결과까지 다양한 양상을 보이고 있다. 그러나 모호한 결과들이 적은 표집 수, 높은 소실률, 엉성한 설계(예방 연구위원회에서 제시한 기준을 따라) 때문에 발생한다는 점에서 프로그램 자체의 효과성에 대해 반대의 견해가 있다(Horowitz & Garber, 2006; Spence & Shortt, 2007).

호주의 국가 계획 KidsMatter 프로그램은 복지나 정신건강을 지원하기 위해서 다양한 학교 기반 프로그램을 운영하고 있다. 이 프로그램은 호주 정부가 예산을 지원하고, 건강노화국(Department of Health and Ageing), Beyondblue, 호주심리학회, 호주유아교육(Early Childhood Australia), 호주교장단(Principal Australia), 호주로타리 건강연구기금 등에서 추진하고 있으며, 학교와 초기 아동기(종일반 돌봄 포함)의 초등학령 아동(4~12세; Department of Health and Ageing, 2010)들을 지원한다. 이 프로그램은 중요한 4개의 구성요소에 중점을 둔다. 즉, 긍정적 학교 사회, 학생을 위한 사회적 · 정서적 학습, 양육적 지원과 교육, 그리고 정신건강에 문제가 있는 학생을 위한 조기개입이다. 각 요소별로 다양한 학교 기반 프로그램이 활용될 수 있는데, 학교는 자신의 학교나 광역 지역사회에 가장 유익하다고 생각되는 프로그램을 선택한다. 이 프로그램이 학생들을 지지하는 많은 개인적 특성에 따라 개발되는 동안 개별 아동의 정신건강 보호 요인으로서 낙관성의 역할에 대한 연구가 이루어졌다(Department of Health and Ageing, 2010). KidsMatter 프로그램에 대한 연방정부의 투자는 학교가 사회정서능력뿐만 아니라 학생들의 강점 및 기술을 개발하는 데 기본적인 역할을 한다는 생각이 늘어나고 있음을 시사한다.

Aussie 낙관성 프로그램은 고학년 초등학생(즉, 6, 7학년)의 내현화 문제를 예방하고 낙관성을 증진시키도록 설계된 KidsMatter 프로그램을 기반으로 하고 있다. 이 프로그램은 Penn 탄력성 프로그램을 기초로 호주의 학제 시간표나 문화에 맞게 수정되었다(Bishop & Roberts, 2005; Quayle, Dziurawiec, Roberts, Kane, & Ebsworthy, 2001; Roberts, 2006; Roberts, Kane, Bishop, Matthews, & Thomson, 2004; Roberts, Kane, Thomson, Bishop, & Hart, 2003).

이 프로그램은 2가지 구성요소를 가지고 있는데, 이는 낙관성 사고 기술 프로그램(Roberts et al., 2002)과 사회적 생활 기술 프로그램(Roberts, Ballantyne, & van der Klift, 2002)이다. 첫째, 낙관성 구성요소는 자신을 믿고, 삶의 환경과 미래에 대해 탐색하며, 그들의 부정적인 신념을 명료화하고 도전하도록 가르치고 있다. 그 과정에서 아동은 더욱 낙관적이고 현실적인 자신의 삶을 설명하기 위해 고민해 볼 수 있다. 중요한 것은 아동은 자신의 감정을 명료화하고, 명명하고, 탐색할 수 있는 전략과 기술을 배우게 된다는 것이다(Roberts, 2006). 둘째, 프로그램의 사회적 구성요소는 아동에게 경청 기술, 주장성, 협상, 사회적 문제해결 기술, 의사결정, 관점 채택, 그리고 대처 기술 등을 가르친다(Roberts, 2006).

Aussie 낙관성 프로그램은 처음 개발된 서호주에서 폭넓게 활용되고 있고, 호주 전역에 있는 학교에서 시행되고 있다. Quayle와 동료들(2001)은 7학년 여학생(11, 12세)을 대상으로 무작위 통제집단 처치 모델을 적용하여 검사를 실시하였다. 사후검사 결과 우울, 비관성, 전반적 자기가치감이 통제집단과 처치집단 사이에서 유의미한 차이가 나타나지 않았다. 그러나 6개월 후 추수검사에서 한 가지 유의미한 차이가 나타났는데, 처치집단 소녀들의 우울 증상이 통제집단보다 유의미하게 약간 적은 것으로 보고되었다. 프로그램에 대한 후속 평가는 높은 수준의 우울감을 가진 사춘기 전 아동을 대상으로 대규모 무작위 통제 처치 방식으로 실시되었다(Roberts et al., 2003, 2004). 이 연구에서는 추수 검사에서도 우울감에서 의미 있는 효과 차이(effect size)가 나타나지 않았다. 단지 사후검사와 6개월, 30개월에서 불안에 대해서 약간의 개입 효과가 나타났다. 그러나 Swannell, Hand와 Martin(2009)이 실시한 최근 연구에서는 프로그램을 실시하기 전에 높은 수준의 우울감과 정서적 · 행동적 곤란 수준을 보였던 퀸즐랜드의 8학년 학생들이 개입 이후에 이러한 영역에서 유의미하게 낮아진 수준을 나타냈다.

중학교 학생(8학년에서 10학년까지)을 대상으로 실시한 생애 문제 해결 프로그램(Problem Solving for Life Program: PSFL)에서도 다양한 결과가 나타났다. 이 프로그램은 더 나은 문제해결 기술을 가르침으로 낙관적 사고를 촉진하도록 설계되었다. 이 프로그램은 사춘기 전 우울 예방 프로그램으로 개발되었는데, 생애 문제 해결 프로그램(PSFL)에서 시행된 두 번의 중요한 무작위 통제 처치가 다른 프로그램 평가와 비교했을 때 대규모 표집크기를 갖는다는 특징이 있다. 적응 연구 결과는 고위험 우울 프로그램 처치집단이 고위험 통제집단보다 우울 증상에서 유의미한 감소를 나타내었다(Spence, Sheffield, & Donovan, 2003). 효과크기가 더 작기는 하지만 이와 비슷하게 저위험 우울 개입 집단이 통제집단보다 역시 우울 증상을 조금 적게 나타내었다. 이 결과는 12개월 후에 이루어진 추수 연구에서는 유지되지는 않았다. 최초 개입 이후 2, 3, 4년차에 이루어진 추적 과정에서 이루어진 후속 연구에서도 역시 후속 단계에서 미치는 개입 효과는 유의미하게 나타나지 않았다(Spence, Sheffield, & Donovan, 2005). 2차 무작위 통제 처치 연구에서는 훨씬 더 실망스러운 결과를 보였는데, 어떤 시점에서도 개입이 전혀 효과적이지 않았다(Sheffield et al., 2006).

전반적으로 낙관성 증진과 우울 인지를 변화시키기 위한 학교 기반 개입 프로그램은 다소 희망적이기는 하지만, 다양한 결과를 보여 주고 있기 때문에 장기적 효과를 입증하기 위한 연구가 계속해서 이루어져야 한다(Merry, McDowell, Hetrick, Bir, & Muller, 2004). 메타분석에서 특수한(전체적인 것과 반대로) 접근은 일관된 결과가 나타났지만, 이러한 접근들의 정기적 점검이 이루어지지 않아서 시간이 지남에 따라 지속성을 떨어뜨린다. 특히 낙관성을 증진시키는 대부분의 성공적인 연구 결과는 사춘기 전 연령집단에서 나타났다. 제한적인 종단자료는 일부 정신건강 문제 예방보다는 많은 영역과 관련 있는 아동의 낙관성과 탄력성을 증진시키는 장기적 효과를 평가하는 데 유용하다.

이러한 제한점에도 긍정적 정서와 가치, 개인적 강점, 긍정적 성격 특성 그리고 학생이나 학교 사이에서의 의미 있는 관계성을 증진시키는 학교 기반 프로그램에 대한 지원이 점점 증가하고 있다(Noble & McGrath, 2008). 학생들이 갖고 있는 긍정적 가치나 성격 특성을 증진시키기 위한 학교 기반 프로그램이나 전 학교적 접근은 학생, 교사, 학교지역사회에 긍정적인 결과를 보여 주고 있다(Benniga, Berkowitz, Kuehn, & Smith, 2006; DEST, 2008; Lovat et al., 2010). 많은 교사는 학생들을 바람직하게 변화시키고, 지지하고, 돌보기를 원하기 때문에 직업으로 교직을 선택한다(O'Sullivan, 2005; Watt & Richardson, 2007). 교사가 낙관성, 삶의 기술 그리고 다른 지지적 요인들에 중점을 둔 프로그램을 채택하는 것은 학생들의 삶에 영향을 줄 수 있는 하나의 방법이지만, 학생들과 그들의 낙관성에 긍정적인 영향을 줄 수 있는 일상적인 교실 생활도 추가적인 효과를 줄 수 있다.

5. 교실에서 낙관성 형성하기

교사나 다른 유의미한 사람들은 아동에게 영향을 준다. 일반적으로 낙관적인 교사들은 삶이나 학교 관련 스트레스에 더 잘 대처할 수 있을 것이라고 예측할 수 있다. Tyson, Roberts와 Kane의 최근 연구(2009)에서는 Aussie 낙관성 프로그램이 그것을 가르치는 교사에게 정신건강과 관련하여 긍정적 영향을 주는지에 대해 탐색하였다. 연구자들은 학생 지원 프로그램을 운영하기 위해 훈련을 받는 교사들이 그들의 직업적 삶에서 배우게 되는 전략들을 사용할 수도 있다는 점에 주목하고 있다. 구체적으로 교사 직무 관련 불안이나 우울에 대해 살펴보았을 때, 프로그램에서 훈련을 받고 학교심리학자로부터 부가적인 코칭 지원을 받은 교사들은 단지 훈련만 받거나 통제집단에 속한 교사들보다 직무 관련 불안이나 우울 수준이 유의미하게 낮아졌다. 이 연구에서 정신건강 프로그램을 가르치는 것이 교사에게 긍정적 영향을 주지만, 이것은 교사들이 적절한 훈련과 계속적인 코칭 지원을 받을 때에 가능하다고 제시한다. 학생들에게 낙관성과 대처 능력을 촉진하기 위해서는 교사들이 자신의 교수 경험에서 낙관성을 개발하고 유지할 수 있도록 지원을 받는 것이 필요하다.

Jenson, Olympia, Farley와 Clark(2004)에 따르면 교사들은 자신이 긍정적이며, 교실 행동 관리를 위해 긍정적인 기술을 사용한다고 생각하는 경향이 있다. 그러나 이러한 긍정성에 대한 자기보고는 교실에서 교사들을 관찰한 것과는 대조적이다. 예를 들어, Boman과 Yates(2001)는 비록 낙관성이 학생들이 고등학교에 성공적으로 진학하는 것을 예측하는 가장 중요한 요인이기는 하지만, 성공적 진학에 대한 교사의 관점은 성별에 의해서만 예측된다고 보고하고 있다. 즉, 학생들이 낙관적인 특성을 가지고 있을지라도, 교사들은 반드시 이러한 자산을 인식하고 개발할 수 있는 것은 아니라는 것이다. 교사들의 신념과 행동 사이의 차이를 분석한 또 다른 연구에서 Russo와 Boman(2007)은 교사들이 탄력성에 대하여 올바른 지식을 갖고 있지만, 학생들이 탄력성을 지니고 있는지를 인지하는 데 그렇게 성공적이지는 않다는 것을 발견하였다. 즉, 교사들은 그들이 제시하는 것만큼 아동의 강점과 약점을 알아차리지는 못할 수 있다. 몇몇 교사는 이론적 지식뿐만 아니라, 학생들이 낙관성과 다른 긍정적 속성들을 개발하는 데 도움이 되는 실제적인 기술을 기르기 위해 더욱 전문적인 노력이 필요하다는 점을 보여 주고 있다.

일반적으로 교사들은 교실에서 학생들의 성공과 실패와 관련된 교사 귀인으로 낙관성을 증진시킬 수 있다(Dweck, Davidso, Nelson, & Enna, 1978). 교사들은 성공은 노력으로, 실패는 노력의 부족으로 귀인시킴으로써 학생들의 낙관성을 증진시킬 수 있다. 교사들은 학생들이 곤란한 문제에 처한 경우 문제를 해결하고 대안을 모색하도록 가르쳐 줄 수 있다(Seligman, 1991; Seligman et al., 1995). 교사들은 학급에서 강력한 역할 모델이 된다. 교사들은 순조롭게 풀려 가는 일들에 중점을 두고 그들이 과제에 집중하는 노력에 대해 논의하는 긍정적인 설명양식을 적절하게 표현해야 한다(Noble & McGrath, 2007). 교사들은 교실에서 문제해결의 모범을 보여 주고, 학생들에게 그들이 포기하기보다 할 수 있는 것이 항상 존재함을 일깨워 주어야 한다.

교사들은 교실에서 사회정서학습이 일상적으로 일어나게 하고, 학생들이 이러한 기술을 명료하게 배우고 연습할 수 있도록 학생들에게 많은 경험을 필수적으로 제공해야 한다(Department of Health and Ageing, 2010). 교사들이 집단 활동을 제공하고 정서적 인식과 친사회적 행동에 관한 명료한 토론에 학생을 참여시키는 것은 학생들에게 내재된 낙관성과 효능감을 개발하도록 돕는 의미 있는 방법이다(Noble & McGrath, 2007). 또한 교사들이 학생들에게 현실성 있는 피드백을 주는 것은 학생들이 낙관성을 개발하는 데 매우 중요하다. 학생들은 자신이 최선을 다하지 않고 있을 때를 안다. 학생들의 감정을 보호해 주려고 노력하기보다 교사들이 학생들에게 정직하고 건설적인 피드백을 줄 때 학생들은 개인의 문제가 아닌 그들의 노력이나 행동이 문제라는 것을 배우게 된다.

Sagor(2008)는 교사들이 학생들의 낙관성을 개발하기 위해서 길러야 할 2가지 핵심 변인으로 미래에 대한 신념과 개인적 효능감을 제시하였다. 미래에 대한 신념은 학생들이 지금 이 순간에 에너지를 쏟은 일이 미래에 그들에게 보상으로 다가올 것이라고 믿는 것을 말한다. 어떤 학생은 자신의 처지에서 기울인 힘겨운 노력에 따른 혜택을 기대할 수도 있지만, 어떤 학생은 그러지 못할 수도 있다. 이런 학생들에게는 그들을 믿고 그들에게 자신의 노력이 보상받을 수 있다는 통찰력을 가르쳐 줄 교사들이 가장 필요하다. 개인적 효능감은 개인이 자신의 능력에 대해 가지는 뿌리 깊은 신념이다. 학생들은 그들이 성취하고 싶은 것을 성취할 수 있는 능력을 가지고 있다는 것을 알게 될 때 낙관적 사고를 개발하고 유지할 것이다. 교사들은 학생들에게 지금의 노력과 역경이 보상받을 수 있다는 점을 알려 주고, 성공을 경험하기 위해서 어려운 과제를 계속해서 부딪혀 나가라고 자극할 수 있을 것이다. Sagor는 모든 교사에게 자신의 학생들이 그들의 미래가 밝다는 것을 어느 정도 확신하면서 매일매일 교실을 떠나고 있는지 곰곰이 생각해 보라고 권고하고 있다.

6. 결론

낙관주의자들은 삶이 완벽하지 않으며 그들도 삶에서 부정적 사건들을 경험하고 있다는 것을 이해하는 것이 중요하다. 이러한 사건들을 극복하고 문제해결 전략을 사용할 수 있는 능력이 핵심이 되는 것이다. 학생들의 낙관성을 증진시키는 데 가장 확실하게 좋은 방법은 그들로 하여금 자신의 삶에서 문제나 트라우마에 맞닥뜨리지 않도록 하는 것이 아니라, 긍정적으로 대처하고 심리적으로 적응하도록 도와주는 것이다. 우리 아이들에게 무엇을 더 요구할 수 있겠는가?

참고문헌

Abramson, L. Y., Seligman, M. E. P., & Teasdale, J. D. (1978). Learned helplessness in humans: Critique and reformulation. *Journal of Abnormal Psychology, 87,* 49-74. http://psycnet.apa.org/index.cfm?fa=buy.optionToBuy&id=1979-00305-001

Benninga, J. S., Berkowitz, M. W., Kuehn, P., & Smith, K. (2006). Character and academics: What good schools do. *Phi Delta Kappan, 87,* 448-452.

Bishop, B., & Roberts, C. (2005). The process of embedding and sustaining a mental health promotion program in social contexts. *Community Psychologist, 38,* 14-16.

Boman, P., Smith, D. C., & Curtis, D. (2003). Effects of pessimism and explanatory style on the development of anger in children. *School Psychology International, 24,* 80–94. doi:10.1177/0143034303024001581

Boman, P., & Yates, G. C. R. (2001). Optimism, hostility, and adjustment in the first-year of high school. *British Journal of Educational Psychology, 71,* 401–411. doi:10.1348/000709901158587

Carver, C. S., & Scheier, M. F. (1999). Optimism. In C. R. Snyder (Ed.), *Coping: The psychology of what works* (pp. 182–204). New York, NY: Oxford University Press.

Chang, E. C. (1996). Cultural differences in optimism, pessimism, and coping: Predictors of subsequent adjustment in Asian American and Caucasian American college students. *Journal of Counseling Psychology, 43*(1), 113–123. doi:10.1037/0022-0167.43.1.113

Chang, E. C. (2001). Introduction: Optimism and pessimism and moving beyond the more fundamental question. In E. C. Chang (Ed.), *Optimism & pessimism: Implications for theory, research, and practice* (pp. 3–12). Washington, DC: American Psychological Association.

Chang, E. C., & Bridewell, W. B. (1998). Irrational beliefs, optimism, pessimism, and psychological distress: A preliminary examination of differential effects in a college population. *Journal of Clinical Psychology, 54,* 137–142. doi:10.1002/(SICI)1097-4679(199802)54:2〈137::AID-JCLP2〉3.0.CO;2-P

Chang, E. C., Maydeu-Olivares, A., & D'Zurilla, T. J. (1997). Optimism and pessimism as partially independent constructs: Relationships to positive and negative affectivity and psychological well-being. *Personality and Individual Differences, 23,* 433–440. doi:10.1016/S0191-8869(97)80009-8

Dember, W. N., Martin, S., Hummer, M. K., Howe, S., & Melton, R. (1989). The measurement of optimism and pessimism. *Current Psychology: Research and Reviews, 8,* 102–119. ISSN 1936-4733

Department of Health and Ageing. (2010). *KidsMatter: Australian Primary Schools Mental Health Initiative.* Retrieved from http://www.kidsmatter.edu.au/primary/

DEST. (2008). *At the heart of what we do: Values education at the centre of schooling-The final report of the values education good practice schools project-Stage 2 August 2008.* Retrieved from http://www.curriculum.edu.au/verve/_resources/VEGPSP-2_final_3.pdf

Domino, B., & Conway, D. W. (2001). Optimism and pessimism from a historical perspective. In E. C. Change (Ed.), *Optimism & pessimism: Implications for theory, research, and practice* (pp. 3-12). Washington, DC: American Psychological Association.

Dweck, C. S., Davidson, W., Nelson, S., & Enna, B. (1978). Sex differences in learned helplessness: II. The contingencies of evaluative feedback in the classroom and III. An experimental analysis. *Developmental Psychology, 14,* 268-276. doi:10.1037/0012-1649.14.3.268

Dykema, J., Berbbower, K., Doctora, J. D., & Peterson, C. (1996). An attributional style questionnaire for general use. *Journal of Psychoeducational Assessment, 14,* 100-108. doi:10.1177/073428299601400201

Ey, S., Hadley, W., Allen, D., Palmer, S., Klosky, J., Deptula, D., & Cohen, R. (2005). A new measure of children's optimism and pessimism: The Youth Life Orientation Test. *Journal of Child Psychology and Psychiatry, 46,* 548-558. doi:10.1111/j.1469-7610.2004.00372.x

Fibel, B., & Hale, W. D. (1978). The generalised expectancy for success scale: A new measure. *Journal of Consulting and Clinical Psychology, 46,* 924-931. doi:10.1037/0022-006X.46.5.924

Fincham, F. D. (2000). Optimism and the family. In J. E. Gilham (Ed.), *The Science of optimism and hope: Research essays in honour of Martin E. P. Seligman* (pp. 271-298). West Conshohocken, PA: Templeton Foundation Press.

Fischer, M., & Leitenberg, H. (1986). Optimism and pessimism in elementary school aged children. *Child Development, 57,* 241-248. doi:10.1111/1467-8624.ep7251052

Furnham, A., Sadka, V., & Brewin, C. (1992). The development of an occupational attributional style questionnaire. *Journal of Organizational Behavior, 13,* 27-39. doi:10.1002/job.4030130104

Garber, J. (2000). Optimism: Definitions and origins. In J. E. Gillham (Ed.), *The science of optimism and hope: Research essays in honor of Martin E. P. Seligman* (pp. 299-314). West Conshohocken, PA: Templeton Foundation Press.

Gillham, J. E., Hamilton, J,. Freres, D. R., Patton, K., & Gallop, R. (2006). Preventing depression among early adolescents in the primary care setting: A randomized controlled study of the Penn Resiliency Program. *Journal of Abnormal Child Psychology, 34*(2), 195-211. doi:10.1007/s10802-005-9014-7

Gillham, J. E., Reivich, K. J., Jaycox, L. H., & Seligman, M. E. P. (1995). Prevention of depressive symptoms in school children: Two-year follow up. *Psychological Science, 6,* 343-351. doi:10.1111/j.1467-9280.1995.tb00524.x

Helton, W. S., Dember, W. N., Warm, J. S., & Matthews, G. (1999). Optimism, pessimism, and false failure feedback: Effects on vigilance performance. *Current Psychology, 18,* 311-326. doi:10.1007/s12144-999-1006-2

Horowitz, J., & Garber, J. (2006). The prevention of depressive symptoms in children and adolescents: A meta-analytic review. *Journal of Consulting and Clinical Psychology, 74,* 401-415. doi:10.1037/0022-006X.74.3.401

Jenson, W. R., Olympia, D., Farley, M., & Clark, E. (2004). Positive psychology and externalizing students in a sea of negativity. *Psychology in the Schools, 41,* 67-79. doi:10.1002/pits.10139

Kaslow, N. J., & Nolen-Hoeksema, S. (1991). *Children's Attributional Style Questionnaire-Revised (CASQ-R).* Unpublished manuscript, Emory University, Atlanta, Georgia.

Kaslow, N. J., Tannenbaum, R. L., & Seligman, M. E. P. (1978). *The Kastan: A Children's Attributional Style Questionnaire.* Unpublished manuscript, University of Pennsylvania, Philadelphia.

Kassinove, H., & Sukhodolsky, D. G. (1995). Optimism, pessimism, and worry in Russain and American children and adolescents. *Journal of Social Behaviour and Personality, 10,* 157-168. doi:10.1002/(SICI)1097-4679(199710)53:6⟨543::AID-JCLP3⟩3.0.CO;2-L

Lai, J. C. L., & Yue, X. (2000). Measuring optimism in Hong Kong and mainland Chinese with the revised Life Orientation Test. *Personality and Individual Difference, 28,* 781-796. doi:10.1016/S0191-8869(99)00138-5

Lieber, E. (1997). *The Teenage Attributional Style Questionnaire.* Doctoral dissertation, University of Illinois at Urbana-Champaign, 1997. Dissertataion Abstracts International, 57(11-B), 7271.

Lovat, T., Clement, N., Dally, K., & Toomey, R. (2010). Values education as holistic development for all sectors: Researching for effective pedagogy. *Oxford Review of Education, 36,* 713-729. doi:10.1080/03054985.2010.501141

Mayerson, D. (1991). *The Parenting Attributional Style Questionnaire.* Dissertation abstracts international. B, The Sciences and Engineering, 51(11-A), 36-76.

McGrath, H., & Noble, T. (2010). Supporting positive pupil relationships: Research to practice. *Educational & Child Psychology, 27,* 79-90. http://hdl.handle.net/10536/DRO/DU:30032674

Merry, S., McDowell, H., Hetrick, S., Bir, J., & Muller, N. (2004). *Psychological and/or educational interventions for the prevention of depression in children and adolescents.* Cochrane Database of Systemic Reviews. No. CD003380. doi:10.1002/14651858.CD003380.pub2

Miller, L., Richards, P. S., & Keller, R. R. (2001). Foreword. In E. C. Chang (Ed.), *Optimism & pessimism: Implications for theory, research, and practice* (pp. xiii-xvii). Washington, DC: American Psychological Association.

Myers, L. B., & Steed, L. (1999). The relationship between dispositional optimism, dispositional pessimism, repressive coping, and trait anxiety. *Personality and Individual Differences, 27,* 1261-1272. doi:10.1016/S0191-8869(99)00071-9

Noble, T., & McGrath, H. (2007). *The Positive Educational Practices Framework: Leadership transforming schools through optimism.* Paper presented at the ACEL/ASCD Conference: New Imagery for Schools and Schooling: Challenging, Creating, and Connecting, Sydney, Australia, October 2007. Retrieved from http://www.acel.org.au/conf07/papers/Noble%20McGrath%20postive%20education.pdf

Noble, T., & McGrath, H. (2008). The positive educational practices framework: A tool for facilitating the work of educational psychologists in promoting pupil wellbeing. *Educational & Child Psychology, 25,* 119-134. Retrieved from http://hdl.handle.net/10536/DRO/DU:30018015

Nolen-Hoeksema, S., Girgus, J. S., & Seligman, M. E. P. (1986). Helplessness in children: A longitudinal study of depression, achievement, and explanatory style. *Journal of Personality and Social Psychology, 51*(2), 435–442. doi:10.1037/0022-3514.51.2.435

Norman, P. (1988). Real Events Attributional Style Questionnaire. *Journal of Social and Clinical Psychology, 7,* 97–100. doi:10.1521/jscp.1988.7.2-3.97

Olason, D. T., & Roger, D. (2001). Optimism, pessimism, and "fighting spirit": A new approach to assessing expectancy and adaptation. *Personality and Individual Differences, 31,* 755–768. doi:10.1016/S0191-8869(00)00176-8

O'Sullivan, S. (2005). The soul of teaching: Education teachers of character. *Action in Teacher Education, 26*(4), 3–9. doi:10.1080/01626620.2005.10463338

Peterson, C. (1990). Explanatory style in the classroom and on the playing field. In S. Graham & V. Folkes (Eds.), *Attribution theory: Applications to achievement, mental health, and interpersonal conflict* (pp. 53–75). Hillsdale, NJ: Erlbaum.

Peterson, C. (2000). The future of optimism. *American Psychologist, 55,* 44–55. doi:10.1037/0003-066X.55.1.44

Peterson, C., & Bossio, L. M. (1991). *Health and optimism.* New York, NY: Free Press.

Peterson, C., Semmel, A., von Baeyer, C., Abramson, L. Y., Metalsky, G. I., & Seligman, M. E. P. (1982). The Attributional Style Questionnaire. *Cognitive Therapy and Research, 6,* 287–300. doi:10.1007/BF01173577.

Peterson, C., & Villanova, P. (1988). An Expanded Attributional Style Questionnaire. *Journal of Abnormal Psychology, 97,* 87–89. doi:10.1037/0021-843X.97.1.87

Quayle, D., Dziurawiec, S., Roberts, C., Kane, R., & Ebsworthy, G. (2001). The effect of an optimism and life skills program on depressive symptoms in preadolescence. *Behaviour Change, 18,* 194–203. doi:10.1375/bech.18.4.194

Reivich, K., & Gillham, J. (2003). Learned optimism: The measurement of explanatory style. In S. J. Lopez & C. R. Snyder (Eds.), *Positive psychological assessment: A handbook of models and measures* (pp. 57–74). Washington, DC: American Psychological Association.

Reivich, K., Gillham, J. E., Chaplin, T. M., & Seligman, M. E. P. (2005). From helplessness to optimism: The role of resilience in treating and preventing depression in youth. In S. Goldstein & R. B. Brooks (Eds.), *Handbook of resilience in children* (pp. 223-237). New York, NY: Kluwer Academic/ Plenum.

Roberts, C. (2006). Embedding mental health promotion programs in school contexts: The Aussie Optimism Program. *International Society for the Study of Behavior Newsletter, 2*(50), 1-4.

Roberts, C., Ballantyne, F., & van der Klift, P. (2002). *Aussie optimism: Social Life Skills program. Teacher resource.* Perth, Western Australia: Curtin University of Technology.

Roberts, C., Kane, R., Bishop, B., Matthews, H., & Thomson, H. (2004). The prevention of depressive symptoms in rural school children: A follow-up study. *International Journal of Mental Health Promotion, 6,* 4-16. doi:10.1080/ 14623730.2004.9721934

Roberts, C., Kane, R., Thomson, H., Bishop, B., & Hart, B. (2003). The prevention of depressive symptoms in rural school children: A randomized controlled trial. *Journal of Consulting and Clinical Psychology, 71,* 622-628. doi:10.1037/0022-006X.71.3.622

Roberts, R., Roberts, C., Cosgrove, S., Houston, K., Ludlow, T., Mar, D., . . . vanderKlift, P. (2002). *Aussie Optimism: Optimistic Thinking Skills program. Teacher resource.* Perth, Western Australia: Curtin University of Technology.

Russo, R., & Boman, P. (2007). Primary school teachers' ability to recognise resilience in their students. *The Australian Educational Researcher, 34,* 17-31. http://www.eric.ed.gov/PDFS/EJ766602.pdf

Sagor, R. (2008). Cultivating optimism in the classroom. *Educational Leadership, 65,* 26-31. http://www.ascd.org/publications/educational-leadership/mar08/ vol65/num06/Cultivating-Optimism-in-the-Classroom.aspx

Scheier, M. F., & Carver, C. S. (1985). Optimism, coping and health: Assessment and implications of generalized outcome expectancies. *Health Psychology, 4,* 219-247. doi:10.1037/0278-6133.4.3.219

Scheier, M. F., & Carver, C. S. (1992). Effects of optimism on psychological and physical well-being: Theoretical overview and empirical update. *Cognitive*

Therapy and Research, 16, 201–228. doi:10.1007/BF01173489

Scheier, M. F., Carver, C. S., & Bridges, M. W. (1994). Distinguishing optimism from neuroticism (and trait anxiety, self-mastery, and self-esteem): A re-evaluation of the Life Orientation Test. *Journal of Personality and Social Psychology, 67,* 1063–1078. doi:10.1037/0022-3514.67.6.1063

Scheier, M. F., Weintraub, J. K., & Carver, C. S. (1986). Coping with stress: Divergent strategies of optimists and pessimists. *Journal of Personality and Social Psychology, 51*(6), 1257–1264. doi:0.1037/0022-3514.51.6.1257

Seligman, M. E. P. (1975). *Helplessness: On depression, development, and death.* San Francisco, CA: Reffman.

Seligman, M. E. P. (1991). *Learned optimism.* New York: Houghton Mifflin.

Seligman, M. E. P., Kamen, L. P., & Nolen-Hoeksema, S. (1988). *Explanatory style across the life-span: Achievement and health.* Hillsdale, NJ: Erlbaum.

Seligman, M. E. P., Peterson, C., Kaslow, N. J., Tanenbaum, R. L., Alloy, L. B., & Abramson, L. Y. (1984). Attributional style and depressive symptoms among children. *Journal of Abnormal Psychology, 93,* 235–238. doi:10.1037/0021-843X.93.2.235

Seligman, M. E. P., Reivich, K., Jaycox, L., & Gillham, J. (1995). *The optimistic child.* New York, NY: Houghton Mifflin.

Shatte, A. J., Reivich, K. J., Gillham, J. E., & Seligman, M. E. P. (1999). Learned optimism in children. In C. R. Snyder (Ed.), *Coping: The psychology of what works* (pp. 165–181). New York, NY: Oxford University Press.

Sheffield, J. K., Spence, S. H., Rapee, R. M., Kowalenko, N., Wignall, A., Davis, A., & McLoone, J. (2006). Evaluation of universal, indicated, and combined cognitive-behavioral approaches to the prevention of depression among adolescents. *Journal of Consulting and Clinical Psychology, 74,* 66–79. doi:10.1037/0022-006X.74.1.66

Silva, I., Pais-Ribeiro, J., & Cardoso, H. (2004). Dificuldade em perceber o lado positivo davida? stress em doentes diabéticos com e sem complicações crónicas da doença / Difficulty in seeing the bright side of life: Stresses in diabetes patients with and without chronic complications from the disease. *Análise Psicológica, 22,* 597–605.

Spence, S., Sheffield, J., & Donovan, C. (2003). Preventing adolescent depression: An evaluation of the Problem Solving for Life program. *Journal of Consulting and Clinical Psychology, 71,* 3–13. doi:10.1037/0022-006X.71.1.3

Spence, S., Sheffield, J., & Donovan, C. (2005). Long-term outcome of a school-based universal approach to prevention of depression in adolescents. *Journal of Consulting and Clinical Psychology, 73,* 160–167. doi:10.1037/0022-006X.73.1.160

Spence, S., & Shortt, A. (2007). Research review: Can we justify the widespread dissemination of universal, school-based interventions for the prevention of depression among children and adolescents? *Journal of Child Psychology and Psychiatry, 48,* 526–542. doi:10.1111/j.1469-7610.2007.01738.x

Swannell, S., Hand, M., & Martin, G. (2009). The effects of a Unviersal Mental Health Promotion Programme on depressive symptoms and other difficulties in year eight high school students in Queensland, Australia. *School Mental Health, 1*(4), 229–239. doi:10.1007/s12310-009-9019-4

Taylor, W. C., Baranowski, T., Klesges, L. M., Ey, S., Pratt, C., Rochon, J., & Zhou, A. (2004). Psychometric properties of optimism and pessimism: Results from the Girls' Health Enrichment Multisite Studies. *Preventative Medicine, 38,* S69–S77. http://dx.doi.org/10.1016/j.ypmed.2003.10.015

Thompson, M., Kaslow, N., Weiss, B., & Nolen-Hoeksema, S. (1998). Children's Attributional Style Questionnaire-Revised: Psychometric examination. *Psychological Assessment, 10,* 166–170. doi:10.1037/1040-3590.10.2.166

Tyson, O., Roberts, C. M., & Kane, R. (2009). Can implementation of a resilience program for primary school children enhance the mental health of teachers? *Australian Journal of Guidance and Counselling, 19,* 116–130. doi:10.1375/ajgc.19.2.116

Watt, H. M. G. & Richardson, P. W. (2007). Motivational factors influencing teaching as a career choice: Development and validation of the '*FIT-Choice*' Scale. *Journal of Experimental Education, 75*(3), 167–202. doi:10.3200/JEXE.75.3.167-202

Weiner, B., Frieze, I., Kukla, A., Reed, L., Rest, S., & Rosenbaum, R. M. (1971). *Perceiving the courses of success and failure.* Morristown, NJ: General

Learning Press.

Whitley, B. (1991). A short form of the Expanded Attributional Style Questionnaire. *Journal of Personality Assessment, 56,* 365-369. doi:10.1207/s15327752jpa5602_14

Yates, S. M., Yates, G. C. R., & Lippett, R. M. (1995). Explanatory style, ego-orientation, and primary school mathematics achievement. *Educational Psychology, 15,* 23-24. doi:10.1080/0144341950150103

요약: 낙관성

- 낙관성은 2가지 형식이 있는데, 기대이론으로 기술되는 일반적인 기질적 경향과 설명양식이론으로 기술되는 설명 과정으로 측정될 수 있다.
- 기대이론에서의 낙관성은 ① 긍정적 결과를 기대하는 경향성, ② 긍정적 사건이 부정적 사건보다 많을 것이라는 믿음 혹은 일의 밝은 면을 보고자 하는 경향성으로 정의되어 왔다.
- 설명양식이론에서는 사람들이 개별적인 실패 경험에 대해 하나의 설명만을 가지는 것이 아니라 습관적인 설명양식을 가지고 있다고 믿는다. 낙관적인 설명양식을 가지고 있는 아동이나 청소년은 좋은 일은 영구적이고 보편성을 띤다고 본다. 낙관적인 설명양식을 가진 사람들은 난관은 단지 일시적으로 발생하는 것이며 그 사건에만 국한되는 것으로 생각하는 경향성을 지니고 있다.
- 삶의 지향성 검사나 삶의 지향성 검사 개정판은 가장 널리 사용되는 성격적 낙관성과 비관성 평가 척도이다. 청년 삶 지향성 검사(YLOT)는 아동이나 청소년에 맞추어 활용되도록 개발되었다.
- 설명양식은 구체적으로 설계된 도구인 귀인양식 질문지에 대한 개인적 반응에 의해 평가된다. 검사도구는 구체적인 사건에 대한 원인을 진술하도록 요구하여 그 사건과 관련된 지속적이고 보편적인 차원을 측정한다. 아동 귀인양식 질문지는 아동의 설명양식에 대해 폭넓게 활용되는 척도이다.
- 최근에 학생의 강점과 낙관적인 가치를 개발하는 데 있어서 학교가 가지고 있는 중요한 역할이 구체화되었다. 일반적으로 낙관성, 웰빙 그리고 정신건강을 증진

시키는 학교 기반 프로그램은 상반된 결과를 보여 주었다.

- Seligman과 연구자들은 설명양식(우리에게 발생하는 긍정적 · 부정적 사건을 설명하는 방식)을 변화시키도록 도와주고, 위기에 처한 미국 10~13세 아동의 우울 증상이 심화되는 것을 방지하기 위한 Penn 예방 프로그램을 개발하였다. 최근에 이 프로그램은 Penn 탄력성 프로그램(PRP)으로 불렸고, 후속 연구들은 모두 성공적인 결과를 보여 주었다.
- Aussie 낙관성 프로그램은 서호주와 다른 호주 지역에서 폭넓게 활용되고 있다. 비록 초기 연구들이 일관성 없는 결과를 보여 주기는 했지만, 최근 연구에서 프로그램을 실시하기 전에 높은 수준의 우울 증상과 정서적 · 행동적 어려움을 보인 퀸즐랜드의 8학년 학생들은 개입이 완료된 후 이 증상들이 유의미하게 낮아지는 결과를 보여 주었다.

낙관성 추천자료

Boman, P., Smith, D. C., & Curtis, D. (2003). Effects of pessimism and explanatory style on the development of anger in children. *School Psychology International, 24,* 80-94. doi:10.1177/0143034303024001581

아동의 기대와 설명양식을 모두 평가하는 소수 연구 중의 하나이다.

Quayle, D., Dziurawiec, S., Roberts, C., Kane, R., & Ebsworthy, G. (2001). The effect of an optimism and life skills program on depressive symptoms in preadolescence. *Behavior Change, 18,* 194-203. doi:10.1375/bech.18.4.194

Aussie 긍정 프로그램 개발에 대해 논의하고 기술하고 있다.

Sagor, R. (2008). Cultivating optimism in the classroom. *Educational Leadership, 65,* 26-31.

교사들이 학생들의 긍정성, 즉 미래에 대한 신념과 개인적 효능감을 증진하기 위해 학생들을 양육하는 데 필요한 2가지 주요 변인을 포함하고 있는 사례에 대한 논의를 전개하고 있다.

Scheier, M. F., & Carver, C. S. (1985). Optimism, coping and health: Assessment and implications of generalized outcome expectancies. *Health Psychology, 4,* 219-247. doi:10.1037/0278-6133.4.3.219
이 연구는 삶 지향성 검사의 초기 개발에 대해 기술하고 있으며, 기대이론에 대한 건전한 관점을 제시하고 있다.

Seligman, M. E. P. (1991). *Learned optimism.* New York: Houghton Mifflin.
이 책은 학습된 무기력을 기반으로 설명양식이 어떻게 발달하는지에 대해 탐색하고 있으며, Penn 예방 프로그램의 초기과정에 대해 논의하고 있다.

제5장
감사

이 장은 도밍게즈 힐스에 있는 캘리포니아 주립대학교와 홉스트라 대학교, 존 템플턴 재단의 도움으로 작성되었음.

1. 서론

지난 몇 년간 감사가 아동·청소년에게 이로움을 줄 수 있다는 다양한 연구가 진행되었다. 긍정적인 대인관계와 학교 및 학교 프로그램과의 관계를 형성하는 것은 청소년의 발달과 성공에 매우 중요하다. 오늘날의 정보화사회가 점점 더 심화되면서 청소년들을 그들 자신이 무엇을 하고, 입고, 사야 하는지와 같은 많은 선택에 직면시킨다. 동시에 학교는 한정된 예산을 가지고 다양해진 대상들을 어떻게 맞춤형으로 가르칠 것인지와 계속해서 증가하는 여러 가지 사회문제에 어떻게 대처해야 하는지를 가르쳐야 할 숙제를 가지고 있다. 한편, 가정은 소득이 늘긴 했지만 가족 구성원들은 그 어느 때보다 더 바쁘다. 또한 기하급수적으로 생겨나는 상업 광고들이 끊임없이 젊은 이들로 하여금 시간, 돈, 동기 등을 요구하는 것을 고려해 볼 때 긍정적이고 목적지향적인 자아정체성을 갖는 것은 그 어느 때보다 어렵다. 만일 청소년이 긍정적 자아상을 갖기 원하거나 건강하고 탄력성이 있으며 성공적인 어른으로 자라나길 원한다면 그들의 동기와 강점들을 증진시켜 줄 긍정적인 대인관계는 매우 중요하다. 감사는 이러한 점에서 정확한 핵심 요소가 될 수 있을 것이다. 왜냐하면 감사는 심리적으로나 사회적으로 청소년에게 많은 이로움을 주기 때문이다. 감사는 행복이나 유연성과 깊은 관련이 있는 인간의 덕목 중에서도 매우 독특한 특성이 있다. 그러나 감사를 증진시키기 위한 학교 프로그램의 시행은 매우 제한적이다.

지지적인 사회관계망이 역경과 정신병리로부터 개인을 보호하는 것을 돕고 건강과 행복을 촉진시킨다는 풍부한 경험적 증거들이 있다. 사회적 관계는 가장 중요한 인간의 필요이며 예방적 자산을 만들어 낸다(Patrick, Knee, Canevello, & Lonsbary, 2007). 정신건강의 일반적인 상황에서 지지적인 관계는 사람들을 기분 좋게 만들어 준다. 이로 인해 발생한 긍정적 정서는 사람들을 더 협조적이고 사회적으로 책임감 있는 방식으로 상호작용하도록 만들어 주는 인지적 과정을 촉발시킨다(Fredrickson, 2013). 그리고 그 정서들은 관계를 지속시키고 개인을 더 생산적이고 건강하고 행복하게 만드는 창의적이고 개방적인 사고를 촉진시킨다(Fredrickson, 2001). 어린 시절에 일찍 따뜻한 관계를 경험하는 것은 긍정적 인간 발달을 위한 기초를 제공한다. 기분을 좋게 만들거나 지지적인 사회적 관계를 강화시키기 위한 한 가지 신뢰할 만한 방법은 감사를 경험하고 표현하는 것이다.

감사는 단지 기분이 좋은 것 이상을 의미하며, 자신에 대한 긍정적인 변화와 관련된 것들을 포함한다(Bono, Froh, & Emmons, 2012). 감사는 사람들이 친절하고 이로운 행동을 경험했을 때 나타나는 일반적인 반응이다. 학교나 청소년 프로그램 등에서 다른 사람과 협력하거나 다른 사람을 도울 수 있는 기회는 수없이 많다. 그러나 감사의 유익과 감사의 많은 일반적인 적용

(Bono, Emmons, & McCullough, 2004; Bono & McCullough, 2006; Froh, Emmons, Lomas, Mishra, & Bono, in press-b) 및 특별히 학교를 위한 적용(Froh & Bono, 2011)에 대한 수많은 증거에도 불구하고, 청소년의 감사와 감사 적용에 대한 연구는 아직 초기 단계에 머물러 있다(Froh & Bono, 2011). 이 장에서는 감사와 관련된 연구 중에서 특별히 학교 내 아동·청소년의 성취, 행복 그리고 사회성 발달 증진과 관련된 연구들에 초점을 맞출 것이다. 감사에 대한 간략한 개념 소개, 청소년을 위한 검사도구, 그리고 학교와의 관련성들을 다룬 후 행복, 지지적 관계, 친사회적 행동, 그리고 목표 성취와 관련된 감사의 결과들에 대한 연구를 살펴보고, 마지막으로는 어떻게 감사가 긍정적인 청소년 발달과 관련되는지를 알아볼 것이다.

2. 감사의 정의

돈을 주고 사거나 받을 만하거나 기대한 것이 아님에도 다른 사람의 선한 의도 때문에 개인적 선물이나 유익을 얻게 되었을 때 나타나는 전형적인 감정적 반응을 감사라고 한다(Emmons & McCullough, 2003). 도덕적 감정으로서 감사는 다른 사람이나 사회 전체의 복지와 관련된 "타인-칭찬" 감정이다(Haidt, 2003). 사람들은 물질(선물 등), 일상(호의 등), 대인관계(친구로부터의 도움 등), 복합적 원인(기부 또는 그 효과) 등과 같은 다양한 이유 때문에 감사의 감정을 느낄 수 있다. 또한 대인관계의 맥락을 뛰어넘는 사고, 신념 또는 태도 등과 관련된 감사(신에 대한 감사, 아름다운 풍경, 창조적인 예술작품 등)를 경험할 수 있다. 개인의 기질에 따라 감사가 다르게 나타나는 것처럼 보인다. 감사 수준이 낮은 사람과 감사 수준이 높은 사람을 구별 짓는 4가지 특징이 있는데, 감사 수준이 높은 사람은 긍정적 사건에 대해 감사를 더 강하게 경험하고, 하루 동안 더 자주 경험하고, 주어진 유익에 대한 감사 정도가 더 크며, 감사를 경험하는 이로움의 범위가 더 넓다(McCullough, Emmons, & Tsang, 2002).

McCullough, Kilpatrick, Emmons와 Larson(2001)은 먼저 3가지의 도덕적 기능을 돕는 감정으로서 감사를 개념화했다. 첫째, 그들은 감사가 **도덕적 기준**이 될 수 있다고 주장했다. 다른 사람의 복지를 증진시키는 상황에서 타인이 나에게 고마움을 주는 것을 인식하는 것이 사회적 관계를 변화시키기 때문이다. 둘째, 감사는 **도덕적 강화물**이 될 수 있다. 감사를 표현하는 것이 상대방으로 하여금 미래에 다시 친절하게 행동하도록 강화시키기 때문이다. 마지막으로 감사는 사람들이 서로 친절하게 행동하도록 촉진시키고 상대방에게 파괴적인 행동을 하는 것을 금지함으로써 **도덕적 동기**로서의 역할을 한다. McCullough와 동료들(2001)은 연구자료들을 통해서 앞의 2가지 가설과 관련된 행동 측정을 사용한 광범위한 자료를 발견했다(Bartlett & DeSteno, 2006; Tsang, 2006). 감사를 경험하는 것은 수혜자에게도 정보적인 기능을 하는데, 이는 곧 수혜자가 도움을 베푸는 사람과의 관계에서 생기는 관계의 소중함을 인식하게 되는 것을 의미한다. 감사를 표현하는 것은 혜택을 주는 사람이 다시 혜택을 받는 사람을 향한 친사회적 행동을 함으로써 동기적 기능을 강화시키며, 감사를 경험하는 것은 혜택을 받는 사람이 혜택을 준 사람에 대한 친사회적 행동을 하게 한다.

더 최근의 증거들도 감사가 청소년들에게도 도덕적 기준과 도덕적 동기로서 역할을 한다는 것을 확인해 주었다. 예를 들어, 감사의 사회 인지 결정인자(이로움에 대한 개인적 가치, 혜택을 베푸는 자의 희생, 베푸는 사람의 의도 등)들은 8세 정도의 아동에게 훈련을 통해 증진시킬 수 있으며, 그러한 개입은 5개월의 훈련코스를 거쳐 감사와 긍정적 영향을 증가시켰다(Froh et al., in press a). 또한 4년 동안 감사 능력을 개발한 아동 · 청소년(11~14세)은 이 기간 동안 계속해서 낮은 수준의 감사 수준을 나타낸 아동 · 청소년에 비해 친사회적 행동("다른 아이가 넘어지거나 다쳤을 때 도와주었다." 등)의 증진과 반사회적 행동("학급의 다른 아이를 괴롭혔다.")의 감소를 나타냈다(Bono, Froh, Emmons, & Card, 2013). 마지막으로 감사와 관련된 삶의 만족도와 친사회적 행동은 6개월 후에 다른 사람들을 돕거나 사회에 공헌하는 일반적 동기를 예측했다(Froh, Bono, & Emmons, 2010). 종합해 보면, 개입의 결과들과 상호 관련이 있는 연구들은 감사가 청소년뿐만 아니라 성인에게도 특별히 지지적인 사회적 관계를 형성시키고 강화시킨다는 것을 나타냈다. 그러나 감사행동을 증진시키거나 방해하는 요소가 경험적으로 여전히 미지의 세계로 남아 있다는 것은 주목할 만한 가치가 있다.

3. 학교에서 감사의 잠재적 이로움

학교에서 학생들이 달성해야 할 과업은 사회적 · 학문적 영역의 능력이 요구되며, 이 두 영역에서의 효과적인 협력이 있어야 과업을 성취할 수 있다(Wentzel, 2005). 청소년의 삶에서 우정과 사회적 수용이 핵심이기 때문에(Hartup & Stevens, 1997), 학업 발달과 사회성 발달을 위한 방안을 확보하는 것은 매우 중요하다. 협력적 학습의 맥락에서 긍정적인 동료관계는 학생들이 학습 활동에 몰두할 수 있도록 돕고 사회적 기술의 발달을 이끈다(Wentzel & Watkins, 2002). 실제로 지난 30년 동안 거의 모든 학년을 대상으로 실시된 수많은 연구가 협력학습과 성취의 긍정적 관계를 보여 준다(Johnson, Johnson, & Smith, 2007). 따라서 사람들은 감사가 현재 이루어지고 있는 변화(학교가 단지 결핍이나 정신병리를 다루는 것이 아니라 강점과 심리적 · 사회적 발달을 강화시키는 것)의 핵심 요소가 될 수 있다고 믿는다(Roberts, Brown, Johnson, & Reinke, 2003).

정신건강의 복합요인(dual-factor) 모델은 감정적 · 행동적 문제들이 행복으로부터 독립적이며, 부정적 증상의 직접적 치료가 청소년의 행복을 증진시킬 수 없다는 사실을 제시했다(Greenspoon & Saklofske, 2001; Suldo & Shaffer, 2008). 주관적 행복은 생존에 매우 중요한데, 그 이유는 삶의 성공을 만드는 행동에 동기를 부여하기 때문이다(Diener, 1994). 이러한 이유 때문에 부정적 증상들(우울 또는 분노 등)을 줄이거나 행복(자기효능감, 희망 등)을 증진시키는 학교 기반 개입이 동시에 요구된다. 감사 개입은 행복의 증진과 부정적 증상의 감소에 효과가 있다(Emmons & McCullough, 2003; Seligman, Steen, Park, & Peterson, 2005). 따라서 감사와 같은 긍정심리적 현상을 촉진시키는 학교 기반 개입들은 효과적으로 긍정적인 결과들을 증진시키고 부정적인 결과를 줄일 것이다(Froh, Sefick, & Emmons, 2008).

감사가 특별히 긍정적인 사회적 관계를 생성하고 유지시키는 데 특화되어 있기 때문에 감사의 능력을 기르는 것은 학교에서 학생 만족과 또래관계의 질을 증진시키는 최고의 요소이며 행복과 성취를 위한 지속적인 자원들을 만들어 내는 일이다. 특히 고등학교 시기의 청소년들은 가족 밖의 사람들에게 더 의존하게 되고 더 많은 자율성을 추구한다는 측면에서 매우 중요할 수 있다(Hill & Holmbeck, 1986). 학업적 · 사회적 성공과도 관련이 있는 학교만족도(Verkuyten & Thijs, 2002)는 감사 개입에 의해 증진될 수 있음이 밝혀졌다(Froh et al., 2008). 이렇듯 아동기 초기에 감사의 습관을 익히는 것은 미래를 보장한다. 왜냐하면 그것은 청소년들이 많은 도전을 성공적으로 다루도록 돕고 청소년들의 정체성 발달을 광범위하게 촉진시키기 때문이다.

4. 청소년의 감사와 관련된 연구들

감사는 전 세계적으로 종교와 문화에 의해 고무되는 보편적 가치인 것처럼 보이며(Emmons & Crumpler, 2000), 광범위하게 행복의 핵심으로 여겨진다. 미국 10대와 성인의 90% 이상이 감사를 표현하면 "매우 행복해진다" 또는 "다소 행복해진다"라고 응답했다(Gallup, 1998). '좋은 삶'을 위한 중요한 덕목을 고려해 보면, 감사는 의미를 부여하거나 전체적인 경험세계와의 연계라는 잠재성 때문에 초월이라는 성격 강점으로 여겨진다(Emmons, 2004).

1) 감사의 평가

Froh, Fan과 동료들(2011)은 최근에 10~19세의 아동·청소년 1,405명을 대상으로 6문항 감사검사도구(Gratitude Questionnaire: GQ-6), 감사 형용사 체크리스트(the Gratitude Adjective Checklist: GAC; McCullough et al., 2002)와 감사와 분노 테스트(Gratitude Resentment and Appreciation Test: GRAT-축약형; Thomas & Watkins, 2003)라는 심리검사도구를 평가했다. 그 목적은 이러한 성인용 측정도구 중에 어떤 것이 아동·청소년의 감사를 평가하는 데 가장 적절한 것인가를 결정하기 위해서였다. 그 결과, 3가지의 감사 척도 모두 아동·청소년과 긍정적인 상관관계가 있었으며, 아동기(10~13세)에서는 GRAT-축약형이 다른 2가지에 비해서 낮은 상관관계를 보였다. 이러한 결과는 감사와 분노 테스트(GRAT-축약형)가 6문항 감사검사도구(GQ-6)와 감사 형용사 체크리스트(GAC)와 비교했을 때 적어도 아동에게 있어서는 무언가 다른 부분을 측정한다는 것을 암시한다. 결과적으로 6문항 감사검사도구(GQ-6)가 앞의 5가지 문항만 사용했을 때(마지막 6번째 문항 제외) 아동에게 사용하기에 가장 적절한 것으로 밝혀졌다.

2) 심리적 행복과 탄력성

행복, 최적의 기능 그리고 상황 대처는 긍정 정서에 의해 상승적으로 발전해 간다(Fredrickson, 2001; Fredrickson & Joiner, 2002). 왜냐하면 감사는 행복과 깊은 관련이 있으며, 그러한 건강한 과정을 사용하여 탄력성을 증진시키기 때문이다(Fredrickson, 2004). 실제로 감사가 우울이나 염려, 물질 남용에서 비롯되는 여러 가지 정신적 장애로부터 완충제의 역할을 한다는 증거들이 있다(Kendler et al., 2003). 악화시키는 감정과 번민으로부터도 역시 사람들을 보호한다. 예를 들어, Fredrickson, Tugade, Waugh와 Larkin(2003)은 2001년 9월 11일 미국에서 일어난 테러리스트 공격 후에 감사가 20가지 감정 중에서 두 번째로 많이 경험한 감정이었다는 사실을 알아냈다(동정심 다음으로). 감사를 경험하는 것은 사람들이 재앙에 적극적으로 대처하도록 돕는다. 또한 아동들이 9 · 11 사태 이후에 무엇에 대해서 감사했는지에 대한 신문 기사의 기록 연구는 인간의 기본적 욕구(가족, 친구, 교사 등)에 대한 감사가 증가했다는 사실을 밝혀냈다(Gordon, Musher-Eizenman, Holub, & Dalrymple, 2004). 이러한 결과들은 감사가 특히 아동 · 청소년의 대처와 적응 그리고 탄력성을 촉진할 수 있다는 것을 시사한다.

최근의 종단연구(Bono et al., 2012)에서 436명의 청소년(11~14세)에게 고등학교에 진학하기 전과 그 후로부터 4년 후에 자기보고식 설문지를 실시했다. 광범위하게 감사를 측정한 결과(특성과 정서적 감정까지 포함), 첫 번째 검사에서는 감사가 낮은 부정적 감정과 우울을 예측하는 변인임이 드러났으며, 두 번째 검사에서는 높은 삶의 만족도와 행복과 같은 긍정적 감정을 예측하는 가장 중요한 요소임이 밝혀졌다(Bono et al., 2012). 1년차부터 4년차까지의 감사의 변화를 실험한 결과, 더 강한 효과가 관찰되었다. 고등학교 시절의 감사의 증가는 후반기로 가면서 긍정적 감정, 삶의 만족도, 그리고 행복의 더 큰 증가를 예측했다. 심지어 9학년생들이 높은 감사 수준을 가지고 있지 않았더라도 그들이 고등학교에 들어가서 감사를 개발하면 후에 더 긍정적인 결과들을 나타냈다. 이렇듯 감사는 아동 · 청소년의 기분, 정신건강, 그리고 삶의 만족도를 증진시킨다.

3) 관계적 행복

감사하는 사람들은 다른 사람들에게 더 도움이 되고, 지지적이며, 용서와 공감을 잘하는 경향이 있고, 더 동조적이었으며, 회의적이며 물질만능적인 경향은 낮은 특성을 가진다(McCullough et al., 2002). 감사의 경험은 사람들로 하여금 혜택을 준 사람에게 다시 유익을 주고(Bartlett & DeSteno, 2006; Tsang, 2006), 다른 사람에게 친사회적으로 반응하도록 동기를 부여한다(Bartlett & DeSteno, 2006). 성인들에 대한 연구에서 감사는 인간 상호 간에 이타성을 유지시키고 긍정적 인간관계를 확실하게 해 주는 점진적인 적응기제로 고려되며 관계적 행복과 관계가 있다는 사실을 매우 강하게 증명한다(Fredrickson, 2004). 청소년을 대상으로도 이러한 개념을 지지하는 증거들이 나타나고 있다. 예를 들어, 감사 수준이 높은 10대는 더 높은 관계적 만족감과 지지를 경험하는 것으로 나타났다(Froh, Yurkewicz, & Kashdan, 2009). 또한 감사는 10대에게서 물질만능주의 및 시기심과 부적 상관관계를 보였다(Froh, Emmons, Card, Bono, & Wilson, 2010).

고등학생들을 대상으로 하는 Bono와 동료들(2012)의 종단연구에서도 고등학교 시절 동안 감사의 증가가 반사회적 행동과 비행행동을 줄이는 예측변인임이 밝혀졌다. 구체적으로 4년 동안의 연구 기간 동안 감사 수준이 높은 10대는 감사 수준이 낮은 학생들에 비해 동료들을 향한 더 낮은 폭력, 괴롭힘, 비행적 단체활동, 분노, 위협, 비난 등을 나타냈다. 높은 수준의 감사를 지닌 아동·청소년은 4년 동안 낮은 감사를 보고한 학생들보다 학교에서 더 나은 행동(교장실로 불려 가지 않거나, 술이나 약물을 학교에 가져오지 않거나, 시험 볼 때 부정행위를 하지 않거나, 무단결석을 하지 않거나, 정학이나 퇴학을 당하지 않는 등)을 보였다.

청소년들을 대상으로 하는 또 다른 종단연구에서는 이웃과 공동체 그리고 세상을 향해 보답하려는 열망이 관찰되었다(Froh, Bono, & Emmons, 2010).

감사를 잘하는 청소년들이 덜 감사하는 청소년들보다 6개월 후에 사회적 통합이 증가됨을 나타냈고, 이러한 효과는 부분적으로 삶의 만족도의 증가와 친사회적 행동의 사용 때문임이 밝혀졌다. 또한 감사와 사회적 통합은 서로를 증가시킨 것으로 나타났는데, 이는 부분적으로는 삶의 만족도가 증가했기 때문이었다. 이러한 결과는 감사가 정서적 · 사회적 행복을 증가시킨다는 개념을 지지한다.

마지막으로 감사와 친사회성의 관련성을 탐구하는 실험연구에서 감사일지를 쓰는 아동 · 청소년은 통제집단에 비해 그들의 돈을 기부하는 데 더 관대하다는 것이 발견되었다. 주목할 것은 감사일지를 쓰는 아동 · 청소년은 통제집단에 비해 60%나 더 많이 기부하는 것으로 나타났다(Chaplin, Froh, John, & Rindfleisch, in press). 따라서 감사를 증진하는 것은 학생들의 사회적 관계를 발전시키는 데 매우 효과적인 방법이 될 것이다.

학생의 학습과 학교에서의 성공과 관련된 아동 · 청소년의 위험행동과 자질을 추적하기 위한 종합적인 자기보고식 설문도구인 캘리포니아 건강 아동 설문도구(California Healthy Kids Survey; 이하 CHKS)와 회복탄력성과 청소년 발달 교과목(Resilience and Youth Development Module)의 분석에서 발견되었듯이 강한 사회적 유대는 예전에 생각했던 것보다 더 학업성취와 관련이 있을지도 모른다(Hanson & Kim, 2007). 캘리포니아의 7, 9, 11학년에 속한 다양한 학생을 대상으로 한 연구에서 따뜻한 공동체와 동료관계가 많은 건강상의 위험이나 학교 성취와 관련된 전통적인 강점들보다 학교에서의 학업성취지표(Academic Performance Index: API; 미국의 책임체제의 초석)를 더 예측했다(Bono, Hanson, Zheng, & Austin, 2007). 예를 들어, 공동체의 성인들과 친구들 그리고 교사들과의 따뜻하고 지지적인 관계는 학업성취 향상에 영향을 미친다고 알려진 전통적 변인들(자기효능감, 문제해결능력, 술과 마약 복용 등)보다 각각 학교의 학업성취 지표 차이와 상관관계가 있었다. 이 사실이 감사가 학업성취 지표를 높인다는 직접적인 증거는 아니지만, 감사가 학업

성취 지표를 높이는 데 매우 중요한 역할을 한다는 것을 암시한다(Froh et al., 2009).

CHKS 결과들은 자율성 확립, 공동체에서 성인과의 따뜻한 유대관계, 동료들, 그리고 교사들이 학교에서의 전반적인 성취를 결정하는 중요 요인임을 보여 준다. 따라서 감사는 특별히 학생과 학교에 중요한 관계적 자원의 촉진을 도울 수 있다. 왜냐하면 감사는 주고받는 것이 의무적이거나 습관적인 관계에서는 덜 발생하고(Bar-Tal, Bar-Zohar, Greenberg, & Hermon, 1977), 자신이 선택한 사회적 관계(친구, 멘토, 가족 이외의 성인들 등)를 강화시키는 데는 매우 잘 나타나기 때문이다. 그리고 이것은 감사가 개인의 최적의 발달과 번영의 기회를 제공함을 시사한다.

5. 감사가 아동 · 청소년의 번영을 돕는가

아동 · 청소년에게 감사를 길러 주는 것은 그들의 사회적 · 학업적 발달을 도울 뿐 아니라 또 다른 발달에 도움이 되는 과정들을 경험하도록 해 준다. 만일 감사가 사람들의 습관적 긍정 사고-행동 레퍼토리를 확대한다면 그리고 끊임없이 긍정 정서와 적절한 기능을 위한 개인적 자원을 기르도록 돕는다면(Fredrickson, 2004), 감사의 증진은 아동 · 청소년의 번영을 위해 그들의 잠재력을 실현시키는 것과 더 큰 의미와 성공 그리고 행복을 발견하도록 돕는다. 현존하는 증거들은 감사가 아동 · 청소년에게 긍정적 발달을 증진시킨다는 개념을 뒷받침한다.

감사는 내면적 목표 추구 활동, 타인지향 동기, 그리고 더 높은 차원의 요구(예: 자기표현과 목적 등)의 실현도 촉진시키는 것으로 보이는 반면, 물질만능주의는 외부적 목표 추구 활동, 개인주의적 동기, 그리고 더 낮은 수준의 욕구(예: 안락함과 안전)의 실현을 강화시키는 것으로 보인다(Kasser, 2002;

Kasser & Ryan, 1996; Polak & McCullough, 2006). 감사가 물질만능주의와 부정적인 관계가 있고 학업, 심리, 사회적 결과들과는 긍정적 관계가 있다는 사실을 뒷받침하는 연구가 있다(Froh et al., 2010). 또한 감사를 잘하는 아동·청소년은 그렇지 않은 아동·청소년에 비해 더 높은 성적 평점, 의미 있는 활동에서의 더 높은 참여, 더 높은 삶의 만족도, 더 높은 사회적 통합성, 그리고 더 낮은 시기심과 우울을 경험하는 경향이 있었다. 한편, 물질만능주의는 더 낮은 성적 평점과 높은 시기심과 관련이 있었다. 이러한 결과는 감사가 그들을 사회에 만연한 물질만능주의(주로 지위, 명성, 부, 무언가를 획득하는 것에 관심을 두는 것)에 덜 빠지도록 돕고, 사람들과의 가치 있는 관계, 목적지향적인 성장, 그리고 사회적 자산을 증진시킨다는 것을 암시한다(Chaplin & John, 2007).

Bono와 동료들(2012)의 종단연구에서 감사의 이점이 번영과 밀접한 관련이 있음이 드러났다. 감사는 청소년들의 4년 후의 희망과 삶의 의미감의 증가를 유의미하게 예측하였으며, 고등학교 생활에서 감사를 증진시키는 것은 고등학교 졸업 즈음의 희망 및 삶의 의미감 증진과 높은 연관을 나타냈다. 이러한 종단적 연구 결과들은 감사가 자아정체감이 형성되는 매우 중요한 시기인 청소년들에게 번영을 촉진시킨다는 사실을 나타낸다.

6. 왜 감사가 청소년들의 긍정적 발달의 중요 요인인가

청소년들의 긍정적 발달이론은 그들의 강점을 증진시킬 수 있는 환경과 기회를 제공함으로써 잠재력을 실현시키는 것이 중요하다는 것을 강조한다(Benson, Scales, Hamilton, & Semsa, 2006). 청소년들의 긍정적 발달을 위해 필수적인 5가지 강점은 **능력**(사람들의 행동/기술에 대한 긍정적 관점), **자신감**(전반적인 자기가치감), **관계**(사람, 그룹, 기관, 공동체와의 긍정적 관계), **성격**(사회적 · 문화적 규칙과 도덕성과 진실성에 대한 존경), 그리고 따뜻한 마음과 동정심(다른 사람들에게 공감과 연민을 느끼는 것)이다(Lerner et al., 2005). 청소년들의 긍정적 발달이론은 또한 그들이 자신의 발달을 위해 노력하는 것과 다른 사람과 그룹, 기관이나 공동체의 변화를 돕는 것의 중요성을 강조한다(Benson et al., 2006).

감사는 이로움을 베푸는 자와 받는 자의 공감적 과정과 관련이 있다. 감사는 양쪽의 따뜻한 마음과 동정심의 강점을 촉진시킨다. 또한 앞서 이야기한 것처럼 감사는 감사의 3가지 도덕적 기능에 의해 관계와 성격의 강점도 증진시킨다. 그리고 마지막으로 감사는 내적 동기와 자기개선을 촉진시키기 때문에 능력의 강점도 지지한다. 또한 감사는 목적적 삶의 몰입과 쾌락주의를 초월한 의미와 관련이 있는 것으로 보인다. 따라서 학업과 사회적 맥락에서 청소년들의 적응적 발달 조절을 돕는다(Brandtstadter, 1998; Lerner, 2004). 또한 감사는 청소년들이 도덕적 정체성을 확립하도록 돕고(Damon, 1990), 청소년들의 긍정적 발달의 궁극적 목적인 사회 공헌에 다다르도록 돕는다(Lerner et al., 2005). 최근의 종단적 연구 결과들은 감사의 발달이 청소년들의 긍정적 발달과 광범위하게 연관되어 있음을 나타낸다(Bono et al., 2013). 예를 들어, 보통의 감사 수준을 가지고 고등학교에 입학한 청소년들은 4년 동안 자기인식, 공감, 자기효능감, 미래에 대한 목표와 계획, 자발적인 자기조절, 그리고 그들이 속한 공동체에 대한 유대감과 사회 발전을 위한 동기부여의 꾸준한 증가를 나타냈다(Bono et al., 2013).

7. 개입과 중재: 아동과 청소년의 감사를 증진시키기

Froh와 동료들(2008)은 감사 개입(예: 감사한 것 세어 보기)이 그들의 행복에 영향을 미치는지를 확인해 보기 위해 초기 청소년들을 대상으로 연구를 수행하였다. 11개의 학급이 3가지 집단(감사, 스트레스, 무처치 통제집단) 중의 하나로 무작위로 배정되었다. 2주 동안 매일, 그리고 3주 후에 다시 검사가 시행되었다. 2주 동안 감사 조건의 학생들은 매일 자신의 삶에서 감사한 것들을 5가지씩 세어 보도록 하였으며, 스트레스 조건에 있는 학생들은 짜증나는 것에 집중하도록 하였다. 그 결과, 감사한 것들을 세어 보는 것이 더 낙관적이고 높은 삶의 만족도, 더 적은 신체에 대한 불만, 그리고 부정적 감정을 덜 느끼는 것과 관련이 있었다. 또한 도움을 받았을 때 감사한 감정을 느끼는 학생들이 더 긍정적인 감정을 갖는 것으로 드러났다. 실제로 도움받은 것에 대한 감사한 감정은 개입 과정을 통틀어 긍정적 감정과 선형적 관계가 있었으며, 3주 후의 추후 검사에서 더 강하게 나타났다. 또한 감사한 것들을 세어 본 학생들은 사후 검사와 3주 후의 추후 검사에서 스트레스 집단과 통제집단에 비해 더 높은 학교 만족도를 나타냈다.

감사 개입에 대한 Froh, Kashdan, Ozimkowski와 Miller(2009)의 연구는 정서가 8~19세의 아동·청소년에 대한 감사 개입의 효과를 조절하는지를 검증했다. 학생들은 감사 초대 집단(고마운 사람에게 감사 편지를 쓰고 그 사람을 직접 만나 편지를 읽어 주는 것)과 통제집단(매일 있었던 일과 그 일에 대한 느낀 점 쓰기)으로 무선배치되었다. 그 결과, 통제집단의 아동·청소년에 비해 초대 집단에 있던 긍정적 감정 수준이 낮은 아동·청소년이 사후 검사에서 더 높은 감사 수준과 긍정적 정서를 나타냈고, 두 달 후에 실시된 추후 검사에서는 긍정적 정서를 더 많이 경험하는 것으로 드러났다.

아동·청소년에 대한 감사 개입 영역의 최근 발달은 초등학생에게 도움이 되는 의사소통인지를 평가하는 것을 훈련하도록 고안된 감사 교육과정에서 유래되었다(Froh et al., in press). 유사실험설계에서 학급(8~11세 학생들로 구성)은 유익 평가 교육과정이나 통제집단으로 무선배치되었다. 구체적으로 첫 번째 연구에서 실험자들은 5가지의 교육과정을 매일 6개의 다른 학급에 있는 122명에게 실시하였고, 두 번째 연구에서는 4개의 다른 학급에 있는

82명에게 5가지의 교육과정을 매주 실시하였다. 유익 평가 집단은 학생들이 친절한 행동이나 재능의 개인적 가치, 타인의 행동이나 필요를 알아차리는 선행을 베푼 사람의 의도, 또는 그러한 행동을 하기 위해 투입된 시간과 노력의 정도를 감사하도록 훈련시켰다. 통제집단의 학생들은 감정적으로 중립적이고 상호호혜적인 관계를 갖지 않는 재미없는 일상적인 사건에 집중하도록 하였다. 실험집단의 활동은 하루 생활을 성찰해 보며 모두 이러한 감사의 3가지 기술을 전달하고 적용하고 배우는 학급 토론과 쓰기 과제 그리고 역할놀이가 포함되도록 구성하였으며, 통제집단은 그렇지 않았다.

그 결과, 연구자들은 교육과정 개입이 감사로의 귀결을 돕는다는 것을 알아냈다. 2가지 연구에서 사회적 인지 평가 훈련을 받은 학생들은 받지 않은 학생들에 비해 더 강한 도움 평가와 더 많은 감사를 나타냈다. 매일 실시된 교육과정은 도움 평가와 감사를 즉각적(2일 후)으로 증가시켰으며, 심지어 학생들은 80%나 더 많이 부모와 교사에게 감사 카드를 썼다(행동적으로 감사를 표시함). 매주 실시된 교육과정은 도움 평가, 감사, 그리고 긍정적 감정을 향후 5개월의 사후 개입까지 증가시켰다. 이러한 증거들은 교육과정 개입의 효과를 지지한다. 이러한 감사 사고 교육과정은 다른 개입 방법들과는 달리 흥미가 있더라도 계속해서 감사 일지 쓰기와 감사 방문을 하기 어려운 더 어린 참가자(예: 초등학생과 중학생)에게 쉽게 사용할 수 있다는 장점을 갖는다. 또 다른 장점은 그것의 실현 가능성과 학교를 위한 잠재력과 관련이 있다. 그것은 협동, 도움 또는 베푸는 것에 초점을 맞추는 어느 프로그램이나 활동에도 쉽게 스며들 수 있다.

감사 개입의 효과를 검증할 때, 몇몇 하위 변인이 개입에 더 영향을 미칠 수 있기 때문에 조절변인을 고려하는 것이 매우 중요하다(Froh et al., 2009). 예를 들어, 감사가 소녀보다 소년에게 더 이로움을 주는 것으로 나타났는데, 어떠한 형태의 감사 프로그램이 성차에 따라 어떤 효과를 내는가와 같이 다양한 방법을 검증하는 연구는 더 나은 개입을 낳게 도울 것이다. 만일 프로그램이 성별에 더 적절하게 맞추어진다면 개인은 활동들을 더 자신의 것으로 받아들이게 되고 참여도도 높아질 것이다(Kashdan, Mishra, Breen, & & Froh, 2009). 긍정적 정서 같은 또 다른 잠재적 조절변인도 같은 원리로 설명이 가능하다. 긍정적 정서가 더 낮은 아동·청소년이 감사로부터 더 많은 이로움을 얻는 것으로 나타났다(Froh et al., 2009). 그러나 문화적 요인이나 사고방식 또한 감사가 행복에 미치는 영향을 조절한다. Wood, Brown과 Maltby(2011)는 최근 연구에서 사람들은 그들이 받은 도움이나 선물에 대해서 감사의 정도가 다르다는 것을 발견했는데, 그 차이는 그들이 평상시에 받아 왔던 도움의 양이나 선물의 크기에 달려 있었다. 다른 문화와 공동체에서 어떻게 감사가 경험되고 표현되는지에 대한 깊은 이해는 행복이나 그와 관련된 결과들을 증진시키기 위해 감사를 사용하는 우리의 능력을 향상시킬 것이다.

8. 감사를 학교에 적용하기

Simmel(1950)은 감사는 사람들을 함께하도록 묶어 기능 사회로 만드는 도덕적 접착제라고 하였으며, 인류의 도덕적 기억으로서의 감사(p. 388)에 관한 그의 논리는 학교 공동체에도 적용될 수 있다. 학교심리학자들은 학생들이 교육위원회(특별활동을 위한 기금), 학교 행정가(학예회 지원), 교사(새로운 전략으로 가르치기), 보조원(시설 청소), 지역사회 자원봉사자(풍부한 행사를 조직하고 지원하기 위해 많은 시간을 할애하기)에 의해 제공된 자원과 지원들을 확인하도록 돕는다. 가장 중요한 것은 다른 사람들을 유익하게 만들어 주는 헌신과 투자를 인식하는 것이 학생들로 하여금 학교에서 자신의 성장이 가치로워질 수 있는 구체적 방안들에 집중하도록 돕고, 최선의 발달을 소중히 여기는 것이 학생들로 하여금 자신을 더 낫게 만드는 동기에 몰입하게 만든다는 것이다.

학생들이 감사를 느낀 후의 감사 표현 및 뒤따르는 향상된 행동은 교직원 사이에 널리 알려지게 된다. 이는 교직원들이 학생들을 위해 더 노력하도록 고무시키며 소진(burn out)을 막는다. 비록 이러한 사실에 대한 직접적 증거는 없지만, 중국의 학교 교사들을 대상으로 한 연구에서 감사 개입이 소진을 줄이고 삶의 만족도를 증가시키며 개인적 성취감을 높인다는 결과가 있었다(Chan, 2011). 따라서 감사한 것을 세어 보도록, 그리고 감사의 태도를 개발하도록 학생들을 가르치는 것은 학생과 학교의 번영을 돕고 학교와 공동체의 더 강한 결속을 촉진할 것이다.

사회에 있는 대부분의 조직이 적절히 기능하기 위해 사회는 변화해야 한다. 최근의 실험연구에서 도움에 대한 수혜자의 감사는 적극적 목표 수행에 도움을 준 사람의 행동을 인식하는 정도에 달려 있다는 것을 보여 준다(Converse & Fishbach, 2012). 여기서 도움이란 개인이 과업을 완성하는 것과 기분이 좋아지도록 돕는 것을 의미한다. 리더(교장이나 교사)의 긍정적 감정은 그들이 이끌고 있는 전체 그룹의 수행을 예측한다(George, 1995). 실제로 감사가 사회적 응집과 관계적·직업적 만족, 심지어 조직의 기능을 증진시킨다는 연구 결과들이 제시되었다(Emmons, 2003). 이렇듯 감사와 유익의 가치화는 전염된다.

9. 결론

이 장에서는 감사와 학생, 그리고 학교와의 관련성에 초점을 맞추기 위해 아동·청소년의 감사와 관련된 연구들을 살펴보았다. 감사는 학교에서의 아동·청소년에게 중요한 많은 긍정적인 결과(심리적 안녕감, 학교와 다른 영역에서의 만족감, 친사회적 관계, 향상된 동기부여, 미래를 위한 계획과 우선순위에 대한 집중)를 낳기 때문에, 학교에서의 감사 적용은 학생들의 학습과 몰입을 촉진하는 데 큰 기여를 할 것이다. 예를 들어, 감사의 구성요소는 아동·청소년의 번성을 돕고 더 개인적으로 관련 있고 흥미 있게 만들어 주기 때문에 인성교육과 시민교육 프로그램으로 쉽게 적용될 수 있다. 또한 영어 수업은 감사 연습을 통해 유익을 얻게 만들고(감사 경험과 관련된 역동적인 상호작용이 포함된 다양한 연습이 일반적으로 쓰기 능력을 향상시킬 뿐만 아니라), 학생들이 그들의 독특한 삶과 우선순위에 집중하도록 동기를 부여하는 것을 돕는다. 조직으로서 학교의 효과를 향상시키기 위해 이러한 영향이 널리 퍼져야 한다는 견해는 감사가 학교를 무엇보다 아동·청소년과 그들의 잠재력이 존중되는 장소로, 그리고 모든 사람과 공동체의 번영을 가져오는 장소로 변화시킬 수 있다는 사실을 확신하고 있음을 나타낸다.

참고문헌

Bar-Tal, D., Bar-Zohar, Y., Greenberg, M. S., & Hermon, M. (1977). Reciprocity behavior in the relationship between donor and recipient and between harm-doer and victim. *Sociometry, 40,* 293-298. doi:10.1111/j.1467-8721.2008.00590.x

Bartlett, M. Y., & DeSteno, D. (2006). Gratitude and prosocial behavior: Helping when it costs you. *Psychological Science, 17,* 319-325. doi:10.1111/j.1467-9280.2006.01705.x

Benson, P. L., Scales, P. C., Hamilton, S. F., & Semsa, A., Jr. (2006). Positive youth development: Theory, research, and applications. In W. Damon & R. M. Lerner (Chief Eds.), & R. M. Lerner (Ed.), *Handbook of child psychology: Theoretical models of human development* (Vol. 1, 6th ed., pp. 894-941). Hoboken, NJ: Wiley. doi:10.1002/9780470147658.chpsy0116

Bono, G., Emmons, R. A., & McCullough, M. E. (2004). Gratitude in practice and the practice of gratitude. In P. A. Linley & S. Joseph (Eds.), *Positive psychology in practice* (pp. 464-481). New York: Wiley. doi:10.1002/9780470939338.ch29

Bono, G., Froh, J. J., & Emmons, R. A. (2012, August). *Searching for the developmental role of gratitude: A 4-year longitudinal analysis.* Paper presented at the annual meeting of the American Psychological Association, Orlando, Florida.

Bono, G., Froh, J. J., Emmons, R. A., & Card, N. A. (2013, April). *The benefits of gratitude to adolescent development: Longitudinal models of gratitude, well-being and prosocial behavior.* Paper presented at the annual meeting of the Society for Research in Child Development, Seattle, Washington.

Bono, G., Hanson, T., Zheng, C., & Austin, G. (2007). *Analysis of 2004-2006 data from the California Healthy Kids Survey, Resilience and Youth Development Module, and academic performance index.* Unpublished data.

Bono, G., & McCullough, M. E. (2006). Positive responses to benefit and harm: Bringing forgiveness and gratitude into cognitive psychotherapy. *Journal of Cognitive Psychotherapy, 20,* 147-158. doi:10.1891/jcop.20.2.147

Brandtstädter, J. (1998). Action perspectives on human development. In W. Damon & R. M. Lerner (Eds.), *Handbook of child psychology: Theoretical models of human development* (Vol. 1, 5th ed., pp. 807-863). New York, NY: Wiley. doi:10.1002/9780470147658.chpsy0110

Chan, D. W. (2011). Burnout and life satisfaction: Does gratitude intervention make a difference among Chinese school teachers in Hong Kong? *Educational Psychology, 31,* 809-823. doi:10.1080/01443410.2011.608525

Chaplin, L., Froh, J. J., John, D. R., & Rindfleisch, A. (in press). *Reducing materialism in adolescents.* Manuscript submitted for publication.

Chaplin, L. N., & John, D. R. (2007). Growing up in a material world: Age differences in materialism in children and adolescents. *Journal of Consumer Research, 34,* 480-493. doi:10.1086/518546

Converse, B. A., & Fishbach, A. (2012). Instrumentality boosts gratitude: Helpers are more appreciated while they are useful. *Psychological Science, 23,* 560-

566. doi:10.1177/0956797611433334

Damon, W. (1990). *The moral child.* New York, NY: Free Press.

Diener, E. (1994). Assessing subjective well-being: Progress and opportunities. *Social Indicators Research, 31,* 103-157. doi:10.1007/978-90-481-2354-4_3

Emmons, R. A. (2003). Acts of gratitude in organizations. In K. S. Cameron, J. E. Dutton, & R. E. Quinn (Eds.), *Positive organizational scholarship* (pp. 81-93). San Francisco, CA: Berrett-Koehler.

Emmons, R. A. (2004). Gratitude. In M. E. P. Seligman & C. Peterson (Eds.), *The VIA taxonomy of human strengths and virtues.* New York, NY: Oxford University Press.

Emmons, R. A., & Crumpler, C. A. (2000). Gratitude as a human strength: Appraising the evidence. *Journal of Social and Clinical Psychology, 19,* 56-69. doi:10.1521/jscp.2000.19.1.56

Emmons, R. A., & McCullough, M. E. (2003). Counting blessings versus burdens: An empirical investigation of gratitude and subjective well-being in daily life. *Journal of Personality and Social Psychology, 84,* 377-389. doi:10.1037/0022-3514.84.2.377

Fredrickson, B. L. (2001). The role of positive emotions in positive psychology: The broaden-and-build theory of positive emotions. *American Psychologist, 56,* 218-226. doi:10.1037//0003-066X.56.3.218

Fredrickson, B. L. (2004). Gratitude, like other positive emotions, broadens and builds. In R. A. Emmons & M. E. McCullough (Eds.), *The psychology of gratitude* (pp. 145-166). New York, NY: Oxford University Press.

Fredrickson, B. L. (2013). Positive emotions broaden and build. *Advances in Experimental Social Psychology, 47,* 1-57. doi:10.1016/B978-0-12-407236-7.00001-2

Fredrickson, B. L., & Joiner, T. (2002). Positive emotions trigger upward spirals toward emotional well-being. *Psychological Science, 13,* 172-175. doi:10.1111/1467-9280.00431

Fredrickson, B. L., Tugade, M. M., Waugh, C. E., & Larkin, G. R. (2003). What good are positive emotions in crises? A prospective study of resilience and emotions following the terrorist attacks on the United States on September

11th, 2001. *Journal of Personality and Social Psychology, 84,* 365–376. doi:10.1037/0022-3514.84.2.365

Froh, J. J., & Bono, G. (2011). Gratitude in youth: A review of gratitude interventions and some ideas for applications. *NASP Communiqué, 39,* 1, 26–28.

Froh, J. J., Bono, G., & Emmons, R. A. (2010). Being grateful is beyond good manners: Gratitude and motivation to contribute to society among early adolescents. *Motivation & Emotion, 34,* 144–157. doi:10.1007/s11031-010-9163-z

Froh, J. J., Bono, G., Fan, J., Emmons, R. A., Henderson, K., Harris, C., Leggio, H., & Wood, A. (in press-a). *Nice thinking! An educational intervention that teaches children how to think gratefully. [Special Issue: Theoretical Frameworks in School Psychology Intervention Research: Interdisciplinary Perspectives and Future Directions]. School Psychology Review.*

Froh, J. J., Emmons, R. A., Card, N. A., Bono, G., & Wilson, J. (2011). Gratitude and the reduced costs of materialism in adolescents. *Journal of Happiness Studies, 12,* 289–302. doi:10.1007/s10902-010-9195-9

Froh, J. J., Emmons, R. A., Lomas, T., Mishra, A., & Bono, G. (in press-b). Gratitude interventions: Remaining calm in the excitement. In A. Parks (Ed.), *Handbook of positive psychological interventions.* Malden, MA: Wiley-Blackwell.

Froh, J. J., Fan, J., Emmons, R. A., Bono, G., Huebner, E. S., & Watkins, P. (2011). Measuring gratitude in youth: Assessing the psychometric properties of adult gratitude scales in children and adolescents. *Psychological Assessment, 23,* 311–324. doi:10.1037/a0021590

Froh, J. J., Kashdan, T. B., Ozimkowski, K. M., & Miller, N. (2009). Who benefits the most from a gratitude intervention in children and adolescents? Examining positive affect as a moderator. *Journal of Positive Psychology, 4,* 408–422. doi:10.1080/17439760902992464

Froh, J. J., Sefick, W. J., & Emmons, R. A. (2008). Counting blessings in early adolescents. An experimental study of gratitude and subjective well-being. *Journal of School Psychology, 46,* 213–233. doi:10.1016/j.jsp.2007.03.005

Froh, J. J., Yurkewicz, C., & Kashdan, T. B. (2009). Gratitude and subjective well-being in early adolescence: Examining gender differences. *Journal of Adolescence, 32,* 633–650. doi:10.1016/j.adolescence.2008.06.006

Gallup, G. (1998). Gallup survey results on "gratitude," adults and teenagers. *Emerging Trends, 20*(4–5), 9.

George, J. M. (1995). Leader positive mood and group performance: The case of customer service. *Journal of Applied Social Psychology, 25,* 778–794. doi:10.1111/j.1559-1816.1995.tb01775.x

Gordon, A. K., Musher-Eizenman, D. R., Houlb, S. C., & Dalrymple, J. (2004). What are children thankful for? An archival analysis of gratitude before and after the attacks of September 11. *Applied Developmental Psychology, 25,* 541–553. doi:10.1016/j.appdev.2004.08.004

Greenspoon, P. J., & Saklofske, D. H. (2001). Toward an integration of subjective well-being and psychopathology. *Social Indicators Research, 54,* 81–108. doi:10.1023/A:1007219227883

Haidt, J. (2003). The moral emotions. In R. J. Davidson, K. R. Scherer, & H. H. Goldsmith (Eds.), *Handbook of affective sciences* (pp. 852–870). Oxford, UK: Oxford University Press.

Hanson, T. L., & Kim, J. O. (2007). Measuring resilience and youth development: The psychometric properties of the Healthy Kids Survey. (Issues & Answers Report, REL 2007-No. 034). Washington, DC: U.S. Department of Education, Institute of Education Sciences, National Center for Education Evaluation and Regional Assistance, Regional Educational Laboratory West. Retrieved from http://ies.ed.gov/ncee/edlabs

Hartup, W. W., & Stevens, N. (1997). Friendship and adaptation in the life course. *Psychological Review, 121,* 355–370. doi:10.1037/0033-2909.121.3.355

Hill, J. P., & Holmbeck, G. N. (1986). Attachment and autonomy during adolescence. *Annals of Child Development, 3,* 145–189.

Johnson, D. W., Johnson, R. T., & Smith, K. (2007). The state of cooperative learning in postsecondary and professional settings. *Educational Psychology Review, 19,* 15–29. doi:10.1007/s10648-006-9038-8

Kashdan, T. B., Mishra, A., Breen, W. E., & Froh, J. J. (2009). Gender differences in gratitude: Examining appraisals, narratives, the willingness to express emotions, and change in psychological needs. *Journal of Personality, 77,* 691–730. doi:10.1111/j.1467-6494.2009.00562.x

Kasser, T. (2002). *The high price of materialism.* Cambridge, MA: MIT Press.

Kasser, T., & Ryan, R. M. (1996). Further examining the American Dream: Differential correlates of intrinsic and extrinsic goals. *Personality and Social Psychology Bulletin, 22,* 281–288. doi:10.1177/0146167296223006

Kendler, K. S., Liu, X., Gardner, C. O., McCullough, M. E., Larson, D., & Prescott, C. A. (2003). Dimensions of religiosity and their relationship to lifetime psychiatric and substance use disorders. *American Journal of Psychiatry, 160,* 496–503. doi:10.1176/appi.ajp.160.3.496

Lerner, R. M. (2004). *Liberty: Thriving and civic engagement among American youth.* Thousand Oaks, CA: Sage.

Lerner, R. M., Lerner, J. V., Almerigi, J. B., Theokas, C., Phelps, E., Gestsdottir, S., . . . Eye, A. (2005). Positive youth development, participation in community youth development programs, and community contributions of fifth-grade adolescents: Findings from the first wave of the 4-H Study of positive youth development. *Journal of Early Adolescence, 25,* 17–71. doi:10.1177/0272431604272461

McCullough, M. E., Emmons, R. A., & Tsang, J. (2002). The grateful disposition: A conceptual and empirical topography. *Journal of Personality and Social Psychology, 82,* 112–127. doi:10.1037/0022-3514.82.1.112

McCullough, M. E., Kilpatrick, S. D., Emmons, R. A., & Larson, D. B. (2001). Is gratitude a moral affect? *Psychological Bulletin, 127,* 249–266. doi:10.1037/0033-2909.127.2.249

McCullough, M. E., Kimeldorf, M. B., & Cohen, A. D. (2008). An adaptation for altruism? The social causes, social effects, and social evolution of gratitude. *Current Directions in Psychological Science, 17,* 281–285.

Patrick, H., Knee, C. R., Canevello, A., & Lonsbary, C. (2007). The role of need fulfillment in relationship functioning and well-being: A self-determination theory perspective. *Journal of Personality and Social Psychology, 92,* 434–457. doi:10.1037/0022-3514.92.3.434

Polak, E., & McCullough, M. E. (2006). Is gratitude an alternative to materialism? *Journal of Happiness Studies, 7,* 343-360.

Roberts, M. C., Brown, K. J., Johnson, R. J., & Reinke, J. (2003). Positive psychology for children: Development, prevention and promotion. In C. R. Synder & S. J. Lopez (Eds.), *Handbook of positive psychology* (pp. 663-675). New York, NY: Oxford University Press.

Seligman, M. E. P., Steen, T. A., Park, N., & Peterson, C. (2005). Positive psychology progress: Empirical validation of interventions. *American Psychologist, 60,* 410-421. doi:10.1037/0003-066X.60.5.410

Simmel, G. (1950). *The sociology of Georg Simmel.* Glencoe, IL: Free Press.

Suldo, S. M., & Shaffer, E. J. (2008). Looking beyond psychopathology: The dual-factor model of mental health in youth. *School Psychology Review, 37,* 52-68.

Thomas, M., & Watkins, P. (2003, April). *Measuring the grateful trait: Development of the revised GRAT.* Poster session presented at the Annual Convention of the Western Psychological Association, Vancouver, BC.

Tsang, J. (2006). Gratitude and prosocial behaviour: An experimental test of gratitude. *Cognition and Emotion, 20,* 138-148. doi:10.1080/02699930500172341

Verkuyten, M., & Thijs, J. (2002). School satisfaction of elementary school children: The role of performance, peer relations, ethnicity, and gender. *Social Indicators Research, 59,* 203-228. doi:10.1023/A:1016279602893

Wentzel, K. R. (2005). Peer relationships, motivation, and academic performance at school. In A. J. Elliot & C. S. Dweck (Eds.), *Handbook of competence and motivation* (pp. 279-296). New York, NY: Guilford.

Wentzel, K. R., & Watkins, D. E. (2002). Peer relationships and collaborative learning as contexts for academic enablers. *School Psychology Review, 31,* 366-367.

Wood, A. M., Brown, G. D. A., & Maltby, J. (2011). Thanks, but I'm used to better: A relative rank model of gratitude. *Emotion, 11,* 175-180. doi:10.1037/a0021553

요약: 감사

- 감사는 신체적 · 사회적 이로움을 포함하는 자아의 긍정적 변화와 관련이 있는 행동이다.
- 감사는 아동 · 청소년 사이에서 더 가치 있는 관계를 구별해 주는 도덕적 지표로서의 역할을 하기도 하고, 친사회적 행동을 낳는 도덕적 동기의 기능을 갖기도 하며, 지지적인 관계 형성을 돕기도 한다.
- 감사는 긍정적인 대인관계와 협력, 아동 · 청소년의 자율성과 행복을 증진시키고 그들의 학교생활 만족감과 회복탄력성, 자아정체성 발달을 촉진시키기 때문에 학교가 격려해야 할 매우 중요한 요소이다.
- 감사는 4년간의 주관적 안녕감의 향상과의 상관관계를 포함한 정신적 기능의 증진(주관적 안녕감, 정신건강, 회복탄력성과의 상관)과도 관련이 있다.
- 감사는 4년간의 반사회적 행동과 비행의 감소, 6개월간의 사회적 통합(예: 공동체와 세계를 돕기 위한 동기 부여)의 증진과의 상관관계를 포함한 관계적 기능의 향상(더 높은 관계 만족과 지지, 더 낮은 물질주의와 시기)과도 관련이 있다.
- 따뜻한 학교 공동체와 긍정적 또래관계는 학교에서의 성취를 향상시키는 것으로, 측정 결과 일반적으로 알려진 많은 내적 · 외적 자산보다 더 학업 성적과 깊은 관련이 있음이 드러났다.
- 감사가 번영과 관련됨을 나타내는 증거가 있는데, 이는 사회적 발달을 돕고 정신건강 문제를 완화시켜야 한다는 학교교육의 목표와 일맥상통한다.
- 학교에서 사용될 수 있는 감사 개입은 감사한 것을 세어 보기, 감사 방문, 이로움 평가 훈련이 있다.
- 감사는 긍정적 감정이 낮은 사람뿐만 아니라 남아와 남자 청소년에게 더 도움이 된다.
- 감사는 학교교육의 중요한 결과들을 촉진하지만 충분히 사용되지 않는다.

감사 추천자료

Froh, J. J., Bono, G., & Emmons, R. A. (2010). Being grateful is beyond good manners:

Gratitude and motivation to contribute to society among early adolescents. *Motivation & Emotion, 34,* 144-157. doi:10.1007/s11031-010-9163-z

이 논문 전에, 아동·청소년들의 감사가 더 행복한 또는 덜 불행한 삶과 관련이 있다는 연구가 많이 이루어졌다. 그러나 이 연구는 감사가 좋은 느낌일 뿐만 아니라 우리로 하여금 좋은 일을 하도록 만든다는 첫 번째 종단적 증거를 제공한다. 저자는 초기 청소년들에게 있어서 감사는 6개월 후에도 여전히 그들의 힘을 사회가 더 나아지는 데(즉, 사회통합) 사용하기를 원하는 열정과 관련이 있음을 알아냈다. 또한 감사는 사회통합과 함께 서로를 지속적으로 향상시킴으로써 행동을 돕는 긍정적인 상향 효과를 불러일으켰다. 감사는 더 많은 사회적 통합으로 이어져 감사의 마음을 불러일으킨다.

Froh, J. J., Emmons, R. A., Card, N. A., Bono, G., & Wilson, J. (2011). Gratitude and the reduced costs of materialism in adolescents. *Journal of Happiness Studies, 12,* 289-302. doi:10.1007/s10902-010-9195-9

이것은 초기 청소년들에게 있어서 감사와 물질만능주의 가치관의 부적 관계를 처음으로 밝혀낸 논문이다. 개념적 틀로 자기결정이론을 적용한 이 연구는 감사와 물질만능주의 가치관이 매우 다른, 상반된 가치체계라는 사실을 알아냈다. 물질주의가 청소년 빈곤 가정과 동료관계, 우울증, 학문적 어려움 등에 미칠 수 있는 부정적인 영향을 고려할 때, 이 연구는 청소년을 더 감사하게 만드는 방법을 가르치는 것이 물질적인 가치관을 덜 갖게 하기 위한 효과적인 개입일 수 있다고 제안한다.

Froh, J. J., Sefick, W. J., & Emmons, R. A. (2008). Counting blessings in early adolescents. An experimental study of gratitude and subjective well-being. *Journal of School Psychology, 46,* 213-233. doi:10.1016/j.jsp.2007.03.005

이 연구는 청소년을 대상으로 감사 개입의 효과를 밝혀낸 첫 번째 경험적 시도였다. 11학급을 감사한 것 5가지를 기록하는 '감사' 집단, 짜증 나는 것 5가지를 기록하는 '귀찮음' 집단, 그리고 설문조사만 끝낸 통제집단의 세 그룹으로 무선배치하였다. 학생들은 2주 동안 매일 이것을 실행하였다. 그 결과, 감사를 기록하는 것은 감사, 낙관성, 삶의 만족도의 증가 및 부정적인 정서의 감소와 관련이 있었다. 가장 중요한 발견은 사후 검사와 3주 후의 추후 검사에서 밝혀진 감사와 학교생활 만족도 간의 확고한 관계이다.

제6장

공감

이 장은 부분적으로 미국 국립정신건강연구소(2 R01 MH60838)와 미국 국립아동건강 및 발달 연구소(1R01HD068522)의 도움으로 작성되었음.

1. 서론

다른 사람의 고통이나 어려움에 적절하게 반응하는 것은 아동 발달 영역에서 매우 중요한 주제이다. 이 장에서는 공감과 관련된 반응(즉, 공감, 동정, 개인적 고통)과 아동의 사회적 · 학업적 기능과 관련된 친사회적 행동(예: 돕기, 나누기)에 대한 연구들을 살펴보고자 한다. 덧붙여, 공감과 친사회적 행동의 사회화와 관련된 연구들도 논의해 보고자 한다. 마지막으로는 아동의 사회적 기술(공감 관련 반응) 증진을 위해 고안된 학교 프로그램의 효과에 대해 살펴보겠다.

친사회적 행동은 다른 사람에게 이익을 주려는 자발적 행동으로 정의되어 왔다(Eisenberg & Fabes, 1998). 현재까지의 연구에서는 친사회적 행동에 기여하는 것으로 생각되는 몇 가지 감정적 반응을 구분하고 있다. 이러한 감정적 반응들에는 공감, 동정, 개인적 고통이 있다. ① 공감은 다른 사람이 느끼고 있는 것 또는 느낄 것으로 예상되는 것과 비슷하거나 똑같은 정서적 반응을 의미한다. ② 동정이란 다른 사람을 위한 슬픔이나 걱정, 염려 등의 감정을 말한다. ③ 개인적 고통(personal distress)은 다른 사람의 고통 앞에서 과도한 각성을 나타내 보이는 태도로, 혐오적이며 자기중심적인 감정으로 나타난다. 특히 아동의 공감은 그들이 이타적이기 쉬운 상황, 즉 동정심이나 도덕적 가치에 의해 동기화될 때(Baston, 1991; Eisenberg, Fabes, Schaller, & Miller, 1989; Zahn-Waxler, Robinson, & Emde, 1992) 나누거나 돕기와 같은 친사회적 행동과 정적 관계를 나타냈다. 반면, 개인적 고통은 다른 사람을 위한 친사회적 행동과 부적 관계가 있거나 관계가 없는 것으로 나타났다(Eisenberg et al., 1993; Zahn-Waxler, Cole, Welsh, & Fox, 1995). 비록 이 장의 대부분은 개인적 고통보다 아동의 공감과 동정심을 다루고 있지만, 개인적 고통을 다른 반응들의 특징과 구분하는 것은 매우 중요하다.

2. 공감의 발달

Hoffman(1982, 2000)은 공감이 자기연민으로부터 감정이입, 타인에 대한 걱정으로 일련의 과정을 거쳐 변화해 간다고 설명하였다. 구체적으로 살펴보면 영아기의 공감적 반응은 다른 영아의 울음에 반응하는 전염성 울음과 같이 전형적으로 매우 기본적인 상태에 머무른다. 두 살쯤 되면 유아들은 단순히 자신의 편안함을 추구하기보다 다른 사람을 향한 동정심을 경험할 수 있게 된다. 이 시기를 자기중심적 공감이라고 하는데, 이 시기의 유아들은 비록 타인의 입장보다는 자신의 입장만을 고려하는 행위이기는 하지만(예: 괴로워하는 어른에게 자신이 가장 좋아하는 곰인형을 갖다 주는 것) 다른 사람들의 괴로움이나 고통에 대해서 공감적 염려나 친사회적 행동을 보이곤 한다. 아동들이 인지적으로 성숙해 가고 더 정교한 관점채택능력이 발달하면, 그들은 타인의 욕구를 더 민감하게 인식할 수 있게 되고, 이러한 욕구들이 자신의 것과 다르다는 것도 이해하게 된다. 예를 들면, 후기 아동기에는 현재 함께 있지 않은 누군가에 대해서도 공감을 경험하기 시작하고(예: 만일 그들이 고통 중에 있는 누군가에 대해 듣는다면), 아동기의 말기에 이르러서는 다른 사람의 생활 모습이나 일반적으로 존재하는 역경에 대해 공감하는 능력이 생긴다(Hoffman, 1982, 2000). 이러한 능력에 대한 직접적인 연구들은 없었지만, Hoffman은 이러한 능력이 9~10세경에 획득될 수 있다고 예측하였다. 경험적 연구들도 공감, 동정 그리고 친사회적 행동이 유아기 시절에 발달되는 것으로 보고하고 있다. Fabes와 Eisenberg(1996: Eisenberg & Fabes, 1998)는 메타분석을 통해 친사회적 행동의 발달적 경향을 분석한 결과, 나이가 많은 아동이 나이가 어린 아동보다 친사회적 행동을 더 많이 나타내고, 공감과 동정 능력의 측정에서도 더 높은 수준을 보이는 것으로 나타났다. 그러나 나이 차이에 따른 효과의 크기는 연구 방법이나 친사회적 행동의 유형에 따라 다양하게 나타난다. 이처럼 공감이나 친사회적 행동이 아동의 발달과 함께 주로 증가되는 것으로 보고되지만, 연구 특성의 다양성 때문에 결과는 생각보다 복잡하게 나타난다. 실제로 종종 교사들은 아동의 친사회적 행동이 유년기에 줄어드는 것으로 보고하기도 한다(Kokko, Tremblay, Lacourse, Nagin, & Vitaro, 2006; Nantel-Vivier et al., 2009). 또한 친사회적 행동이 성인기의 어느 시점에서 줄어드는 경향을 보이거나 더 늦은 연령에서 증가하기도 하는 등 양상이 복잡하기 때문에 성인들의 친사회적 행동의 발달에 대한 추가적인 후속 연구도 더 필요한 실정이다(Carlo, Crocket, Randall, & Roesch, 2007).

3. 공감 관련 반응과 행동적 · 학업적 능력의 관계

타인의 고통에 대한 아동의 적절한 반응은 학교에서의 성공적인 생활에 있어 중요한 시사점을 준다. 이 장의 후반부에 언급되어 있듯이 공감과 친사회적 행동은 아동의 사회적 능력, 낮은 문제행동과 관계가 있으며, 이러한 관계는 교사들에 의해 학교 장면에서 측정되었다. 또한 비록 아동의 사회적 능력과 문제행동이 공감, 친사회적 행동과 아동의 학업 수준과의 관계를 매개하지만, 공감과 친사회적 행동은 학업적 기능에도 영향을 미치는 것으로 나타났다.

1) 사회적 능력

친사회적 행동, 더 구체적으로 공감과 동정은 경험적으로 아동의 긍정적인 사회적 기능과 끊임없이 관련되어 왔다(Eisenberg, Fabes, & Spinrad, 2006 참고). 구체적으로 공감과 동정은 다양한 사회적 능력의 측정치들, 그리고 사회적으로 적절한 행동들과 관련이 있다(Eisenberg, Liew, & Pidada, 2001; Sallquist, Eisenberg, Spinrad, Eggum, & Gaertner, 2009; Zhou et al., 2002). 주목할 만한 종단연구인 Eisenberg와 동료들(1996)의 연구에서 6세부터 8세까지의 아동의 동정심에 대한 교사보고서는 동정심이 교사가 점수를 매긴 사회적 능력 및 사회적으로 적절한 행동들과 2년 전과 동일하게 긍정적 관계가 있음이 밝혀졌다. 그 아동들을 10세에서 12세까지 추적 조사한 후속 연구(Murphy, Shepard, Eisenberg, Fabes, & Guthrie, 1999)에서도 동정심과 사회적 능력의 관계가 2, 4, 6년 전과 동일하게 나타났다. 또한 초기 청소년들의 동정심도 6년 전 동성 친구들에 의해 작성된 사회관계 측정 보고서와 관련이 있었다(Murphy et al., 1999).

타인지향의 감정적 반응을 경험한 사람과 친사회적으로 행동하는 사람은 긍정적인 친구관계를 맺고 긍정적인 상호작용을 하게 된다. 실제로 친사회적 아동은 급우들 간에 인기가 많은 경향을 보이고(Attili, Vermigli, & Roazzi, 2010; Caprara, Barbaranelli, Pastorelli, Bandura, & Zimbardo, 2000; Clark & Ladd, 2000; Denham et al., 2003; Graziano, Keane, & Calkins, 2007; Lansford et al., 2006; Warden & Mackinnon, 2003), 상대적으로 붙임성이 좋으며(Robinson, Zahn-Waxler, & Emde, 1994; Young, Fox, & Zahn-Waxler, 1999), 덜 고립적이고, 의사소통을 활발히 하며(Nelson, Hart, Yang, Wu, & Jin, 2012), 서로 도와주는 동료관계를 갖게 된다(Clark & Ladd, 2000; Sebanc, 2003). 이렇듯 타인을 향한 걱정과 연민 등을 경험한 사람은 다른 사람들에게 민감하게 행동하게 되고, 이러한 태도는 어른들이나 동료들에게 긍정적으로 비춰진다.

2) 공격성과 문제행동

아동의 문제행동과 공감 관련 반응들의 관계 역시 많은 연구자의 관심을 받아 왔다. 이 장은 특히 학교 구성원과 관련이 있는데, 수업을 방해하는 아이들은 주어진 일에 시간을 적게 사용하고(Arnold et al., 1999; NICHD Early Childcare Research Network, 2004; Ramsey, Patterson, & Walker, 1990), 숙제도 다 하지 못하며(Dishion, Loeber, Stouthamer-Loeber, & Patterson, 1984), 교사에게 가르침을 덜 받을 것(Arnold et al., 1999; Coie & Dodge, 1998; Pianta, La Paro, Payne, Cox, & Bradley, 2002)이라고 생각될 수 있다. 이렇듯 교실에서 외현화된 문제행동은 아동에게 불리한 결과들을 초래할 것이다. 소수의 연구가 이러한 관계를 종단적으로 검증하고 있으며, 최근의 연구들에서 공감, 친사회적 행동과 공격성, 외현화된 문제들과의 부정적 관계가 드러나고 있다(Carlo, Mestre, Samper, Tur, & Armenta, 2010; Diener & Kim, 2004; Hastings, Zahn-Waxler, Robinson, Usher, & Bridges, 2000; Strayer & Roberts, 2004).

Zhou와 동료들(2002)은 긍정적이거나 부정적인 상황에 있는 다른 사람들의 영상을 보여 준 후에 이를 본 초등학교 학생들의 공감적 표정을 관찰하고 자기보고식 설문지로 평가했다. 첫 번째 평가에서 영상을 보는 중에 더 많은 공감적 표현을 얼굴에 나타낸 아동이 부모나 교사로부터 다툼, 거짓말, 공격성 등과 같은 외현화된 문제행동을 덜 나타내는 것으로 평가되었다. 2년 후 아동의 공감적 표정과 그들의 자기보고식 공감 수준은 성인들이 보고한 낮은 수준의 외현화된 문제행동과 관련이 있었다. 이렇듯 초등학생 시기의 아동들에게서 관찰된 공감은 시간이 흐르면서도 계속 낮은 문제행동을 예측하는 것으로 밝혀졌다.

흥미로운 것은 공격성과 친사회적 행동의 부적 관계가 초등학생 시기에 국한된다는 것이다(Lovett & Sheffield, 2007). 실제로 걸음마 단계의 공격적인 유아가 덜 공격적인 유아보다 더 많은 공감적 반응을 하는 것으로 나타났다(Gill & Cakins, 2003). 사회적 억제의 결핍이 종종 공격성과 관련되는데, 이것은 아동이 잘 모르는 어른에게 다가가서 연민을 표현하는 것을 가능하게 만들기도 한다. Spinrad와 Stifter(2006)의 연구에 따르면 걸음마 단계의 유아 시기에 공격성의 기저를 이루고 있다고 생각되는 분노(Eisenberg, Cumberland et al., 2001; Rothbart & Bates, 1998)와 친사회적 행동의 관계는 엄마의 반응 수준에 따라 중립적이라는 결과가 보고되었다. 엄마의 반응 수준이 낮을 때 엄마를 향한 분노와 친사회적 행동 간에는 부적 관계가 발견되었다. 그러나 이와는 반대로 엄마의 반응 수준이 상대적으로 높을 때 걸음마단계 유아의 분노는 친사회적 행동과 정적 관계가 있었다. 이렇듯 어린 시절의 공격성/분노와 친사회적 행동 간의 관계는 더 복잡한데, 이것은 아마 친숙하지 않은 어른을 향한 아동의 친사회적 행동의 측정 때문이거나 부모행동에 따라 그 관련성이 중립적이기 때문이다.

3) 학업능력

친사회적 행동, 더 구체적으로 공감(동정)은 아동의 성공적인 학교생활에도 중요한 역할을 한다. 상대적으로 친사회적이거나 공감을 잘하는 아동들은 학급에서 협력적이고 교실에서 적절하게 행동하며 교사들이 더 선호하게 된다. 결국 이러한 학생들은 친구들과 교사로부터 더 많은 도움을 받게 되고, 다양한 학교활동에 더 적극적으로 참여하게 된다(Coie & Dodge, 1988; Wentzel, 1993).

몇몇 연구자는 공감이나 친사회적 행동과 지성, 어휘력, 독해능력, 언어 발달 또는 정신 발달 수준의 정적 관계를 밝혀냈다(Carlo, Hausmann, Christiansen, & Randall, 2003; Cassidy, Werner, Rourke, Zubernis, & Balaraman, 2003; van der Mark, van Ljzendoorn, & Bakermans Kranenburg, 2002). 예를 들어, Miles와 Stipek(2006)의 종단연구에서 유치원과 1학년 교사들이 측정한 아동들의 친사회적 행동과 아동의 읽기 · 쓰기 성적은 5학년에 이르기까지 유의미한 정적 관계를 나타냈다. 그들은 뛰어난 사회적 기술을 지닌 아동이 더 친밀하게 교사와의 관계를 유지할 것이고, 결국 교사로부터 더 많은 지도시간을 확보하게 될 것이라고 예측하였다. 다른 연구에서도 비슷한 결과를 볼 수 있다. 현재 나타나고 있는 남학생의 읽기 · 쓰기 문제는 친사회적 상호작용과 관련이 있는데, 친사회적인 남학생은 교사로부터 긍정적 관심을 받게 되고, 이것은 더 많은 배움의 기회를 갖게 하는 결과를 낳는다(Doctoroff, Geer, & Arnold, 2006).

또한 친사회적 행동과 공감은 아동의 성적(Grade Point Average: GPA)과 학교에서 행해지는 다양한 성취도 평가(학업적 자기효능감, 일반적 성취도 평가)를 예측하는 것으로 드러났는데(Bandura, Caprara, Barbaranelli, Pastorelli, & Regalia, 2001; Caprara et al., 2000; Johnson, Beebe, Mortimer, & Snyder, 1998; Wentzel, 2003; Wise & Cramer, 1988), 이러한 관계는 시간이 흘러도 동일하게

나타났다. 예를 들어, Caprara와 동료들(2000)은 3학년 초기의 친사회적 행동이 8학년 시기의 높은 학업성취를 예측한다고 보고했는데, 심지어 초기 학업성취의 편차를 배제한 후에도 같은 결과가 나타났다. 이렇듯 친사회적 행동은 아동의 학습과 성공적인 학교생활을 촉진하도록 돕는다. 그러나 몇몇 연구자가 지능과 학업능력 그리고 아동의 친사회적 행동과 동정심과의 관계에 대해 유의미하거나 일관적인 관계를 발견하지 못했다는 점에 주목해야 한다(Jennings, Fitch, & Suwalsky, 1987; Strayer & Roberts, 1989; Turner & Harris, 1984; Wise & Cramer, 1988). 즉, 공감 또는 친사회적 행동과 학업의 관계는 일반적인 사회적 능력(바르게 행동하는 아동)과 교사-아동 간 관계의 질과 같은 다른 요인들에 의해 중재될 수 있으며, 아동의 주의집중 또는 자기조절 능력의 차이에서 파생되는 것일 수도 있다. 또한 학교생활을 잘하는 아동은 교실에 오래 앉아 있는 능력이 있거나 집중력이 높을 수도 있다. 주의집중, 행동조절과 같은 능력 또한 공감과 친사회적 행동의 기저를 이루는 것일 수 있다(Eisenberg et al., 2006 참조). 따라서 이러한 관계를 검증하려는 후속 연구가 필요하다.

4. 고통에 대한 아동의 공감 관련 반응의 사회화

연구자들은 아동의 공감과 친사회적 행동의 발달에 영향을 끼치는 사회환경을 이해하는 데 상당히 많은 관심을 보여 왔다. 비록 이 분야 연구의 대다수가 부모를 통한 사회화에 초점을 맞추고 있지만, 또래, 교사, 학교 환경 같은 타인을 통한 사회화도 비슷한 과정을 거칠 것으로 예측된다. 각각의 사회화 촉진요인을 차례대로 살펴보면 다음과 같다.

1) 부모를 통한 사회화

부모-자녀관계의 질은 아동의 공감 관련 반응들을 이해하는 데 매우 중요한 요인이다. 양질의 부모-자녀관계는 다른 사람과의 관계나 협력에 대한 아동의 감각을 촉진시킬 것이다(Staub, 1992). 실제로 안정된 애착이 형성된 아동은 낯선 사람에 대해서 더 많은 연민을 보이고(van der Mark et al., 2002), 상대적으로 친사회적이다(Kestenbaum, Farber, & Sroufe, 1989; Laible, 2006).

엄마의 반응은 아동의 공감적 반응과 정적 관계가 있는데, 아동이 보내는 신호에 대한 엄마의 적절하고 예민한 상황에 따른 반응들은 18~30개월 유아(Kestenbaum et al., 1989; Kiang, Morena, & Robinson, 2004; Kochanska, Forman, & Coy, 1999; Moreno, Klute, & Robinson, 2008; Robinson et al., & Emde, 1994; Zahn-Waxler, Radke-Yarrow, & King, 1979) 또는 그보다 좀 더 나이가 많은 아동(Davidov & Grusec, 2006; Iannotti Cummings, Pierrehumbert, Milano, & Zahn-Waxler, 1992; Janssens & Dekovic, 1997; Robinson et al., 1994)의 높은 공감이나 친사회적 행동과 연관이 있다. Spinrad와 Stifter(2006)는 유아기에 관찰된 엄마의 민감성이 8개월 후 걸음마 단계 유아의 높은 동정 반응과 친사회적 행동을 예측하는 것으로 보고하였다. Feldman(2007a, 2007b)의 긴 종단연구에서도 출생 후 첫 일 년간 엄마-유아의 동시성은 청소년기의 공감능력을 예측하는 것으로 드러났다.

또한 아동의 공감·동정 반응, 그리고 친사회적 행동과 양육 방법의 관계에 대한 많은 연구는 대부분 훈육 기술에 초점을 맞추고 있다. 구체적으로 다른 사람의 감정 반응이나 아동 행동의 결과에 중점을 둔 부모의 육아는 동정과 친사회적 행동으로 귀결되는 특징이 있다. 이러한 지지적 연습은 아동의 관점채택능력을 촉진시키거나 아동이 부모의 가치를 내면화하는 데 기여한다(Hoffman, 1982, 2000). 경험적 연구는 명령하고 훈내는 방식보다 설득적 양육방식이 아동의 높은 공감과 친사회적 행동과 관련이 있음을 지지한다

(Bar Tal, Nadler, & Blechman, 1980; Krevans & Gibbs, 1996; Liable, Eye, & Carlo, 2008; Ramaswarny & Bergin, 2009; Stanhope, Bell, & Parker-Cohen, 1987).

한편, 다른 연구자들은 처벌적 육아 방식은 친사회적 행동이나 동정심과 부적인 관계가 있다고 밝히고 있다(Hastings et al., 2000; Russell, Hart, Robinson, & Olsen, 2003). 체벌, 엄격한 감시, 권리 박탈 같은 처벌적이고 강요적인 훈육에 따른 연습은 아동을 지나치게 각성시켜 아동이 공감할 기회를 잃게 만들 수도 있다. 실제로 아동의 이러한 훈련은 높은 수준의 자기중심화된 개인적 고통 반응과 관련이 있었다(Eisenberg, Fabes, Schaller, Carlo, & Miller, 1991). 그러나 긍정적인 부모-자녀 사이의 경우, 때에 따른 신체 체벌 같은 강요는 지배적인 훈육 훈련의 강요와는 다를 수 있다. 실제로 Miller, Eisenberg, Fabes, Shell과 Gular(1989)는 엄마가 상대적으로 높은 설득적 훈육을 하는 아동의 경우에만 한정되기는 하지만, 체벌을 포함한 신체 훈육 기술이 아동의 공감 능력과 정적인 관계가 있다는 것을 발견했다.

학습이론은 모방과 강화의 중요성을 강조했는데, 이러한 사회화의 양상은 아동의 공감 관련 반응과도 관련이 있다. 이러한 관점에서 볼 때, 부모가 상대적으로 높은 동정심을 보이는 모델이 되는 경우 같은 성별의 자녀는 도움이 필요한 누군가를 기꺼이 도와주거나(Fabes, Eisenberg, & Miller, 1990), 동정심을 잘 느끼게(Eisenberg ct al., 1991, 1992) 될 확률이 높다. 또한 아동은 성인들의 자원봉사, 원조, 이타적 행동(Eisenberg et al., 2006; Garner, 2006; MaGinley, Lipperman-Kreda, Byrnes & Carlo, 2010)과 같은 친사회적 행동도 모방한다. 게다가 아동의 공감 관련 반응에 대한 부모의 강화는 비록 친사회적 행동에 대한 외적 보상이 앞으로의 친사회적 행동을 억제시키는 문제가 있을 수도 있지만(Warneken & Tomasello, 2008 참조), 다른 사람의 고통에 대해 적절히 반응해 주는 것과 관련이 있다(Eisenberg et al., 1992; Hastings, MaShane, Parker, & Ladha, 2007).

아동의 공감과 친사회적 행동을 예측했을 때 아동의 성격이 환경과 상호작용한다는 사실을 주목하는 것 또한 중요하다. 예를 들어, Bakermans-Kranenburg와 Van Ijzendoorn(2011)은 안정된 애착을 형성한 7세 아동이 불안정한 애착을 형성한 아동에 비해 더 친사회적이지만, 그것은 오직 그들이 특별한 유전자(DRDR 7-repeat gene)를 가지고 있을 때만 그렇다는 것을 발견했다. 이렇듯 부모를 통한 사회화와 아동의 공감 관련 반응들의 관계는 매우 복잡한 양상을 띤다.

2) 부모 외적 요인을 통한 사회화

비록 친사회적 행동과 공감의 사회화와 관련된 대다수의 연구가 아동의 공감에 대한 엄마의 잠재적 영향력에 초점을 맞추고 있기는 하지만, 또래나 교사 그리고 학교 환경 또한 이러한 상황에 매우 중요한 역할을 할 수 있다. 예를 들어, 한정된 범위이기는 하지만 어떤 연구는 또래가 친사회적 행동의 중요한 사회화 촉진요인이라는 것을 밝히고 있다. 부모의 모델링에 대한 연구와 비슷하게 연구자들은 자발적인 청소년이 상대적으로 지역사회와 자원봉사 단체에 속해 있는 친구들을 사귀기 쉬우며(Zaff, Moore, Papillo, & Williams, 2003), 그들이 그저 즐기는 것에 높은 가치를 두고 있는 그룹에 속해 있을 때는 덜 자발적이 된다는 사실을 발견했다(Youniss, McLellan, & Mazer, 2001; Pugh & Hart, 1999). 친구들은 또한 비슷한 수준의 친사회적 행동을 보이는 경향이 있었다(Wentzel, Barry, & Caldwell, 2004). 게다가 친사회적 또래 모델이 친사회적 행동을 이끌어 내는 데 효과가 있다는 것이 실험을 통해 밝혀졌다(Owens & Ascione, 1991). 구체적으로, 아동은 그들이 어른의 행동을 목격했을 때보다 같은 행동을 하는 또래의 나눔을 관찰했을 때 더 잘 나누는 경향을 보였다. 9학년과 10학년을 대상으로 한 연구에서 또래들의 친사회적 행동은 청소년의 친사회적 목표 추구 활동에서 그들의 친사회적 행동을 예측하였다(Barry & Wentzel, 2006). 또한 중학생에게 있어서 또래와의 친사회적 상호작용은 긍정적 영향 및 삶의 만족도 증가와 깊은 관련이 있었다(Martin & Huebner, 2007).

또래는 모델링뿐만 아니라 친사회적 행동을 긍정적으로 강화하기도 한다(Eisenberg, Cameron, Tyron, & Dodez, 1981). 예를 들어, Eisenberg와 동료들(1981)은 여아의 자발적인 친사회적 행동과 또래로부터 오는 친사회적 행동에 대한 긍정적 강화가 정적 관계가 있다고 보고하였다. Fujisawa, Kutsakake와 Hasegawa(2008)는 아동은 양자관계 속에서 친사회적 행동으로 서로 화답하려는 경향을 보인다고 하였다. 즉, 받은 아동은 주려고 한다는 것이다. 이렇듯 친사회적 행동에 대한 또래의 반응은 아동이 친사회적 행동을 하는 만큼 영향을 받게 된다.

또래관계의 질 또한 아동의 공감/동정 그리고 친사회적 행동을 예측하기도 한다. 예를 들어, Liable(2007)은 또래와 안정된 애착을 형성한 청소년이 높은 수준의 친사회적 행동과 동정심을 보인다고 하였다. 또한 또래 간의 상호 긍정적 영향은 높은 사회 적응력과 관련이 있었다(Sallquist, Didonato, Hanish, Martin, & Fabes, 2011).

교사 또한 아동의 공감적 반응에 중요한 영향을 미치는데, 교사의 따뜻함은 아동의 공감 관련 반응 및 친사회적 행동과 긍정적이며 의미 있는 관련성을 가진다(Kienbaum, Volland, & Ulich, 2001; Luckner & Pianta, 2011). 교사와의 안정된 애착은 유치원 아동의 친사회적 행동과 공감(Howes, Matheson, & Hamilton, 1994; Mitchell-Copeland, Denham, & DeMulder, 1997; Palermo, Hanish, Martin, Fabes & Reiser, 2007), 그리고 그들의 사회적 능력, 친사회적 행동과 공감을 포함하는 측정 결과를 예측하였다(Sette, Spinrad, & Baumgartner, 2013). 1학년을 대상으로 하는 한 연구에서 긍정적인 사회적 분위기를 강조하는 학습자 중심 활동은 학생들에 대한 더 큰 공감을 불러일으키는 변인임이 드러났다(Donohue, Perry, & Weinstein, 2003). 마지막으로, 매우 따뜻한 교사나 아동 중심 보육 같은 어린이집 또는 유치원 환경의 질은 아동의 공감과 사회적 능력(Brooeberg, Hwang, Lamb, & Ketterlinus, 1989; Kienbaum, 2001) 그리고 어머니(또는 양육권자)가 측정한 아동의 친사회적 능력과 깊은 관련이 있었다(NICHD Early Child Care Research Network, 2002).

5. 공감 관련 반응을 증진시키는 학교 프로그램

부모를 통한 사회화와 관련된 연구들을 활용하여 공감과 친사회적 능력의 증진을 위해 학교 기반 프로그램이 고안되어 왔으며, 다양한 증거가 이러한 프로그램들의 효과성을 뒷받침하고 있다. 예를 들어, Solomon과 동료들(Solomon, Battistich, Watson, Schaps, & Lewis, 2000; Solomon, Watson, Delucchi, Schaps, & Battistich, 1988)은 긍정적인 교사-학생관계의 증진을 위한 프로그램을 개발하고 학생들이 협력적 상호작용에 참여할 수 있는 기회를 제공했다. 교사들은 아동 중심적 접근(규칙 정하기와 의사결정, 상호 문제해결 등에 참여하는 것)에 훈련되어 있었고, 프로그램은 아동에게 규칙 정하기 또는 학급 내에서 서로 다른 역할에 참여하기 같은 상호협력적 활동에 참여할 수 있도록 기회를 주었다. 또한 교사들은 사회적 이해(학생 간에 갈등이 있을 때 마음에서 우러나오는 이벤트를 하도록 하는 것 등)에 대한 훈련이 되어 있었고, 친사회적 가치를 강조했으며, 학급 잡일, 사회봉사, 친구 되어 주기 등과 같이 돕는 행동을 제공하였다. 이 프로그램은 유치원부터 4학년까지 5년 동안 연속적으로 실시되었는데, 이 프로그램에 참여한 아동은 통제집단의 아동에 비해 친사회적 행동이 매우 높게 나타났다. 심지어 이러한 패턴은 교사의 일반적 능력과 협력적 활동에 대해 학생의 참여를 제한했을 때도 지속되었다(Solomon et al., 1988). 이 프로그램이 3년 정도 시행되었을 때 이 프로그램은 인성, 사회성, 윤리적 가치와 태도, 동기를 증진시키는 데도 효과가 있었으며, 약물 남용과 다른 문제행동을 줄이는 데도 효과가 나타났다

(Battistich, Schaps, Watson, Solomon, & Lewis, 2000; Solomon et al., 2000).

흥미롭게도 프로그램에 등록된 아동들은 프로그램의 후반기와는 다르게 유치원에서는 높은 수준의 친사회적 행동과 조화로운 관계를 보였던 것으로 드러났는데, 이는 이 프로그램의 효과가 처음 소개되었을 때 그 영향이 가장 컸던 것으로 생각해 볼 수 있다. 이러한 결과는 교사들이 단 1년 동안만 프로그램을 실행하기 때문으로 이해할 수 있다. 만일 교사들에게 그들의 기술을 개발할 수 있는 추가적인 시간이 주어지거나 프로그램을 현재 진행하고 있는 교실에서 일상적으로 최대한 통합할 수 있다면, 이 프로그램의 효과는 더 오래 지속될 수도 있다(Battistich, Watson, Solomon, Schaps, & Solomon, 1991).

공감능력을 증진시키기 위해 개발된 다른 학교 기반 프로그램도 효과를 나타내고 있다. Feshbach와 Feshbach(1982)는 역할극과 갈등해결 대화법 등이 포함된 소그룹 학급 활동 관련 공감 훈련 프로그램을 개발하였다. 공감 훈련 그룹에 속해 있는 아동은 돕거나 협력적인 행동을 더 자주 나타냈으며(Feshbach, 1983; Feshbach & Feshbach, 1982), 어떤 아동들은 공격성의 감소를 보이기도 했다(Feshbach, 1983). 여아의 사회문제 해결 방법이나 사회적 기술 훈련을 증진시키기 위해 고안된 또 다른 개입도 사회적 행동에 긍정적인 영향을 미치는 것으로 나타났다. 구체적으로 살펴보면, 교사들의 평가에서 프로그램에 참여한 높은 수준의 사회문제를 보이던 여아들의 친사회적 행동이 증가한 것으로 나타났다(Cappella & Weinstein, 2006).

4학년에서 7학년생까지를 대상으로 하는 최근의 연구는 '공감 프로그램의 근원(the Roots of Empathy program: ROE)'(Gordon, 2001)의 강한 영향력을 검증했다. 이 학급 프로그램은 아동과 그들의 부모가 매달 교실을 방문하고, 공감과 정서적 이해 그리고 민감성을 촉진시키기 위해 개발된 수업 프로그램을 제공하는 강사가 두 달에 한 번 교실을 방문하는 활동을 포함하고 있다. 아동들은 이타성과 친사회적 가치의 증진을 목표로 그들에게 이익이 되도록 고안된 수업에 참여하도록 요구된다. ROE 프로그램에 참여한 아동은 통제그룹의 아동에 비해 또래평가에서 친사회적 행동(나눔, 협력, 다른 사람을 도움)이 증가하였으며, 교사평가에서 공격성이 줄어들었다(Schonert-Reichl, Smith, Zaidman-Zait, & Hertzman, 2012). 마지막으로 공감 훈련 프로그램에 참여한 Head Start(취학 전 아동을 위한 정보교육 사업—역자 주) 아동들은 정서 또는 공감 훈련을 포함하지 않은 학업 강화 프로그램에 참여한 아동보다 더 재능이 많고 친사회적이며 협력적인 것으로 보고되었다(Chiang, Douglas, Kite, Barber, & Webb, 2007).

또한 학급활동에서 협력적 교수법의 사용은 협동과 친사회적 행동뿐만 아니라(Choi, Johnson, & Johnson, 2011; Hertz-Lazarowitz, 1983; Hertz-Lazarowitz, Sharan, & Steinberg, 1980) 다른 사람을 더 잘 수용하도록 돕는 것으로 나타났다(Johnson & Johnson, 1987). Ascione(1992)은 초등학교에서 인도적 교육 프로그램의 효과를 연구했다. 인도적 태도와 공감은 즉각적으로 그리고 시간이 흐른 뒤에도 4~5학년의 아동에게 강화되었다. 그 결과, 프로그램이 아동에게 미치는 즉각적 효과는 미미했지만(Ascione & Weber, 1993), 1년 뒤의 사후 검사에서는 인도적 태도에 효과를 미치는 것으로 나타났다.

교실 내의 구성요소나 부모 훈련이나 사회적 기술 훈련, 그리고 가정 방문 등의 교실 외적 요소를 사용하는 다른 프로그램도 사회적 능력과 친사회적 행동을 증진시키는 것으로 드러났다. 예를 들어, Fast Track Project(반사회적 행동으로 위기에 빠진 아동을 위한 프로그램)도 이러한 접근 방법을 사용한다. 프로그램에 참여한 아동은 1단계의 후반부에 통제집단의 아동보다 또래들에게 더 친사회적 행동을 보였으며, 침략적 분열성에서도 나아지는 모습을 보였다(Conduct Problems Prevention Research Group, 1999). Fast Track Project에 참여한 아동은 3학년 때까지 공격성과 친사회적 행동에서 효과를 나타냈으며, 이러한 기술들은 4학년에서의 행동적 결과로 이어졌다(Conduct Problems Prevention Research Group, 2002). 앞에서 살펴본 것처럼 아동을 위한 효과적인 개입은 부모와 학교 요소를 포함한 매우 복합적인 요인들을 포함하는 것으로 생각해 볼 수 있다. 이렇듯 다른 사람들의 감정에 초점을 맞추는 학교 시스템에서의 공감에 대한 관심과 학급에서 긍정적인 분위기를 조성하는 것은 아동의 사회적 기술을 증진시킬 수 있다. 비록 이 분야에 대해서는 상대적으로 제한된 연구들이 존재하지만, 교사들로 하여금 아동의 학업성취에만 초점을 두지 않고 아동의 도덕적 감정과 행동에 관심을 갖게 하는 것만으로도 가치가 충분하다. 따라서 교사들의 활용을 증진시키는 방법과 시간이 흐른 뒤에 그리고 다른 맥락에서도 일반화할 수 있는 방법을 포함한 프로그램에 대한 후속 연구가 요구된다.

6. 결론

공감 관련 반응은 학교 기능과 관련된 중요한 영역과 명백한 관련이 있다. 또한 부모, 교사 그리고 또래 같은 다른 요인들에 의한 사회화도 개인적 차이는 있겠지만 아동의 공감과 친사회적 행동에 관련이 있거나 기여하는 것으로 나타났다. 아동의 사회적 기술을 증진시키기 위해 고안된 중재 연구들은 학교 환경이 공감 같은 사회적 기술을 습득하는 데 매우 중요한 맥락이 될 수 있다는 사실을 시사하였고 그 효과성을 입증하였다. 이러한 결과는 학교 교육과정의 일부로 사회적 기술에 가치를 두어야 한다는 점을 시사한다.

아동의 친사회적 행동과 공감을 증진시키기 위한 프로그램의 개발이 계속적으로 이루어져야 하며, 아동의 긍정적 발달을 도와주는 것과 관련된 복합적 요인들을 검증하기 위한 연구도 필요하다. 예를 들어, 아동의 공감 관련 반응을 효과적으로 증진시키는 것은 아동의 기질, 문화, 인지 발달, 그리고 성별 등 다양한 요소에 따라 다를 것이다. 마지막으로 중재요소를 포함한 아동의 공감 관련 반응의 사회화 과정에 대한 검증도 앞으로 계속 연구되어야 할 부분이다.

참고문헌

Arnold, D. H., Ortiz, C., Curry, J. C., Stowe, R. M., Goldstein, N. E., Fisher, P., . . . Yershova, K. (1999). Promoting academic success and preventing disruptive behavior disorders through community partnership. *Journal of Community Psychology, 27,* 589-598. doi:10.1002/(SICI)1520-6629(199909)27:5〈589::AID-JCOP6〉3.0.CO;2-Y

Ascione, F. R. (1992). Enhancing children's attitudes about the humane treatment of animals: Generalization to human-directed empathy. *Anthrozoos, 5,* 176-191. doi:10.2752%2F089279392787011421

Ascione, F. R., & Weber, C. V. (1993, March). *Children's attitudes about the humane treatment of animals and empathy: One-year follow up of a school-based intervention.* Paper presented at the Society for Research in Child Development, New Orleans, LA.

Attili, G., Vermigli, P., & Roazzi, A. (2010). Children's social competence, peer status, and the quality of mother-child and father-child relationships: A multidimensional scaling approach. *European Psychologist, 15,* 23-33. doi:10.1027/1016-9040/a000002

Bakermans-Kranenburg, M. J., & Van Ijzendoorn, M. H. (2011). Differential susceptibility to rearing environment depending on dopamine-related genes: New evidence and a meta-analysis. *Development and Psychopathology, 23,* 39-52. doi:10.1017/S0954579410000635

Bandura, A., Caprara, G. V., Barbaranelli, C., Pastorelli, C., & Regalia, C. (2001). Sociocognitive self-regulatory mechanisms governing transgressive behavior. *Journal of Personality and Social Psychology, 80,* 125-135. doi:10.1037%2F0022-3514.80.1.125

Barry, C. M., & Wentzel, K. R. (2006). Friend influence on prosocial behavior: The role of motivational factors and friendship characteristics. *Developmental Psychology, 42,* 153-163. doi:10.1037%2F0012-1649.42.1.153

Bar Tal, D., Nadler, A., & Blechman, N. (1980). The relationship between Israeli children's helping behavior and their perception of parents' socialization practices. *Journal of Social Psychology, 111,* 159-167.

Batson, C. D. (1991). *The altruism question: Toward a social psychological answer.* Hillsdale, NJ: Erlbaum.

Battistich, V., Schaps, E., Watson, M., Solomon, D., & Lewis, C. (2000). Effects of the Child Development Project on students' drug use and other problem behaviors. *Journal of Primary Prevention, 21,* 75-99.

Battistich, V., Watson, M., Solomon, D., Schaps, E., & Solomon, J. (1991). The Child Development Project: A comprehensive program for the development of prosocial character. In W. M. Kurtines & J. L. Gewirtz (Eds.), *Handbook of moral behavior and development* (Vol. 3, pp. 1-34). New York, NY: Erlbaum.

Bromberg, A., Hwang, C. P., Lamb, M. E., & Ketterlinus, R. D. (1989). Childcare effects on socioemotional and intellectual competence in Swedish preschoolers. In J. S. Lande, S. Scarr, & N. Gunzenhauser (Eds.), *Caring for children: Challenge to America* (pp. 49-76). Hillsdale, NJ: Erlbaum.

Cappella, E., & Weinstein, R. (2006). The prevention of social aggression among girls. *Social Development, 15,* 434-462. doi:10.1111%2Fj.1467-9507.2006.00350.x

Caprara, G. V., Barbaranelli, C., Pastroelli, C., Bandura, A., & Zimbardo, P. G. (2000). Prosocial foundations of children's academic achievement. *Psychological Science, 11,* 302-306. doi:10.1111%2F1467-9280.00260

Carlo, G., Crockett, L. J., Randall, B. A., & Roesch, S. C. (2007). A latent growth curve analysis of prosocial behavior among rural adolescents. *Journal of Research on Adolescence, 17,* 301-324. doi:10.1111%2Fj.1532-7795.2007.00524.x

Carlo, G., Hausmann, A., Christiansen, S., & Randall, B. A. (2003). Sociocognitive and behavioral correlates of a measures of prosocial tendencies for adolescents. *Journal of Early Adolescence, 23,* 107-134.

Carlo, G., Mestre, M. V., Samper, P., Tur, A., & Armenta, B. E. (2010). Feelings or cognitions? Moral cognitions and emotions as longitudinal predictors of prosocial and aggressive behaviors. *Personality and Individual Differences, 48,* 872-877. doi:10.1016%2Fj.paid.2010.02.010

Cassidy, K. W., Werner, R. S., Rourke, M., Zubernis, L. S., & Balaraman, G. (2003). The relationship between psychological understanding and positive social behaviors. *Social Development, 12,* 198-221. doi:10.1111%2F1467-9507.00229

Chiang, T. M., Douglas, S., Kite, K., Barber, C., & Webb, K. (2007). *Emotion coaching of at-risk children's social competence in preschool context.* Paper presented at the Society for Research in Child Development, Boston, MA.

Choi, J., Johnson, D. W., & Johnson, R. (2011). Relationships among cooperative learning experiences, social interdependence, children's aggression, victimization, and prosocial behaviors. *Journal of Applied Social Psychology, 41,* 976-1003. doi:10.1111%2Fj.1559-1816.2011.00744.x

Clark, K. E., & Ladd, G. W. (2000). Connectedness and autonomy support in parent-child relationships: Links to children's socioemotional orientation and peer relationships. *Developmental Psychology, 36,* 485-498. doi:10.1037%2F%2F0012-1649.36.4.485

Coie, J. D., & Dodge, K. A. (1988). Multiple sources of data on social behavior and social status in the school: A cross-age comparison. *Child Development, 59,* 815-829. doi:10.2307%2F1130578

Coie, J. D., & Dodge, K. A. (1998). Aggression and antisocial behavior. In N. Eisenberg (Ed.), *Handbook of child psychology, Vol. 3, social, emotional and personality development* (5th ed., pp. 779-862). New York, NY: Wiley.

Conduct Problems Prevention Research Group. (1999). Initial impact of the Fast Track prevention trial of conduct problems I. The high-risk sample. *Journal of Consulting and Clinical Psychology, 67,* 631-647. doi:10.1037%2F%2F0022-006X.67.5.631

Conduct Problems Prevention Research Group. (2002). Using the Fast Track randomized prevention trial to test the early-starter model of the development of serious conduct problems. *Development and Psychopathology, 14,* 925-943. doi:10.1017/S0954579402004133

Davidov, M., & Grusec, J. E. (2006). Untangling the links of parental responsiveness to distress and warmth to child outcomes. *Child Development, 77,* 44-58. doi:10.1111/j.1467-8624.2006.00855.x

Denham, S. A., Blair, K. A., DeMulder, E., Levitas, J., Sawyer, K., Auerbach-Major, S., & Queenan, P. (2003). Preschool emotional competence: Pathway to social competence. *Child Development, 74,* 238-256. doi:10.1111%2F1467-8624.00533

Diener, M. L., & Kim, D. Y. (2004). Maternal and child predictors of preschool children's social competence. *Journal of Applied Developmental Psychology, 25,* 3-24. doi:10.1016%2Fj.appdev.2003.11.006

Dishion, T. J., Loeber, R., Stouthamer-Loeber, M., & Patterson, G. R. (1984). Skill deficits and male adolescent delinquency. *Journal of Abnormal Child Psychology, 12,* 37-53. doi:10.1007%2FBF00913460

Doctoroff, G. L., Greer, J. A., & Arnold, D. H. (2006). The relationship between social behavior and emergent literacy among preschool boys and girls. *Journal of Applied Developmental Psychology, 27,* 1-13. doi:10.1016%2Fj.appdev.2005.12.003

Donohue, K. M., Perry, K. E., & Weinstein, R. S. (2003). Teachers' classroom practices and children's rejection by their peers. *Journal of Applied Developmental Psychology, 24,* 91-118. doi:10.1016%2FS0193-3973%2803%2900026-1

Eisenberg, N., Cameron, E., Tryon, K., & Dodez, R. (1981). Socialization of prosocial behavior in the preschool classroom. *Developmental Psychology, 17,* 773-782. doi:10.1037%2F%2F0012-1649.17.6.773

Eisenberg, N., Cumberland, A., Spinrad, T. L., Fabes, R. A., Shepard, S. A., Reiser, M., . . . Guthrie, I. K. (2001). The relations of regulation and emotionality to children's externalizing and internalizing problem behavior. *Child Development, 72,* 1112-1134. doi:10.1111%2F1467-8624.00337

Eisenberg, N., & Fabes, R. A. (1998). Prosocial development. In W. D. Damon & N. Eisenberg (Eds.), *Handbook of child psychology, Vol. 3. Social, emotional, and personality development* (5th ed., pp. 701-778). New York, NY: Wiley.

Eisenberg, N., Fabes, R. A., Carlo, G., Speer, A. L., Switzer, G., Karbon, M., & Troyer, D. (1993). The relations of empathy-related emotions and maternal practices to children's comforting behavior. *Journal of Experimental Child Psychology, 55,* 131-150. doi:10.1006%2Fjecp.1993.1007

Eisenberg, N., Fabes, R. A., Carlo, G., Troyer, D., Speer, A. L., Karbon, M., & Switzer, G. (1992). The relations of maternal practices and characteristics to children's vicarious emotional responding. *Child Development, 63,* 583–602. doi:10.2307%2F1131348

Eisenberg, N., Fabes, R. A., Murphy, B. C., Karbon, M., Smith, M., & Maszk, P. (1996). The relations of children's dispositional empathy-related responding to their emotionality, regulation, and social functioning. *Developmental Psychology, 32,* 195–209. doi:10.1023/A:1024478415317

Eisenberg, N., Fabes, R. A., Schaller, M., Carlo, B., & Miller, P. (1991). The relations of parental characteristics and practices to children's vicarious emotional responding. *Child Development, 62,* 1393–1408. doi:10.1111%2Fj.1467-8624.1991.tb01613.x

Eisenberg, N., Fabes, R. A., Schaller, M., & Miller, R. A. (1989). Sympathy and personal distress: Development, gender differences, and interrelations of indexes. In N. Eisenberg (Ed.), *New directions in child development: Vol. 44. Empathy and related emotional responses* (pp. 107–126). San Francisco, CA: Jossey-Bass.

Eisenberg, N., Fabes, R. A., & Spinrad, T. L. (2006). Prosocial development. In W. Damon, R. M. Lerner (Eds.), & N. Eisenberg (Vol. Ed.), *Handbook of child psychology: Vol. 3: Social, emotional and personality development* (6th ed., pp. 646–718). Hoboken, NJ: Wiley.

Eisenberg, N., Liew, J., & Pidada, S. U. (2001). The relations of parental emotional expressivity with quality of Indonesian children's social functioning. *Emotion, 1,* 116–136. doi:10.1037%2F%2F1528-3542.1.2.116

Fabes, R. A., & Eisenberg, N. (1996). *An examination of age and sex differences in prosocial behavior and empathy.* Unpublished manuscript, Arizona State University at Tempe.

Fabes, R. A., Eisenberg, N., & Miller, P. A. (1990). Maternal correlates of children's vicarious emotional responsiveness. *Developmental Psychology, 26,* 639–648. doi:10.1037%2F%2F0012-1649.26.4.639

Feldman, R. (2007a). Mother-infant synchrony and the development of moral orientation in childhood and adolescence: Direct and indirect mechanisms of developmental continuity. *American Journal of Orthopsychiatry, 77,* 582-597. doi:10.1037%2F0002-9432.77.4.582

Feldman, R. (2007b). Parent-infant synchrony and the construction of shared timing; physiological precursors, developmental outcomes, and risk conditions. *Journal of Child Psychology and Psychiatry and Allied Disciplines, 48,* 329-354. doi:10.1111%2Fj.1469-7610.2006.01701.x

Feshbach, N. D. (1983). Learning to care: A positive approach to child training and discipline. *Journal of Clinical Child Psychology, 12,* 266-271. doi:10.1207%2Fs15374424jccp1203_6

Feshbach, N. D., & Feshbach, S. (1982). Empathy training and the regulation of aggression: Potentialities and limitations. *Academic Psychology Bulletin, 4,* 399-413.

Fujisawa, K. K., Kutsukake, N., & Hasegawa, T. (2008). Reciprocity of prosocial behavior in Japanese preschool children. *International Journal of Behavioral Development, 32,* 89-97. doi:10.1177/0165025407084055

Garner, P. W. (2006). Prediction of prosocial and emotional competence from maternal behavior in African American preschoolers. *Cultural Diversity & Ethnic Minority Psychology, 12,* 179-198. doi:10.1037%2F1099-9809.12.2.179

Gill, K. L., & Calkins, S. D. (2003). Do aggressive/destructive toddlers lack concern for others? Behavioral and physiological indicators of empathic responding in 2-year-old children. *Development and Psychopathology, 15,* 55-71. doi:10.1017%2FS095457940300004X

Gordon, M. (2001). *Roots of empathy: Training manual.* Available from www.Rootsofempathy.org

Graziano, W. G., Keane, S. P., & Calkins, S. D. (2007). Cardiac vagal regulation and early peer status. *Child Development, 78,* 264-278. doi:10.1111%2Fj.1467-8624.2007.00996.x

Hastings, P. D., McShane, K. E., Parker, R., & Ladha, F. (2007). Ready to make nice: Parental socialization of young sons' and daughters' prosocial behaviors with peers. *Journal of Genetic Psychology, 168,* 177-200. doi:10.3200%2FGNTP.168.2.177-200

Hastings, P. D., Zahn-Waxler, C., Robinson, J., Usher, B., & Bridges, D.

(2000). The development of concern for others in children with behavior problems. *Developmental Psychology, 36,* 531-546. doi:10.1037%2F%2F0012-1649.36.5.531

Hertz-Lazarowitz, R. (1983). Prosocial behavior in the classroom. *Academic Psychology Bulletin, 5,* 319-338.

Hertz-Lazarowitz, R., Sharan, S., & Steinberg, R. (1980). Classroom learning style and cooperative behavior of elementary school children. *Journal of Educational Psychology, 72,* 99-106. doi:10.1037/0022-0663.72.1.99

Hoffman, M. L. (1982). Development of prosocial motivation: Empathy and guilt. In N. Eisenberg (Ed.), *The development of prosocial behavior* (pp. 218-231). San Diego, CA: Academic Press.

Hoffman, M. L. (2000). *Empathy and moral development: Implications for caring and justice.* New York, NY: Cambridge University Press.

Howes, C., Matheson, C. C., & Hamilton, C. E. (1994). Maternal, teacher, and child care history correlates of children's relationships with peers. *Child Development, 65,* 264-273. doi:10.1111%2Fj.1467-8624.1994.tb00749.x

Iannotti, R. J., Cummings, E. M., Pierrehumbert, M. J., Milano, M. J., & Zahn-Waxler, C. (1992). Parental influences of prosocial behavior and empathy in early childhood. In J. M. A. M. Janssens & J. R. M. Gerris (Eds.), *Child rearing: Influence on prosocial and moral development.* Amsterdam, Netherlands: Swets & Zeitlinger.

Janssens, J. M. A. M., & Dekovic, M. (1997). Child rearing, prosocial moral reasoning, and prosocial behaviour. *International Journal of Behavioral Development, 20,* 509-527. doi:10.1080/016502597385252

Jennings, K. D., Fitch, D., & Suwalsky, J. T. (1987). Social cognition and social interaction in three-year-olds: Is social cognition truly social? *Child Study Journal, 17,* 1-14.

Johnson, D. W., & Johnson, R. T. (1987). *Learning together and alone: Cooperative, competitive, and individualistic learning* (2nd ed.). Upper Saddle River, NJ: Prentice Hall.

Johnson, M. K., Beebe, T., Mortimer, J. T., & Snyder, M. (1998). Volunteerism in adolescence: A process perspective. *Journal of Research on Adolescence, 8,*

309–332. doi:10.1207%2Fs15327795jra0803_2

Kestenbaum, R., Farber, E. A., & Sroufe, L. A. (1989). Individual differences in empathy among preschoolers: Relation to attachment history. *New Directions for Child Development, 44,* 51–64. doi:10.1002%2Fcd.23219894405

Kiang, L., Moreno, A. J., & Robinson, J. L. (2004). Maternal perceptions about parenting predict child temperament, maternal sensitivity, and children's empathy. *Developmental Psychology, 40,* 1081–1092. doi:10.1037/0012-1649.43.2.438

Kienbaum, J. (2001). The socialization of compassionate behavior by childcare teachers. *Early Education and Development, 12,* 139–153. doi:10.1207%2Fs15566935eed1201_8

Kienbaum, J., Volland, C., & Ulich, D. (2001). Sympathy in the context of mother-child and teacher-child relationships. *International Journal of Behavioral Development, 25,* 302–309. doi:10.1080/01650250143000076

Knafo, A., & Plomin, R. (2006). Prosocial behavior from early to middle childhood: Genetic and environmental influences on stability and change. *Developmental Psychology, 42,* 771–786. doi:10.1037%2F0012-1649.42.5.771

Kochanska, G., Forman, D. R., & Coy, K. C. (1999). Implications of the mother-child relationship in infancy for socialization in the second year of life. *Infant Behavior & Development, 22,* 249–265. doi:10.1037/a0028287

Kokko, K., Tremblay, R. E., Lacourse, E., Nagin, D. S., & Vitaro, F. (2006). Trajectories of prosocial behavior and physical aggression in middle childhood: Links to adolescent school dropout and physical violence. *Journal of Research on Adolescence, 16,* 403–428. doi:10.1111/j.1532-7795.2006.00500.x

Krevans, J., & Gibbs, J. C. (1996). Parents' use of inductive discipline: Relations to children's empathy and prosocial behavior. *Child Development, 67,* 3263–3277. doi:10.1111%2Fj.1467-8624.1996.tb01913.x

Laible, D. (2006). Maternal emotional expressiveness and attachment security: Links to representations of relationships and social behavior. *Merrill-Palmer Quarterly, 52,* 645–670. doi:10.1353%2Fmpq.2006.0035

Laible, D. (2007). Attachment with parent sand peers in late adolescence: Links with emotional competence and social behavior. *Personality and Individual Differences, 43,* 1185–1197. doi:10.1016%2Fj.paid.2007.03.010

Laible, D., Eye, J., & Carlo, G. (2008). Dimensions of conscience in mid-adolescence: Links with social behavior, parenting, and temperament. *Journal of Youth and Adolescence, 37,* 875–887. doi:10.1007%2Fs10964-008-9277-8

Lansford, J. E., Putallaz, M., Grimes, C. L., Schiro-Osman, K. A., Kupersmidt, J. B., & Coie, J. D. (2006). Perceptions of friendship quality and observed behaviors with friends: How do sociometrically rejected, average, and popular girls differ? *Merrill-Palmer Quarterly, 52,* 694–720. doi:10.1353%2Fmpq.2006.0036

Lovett, B. J., & Sheffield, R. A. (2007). Affective empathy deficits in aggressive children and adolescents: A critical review. *Clinical Psychology Review, 27,* 1–13. doi:10.1016%2Fj.cpr.2006.03.003

Luckner, A. E., & Pianta, R. C. (2011). Teacher-student interactions in fifth grade classroom: Relations with children's peer behavior. *Journal of Applied Developmental Psychology, 32,* 257–266. doi:10.1016%2Fj.appdev.2011.02.010

Martin, K. M., & Huebner, E. S. (2007). Peer victimization and prosocial experiences and emotional well-being of middle school students. *Psychology in the Schools, 44,* 199–208. doi:10.1002%2Fpits.20216

McGinley, M., Lipperman-Kreda, S., Byrnes, H. F., & Carlo, G. (2010). Parental, social and dispositional pathways to Israeli adolescents' volunteering. *Journal of Applied Developmental Psychology, 31,* 386–394. doi:10.1016%2Fj.appdev.2010.06.001

Miles, S. B., & Stipek, D. (2006). Contemporaneous and longitudinal associations between social behavior and literacy achievement in a sample of low-income elementary school children. *Child Development, 77,* 103–117. doi:10.1111%2Fj.1467-8624.2006.00859.x

Miller, P. A., Eisenberg, N., Fabes, R. A., Shell, R., & Gular, S. (1989). Socialization of empathic and sympathetic responding. In N. Eisenberg (Ed.), *The development of empathy and related vicarious responses: New Directions in child development* (pp. 65–83). San Francisco, CA: Jossey-Bass.

Mitchell-Copeland, J., Denham, S. A., & DeMulder, E. K. (1997). Q-sort assessment of child-teacher attachment relationships and social competence in the preschool. *Early Education and Development, 8,* 27-39. doi:10.1207/s15566935eed0801_3

Moreno, A. J., Klute, M. M., & Robinson, J. L. (2008). Relational and individual resources as predictors of empathy in early childhood. *Social Development, 17,* 613-637. doi:10.1111%2Fj.1467-9507.2007.00441.x

Murphy, B. C., Shepard, S. A., Eisenberg, N., Fabes, R. A., & Guthrie, I. K. (1999). Contemporaneous and longitudinal relations of dispositional sympathy to emotionality, regulation, and social functioning. *Journal of Early Adolescence, 19,* 66-97. doi:10.1177/0272431699019001004

Nantel-Vivier, A., Kokko, K., Caprara, G. V., Pastorelli, C., Gerbino, M. G., Paciello, M., . . . Tremblay, R. E. (2009). Prosocial development from childhood to adolescence: A multi-informant perspective with Canadian and Italian longitudinal studies. *Journal of Child Psychology and Psychiatry, 50,* 590-598. doi:10.1111/j.1469-7610.2008.02039.x

Nelson, L. J., Hart, C. H., Yang, C., Wu, P., & Jin, S. (2012). An examination of the behavioral correlates of subtypes of nonsocial play among Chinese preschoolers. *Merrill-Palmer Quarterly, 58,* 77-109. doi:10.1353%2Fmpq.2012.0006

NICHD Early Child Care Research Network. (2002). The interaction of childcare and family risk in relation to child development at 24 and 36 months. *Applied Developmental Science, 6,* 144-156.

NICHD Early Child Care Research Network. (2004). Trajectories of physical aggression from toddler-hood to middle childhood. *Monographs of the Society for Research in Child Development, 69,* 1-129. doi:10.1111/j.0037-976X.2004.00315.x

Owens, C. R., & Ascione, F. R. (1991). Effects of the model's age, perceived similarity, and familiarity on children's donating. *Journal of Genetic Psychology, 152,* 341-357. doi:10.1080/00221325.1991.9914691

Palermo, F., Hanish, L. D., Martin, C. L., Fabes, R. A., & Reiser, M. (2007). Preschoolers' academic readiness: What role does the teacher-child relationship play? *Early Childhood Research Quarterly, 22,* 407-422.

doi:10.1016%2Fj.ecresq.2007.04.002

Pianta, R. C., La Paro, K. M., Payne, C., Cox, M. J., & Bradley, R. (2002). The relation of kindergarten classroom environment to teacher, family, and school characteristics and child outcomes. *Elementary School Journal, 102,* 225-238. doi:10.1086%2F499701

Pugh, M. J., & Hart, D. (1999). Identity development and peer group participation. *New Directions in Child and Adolescent Development, 84,* 55-70. doi:10.1002/cd.23219998406

Ramaswamy, C., & Bergin, C. (2009). Do reinforcement and induction increase prosocial behavior? Results of a teacher-based intervention in preschools. *Journal of Research in Childhood Education, 23,* 527-538. doi:10.1080/02568540909594679

Ramsey, E., Patterson, G. R., & Walker, H. M. (1990). Generalization of the antisocial trait from home to school settings. *Journal of Applied Developmental Psychology, 11,* 209-223. doi:10.1016%2F0193-3973%2890%2990006-6

Robinson, J. L., Zahn-Waxler, C., & Emde, R. N. (1994). Patterns of development in early empathic behavior: Environmental and child constitutional influences. *Social Development, 3,* 125-145. doi:10.1111%2Fj.1467-9507.1994.tb00032.x

Rothbart, M. K., & Bates, J. E. (1998). Temperament. In W. Damon & N. Eisenberg (Eds.), *Handbook of child psychology, vol. 3. Social, emotional, and personality development* (5th ed., pp. 105-176). New York, NY: Wiley.

Russell, A., Hart, C. H., Robinson, C. C., & Olsen, S. F. (2003). Children's sociable and aggressive behavior with peers: A comparison of the US and Australia, and contributions of temperament and parenting styles. *International Journal of Behavioral Development, 27,* 74-86. doi:10.1080%2F01650250244000038

Sallquist, J., Didonato, M. D., Hanish, L. D., Martin, C. L., & Fabes, R. A. (2011). The importance of mutual positive expressivity in social adjustment: Understanding the role of peers and gender. *Emotion, 12,* 304-313. doi:10.1037%2Fa0025238

Sallquist, J., Eisenberg, N., Spinrad, T. L., Eggum, N. D., & Gaertner, B. M. (2009). Assessment of preschoolers' positive empathy: Concurrent and longitudinal relations with positive emotion, social competence, and sympathy. *Journal of*

Positive Psychology, 4, 223–233. doi:10.1080%2F17439760902819444

Schonert-Reichl, K., Smith, V., Zaidman-Zait, A., & Hertzman, C. (2012). Promoting children's prosocial behaviors in school: Impact of the "Roots of Empathy" program on the social and emotional competence of school-aged children. *School Mental Health, 4,* 1–21. doi:10.1007/s12310-011-9064-7

Sebanc, A. M. (2003). The friendship features of preschool children: Links with prosocial behavior and aggression. *Social Development, 12,* 249–268. doi:10.1111%2F1467-9507.00232

Sette, S., Spinrad, T. L., & Baumgartner, E. (2013). Links among Italian preschoolers' socioemotional competence, teacher-child relationship quality, and peer acceptance. *Early Education and Development, 24,* 851–864. doi:10.1080/10409289.2013.744684

Solomon, D., Battistich, V., Watson, M., Schaps, E., & Lewis, C. (2000). A six-district study of educational change: Direct and mediated effects of the child development project. *Social Psychology of Education, 4,* 3–51. doi:10.1023/A:1009609606692

Solomon, D., Watson, M. S., Delucchi, K. L., Schaps, E., & Battistich, V. (1988). Enhancing children's prosocial behavior in the classroom. *American Educational Research Journal, 25,* 527–554. doi:10.3102%2F00028312025004527

Spinrad, T. L., & Stifter, C. A. (2006). Toddlers' empathy-related responding to distress: Predictions from negative emotionality and maternal behavior in infancy. *Infancy, 10,* 97–121. doi:10.1207%2Fs15327078in1002_1

Stanhope, L., Bell, R. Q., & Parker-Cohen, N. Y. (1987). Temperament and helping behavior in preschool children. *Developmental Psychology, 23,* 347–353. doi:10.1037%2F%2F0012-1649.23.3.347

Staub, E. (1992). The origins of caring, helping and nonaggression: Parental socialization, the family system, schools, and cultural influence. In P. M. Oliner, S. P. Oliner, L. Baron, & L. Blum (Eds.), *Embracing the other: Philosophical, psychological, and historical perspectives on altruism* (pp. 399–412). New York, NY: New York University Press.

Strayer, J., & Roberts, W. (1989). Children's empathy and role taking: Child and parental factors, and relations to prosocial behavior. *Journal of Applied Developmental Psychology, 10,* 227-239. doi:10.1016%2F0193-3973%2889%2990006-3

Strayer, J., & Roberts, W. (2004). Empathy and observed anger and aggression in five-year-olds. *Social Development, 13,* 1-13. doi:10.1111%2Fj.1467-9507.2004.00254.x

Turner, P. H., & Harris, M. B. (1984). Parental attitudes and preschool children's social competence. *Journal of Genetic Psychology, 144,* 105-113. doi:10.1080%2F00221325.1984.10532455

van der Mark, I. L., van Ijzendoorn, M. H., & Bakermans Kranenburg, M. J. (2002). Development of empathy in girls during the second year of life: Associations with parenting, attachment, and temperament. *Social Development, 11,* 451-468. doi:10.1111/1467-9507.00210

Warden, D., & Mackinnon, S. (2003). Prosocial children, bullies and victims: An investigation of their sociometric status, empathy and social problem-solving strategies. *British Journal of Developmental Psychology, 21,* 367-385. doi:10.1348%2F026151003322277757

Warneken, F., & Tomasello, M. (2008). Extrinsic rewards undermine altruistic tendencies in 20-month-olds. *Developmental Psychology, 44,* 1785-1788. doi:10.1037%2Fa0013860

Wentzel, K. R. (1993). Does being good make the grade? Social behavior and academic competence in middle school. *Journal of Educational Psychology, 85,* 357-364. doi:10.1037%2F%2F0022-0663.85.2.357

Wentzel, K. R. (2003). Sociometric status and adjustment in middle school: A longitudinal study. *Journal of Early Adolescence, 23,* 5-28. doi:10.1177%2F0272431602239128

Wentzel, K. R., Barry, C. M., & Caldwell, K. A. (2004). Friendships in middle school: Influences on motivation and school adjustment. *Journal of Educational Psychology, 96,* 195-203. doi:10.1037%2F0022-0663.96.2.195

Wise, P. S., & Cramer, S. H. (1988). Correlates of empathy and cognitive style in early adolescence. *Psychological Reports, 63,* 179-192. doi:10.2466%2Fpr0.1988.63.1.179

Young, S. K., Fox, N. A., & Zahn-Waxler, C. (1999). The relation between temperament and empathy in 2-year-olds. *Developmental Psychology, 35,* 1189-1197. doi:10.1037%2F%2F0012-1649.35.5.1189

Youniss, J., McLellan, J. A., & Mazer, B. (2001). Voluntary service, peer group orientation, and civic engagement. *Journal of Adolescent Research, 16,* 456-468. doi:10.1177/0743558401165003

Zaff, J. F., Moore, K. A., Papillo, A. R., & Williams, S. (2003). Implications of extracurricular activity participation during adolescence on positive outcomes. *Journal of Adolescent Research, 18,* 599-630. doi:10.1037/0012-1649.44.3.814

Zahn-Waxler, C., Cole, P. M., Welsh, J. D., & Fox, N. A. (1995). Psychophysiological correlates of empathy and prosocial behaviors in preschool children with behavior problems. *Developmental and Psychopathology, 7,* 27-48. doi:10.1017%2FS0954579400006325

Zahn-Waxler, C., Radke-Yarrow, M., & King, R. A. (1979). Childrearing and children's prosocial initiations toward victims of distress. *Child Development, 50,* 319-330. doi:10.1111/j.1467-8624.1979.tb04112.x

Zahn-Waxler, C., Robinson, J. L., & Emde, R. N. (1992). The development of empathy in twins. *Developmental Psychology, 28,* 1038-1047. doi:10.1037%2F0012-1649.28.6.1038

Zhou, Q., Eisenberg, N., Losoya, S. H., Fabes, R. A., Reiser, M., Guthrie, I. K., . . . Shepard, S. A. (2002). The relations of parental warmth and positive expressiveness to children's empathy-related responding and social functioning: A longitudinal study. *Child Dcvclopment, 73,* 893-915. doi:10.1111%2F1467-8624.00446

요약: 공감

- 학생들의 공감과 친사회적 행동은 아동 발달이라는 측면에서 상당한 주목을 받아 왔다. 우리는 공감과 그와 연관된 개념들을 명확히 분류하는 것이 중요하다고 생각한다. 첫째, 공감은 타인이 느끼는 것과 동일한 혹은 비슷한 정서적 반응

이다. 둘째, 동정(연민)은 같은 감정을 느끼기보다는 타인을 향한 걱정, 염려의 감정이다. 마지막으로, 개인적 고통(personal destress)이란 타인의 고통에 대한 불편함, 불안을 의미한다.

- 공감과 동정은 성공적 학교생활과 연관된 다양한 사회적 기능과 관련성을 가진다. 예를 들어, 동정은 학생 간 그리고 학생-교사 간 긍정적 사회 기능을 예측한다. 또한 공감과 아동의 공격성, 문제행동 간의 부적 연관성이 입증되었다. 학업적 성공, 친사회적 행동 간의 관계를 조사한 연구는 비록 제한적이지만 이 변수들 사이에 정적 연관성이 있음을 보여 주었다. 사교성, 교사-학생관계 요인이 앞의 관계들을 매개하는 경향을 갖는다.
- 아동의 공감과 친사회적 행동은 환경적 자원에 의해 영향을 받는다. 이 분야에서 부모가 가장 큰 주목을 받아 왔다. 그러나 비록 제한된 연구이지만 교사, 동료가 따뜻한 관계, 모델링, 강화의 제공을 통해 공감 및 친사회적 행동의 발달에 기여한다는 것이 입증되었다.
- 마지막으로 사회적 기술 훈련, 공감 훈련, 협동적인 학습 기술에 초점을 맞춘 학교 기반 개입은 아동의 공감과 친사회적 행동을 증진시키는 데 효과적임이 입증되었다. 효과적인 개입이 작동하는 구체적인 메커니즘에 대한 후속 연구가 더 필요하다.

공감 추천자료

Eisenberg, N. (2000). Emotion, regulation, and moral development. In S. T. Fiske, D. L. Schacter, & C. Zahn-Waxler (Eds.), *Annual review of psychology* (Vol. 51, pp. 665-697). Palo Alto, CA: Annual Reviews.

이 연구는 도덕적 감정(즉, 창피함, 쑥스러움, 죄의식)과 도덕적 행동의 관계의 차이에 대한 문헌을 검토했다. 공감 관련 반응을 이해하는 데 있어 조절의 역할이 고려되었다. 도덕적 정서의 사회화도 다루었다.

Eisenberg, N., Cumberland, A., & Spinrad, T. L. (1998). Parental socialization of emotion. *Psychological Inquiry, 9*, 241-273. doi:10.1207/s15327965pli0904_1

이 논문은 친사회적 행동의 연구와는 직접적으로 연관되어 있지 않다. 그러나 감정 관련 부모의 양육태도에 의해 아동의 따뜻한 행동의 개인차가 촉진되는 것으로 여겨지는 것처럼 정서의 사회화는 공감 및 친사회적 발달과 관련이 있다. 이 연구는 부모의 사회화에 대한 연구를 고려하여 추천되었다.

Eisenberg, N., Fabes, R. A., & Spinrad, T. L. (2006). Prosocial development. In W. Damon, R. M. Lerner (Eds.), & N. Eisenberg (Vol. Ed.), *Handbook of child psychology: Vol. 3: Social, emotional and personality development* (6th ed., pp. 646–718). Hoboken, NJ: Wiley.

이 자료는 친사회적 발달의 주요 주제에 대한 광범위한 검토를 포함하고 있다. 유아기부터 청소년기까지의 친사회적 반응에 관한 경험적 연구이론들을 포함한다. 이 책은 아동 심리학 연구를 위한 참고서적으로 알려져 있다.

Hoffman, M. L. (2000). *Empathy and moral development: Implications for caring and justice.* New York, NY: Cambridge University Press.

이 책은 공감과 이타심에 대한 저자들의 수십 년간의 연구들에 초점을 맞추고 있다. 공감과 친사회적 행동의 발달을 연구하는 연구자들은 거의 독점적으로 이 책에서 제시된 이론에 의존했다.

Lerner, R. M., Lerner, J. V., Almerigi, J. B., Theokas, C., Phelps, E., Gestdottir, S., . . . von Eye, A. (2005). Positive youth development, participation in community youth development programs, and community contributions of fifth-grade adolescents: Findings from the first wave of the 4-H Study of Positive Youth Development. *Journal of Early Adolescence, 25,* 17–71. doi:10.1177/0272431604272461

이 자료는 아동 · 청소년의 긍정적 발달의 개념(아동 · 청소년의 동정심을 포함하는 구성)이 소개되었다. 긍정적 아동 · 청소년 발달의 4-H 연구의 첫 번째 물결에서 얻은 데이터가 제시되고, 그 결과는 긍정적 아동 · 청소년 발달의 개념화에 대한 경험적 지지를 제공한다.

제7장
정서조절

1. 서론

감정을 인식, 조절, 표현하는 능력은 개인의 목표를 달성하는 능력, 삶의 도전에 맞서는 능력을 가늠하는 데 결정적인 요소이다. 감정에 대한 여러 연구가 있었고, 관련 이론이 계속 발전해 왔다. 이를 통해 아동의 감정이 기능하는 방식과 긍정적 발달에 미치는 감정의 역할을 알게 되었다(Saarni, Campos, Camras, & Witheringtion, 2006 참조). 정서발달적 측면에서 정서조절의 정의, 정서조절이 아동행동에 미치는 다양한 영향, 시사점도 계속 연구되어 왔으며, 더욱 정교하게 다듬어졌다(예: Campos, Frankel, & Camras, 2004; Eisenberg, Spinrad, & Eggum, 2010). 이 장에서는 정서조절에 대해 간략히 살펴보고, 이를 정서능력이라는 보다 큰 틀 안에 통합해 볼 것이다(Saarni, 1999). 이어서 정서조절이 아동 발달(사회정서적 기능, 학업적 기능을 포함)에 미치는 효과에 대한 최근의 경험적 연구 결과들을 살펴볼 것이다. 마지막으로 학교 장면에서 정서능력을 향상시키는 방법과 정서조절 측면에서 정서능력을 향상시키는 방법을 서술하며 마치고자 한다.

2. 이론적 배경과 정의

1) 정서능력 그리고 정서조절

정서능력에 대한 Saarni(2000, 2007; Saarni et al., 2006)의 이론적 모델은 자기효능감, 적응, 그리고 문제 극복을 위한 능력 향상에 도움이 되는 정서 기술을 강조하고 있다. 이 정서 기술들은 아동 발달 과정에서 다양한 요소(학습, 기질, 인지적 성숙도, 개인이 성장하며 겪는 여러 사건)에 의해 복합적으로 영향을 받으며 형성된다.

Saarni(1999)는 독립적이지만 상호의존적인 8가지 기술을 제안했다. 이 8가지 기술은 다음의 3가지 항목으로 묶을 수 있다.

- 정서표현
- 정서이해
- 정서조절

3가지 영역으로 단순화했지만 각 영역은 서로 밀접한 관련이 있다. 예를 들어, 첫 번째 영역인 정서표현은 언어적 · 비언어적 정서표현 기술들을 모두 포함한다. 이 정서표현 기술이 성장하려면 정서이해와 정서조절의 발달이 필요하다.

두 번째 영역인 정서이해는 자신과 타인의 정서 경험에 대한 지식을 포함한다. 이 능력 역시 정서어휘의 발달이 요구된다.

마지막으로 정서조절은 타인과 관계 맺기, 주변 환경 적응, 문제 극복을 위해 필요한 정서 반응을 관리하는 능력이다. 이 정서조절 기술 역시 아동·청소년이 사회적 요구에 대처하고 감정적 흥분상태를 조절(예: 긴장했을 때 웃는 것)하려면 정서표현 기술이 필요하다.

효과적인 정서조절은 의식적·의도적 정서조절[1]과 무의식적·자동적 정서조절이 모두 필요하다(Eisenberg & Spinrad, 2004; Eisenberg et al., 2010; Eisenberg & Sulik, 2012; Gross & Thompson, 2007). 의도적 정서조절은 주의집중 조절능력(과제해결 작업을 지속하기 위해 집중을 유지하는 능력 혹은 해결해야 할 과제로 주의를 옮기는 능력)뿐 아니라 적응적 반응에 필요한 행동을 실행하거나 부적응적 반응을 억제하는 데 관련된 능력들을 포함한다. 의도적 정서조절은 아동·청소년의 더 나은 적응행동과 관련이 있다(Eisenberg & Sulik, 2012). 이와 달리 반응적 정서조절(reactive control, 반사적인 정서조절)이란 과도하게 억제하는 경향에서부터 심하게 충동적인 경향에 이르는 부족한 자기조절 경향성(less voluntary tendency)을 말한다. 이는 알려진 바대로 기질과 연관되어 있다. 그리고 적응문제는 과도하게 억제하는 경향이나 통제에서 벗어나 행동하는 경향에 기인해 발생하는지도 모른다.

정서조절은 발달심리학과 발달적 병리학 문헌들에서 꽤 다양하게 정의되고 있다. 이 정의들은 자기 바깥에서 비롯된 영향(외적 근원)을 강조하는지 혹은 내재된 자기의 영향(내적 근원)을 강조하는지에 따라 분류할 수 있다. 외적 근원의 영향을 강조하는 것은, 예를 들어 부모와 또래들이 아동의 정서경험에서 조절적 역할을 맡는 경우를 말한다(Eisenberg et al., 2010). Gross와 Thompson(2007)은 이 정서조절의 내적 과정을 다음과 같은 4가지 전략으로서 개념화했다.

- 정서를 조절하기 위해 기능적으로 상황을 선택하거나 수정하는 전략

1) 의도적 조절(effortful control): 자발적으로 억제하거나 활성화시키는 능력—역자 주

- 정서를 조절하기 위해 주의집중을 효율적으로 배치하는 전략
- 사건의 의미나 인지적 평가를 변화시키는 전략
- 정서반응을 불러일으키는 사건에 대한 반응을 변화하는 전략

이에 더해 Gross와 Thompson은 정서조절을 의식적 · 의도적 정서조절이 한쪽 끝, 무의식적 · 자동적 정서조절이 반대편 끝에 놓이는 수직선상에서 연속성을 보이는 개념이라고 주장했다.

의식적 · 의도적 정서조절 ◀──────▶	무의식적 · 자동적 정서조절

Gross와 Thompson의 4가지 전략 중 앞의 3가지 전략은 정서적 각성(흥분 지속시간, 강도, 환기시키는 데 걸리는 시간)의 조절을 강조했다. 이와 달리 마지막 네 번째 정서조절 전략은 정서적 감응을 일으키는 사건에 대한 자신의 반응을 변화시키는 것이다. 예를 들면, 정서의 친사회적 표현이 여기 포함된다. 친사회적 표현은 내적 감정 상태와 밖으로 표출하는 감정표현이 꼭 같을 필요가 없음을 인식하는 능력까지 망라한다. 보다 성숙한 정서표현 수준은 자신의 감정표출과 행동이 타인에게 어떤 영향을 줄지 이해하는 능력과 정서표현을 자기표현 전략 중 하나로 고려하는 것까지 포함한다.

또한 연구자들은 정서조절 전략을 통해 다른 행동들은 어떻게 변화하는지 조사하였다. 예를 들어, 아동이 강한 감정적 반응을 성공적으로 누그러뜨렸다면, 그의 행동은 단순히 상황으로부터 도망가기 위함이 아닌 문제해결을 위한 행동이었다고 할 수 있다. 이 예에서 보건대 정서조절은 누군가 힘든 상황을 극복하고자 할 때 해결책을 찾기 위한 매개요인[2]의 역할을 한다. 감

2) 매개요인(mediating role): 문제 상황을 극복하고자 할 때 정서조절을 통해 적응적 문제해결책을 찾을 수 있음—역자 주

정적 각성(arousal)의 조절은 단순한 도망이나 회피와는 다른 종류의 대처 방안이다.

그러나 다른 맥락에서 정서조절은 조절요인[3]의 역할을 할 수도 있다. 예를 들면, 미소 같은 행복한 표정을 계속 노출한다면 상대가 친절하게 응답해 줄 가능성이 높아진다. 다시 말해, 감정적 행동과 표현의 조절은 내가 타인에게 기대하는 사회적 상호작용을 증가시키거나 원치 않는 상호작용을 감소시킨다.

성공적인 생활을 영위하는 아동 · 청소년은 삶의 문제에 직면했을 때 도움이 되는 다양한 개인적 · 환경적 자산을 가지고 있다. 정서능력은 이 같은 도전을 해결할 때 사용할 수 있는 자산이다. 정서조절을 통해 감정과 행동을 관리할 수 있는 학생들은 충동조절이 필요할 때 현명한 결정을 내린다. 또한 지속적으로 목표를 추구하는 데 더 뛰어난 능력을 발휘하며 자기효능감, 친사회적 행동, 지지적 관계 맺기 등 긍정적 성장과 관련된 다른 특성도 발달하도록 돕는다.

3. 주요 연구 개관

1) 아동과 청소년을 대상으로 한 주요 연구 결과

아동 · 청소년을 대상으로 한 많은 정서조절 연구는 결점지향적이다. 이 연구들은 감정조절이 미숙한 개인에게 나타나는 내적 · 외적 병리적 위험성의 증거를 제시한다(Adrian et al., 2009; Gilbert, 2012; McLaughlin, Hatzenbuehler, & Hilt, 2009). 이 연구들은 충동성(Schreiber, Grant, & Odlaug,

3) 조절요인(moderating role): 문제해결 전략을 사용할 때 이미 지닌 정서조절능력이 함께 작용되어 문제해결을 도움—역자 주

2012), 기분, 불안장애(Carthy, Horesh, Apter, & Gross, 2010; Esbjorn, Bender, Reinholdt-Dunne, Munck, & Ollendick, 2012; Kashdan & Breen, 2008; Rusch, Westermann, & Lincoln, 2012; Tortella-Feliu, Balle, & Sese, 2010; Werner, Goldin, Ball, Heimberg, & Gross, 2011)를 포함한 아동·청소년기 문제행동의 원인과 정서조절이 관련되어 있음을 시사한다.

정서조절은 특히 고통의 관리(management of distress) 같은 아동의 적응적 기능뿐 아니라 또한 아동기 정신병리와도 연관되어 있다(Calkin & Hill, 2007; Eisenberg et al., 2010; Suveg, Southam-Gerow, Goodman, & Kendall, 2007). 사회적 관계를 맺는 과정에서 긍정적 혹은 부정적 정서흥분을 조절하는 것은 필수적이다. 예를 들어, 기쁨을 억제 못해 소리 지르며 교실을 엉망으로 만드는 아동은 또래로부터 경멸의 시선을 받을 수도 있다. 또한 강렬한 부정적 감정을 억제하지 못하는 아동도 쉽게 상처받는다. 정서조절장애를 겪는 아동·청소년은 기분(feeling)을 조절하기 위한 전략이 부족하다. 때로는 상황에 맞는 적절한 전략을 알고 있다 해도 이를 사용하지 못한다(Gilbert, 2012).

학령기 이전과 학령기 아이들 모두에게 정서조절은 긍정적인 사회성 발달과 연관되어 있다(Chang, Shelleby, Cheong, & Shaw, 2012; Denham et al., 2003; Denham, Blair, Schmidt, & Demulder, 2002; Eisenberg, Fabes, Guthrie, & Reiser, 2000; Hill, Degnan, Calkins, & Keane, 2006; Monopoli & Kingston, 2012). 그리고 학생들의 감정조절 숙련도는 또래수용과 연관성을 가진다(Shields, Ryan, & Cicchetti, 2001; Trentacasta & Izard, 2007; Trentacosta & Shaw, 2009). 예를 들어, 아동기 초기에 절망스러운 상황에서 주의를 다른 데로 돌리는 능력은 아동기 중반 또래로부터 거부당하는 일과 부적 상관이 있으며, 청소년기 반사회적 행동의 가능성을 간접적으로 줄인다(Trentacosta & Shaw, 2009). 마찬가지로 긍정적 정서 성향은 사회적 역량을 지원해 주는 것으로 나타났다(Garner & Waajid, 2012). 감정적으로 자극받는 상황을 정확하게 파악하거나 효과적인 정서관리 전략을 확인하여 적절히 사용할 수 있는 아동·청소년은 학교에서 사회정서적으로 더욱 적응된 생활을 영위한다(Lopes, Mestre, Guil, Pickard Kremenitzer, & Salovey, 2012). 또한 적절히 기능하는 정서조절능력은 밀접한 교사-학생관계, 교실 적응도와도 연관성을 가진다(Spritz, Sandberg, Maher, & Zajdel, 2010).

다음 글에서는 발달적 측면에서 정서조절이 수행하는 역할의 구체적인 예들을 간략히 살펴보자 한다.

(1) 또래 공격성과 정서조절

최근 연구들은 생물학적 요소(예: 기질)와 사회적 요소(예: 인생 초기 사회적 상호작용)가 아동의 심리적 어려움, 또래 괴롭힘 상태에 영향을 끼침을 밝혔다(Adrin et al., 2009; Rosen, Milich, & Harris, 2009). 그리고 괴롭힘 발생 과정에서 정서조절이 매우 중요한 요소로 작용함을 보여 주었다(Rosen et al., 2009). 분노 같은 부정적 감정에 자주 노출된 아이는 또래로부터 괴롭힘 대상이 될 가능성이 더 크다(Champion, 2009; Hanish et al., 2004). 피해아동은 부정적 감정을 적절히 관리하는 능력이 떨어지며(Camodeca & Goossens, 2005; Champion & Clay, 2007; Kochenderfer-Ladd, 2004; Shields & Cicchetti, 2001), 정서표현에 대한 문화 전반의 규칙 이해가 부족할 수 있다(Garner & Hinton, 2010). 마찬가지로 괴롭힘 가해자로 확인되는 아동 또한 부정 정서와 정서적 불안정성을 보인다(Champion, 2009; Garner & Hinton, 2010). 그리고 괴롭힘 가해아동은 부정 정서를 통계적으로 통제한 상태에서도 공격성 같은 외적 부적응 문제와 관련된 특성을 나타낸다(Eisenberg et al., 2001).

부정적인 감정에 휩싸였을 때 아동의 대처 전략 선택은 아동의 발달에 중요한 영향을 미친다. Kochenderfer-Ladd(2004)는 또래로부터 공격당하는 아동이 분노, 공포, 당황스러움 등 다양한 감정적 반응을 보인다는 것을 발견했다. 이러한 반응유형은 아동이 또래 공격을 다루는 대처 전략과 연관이 있다. 일반적으로 겁먹거나 당황한 아동은 충고를 구하고, 분노하는 아동은 복수를 꾀한다. 공포나 당혹스러움에 대한 반응으로 충고를 구하는 아동은 갈등해결 상황에 직면해 친사회적 해결 전략(예: 가해자에게 멈출 것을 요구하기, 진정할 시간 갖기)을 사용할 것으로 예측된다. 그리고 이러한 전략 선택은 아동이 또래 공격의 피해자가 될 가능성을 낮추며 내적 문제로 인한 어려움을 줄인다. 반대로 또래 공격에 분노로 대응하는 아동은 비효율적 대처 전략(예: 복수 계획하기)을 사용할 경향이 높다. 결국 부적응적 전략 사용 때문에 또래공격의 피해자가 될 가능성이 증가하며, 외로움, 불안, 우울 증상을 겪을 위험성도 높아진다.

Champion(2009)은 스스로 분노가 낮다고 평가하는 초등학생이 친구의 도발적인 행동을 무시하거나 주의를 다른 데로 돌리는 전략을 선호한다는 것을 발견했다. 대조적으로 분노 반응이 높은 아동은 이 같은 대처 전략(무시, 주의분산 등)의 가치를 저평가한다. 또한 이 반응들이 긍정적 결과를 가져올 거라고 생각하는 경향 또한 낮다. Champion은 도발에 대한 반응은 아동의 분노 정도에 따라 다를 것이라고 예측했다. 분노가 낮은 아동은 비적극적 반응을 보인다. 반면, 큰 분노를 경험하는 아동은 분노 반응을 누그러뜨리는 전략을 우선 학습해야 한다.

괴롭힘의 가해자와 피해자 모두 극단적인 부정적 정서에 민감하다. 극단적인 부정적 정서는 정서조절, 갈등해결 전략을 수행하는 능력을 압도할 수 있다(Vhampion, 2009; Garner & Hinton, 2010; Rosen, Milich, & Harris, 2007). Rosen과 동료들(2009)은 아동이 피해자가 되는 경험과 사회인지적 · 사회정서적 과정을 통해 피해자 도식(victim schema)을 개발한다고 주장했다. 이 이론은 아동이 특정한 사회적 상호작용 모델을 내면화한다고 생각한다. 이 모델이 아동 간의 대화, 또래관계에서의 역할, 또래관계의 결과 기대치에 영향을 미친다. 만성적으로 피해자화된 아동의 '피해자 도식'은 학대 경험을 통해 반복 강화된다. 강화된 학대 경험은 다시 쉽사리 되풀이된다. 이렇게 순환고리가 만들어지는데, 이 순환고리 안에서 정서조절능력이 부족한 아동은 더 강렬한 부정적 정서를 경험한다. 만약 이 아동이 자신은 피해자가 될 것이 분명하고 그 과정에 적절히 대처하지 못할 것이라는 '피해자 도식'을 키워왔다면 고통은 더 커진다. 심화된 정서적 고통은 사회적 신호를 처리하는 능력, 적절한 목표를 수립하고 전략을 수행하는 능력을 저해한다.

나아가 Rosen은 아동이 또래 공격에서 느끼는 정서자극의 유형이 아동의 반응과 문제해결을 위한 목표 설정에 영향을 줄 수 있다고 주장했다. 또래 공격에 공포, 긴장을 느끼는 아동은 순응적 반응 혹은 상황 회피행동을 통해 정서적 흥분을 조절하려 노력할 것이다. 반면, 분노를 느끼는 아동은 반사적으로 공격적 행동을 할 수 있다. 빈약한 정서관리능력에 의해 선택된 앞의 두 전략은 모두 그들이 집단 속에서 피해자화되도록 만든다. Champion(2009)과 같이 Rosen과 동료들(2009)은 정서조절장애 아동에게 갈등해결 전략을 가르치는 것만으로는 부족하다고 주장했다. 이미 활성화된 피해자 도식, 그리고 조건반사적 정서들이 학습된 갈등해결 전략들을 압도해 전략 실행을 불가능하게 만들기 때문이다. 그들은 사회인지적 · 사회정서적 처리 과정을 다루는 개입을 강조했다. 일단 아동이 극단적인 정서를 효과적으로 관리한 후에야 그들이 배운 친사회적 기술을 더 효과적으로 사용할 수 있기 때문이다. 한 종단연구에서는 반복되는 피해 경험으로 인한 만성적 스트레스가 부정 감정을 다루는 능력에 악영향을 끼쳐 문제해결에 사용되어야 할 아동의 자원을 고갈시키고 정서조절능력을 약화시킨다는 것을 보여주었다(McLaughlin et al., 2009). 이 연구는 갈등대처 방법을 가르치기에 앞서 정서관리능력을 강화해야 한다는 주장을 지지해 준다.

(2) 불안, 우울과 정서조절

정서조절은 아동이 불안한 상황을 다루는 능력에도 영향을 준다(Werner et al., 2011). 아동 · 청소년의 정서조절능력의 결손은 병리학적 성향을 예측한다(McLaughlin et al., 2009; Werner et al., 2011). 정서조절능력은 기분장애와 불안장애에 영향을 미친다. 또한 부적응적 재해석 전략,[4] 높은 수준의 부정적 정서, 의식적 조절능력 부족에 영향을 미친다(Carthy et al., 2010; Gilbert, 2012; Tortella-Feliu et al., 2010). 불안장애를 가진 개인은 문제정서를 다루기 위해 억제, 억압, 부정감정 회피 등의 부적응적 전략을 더 많이 사용한다. 그리고 정서통제에 관해 더 낮은 자기효능감을 보인다(Suveg & Zeman, 2004; Werner et al., 2011).

내적 문제(우울, 심한 걱정, 공포, 두려움)를 가진 아동은 부정적 사건에 직면했을 때 자기비난 혹은 파국화(실현 가능성이 낮은 최악의 상황이 벌어질 거라 가정함)와 같은 부적응적인 인지적 대처 전략을 사용한다(Garnefski, Rieffe, Jellesma, Terwogt, & Kraaik, 2007). 대조적으로 긍정적 재평가 전략, 재초점화 전략[5]을 사용하는 성향은 우울, 걱정, 공포의 감소와 관련이 있다(Garnefski et al., 2007). 우울한 개인은 스트레스를 너무 깊이 생각하는 경향이 있는데, 이는 부정 정서를 계속 유지시키며 효과적 문제해결을 어렵게 만든다(McLaughlin et al., 2009).

2) 교육적 성과와 정서조절

많은 연구가 사회정서학습과 학습성향(태도, 동기, 헌신) 그리고 교육적 성과(출석, 졸업비율, 학업수행, 행동)를 연관시켜 살펴보았다(CASEL, 2012; Zins, Vloodworth, Weissverg, & Walverg, 2004). 최근 2개의 메타분석연구에 따르면 사회정서학습 경험이 있는 학생들은 성적과 성취도 평가 점수에 있어 11~12% 포인트를 더 얻었다(Durlak, Weissverg, Dymnicki, Taylor, & Schellinger, 2011; Durlak, Weissberg, & Pachan, 2010). 어떤 연구들은 학업성취에 있어 정

4) 부적응적 재해석 전략(maladaptive reappraisal strategies): 정서적 자극을 재해석함으로써 정서 반응을 조절하는 전략—역자 주

5) 재초점화 전략(refocusing strategy): 관점을 긍정적으로 변화시키는 전략—역자 주

서조절 역할의 중요성을 더 명확히 지지한다(Ursache, Blair, & Raver, 2012). 학습 환경 내에서 촉발된 강렬한 감정들을 어떻게 관리하는가는 학습정보들을 습득하는 능력에 영향을 끼친다(Graziano, Reavis, Keane, & Calkins, 2007). 적응된 정서조절 기술을 가진 아동은 학교에서 보다 우수한 능력을 보이며(Calkins & Mackler, 2011), 초등학교 저학년에서 보다 높은 성취를 보인다(Howse, Calkins, Anastopolous, Keane, & Shelton, 2003; Trentacosta & Izard, 2007).

정서조절능력이 아동에 대한 교사의 행동적 자기조절 평가(Howse et al., 2003)와 주의집중력 평가(Trentacosta & Izard, 2007)를 매개요인으로 하여 간접적으로 1학년의 학업능력에 영향을 준다는 연구도 있다. Gumora와 Arsenio(2002)는 정서성(emotionality), 학업적 정서, 정서조절 사이에 중요한 관련이 있음을 발견했다. 게다가 정서와 연관된 다양한 변수가 학업수행능력과 관련이 있음을 보여 주었다. 이 연구에서 정서조절능력이 높은 것으로 보고된 중학생들(의도적 조절능력이 높은 중학생)은 학업에 대해 낮은 부정적 정서를 보였다. 그리고 교사는 이 학생들이 학업에 대해 더 긍정 정서를 가지고 있다고 평가했다. 학업에 대한 부정 정서를 가진 학생들은 학업성적이 더 낮은 것으로 나타났다. Graziano와 동료들(2007)은 부모가 보고한 유치원생의 정서조절능력이 유치원에서의 학업적 성공, 부모가 보고한 아동 문제행동, 교사-학생관계의 질을 의미 있게 예측함을 발견했다. 이 연구들은 적응적 정서조절 기술을 가진 학생이 학습 환경에 필요한 정서적 요구에 더 효과적으로 대처한다는 것을 알려 준다. 또한 학습 시 인지적 활동을 할 때 정서적 혼란이나 방해를 경험하는 빈도가 낮음을 시사한다.

4. 정서조절 측정

아동에게 사용 가능한 다양한 정서조절 측정도구가 있다. 정서조절 측정도구들은 특정한 정서 기능이나 정서적 안녕감을 측정하는 종합적인 정서심리검사의 한 부분으로 사용된다. 여기서는 최근에 개발된 아동의 정서조절능력을 측정하는 2개의 도구에 관해 논의하겠다. 첫 번째는 아동 · 청소년을 위한 정서조절 질문지(Emotion Regulation Questionnaire for Children and Adolescents; Gullone & Taffe, 2012)이다. 이 척도의 제작자는 Gross와 John(2003)의 성인을 위한 정서조절 질문지를 토대로 인지적 재평가와 표현억압이라는 2가지 정서조절 전략에 초점을 두고 수정, 조정하였다. 인지적 재평가 척도는 외향성 및 낙관성과 정적 상관을 보였다. 반면, 표현억압 척도는 우울점수와 정적 상관이 있는 것으로 나타났다.

두 번째 척도는 아동 · 청소년을 위한 정서조절 지표(Emotion Regulation Index for Children and Adolescents: ERICA; MacDermott, Gullone, Allen, King, & Tonge, 2010)이다. 이 척도는 정서통제(예: "일이 내 생각대로 안 풀릴 때 나는 쉽게 흥분한다."), 정서적 자기인식(예: "상황이 변했을 때 나는 거기에 잘 대처하거나 무언가 새로운 시도를 해 본다."), 상황 민감성(예: "다른 사람이 속상해할 때 나는 슬퍼지거나 그들을 걱정한다.")의 3가지 하위 척도를 가지고 있다. 이 척도는 앞에서 언급한 아동 · 청소년을 위한 정서조절 질문지와는 다소 상이한 수렴타당도[6]를 보인다. 척도 총점과 정서적 자기인식 하위 척도 점수는 우울과 부적 상관을 보였다. 상황 민감성 점수는 공감, 죄책감과 정적 상관을 보였다. 두 척도 간 어떤 상관관계가 있는지 알아보는 연구를 기다리는 중이다.

6) 수렴타당도(convergent validity): 동일한 구인을 서로 다른 방법으로 측정해 상관관계를 구해 척도의 타당도를 측정하는 방법 — 역자 주

5. 다양성을 주제로 한 연구

다양한 특성이 정서조절능력에 어떻게 작용하는지 알아보는 여러 연구가 있었다. 성역할은 상당히 중요하다(예: Perry-Parrish & Zeman, 2011). 민족적 차이점은 사회경제적 지위, 문화적응 스트레스, 누적된 위험 노출(cumulative risk exposure)로부터 분리되기는 힘들다(예: Raver, 2004). 장애, 성적 취향은 정서조절보다는 위험성, 회복탄력성의 관점에서 더 연구되고 있다. 앞서 언급한 성역할 연구에서 여자 아동이 자신의 취약한 감정(슬픔, 고통)을 드러내 표현하는 데 훨씬 자유롭다는 증거가 발견됐다. 동료나 부모가 여자 아동의 감정표현을 용인해 주는 것으로 나타났다. 남자 아동의 경우 정서표현을 금기시하는 규범이 더 선호된다(Perry-Parish & Zeman, 2011).

6. 교육적 적용

정서에 관련된 용어들을 익히는 것, 정서인식능력을 갖는 것, 정서적 흥분과 이를 표출하는 행동을 조절하는 방법을 익히는 것은 모두 여러 복합적 환경 속에서 개발되는 기술들이다. 이 환경들 중 최적의 장소는 바로 학교이다. 유치원부터 시작해 초 · 중 · 고등학교는 아동의 발달을 위해 매우 중요한 환경이다. 그 안에서 교사는 과도기적 애착대상의 역할을 맡을 수 있으며, 정서능력을 보여 주는 본보기 역할도 수행할 수 있다. 이와 같이 교사는 정서조절을 적극적으로 교육할 수 있는 특수한 위치에 서 있다(Eisenberg & Sulik, 2012). 또한 교사는 정서적으로 안전하고 아동의 정서에 민감한 학습 환경을 만들기 위해 꼭 필요한 존재이다. 학생들은 그 안에서 학업에 온전히 매진하고 정서능력을 개발시킬 수 있다.

Gottman, Katz와 Hooven(1997)의 감정코칭에 대한 연구는 교실 환경에 적용할 수 있는 유용한 정보를 제공한다. 감정코칭은 부모교육에 초점을 두고 개발한 작업이다. 하지만 이 연구가 발달적 성과인 정서조절, 정서지식, 주의집중 기술과 관련된 세 영역을 강화하기 위한 개입이라는 것을 고려할 때 정서능력 개발에 도움이 될 것이라고 믿는다. 감정코칭은 다음의 5개 요소를 포함한다.

- 아동의 감정을 인식하기
- 아동이 표현하는 감정을 아동과 가까워질 기회, 교육할 기회로 이해함
- 아동이 자신의 감정적 경험에 이름을 붙이는 것을 도와줌
- 아동의 감정에 공감하기
- 아동이 문제를 해결하도록 도움을 줌(Gottman et al., 1997, p. 84).

감정코칭을 사용하는 부모는 아동의 모든 정서적 경험에 즉각 반응한다. 또한 감정적으로 북받친 상황에도 아동에 대한 따뜻한 마음과 연대감을 유지하려 노력한다. 감정코칭을 사용하는 부모는 강렬한 부정 감정을 일으키는 사건도 '모든 감정은 수용 가능하다.'는 사실을 교육할 기회로 삼는다. 동시에 감정과 달리 행동에는 한계가 있다는 것을 아이에게 교육시킨다.

부정적 감정으로 가득 차 있고 이를 부적절한 방법으로 표출하는 아동을 상대로 차분하고, 이해하며, 공감적인 접근 자세를 유지한다는 것은 엄청난 도전으로 보일지 모른다. 또한 이 접근을 20명이 넘는 아이들을 가르쳐야 하는 교사에게 적용한다는 것은 터무니없는 일로 보인다. 그러나 Gottman의 연구는 부모, 교사같이 아동에게 큰 영향을 끼치는 어른의 정서 역량이 아동의 정서능력을 계발하는 데 매우 중요한 역할을 한다는 것을 보여 준다.

부모와 교사가 자신의 정서를 인식하고 조절하는 능력은 자신의 감정을 아동의 감정에 동화시키는 능력에 상당한 영향을 끼친다. 또한 정서조절 기

술에 대한 긍정적인 본보기가 될 수 있다. 교사-학생관계와 정서조절 사이의 연관성을 보여 준 연구 결과도 있다. 교사가 그의 정서적 반응을 조절하는 능력, 특히 문제학생 앞에서 교사의 감정을 조절하는 능력은 교사-학생관계에 필수적이다(Merrell & Gueldner, 2010). 그러므로 아동의 정서조절 기술을 향상시키기 위해서는 어른의 정서조절능력 향상이 수반되어야 할 것이다(비록 아동을 돌보는 과정에서 격앙된 감정을 느낄 수밖에 없지만).

마음챙김 훈련은 아동 · 청소년과 그들의 삶에서 중요한 위치를 차지하는 어른을 위한 유익한 기술로 떠오르고 있다. 이 장의 뒷부분에서 아이들을 대상으로 한 마음챙김 훈련의 효과에 대해 다룰 것이다. 여기서는 마음챙김이 어떻게 Gottman의 감정코칭과 만나 학교 및 교실 환경에 긍정적 영향을 미칠 수 있는지에 대해 살펴보고자 한다. 마음챙김 방식의 양육은 부모 역할과 관련된 정서인식능력을 향상시키는 데 집중한다. 부모는 아동의 정서 경험을 인식하고 이름 붙이도록 도와준다. 아동의 정서를 인식함으로써 부모는 아동의 정서적 행동에 대해 반사적으로 반응하지 않게 된다. 이렇게 한다면 아동의 문제행동에 대해 행동 자체보다 그 행동이 전달하는 감정적 메시지에 더욱 초점을 맞출 수 있다.

Duncan, Coasworth와 Greenberg(2009)는 마음챙김 양육의 5가지 목표를 제시했다. 이 목표들은 감정코칭과 다소 일치하는 부분이 있다. 마음챙김을 실천하는 부모는 아동의 표현을 평가하지 않고 최대한 집중해 듣는다. 그리고 아동의 감정 상태와 부모 자신의 감정을 인식하며 둘 모두에게 연민 어린 시선을 보낸다. 또한 부모는 부모-자녀관계 속에서 조건반사적으로 행동하지 않고 스스로를 통제한다. 관계지향적인 마음챙김 개입은 양육자의 공감, 사회적 유대, 정서지능을 향상시켜 양육에 긍정적 영향을 끼친다(Sawyer Cohen, & Semple, 2010). 마음챙김 양육 활동을 기존의 증거 기반 양육 프로그램에 통합하여 사용한다면 그 효과가 증대된다(Coastsworth, Duncanm, Greenburg, & Nix, 2010). 예를 들어, ADHD 아동을 위한 개입에서 아동과 부모 양쪽을 대상으로 마음챙김 훈련을 통합시킨 결과, 부모가 평가한 아동의 ADHD 행동, 부모 스트레스, 부모의 과잉반응이 의미 있게 감소하였다(Van der Oore, Bogels, & Peijnenburg, 2012). 비록 이 분야에 관한 연구가 부족하지만 마음챙김 접근은 교육 환경, 특히 상담 장면에서 활용할 용도로 발전할 가능성이 엿보인다(Davis, 2012).

우리는 다음과 같이 제안한다. 감정코칭, 마음챙김의 원칙들을 학교 환경에 최적화하여 적용한다면 시스템을 구성하는 개개인의 메타-감정 풍토(자신의 감정에 대해 생각하는 풍토)를 탐구해 볼 수 있을 것이다. 다시 말해, '교사 및 그 외 학교 구성원들은 자기가 느끼는 감정에 대해 어떻게 느끼는가?'에 대해 조사할 수 있다. 첫 평가는 학생들 속에서 느끼는 감정인식과 감정의 안정감, 교직원들 속에서 느끼는 감정인식과 감정의 안정감으로부터 시작해야 한다. 이 연구를 실행할 때는 학교 구성원들이 평소 자신의 감정에 대해 갖는 안정감과 스스로 정서 상태를 조절하는 능력을 고려해 평가해야 할 것이다. 그 후 학교 풍토가 학생의 최선의 성과를 이끄는 메타-감정풍토에 가까운지 평가할 수 있을 것이다. 그리고 감정코칭, 마음챙김의 주요한 원칙들과 궤를 같이하도록 학교 풍토를 변화시키는 계획을 고안할 수 있다. 학교의 정서적 분위기는 단지 학생에게만 영향을 끼치는 것이 아니라 교사, 관리자, 그 외 교직원에게도 영향을 준다. 예를 들어, 정서조절능력이 부족한 학생이 많다면 교사는 스트레스 때문에 정서적으로 고갈될 것이다. 결국 교사의 정서조절능력에 부정적 영향을 준다. 마음챙김과 감정코칭의 과정은 학교 공동체 모두에게 큰 이익을 가져다줄 것이다.

1) 학생들을 위한 마음챙김 훈련

마음챙김 기술은 학생의 정서능력을 향상시키는 데 유용할 수 있다. 정서조절 개입이 종종 부정적 감정을 통제하는 것에 집중하는데, 이는 비생산적

일 수 있다. Gratz(2007)는 자기 상처 치유에 관한 논문에서 모든 정서는 그 기능을 가지고 있다고 주장했다. 그러므로 올바른 정서조절은 정서와 관련된 행동을 통제하는 것이지, 정서 그 자체를 통제하는 일이 아니다. 비록 정서와 관련된 행동을 통제하는 일이 정서적 경험을 조절 가능한 수준으로 낮추는 일일지라도 정서 자체를 통제한다는 말은 아니다. 정서적 경험을 수용해야 한다는 생각은 수용기반개입이나 마음챙김에서 일관되게 주장하고 있다. 이 접근들은 정서를 알아차리고, 이해하고, 수용하도록 장려하는 일이 곧 과도한 정서적 반응을 줄이는 길이라고 제안한다. 수용기반개입과 마음챙김에서는 정서를 인식하고 그대로 이해하는 것이 정서조절의 중요한 측면임을 일관되게 주장한다(Saarni, 1999).

Gross와 Thompson(2007)에 따르면 마음챙김은 실제로 수많은 정서조절 전략을 다룬다. 마음챙김은 감정을 평가하지 않고(예: 부정적 감정이 느껴질 때 일부러 주의를 딴 데로 돌리기) 감정이 일어날 때 감정의 알아차림에 초점을 두는 의도적 주의집중을 장려한다. 마음챙김은 감정은 인식되고 수용되어야 한다고 생각하기 때문에 억압이나 계속 과거의 부정적 사건을 곱씹는 반추(rumination) 같은 부적응적 전략을 지양한다. 정서적 경험에 저항하지 않는 일은 그 자체로 인지적 재평가(cognitive reappraisal) 전략의 한 형태이다. 예를 들어, 분노는 대개 인간에게 해롭고 나쁘다는 인지적 평가를 동반하지만 충분히 인식되고 수용됐을 때 그 영향력을 잃는다. 감정적 경험이 허용되고 자연적으로 소멸되었을 때 그 후에 감정에 대한 반응 조절이 뒤따를 수 있다. 정서인식능력의 증진은 긍정 정서와 부정 정서를 구별하는 데 도움을 주고(Hill & Updegraff, 2012), 더 융통성 있는 정서 반응을 돕는다. 개인이 자신의 내적 · 외적 상태를 인지하고 받아들일수록 정서조절에 관한 자기효능감은 강화된다.

아동 · 청소년의 경우 발달을 고려해 적절히 수정하여 적용해야겠지만, 최근의 연구는 마음챙김 접근이 아동 · 청소년에게 효과적일 것이라는 예상을 지지해 준다(Burke, 2010; Davis, 2012; Thompson & Gauntlett-Gilver, 2008). 마음챙김 접근은 아동기 불안, 주의집중 문제, 충동성 관리 측면에서 긍정적 결과를 얻었다(Bogles, Hoogstad, van Dun, de Schutter, & Restifo, 2008; Semple, Lee, Rosa, & Miller, 2010; Semple, Reid, & Miller, 2005). 마음챙김 접근이 치료가 필요한 문제들에 효과가 있다는 증거도 늘고 있다. 또한 일상의 스트레스 대처 같은(Marks, Sobanski, & Hilne, 2010) 비치료적인 목적에서도 긍정적인 효과를 가져올 수 있다(Sawyer Cohen & Semple, 2010).

마음챙김은 정서조절을 돕는다. 자기보고식 설문을 실시한 결과 마음챙김을 바르게 실천하는 사람은 반사적 정서 반응과 일반적 정서조절장애 성향이 감소되었다(Hill & Updegraff, 2012). 마음챙김을 실천하는 사람은 정서지능 또한 높다. 그리고 더 많은 긍정 정서를 가지며 더 적은 부정 정서를 가진다. 삶의 만족도 역시 높은 것으로 나타났다(Schutte & Malouff, 2011). 마음챙김을 높은 수준에서 실천하는 대학생들은 더 많은 긍정 정서를 지니고 더 높은 감정조절 기대치, 자기수용 성향을 가지는 것으로 나타났다. 그러므로 마음챙김은 우울 증상에 대한 보호요인으로 작용할 수 있다(Jimenez, Niles, & Park, 2010). 삶에서 스트레스를 받는 상황을 맞닥뜨린 청소년의 반추 성향(rumination, 부정적 사건을 반복해 곱씹음)은 우울, 불안 증세를 악화시키는데, 마음챙김이 이 증상을 완화시켜 줄 수 있다(Marks et al., 2010). 하지만 마음챙김과 정서조절 간의 구체적이고 명확한 관계를 알기 위해서는 더 많은 후속 연구가 이루어질 필요가 있다(Hill & Updegraff, 2012).

2) 사회정서학습

정서조절능력을 향상시키고자 하는 어떤 논의든 사회정서학습(Social-Emotional Learning: SEL)을 간과할 수 없다. 사회정서학습(SEL)은 역동적인 과정들을 포함한다. 이 역동적인 과정이란 인생의 중요한 문제를 해결하기 위해 필요한 생각, 감정, 행동을 통합하는 능력을 향상시키는 방안들을 말한다(Zins et al., 2004, p. 6).

사회정서학습(SEL) 연구를 학교 현장에 가장 앞장서서 적용하고 있는 단체로 사회정서학습(SEL) 공동연구(이하 CASEL)[7]가 있다. CASEL은 거의 20년 가까이 유치원부터 고등학교에 이르기까지 학교 현장에서 실제적이고 증거에 기반을 둔 사회정서학습(SEL)을 연구해 왔다. CASEL 모델은 포괄적인 사회정서학습(SEL)의 5가지 핵심 구성요소를 알아냈다. 이는 자기인식, 사회인식, 자기관리, 관계 기술, 책임감 있는 의사결정이다(CASEL, 2012, p. 9). 이 중 정서조절과 가장 관련이 깊을 것으로 예상되는 구성요소는 자기관리인데, 자기관리는 다음과 같은 3가지 하위 요소를 포함한다.

자기관리의 하위 3요소(Zins et al., 2004)
- 충동조절, 스트레스 관리
- 자기 동기부여, 자기 훈련
- 목표 설정과 관리 기술

CASEL의 간행물들은 사회정서 기술이 학교 환경에서 개발될 수 있음을 증명했다. 또한 발달상 적절하고, 포괄적이고, 체계적으로 지원된 개입 속에서 사회정서학습(SEL)이 효과적으로 진행됨을 보여 주었다(Durlak et al., 2010, 2011; Greenberg et al., 2003; Zins et al., 2004). SAFE[8]란 효과적인 교육 프로그램이 가져야 하는 핵심 요소의 줄임말이다. 여기에 더해 사회정서학습 프로그램은 학교 현장에 쉽게 적용하기 적합하다는 증거들을 제시했다(Merrell & Gueldner, 2010).

---

7) 사회정서학습 공동연구(Collaborative for Academic, Social and Emotional Learning: CASEL): 학업을 위한 사회정서학습 공동연구 단체—역자 주

8) SAFE: 연속적인(sequenced), 활동적인(active), 집중된(focused), 명쾌한(explicit)—역자 주

예를 들어, Durlak와 동료들(2011)은 유치원부터 고등학교까지 213개의 학교 기반 사회정서학습(SEL) 프로그램의 효과에 대한 메타분석을 실시했다. 이 연구는 현재 학교 교직원들이 직접 실행한 프로그램들에 초점을 맞췄다. 이 종합적 연구는 학교 기반 사회정서학습(SEL) 프로그램에 참여한 학생의 사회정서 기술, 태도, 행동, 학업 성과가 프로그램에 참여하지 않은 학생들보다 현저히 높다고 보고했다. 이와 비슷하게 방과 후 사회정서학습(SEL) 프로그램에 대한 메타분석에서도 학생의 자기인식, 학교와의 유대의식 부분에서 긍정적 효과가 나타났다(Durlak et al., 2010).

2013 CASEL 가이드(CASEL, 2012)는 23개의 학교 기반 사회정서학습(SEL) 프로그램에 대해 소개한다. CASEL 가이드는 모든 학생에게 유익한 프로그램, 학교 수업과 통합될 수 있는 증거 기반 프로그램(학교에 근무하는 교사가 실행할 수 있는)에 초점을 맞춰 프로그램의 내용을 상세히 소개한다. 이 안내서는 교실 기반 사회정서학습(SEL)의 질을 평가하기 위한 체계적인 틀을 제공한다. 그리고 이 안내서는 지역사회와 학교에서 사회정서학습 프로그램을 어떻게 선택하고 수행할지 보여 주는 최고의 사례들을 소개한다.

7. 결론

이 장의 논의에 따르면 정서조절은 사건에 대한 적응적 대응을 강화한다. 이때 정서조절은 정서적 흥분을 조절하는 능력과 정서표현을 관리하는 역량을 포함한다. 다양한 연구는 정서조절 기술이 긍정적 발달에 중요한 역할을 한다는 것을 보여 주었다. 정서조절 기술이 발달한 아동·청소년은 (특히 강한 부정적 정서를 다룰 능력이 있다는 측면에서) 사회, 정서, 행동, 학업 면에서 더 나은 모습을 보인다. 그들은 목표 달성이 용이하도록 정서를 관리한다.

많은 연구가 정서조절과 발달상 성과들 간의 직접적 관련성 및 복잡한 연관성들을 보여 주었다. 그중 특히 주목할 만한 점은 문제행동이 부정적 정서 성향과 주의집중력 부족의 결합물이라는 증거가 쌓이고 있다는 사실이다. 추후 연구가 필요한 주제는 정서조절이 영향을 줄 수 있는 다양한 분야를 탐구하는 것이다. 예를 들어, 정서조절과 학업 태도, 행동들과의 관계(예: 태도, 동기, 주의집중), 그리고 사회적 지지와의 관계(예: 교사와의 관계, 교우관계) 등이 있다.

우리는 아동의 사회정서적 삶에 관심을 두는 것이 올바른 교육적 시스템을 구축을 위해 필수적이라는 CASEL의 의견에 동의한다. 포괄적이고 증거에 기반을 둔 사회정서학습(SEL)을 제공하고 지원하는 것은 가치 있는 일이다. 그리고 정서조절은 이러한 학습프로그램의 핵심 요소라 생각한다. 또한 감정코칭이나 마음챙김 훈련 같은 개입이 교육자들에게 큰 도움이 될 것이다. 하지만 이 프로그램들은 앞으로 학교의 사회정서적 환경에서 그리고 학업성취의 관점에서 그 효과를 경험적으로 증명해야 할 것이다.

참고문헌

Adrian, J., Zeman, J., Erdley, C., Lisa, L., Homan, K., & Sim, L. (2009). Social contextual links to emotion regulation in an adolescent psychiatric inpatient population: Do gender and symptomatology matter? *Journal of Child Psychology and Psychiatry, 50,* 1428-1436. doi:10.1111/j.1469-7610.2009.02162.x

Bogels, S., Hoogstad, B., van Dun, L., de Schutter, S., & Restifo, K. (2008). Mindfulness training for adolescents with externalizing disorders and their parents. *Behavioural and Cognitive Psychotherapy, 36,* 193-209. doi:10.1017/S1352465808004190

Burke, C. A. (2010). Mindfulness-based approaches with children and adolescents: A preliminary review of current research in an emergent field. *Journal of Child and Family Studies, 19,* 133-144. doi:10.1007/s10826-009-9282-x

Calkin, S. D., & Hill, A. (2007). Caregiver influences on emerging emotion regulations: Biological and environmental transactions in early development. In J. J. Gross (Ed.), *Handbook of emotion regulation* (pp. 229-249). New York, NY: Guilford.

Calkin, S. D., & Mackler, J. S. (2011). Temperament, emotion regulation, and social development. In M. K. Underwood & L. H. Rosen (Eds.), *Social development: Relationships in infancy, childhood, and adolescence* (pp. 44-70). New York, NY: Guilford.

Camodeca, M., & Goossens, F. A. (2005). Aggression, social cognitions, anger and sadness in bullies and victims. *Journal of Child Psychology and Psychiatry, 46,* 186-197. doi:10.1111/j.1467-8624.2004.00681.x

Campos, J., Frankel, C., & Camras, L. (2004). On the nature of emotion regulation. *Child Development, 75,* 377-394. doi:10.1111/j.1467-8624.2004.00681.x

Carthy, T., Horesh, N., Apter, A., & Gross, J. J. (2010). Patterns of emotional reactivity and regulation in children with anxiety disorders. *Journal of Psychopathology and Behavioral Assessment, 32,* 23-26. doi:10.1007/s10862-009-9167-8

CASEL. (2012). *CASEL guide: Effective social and emotional learning programs.* Chicago, IL: Author.

Champion, K. M. (2009). Victimization, anger, and gender: Low anger and passive responses to work. *American Journal of Orthopsychiatry, 79,* 71-82. doi:10.1037/a0015340

Champion, K. M., & Clay, D. L. (2007). Individual differences in response to provocation and frequent victimization by peers. *Child Psychiatry and Human Development, 37,* 205-220. doi:10.1007/s10578-006-0030-9

Chang, H., Shelleby, E. C., Cheong, J., & Shaw, D. S. (2012). Cumulative risk, negative emotionality, and emotion regulation as predictors of social competence in transition to school: A mediated moderation model. *Social*

Development, 21, 780–800. doi:10.1111/j.1467-9507.2011.00648.x

Coatsworth, J. D., Duncan, L. G., Greenburg, M. T., & Nix, R. L. (2010). Changing parents' mindfulness, child management skills and relationship quality with their youth: Results from a randomized pilot intervention trial. *Journal of Child and Family Studies, 19,* 203–217. doi:10.1007/s10826-009-9304-8

Davis, T. S. (2012). Mindfulness-based approaches and their potential for educational psychology practice. *Educational Psychology in Practice, 28,* 31–46. doi:10.1080/02667363.2011.639348

Denham, S., Blair, K. A., DeMulder, E., Levitas, J., Sawyer, K., Auerbach-Major, S., & Queenan, P. (2003). Preschool emotional competence: Pathways to social competence? *Child Development, 74,* 238–256. doi:10.1111/1467-8624.00533

Denham, S., Blair, K. A., Schmidt, M., & DeMulder, E. (2002). Compromised emotional competence: Seeds of violence sown early? *American Journal of Orthopsychiatry, 72,* 70–82. doi:10.1037/0002-9432.72.1.70

Duncan, L. G., Coatsworth, J. D., & Greenberg, M. T. (2009). A model of mindful parenting: Implications for parent-child relationships and prevention research. *Clinical Child and Family Psychology Review, 12,* 255–270. doi:10.1007/s10567-009-0046-3

Durlak, J. A., Weissberg, R. P., Dymnicki, A. B., Taylor, R. D., & Schellinger, K. B. (2011). The impact of enhancing students' social and emotional learning: A meta-analysis of school-based universal interventions. *Child Development, 82,* 405–432. doi:10.1111/j.1467-8624.2010.01564.x

Durlak, J. A., Weissberg, R. P., & Pachan, M. (2010). A meta-analysis of after-school programs that seek to promote personal and social skills in children and adolescents. *American Journal of Community Psychology, 45,* 294–309. doi:10.1007/s10464-010-9300-6

Eisenberg, N., Cumberland, A. L., Spinrad, T. L., Fabes, R. A., Shepard, S. A., Reiser, M., . . . Guthrie, I. K. (2001). The relations of regulation and emotionality to children's externalizing and internalizing problem behavior. *Child Development, 64,* 1418–1438. doi:10.1111/1467-8624.00337

Eisenberg, N., Fabes, R., Guthrie, I., & Reiser, M. (2000). Dispositional emotionality and regulation: Their role in predicting quality of social functioning. *Journal of Personality and Social Psychology, 78,* 136-157. doi:10.1037/0022-3514.78.1.136

Eisenberg, N., & Spinrad, T. (2004). Emotion-related regulation: Sharpening the definition. *Child Development, 75,* 334-339. doi:10.1111/j.1467-8624.2004.00674.x

Eisenberg, N., Spinrad, T., & Eggum, N. D. (2010). Emotion-related self-regulation and its relation to children's maladjustment. *Annual Review of Clinical Psychology, 6,* 495-525. doi:10.1146/annurev.clinpsy.121208.131208

Eisenberg, N., & Sulik, M. J. (2012). Emotion-related self-regulation in children. *Teaching and Psychology, 39,* 77-83. doi:10.1177-0098628311430172

Esbjorn, B. H., Bender, P. K., Reinholdt-Dunne, M. L., Munck, L. A., & Ollendick, T. H. (2012). The development of anxiety disorders: Considering the contributions of attachment and emotion regulation. *Clinical Child and Family Psychology Review, 15,* 129-143. doi:10.1007/s10567-011-0105-4

Garnefski, N., Rieffe, C., Jellesma, F., Terwogt, M. M., & Kraaij, V. (2007). Cognitive emotion regulation strategies and emotional problems in 9-11-year-old children: The development of an instrument. *European Child and Adolescent Psychiatry, 16,* 1-9. doi:10.1007/s00787-006-0562-3

Garner, P. W., & Hinton, T. S. (2010). Emotional display rules and emotion self-regulation: Associations with bullying and victimization in community-based after school programs. *Journal of Community and Applied Social Psychology, 20,* 480-496. doi:10.1002/casp.1057

Garner, P. W., & Waajid, B. (2012). Emotion knowledge and self-regulation as predictors of preschoolers' cognitive ability, classroom behavior, and social competence. *Journal of Psychoeducational Assessment, 30,* 330-343. doi:10.1177/0734282912449441

Gilbert, K. E. (2012). The neglected role of positive emotion in adolescent psychopathology. *Clinical Psychology Review, 32,* 467-481. doi:10.1016/j.cpr.2012.05.005

Gottman, J., Katz, L. F., & Hooven, C. (1997). *Meta-emotion.* Hillsdale, NJ: Erlbaum.

Gratz, K. L. (2007). Targeting emotion dysregulation in the treatment of self-injury. *Journal of Clinical Psychology, 63,* 1091–1103. doi:10.1002/jclp.20417

Graziano, P. A., Reavis, R. D., Keane, S. P., & Calkins, S. D. (2007). The role of emotion regulation in children's early academic success. *Journal of School Psychology, 45,* 3–20. doi:10.1016/j.jsp.2006.09.002

Greenberg, M. T., Weissberg, R. P., O'Brien, M. U., Zins, J. E., Fredricks, L., Resnik, H., & Elias, M. J. (2003). Enhancing school-based prevention and youth development through coordinated social, emotional, and academic learning. *American Psychologist, 58,* 466–474. doi:10.1037/0003-066X.58.6-7.466

Gross, J. J., & John, O. P. (2003). Individual differences in two emotion regulation processes: Implications for affect, relationships, and wellbeing. *Journal of Personality and Social Psychology, 85,* 348–362. doi:10.1037/0022-3514.85.2.348

Gross, J. J., & Thomson, R. A. (2007). Emotion regulation: Conceptual foundations. In J. J. Gross (Ed.), *Handbook of emotion regulation* (pp. 3–24). New York, NY: Guilford.

Gullone, E., & Taffe, J. (2012). The emotion regulation questionnaire for children and adolescents (ERQ-CA): A psychometric evaluation. *Psychological Assessment, 24,* 409–417. doi:10.1037/a0025777

Gumora, G., & Arsenio, W. (2002). Emotionality, emotion regulatio, and school performance in middle school children. *Journal of School Psychology, 40,* 395–413. doi:10.1016/S0022-4405(02)00108-5

Hanish, L., Eisenberg, N., Fabes, R., Spinrad, T. L., Ryan, P., & Schmidt, S. (2004). The expression and regulation of negative emotions: Risk factors for young children's peer victimization. *Development and Psychopathology, 16,* 335–353. doi:10.1017/S0954579404044542

Hill, A. L., Degnan, K. A., Calkins, S. D., & Keane, S. P. (2006). Profiles in externalizing behavior problems for boys and girls across preschool: The roles of emotion regulation and inattention. *Developmental Psychology, 42,* 913–928. doi:10.1037/0012-1649.42.5.913

Hill, C. L. M., & Updegraff, J. A. (2012). Mindfulness and its relationship to emotional regulation. *Emotion, 12,* 81–90. doi:10.1037/a0026355

Howse, R. B., Calkins, S. D., Anastopoulos, A. D., Keane, S. P., & Shelton, T. L. (2003). Regulatory contributors to children's kindergarten achievement. *Early Education & Development, 14,* 101–119. doi:10.1207/s15566935eed1401_7

Jimenez, S. S., Niles, B. L., & Park, C. L. (2010). A mindfulness model of affect regulation and depressive symptoms: Positive emotions, mood regulation expectancies, and self-acceptance as regulatory mechanisms. *Personality and Individual Differences, 49,* 645–650. doi:10.1016/j.paid.2010.05.041

Kashdan, T. B., & Breen, W. E. (2008). Social anxiety and positive emotions: A prospective examination of a self-regulatory model with tendencies to suppress or express emotions as a moderating variable. *Behavior Therapy, 39,* 1–12. doi:10.1016/j.beth_2007.02.003

Kochenderfer-Ladd, B. (2004). Peer victimization: The role of emotions in adaptive and maladaptive coping. *Social Development, 13,* 329–349. doi:10.1111/j.1467-9507.2004.00271.x

Lopes, P. N., Mestre, J. M., Guil, R., Pickard Kremenitzer, J., & Salovey, P. (2012). The role of knowledge and skills for managing emotions in adaptation to school: Social behavior and misconduct in the classroom. *American Educational Research Journal, 49,* 710–742. doi:10.3102/0002831212443077

MacDermott, S., Gullone, E., Allen, J., King, N., & Tonge, B. (2010). The Emotion Regulation Index for Children and Adolescents (ERICA). *Journal of Psychopathology and Behavioral Assessment, 32,* 301–314. doi:10.1007/s10862-009-9154-0

Marks, A. D. G., Sobanski, D. J., & Hine, D. W. (2010). Do dispositional rumination and/or mindfulness moderate the relationship between life hassles and psychological dysfunction in adolescents? *Australian and New Zealand Journal of Psychiatry, 44,* 831–838. doi:10.1037/t04259-000

McLaughlin, K. A., Hatzenbuehler, M. L., & Hilt, L. M. (2009). Emotion dysreguation as a mechanism linking peer victimization to internalizing symptoms in adolescents. *Journal of Consulting and Clinical Psychology, 77,* 894–904. doi:10.1007/s10802-012-9629-4

Merrell, K. W., & Gueldner, B. A. (2010). *Social and emotional learning in the classroom: Promoting mental health and academic success.* New York, NY:

Guilford.

Monopoli, W. J., & Kingston, S. (2012). The relationships among language ability, emotion regulation and social competence in second-grade students. *International Journal of Behavioral Development, 36,* 398-405. doi:10.1177/0165025412446394

Perry-Parrish, C., & Zeman, J. (2011). Relations among sadness regulation, peer acceptance, and social functioning in early adolescence. The role of gender. *Social Development, 20,* 135-153. doi:10.1111/j.1467-9507.2009.00568.x

Raver, C. (2004). Placing emotional self-regulation in sociocultural and socioeconomic contexts. *Child Development, 75,* 346-353. doi:10.1111/j.1467-8624.2004.00676.x

Rosen, P. J., Milich, R., & Harris, M. J. (2007). Victims of their own cognitions: Implicit social cognitions, chronic peer victimization, and the victim schema model. *Journal of Applied Developmental Psychology, 28,* 221-226. doi:10.1016/j.appdev.2007.02.001

Rosen, P. J., Milich, R., & Harris, M. J. (2009). Why's everybody always picking on me? Social cognition, emotion regulation, and chronic peer victimization in children. In M. J. Harris (Ed.), *Bullying, rejection, and peer victimization: A social cognitive perspective* (pp. 79-100). New York, NY: Springer.

Rusch, S., Westermann, S., & Lincoln, T. (2012). Specificity of emotion regulation deficits in social anxiety: An Internet study. *Psychology and Psychotherapy: Theory, Research, and Practice, 85,* 268-277. doi:10.1111/j.2044-8341.2011.02029.x

Saarni, C. (1999). *The development of emotional competence.* New York, NY: Guilford.

Saarni, C. (2000). Emotional competence: A developmental perspective. In R. Bar-On & J. D. Parker (Eds.), *Handbook of emotional intelligence: Theory, development, assessment, and application at home, school, and in the workplace* (pp. 68-91). San Francisco, CA: Jossey-Bass.

Saarni, C. (2007). The development of emotional competence: Pathways for helping children become emotionally intelligent. In R. Bar-On, J. Maree, & M. J. Elias (Eds.), *Educating children and adults to be emotionally intelligent:*

Guidelines for improving performance (pp. 15-35). Rondebosch, South Africa: Heinemann Educational.

Saarni, C., Campos, J., Camras, L., & Witherington, D. (2006). Emotional development: Action, communication, and understanding. In N. Eisenberg (Ed.), *Handbook of child psychology: Vol. 3. Social, emotional, and personality development* (6th ed., pp. 226-299). New York, NY: Wiley.

Sawyer Cohen, J. A., & Semple, R. J. (2010). Mindful parenting: A call for research. *Journal of Child and Family Studies, 19,* 145-151. doi:10.1007/s10826-009-9285-7

Schreiber, L. R. N., Grant, J. E., & Odlaug, B. L. (2012). Emotion regulation and impulsivity in young adults. *Journal of Psychiatric Research, 46,* 651-658. doi:10.1016/j.jpsychires.2012.02.005

Schutte, N. S., & Malouff, J. M. (2011). Emotional intelligence mediates the relationship between mindfulness and subjective well-being. *Personality and Individual Differences, 50,* 1116-1119. doi:10.1016/j.paid.2011.01.037

Semple, R. J., Lee, J., Rosa, D., & Miller, L. F. (2010). A randomized trial of mindfulness-based cognitive therapy for children: Promoting mindful attention to enhance social-emotional resiliency in children. *Journal of child and Family Studies, 19,* 218-229. doi:10.1007/s10826-009-9301-y

Semple, R. J., Reid, E. F. G., & Miller, L. (2005). Treating anxiety with mindfulness: An open trial with mindfulness training for anxious children. *Journal of Cognitive Psychotherapy: An International Quarterly, 19,* 379-392. doi:10.1891/jcop.2005.19.4.379

Shields, A., & Cicchetti, D. (2001). Parental maltreatment and emotion dysregulation as risk factors for bullying and victimization in middle childhood. *Journal of Clinical Child Psychology, 30,* 349-363. doi:10.1207/S15374424JCCP3003_7

Shields, A., Ryan, R. M., & Cicchetti, D. (2001). Narrative representations of caregivers and emotion dysregulation as predictors of maltreated children's rejection by peers. *Developmental Psychology, 37,* 321-337. doi;10.1037/0012-1649.37.3.321

Spritz, B. L., Sandberg, E. H., Maher, E., & Zajdel, R. T. (2010). Models of emotion skill and social competence in the Head Start classroom. *Early Education and Development, 21,* 495–516. doi:10.1080/10409280902895097

Suveg, C., Southam-Gerow, M. A., Goodman, K. L., & Kendall, P. C. (2007). The role of emotion theory and research in child therapy development. *Clinical Psychology: Science and Practice, 14,* 358–371. doi:10.1111/j.1468-2850.2007.00096.x

Suveg, C., & Zeman, J. (2004). Emotion regulation in children with anxiety disorders. *Journal of Clinical Child and Adolescent Psychology, 33,* 750–759. doi:10.1007/978-1-4419-7784-7_12

Thompson, M., & Gauntlett-Gilbert, J. (2008). Mindfulness with children and adolescents: Effective clinical application. *Clinical Child Psychology and Psychiatry, 13,* 395–407. doi:10.1177-1359104508090603

Tortella-Feliu, M., Balle, M., & Sese, A. (2010). Relationship between negative affectivity, emotion regulation, anxiety, and depression symptoms in adolescents as examined through structural equation modeling. *Journal of Anxiety Disorders, 24,* 686–693. doi:10.1016/j.janxdis.2010.04.012

Trentacosta, C. J., & Izard, C. E. (2007). Kindergarten children's emotion competence as a predictor of their academic competence in first grade. *Emotion, 7,* 77–88. doi:10.1037/1528-3542.7.1.77

Trentacosta, C. J., & Shaw, D. S. (2009). Emotional self-regulation, peer rejection, and antisocial behavior: Developmental associations from early childhood to early adolescence. *Journal of Applied Developmental Psychology, 30,* 356–365. doi:10.1016/j.appdev.2008.12.016

Ursache, A., Blair, C., & Raver, C. C. (2012). The promotion of self-regulation as a means of enhancing school readiness and early achievement in children at risk for school failure. *Child Development Perspectives, 6,* 122–128. doi:10.1111/j.1750-8606.2011.00209.x

Van der Oord, S., Bogels, S. M., & Peijnenburg, D. (2012). The effectiveness of mindfulness training for children with ADHD and mindfulness parenting for their parents. *Journal of Child and Family Studies, 21,* 139–147. doi:10.1007/s10826-011-9457-0

Werner, K. H., Goldin, P. R., Ball, T. M., Heimberg, R. G., & Gross, J. J. (2011).

Assessing emotion regulation in social anxiety disorder: The Emotion Regulation Interview. *Journal of Psychopathology and Behavioral Assessment, 3*, 346-354. doi:10.1007/s10862-011-9225-x

Zins, J. E., Bloodworth, M. R., Weissberg, R. P., & Walberg, H. J. (2004). The scientific base linking social and emotional learning to school success. In J. Zins, R. Weissberg, M. Wang, & H. J. Walberg (Eds.), *Building academic success on social and emotional learning: What does the research say?* (pp. 3-22). New York, NY: Teachers College.

요약: 정서조절

- Saarni(1999)는 명확한 그리고 상호 밀접한 관련이 있는 정서능력의 8가지 기술을 제안했다. 이 기술들은 정서표현, 정서이해, 정서조절과 같이 3가지 항목으로 나눌 수 있다.
- 정서조절은 타인과의 관계 속에서 혹은 힘든 상황을 맞닥뜨렸을 때 일어나는 정서적 반응을 관리하는 것을 말한다.
- 효과적인 정서조절은 의식적 · 의도적(conscious, effortful) 정서조절과 무의식적 · 자동적(unconscious, automatic) 정서조절로 나누어진다.
- 정서조절의 정의는 다양하다. 각 정의는 외부의 영향(자아 바깥)이 강조되는지, 자아 내부의 영향(예: 정서조절 전략)이 강조되는지에 따라 차이가 있다.
- 정서조절로 겪게 되는 어려움은 발달상 결핍에서 비롯된 특성들(development outcome)과 관련이 있다. 여기서 언급한 특성은 내적 · 외적 정신병리와 학업곤란, 사회적 관계의 어려움을 포함한다.
- 스트레스를 유발하는 정서를 관리하는 능력, 의도적 정서통제를 효과적으로 실행하는 능력은 둘 다 정서조절의 중요 요인이다. 이 요인들은 발달에서 비롯된 특성과 관련이 있다.
- 학생들의 다양한 정서 반응은 그들이 어떤 문제해결 전략을 선택할지에 영향을 줄 수 있다. 정서 반응은 정서조절 전략을 효과적으로 수행하는 능력에도 영향을 줄 수 있다.

- 적응적 정서조절능력은 학업 성과, 사회정서적 성과에 긍정적 영향을 준다.
- 정서조절능력을 촉진시키기 위한 개입은 개인적 · 사회맥락적 수준에서 일어난다.

정서조절 추천자료

CASEL. (2012). *CASEL guide: Effective social and emotional learning programs.* Chicago, IL: Author.

2013 CASEL 가이드는 교실 기반 SEL 프로그램의 질을 평가하기 위한 과정의 개관을 보여 준다. 이 가이드는 학교 환경에서 효과가 이미 입증된 SEL 프로그램의 포괄적인 평가를 제공한다. 이 가이드에는 SEL 프로그램들을 지역이나 학교에 적용하려는 교육자에게 유용한 정보들이 들어 있다.

Chen, X. (2012). Culture, peer interaction, and socioemotional development. *Child Development Perspectives, 6,* 27-34. doi:10.1111/j.1750-8606.2011.00187x

비록 정서조절을 직접적으로 다루지는 않지만 이 출판물은 또래 상호작용의 역할(문화와 사회정서 발달 간의 관계를 매개하는 핵심 요인)을 강조하는 맥락-발달적 관점을 보여 준다. 이 논문은 사회정서기능 형성에 도움을 주는 문화적 관습과 가치의 역할에 대한 통찰을 제공한다.

Durlak, J. A., Weissberg, R. P., Dymnicki, A. B., Taylor, R. D., & Schellinger, K. B. (2011). The impact of enhancing students' social and emotional learning: A meta-analysis of school-based universal interventions. *Child Development, 82,* 405-432.

이 역사적인 논문은 213개의 학교 기반 SEL 프로그램 및 일반적 SEL 프로그램의 메타분석(meta-analysis) 결과를 제공한다. 이 프로젝트는 지금까지 아동의 사회정서적 발달을 촉진하는 개입들을 대상으로 한 통제-결과물 연구(controlled outcome research) 중 가장 야심 찬 개관 연구이다. 유치원에서 12학년까지의 학교(K-12 school), 가족, 공동체에 대한 개입에 초점을 맞춘 이 프로젝트는 SEL

프로그램들이 학생의 SEL 기술, 자신과 타인에 대한 태도, 긍정적인 사회적 행동, 품행문제, 정서적 고통, 학업수행에 미치는 효과를 조사했다.

Eisenberg, N., & Sulik, M. J. (2012). Emotion-related self-regulation in children. *Teaching and Psychology, 39*, 77-83.

이 출판물은 아동의 정서 관련 자기조절에 대한 근본적이고 개념적인 주제들을 검토한다. 자기조절의 발달적 변화에 대한 연구와 측정에 대한 연구들을 요약해 제공한다. 이 논문은 또한 정서조절을 가르치는 전략들을 개관한다.

Merrell, K. W., & Gueldner, B. A. (2010). *Social and emotional learning in the classroom: Promoting mental health and academic success*. New York, NY: Guilford.

이 사용자 친화적인 책은 유치원에서 12학년까지의 학교환경에서 SEL을 수행할 수 있는 실용적인 자료들을 소개한다. 이 책은 설명에 도움이 되는 유용한 실례들이 실려 있다. 또한 학교의 요구에 대응하고, 학급 교육과정에 통합할 수 있는 맞춤형 SEL 프로그램들을 모아 놓았다. SEL 개념들을 학생, 교사, 학교 관리자들에게 교육시키기 위한 방안들도 담겨 있다.

제8장
학업적 자기효능감

1. 서론

긍정심리학은 인간의 행복과 번영을 탐구하는 현시대 운동이다(Kristjánsson, 2012). 이 운동은 심리학자들이 일반적으로 연구해 온 문제, 즉 결핍 위주의 접근과 대조를 이룬다. 비록 이 운동의 시작을 명확히 정의 내리긴 힘들지만 Seligman과 Csikszentmihalyi(2000)의 연구로부터 강한 추진력을 얻었다. 더 이전엔 인간이 충실히 기능하는 데 자아의 역할을 강조한 인본주의적 이론의 창시자 Carl Rogers와 Abraham Maslow 같은 역사적 선구자들도 있었다.

이 장에서 우리는 긍정심리학의 심리학적 구조 중 하나인 자기효능감(self-efficacy)의 교육적 적용에 관해 논의하고자 한다. 자기효능감이란 자신에게 주어진 과제를 성공적으로 수행할 수 있다는 신념이나 기대를 말한다(Bandura, 1997). 그리고 목표에 도달할 수 있는 자신의 능력에 대한 자기 스스로의 평가이다. 이 장에서는 자기효능감에 관련된 이론, 연구, 교육적 적용에 관해 초점을 맞춰 논의할 것이다. 우리의 목표는 자기효능감이 개인의 학습, 동기, 자기조절에 영향을 주는 긍정심리학의 중요 구성요소임을 논증하는 것이다(Bandura, 1997; Pajares, 1996; Schunk & Pajares, 2009).

우리는 먼저 자기효능감의 이론적 개요와 그것의 기초가 되는 사회인지이론을 소개할 것이다. 그리고 자기효능감의 원인과 결과, 학습 상황에서 자기효능감이 어떻게 작용하는지 논의한다. 자기효능감의 측정 방법과 학업과 관련한 중요 연구를 살펴볼 것이다. 발달적 측면에서 자기효능감이 어떻게 변화하는지 다룰 것이며, 다양한 문화권의 자기효능감 연구도 살펴볼 것이다. 마지막으로 학생과 교사의 자기효능감을 촉진하는 데 이론적 원리와 연구 결과들이 어떻게 적용될지에 대한 제안으로 마무리할 것이다.

2. 이론적 배경과 정의

1) 사회인지이론

자기효능감은 Bandura(1986)의 사회인지이론을 기초로 한다. 이 이론은 ① 개인요소(예: 인지, 신념, 기술, 정서), ② 행동요소, ③ 사회-환경요소, 이 3가시 요소가 호혜적 상호작용 속에서 서로 긍정적 영향을 준다고 가정한다(Schunk, 2012).

① 개인요소와 행동요소 간의 관계: 자기효능감과 행동에 관한 연구는 자기효능감이 과제 선택, 노력, 끈기, 효과적인 학습 전략 사용 등의 성취 행동에 영향을 준다는 사실을 보여 주었다(Schunk & Pajares, 2009). 이 행동들은 다시 자기효능감에 영향을 끼친다. 학습자가 과제를 수행하고 진보를 경험함에 따라 그들의 자기효능감도 증가한다.

② 개인요소와 사회・환경요소 간의 관계: 개인요소, 사회・환경요소 간

의 관계는 학습장애를 가진 학생을 예로 설명될 수 있다. 학습장애 학생 중 다수가 학습에 대한 자기효능감이 낮다(Licht & Kistner, 1986). 학습장애아의 사회·환경요소가 되는 주변인들은 그들의 실제 능력보다는 장애아들이 가진 공통 특성(예: 부족한 학습 기술)을 바탕으로 상호작용한다. 이러한 사회-환경적 피드백(예: 교사의 평가, "넌 할 수 있어.")은 자기효능감에 영향을 준다.

③ 행동요소와 사회·환경요소 간의 관계: 행동요소와 사회·환경요소 간의 관계는 주로 교육 장면에서 관찰된다. 사회·환경요소는 행동을 이끌어 낸다. 예를 들어, 교사가 학생의 주위를 끌 때(예: "여기 보렴.") 학생은 별다른 고민 없이 교사의 지시를 따른다. 행동이 사회·환경요소에 영향을 주기도 한다. 예를 들어, 교사의 질문에 학생이 틀린 대답을 했을 때 교사는 수업 진도를 나가기보다 다시 한 번 틀린 내용을 복습한다.

사회인지이론과 긍정심리학이 인간의 능력을 보는 관점에는 공통점이 있다. 인간은 능력이 닿는 한 자기 행동의 결과를 최대한 높은 수준으로 유지하려 노력한다. 인간은 타인의 생각, 느낌, 행동, 사회적 상호작용과 환경에 영향을 끼칠 수 있다고 믿는다. 그래서 자신의 기술을 갈고 닦고 싶은 운동선수는 경험 많은 코치를 찾는다. 동시에 인간은 사회·환경 요소에 의해 영향을 받기도 한다. 예를 들어, 운동선수들은 코치의 조언에 따라 그들의 행동을 바꾸려 노력한다.

사회인지이론에 따르면 행복해지는 전략은 정서, 인지, 행동적 능력의 증가, 사회·환경요소의 개선을 목표로 해야 한다. 교사는 학생 간의 상호 학습을 촉진시켜 줄 책임이 있다. 교사는 학생의 성공을 위해 학생의 정서적 상태를 증진시키고, 그들의 잘못된 믿음과 생각(개인요소)을 수정하며, 학업 기술을 증진시키고, 자기조절능력(행동요소)을 길러 주고, 학급 특색과 사회적 상호작용을 변화(사회 · 환경요소)시키는 데 사회인지이론을 적합한 체계로 사용할 수 있다.

2) 자기효능감: 원인과 결과

자기효능감은 행동과 환경에 영향을 주며, 그 결과로 변화된 행동과 환경은 다시 자기효능감에 영향을 끼친다(Bandura, 1986, 1997; Schunk, 2012). 학습에 대한 자기효능감이 높은 학생은 동기가 높고 학습 상황에서 자기조절력(예: 목표 세우기, 효과적 학습전략 사용, 이해했는지 모니터하기, 학습 과정 평가하기)도 높으며 효과적인 학습환경(예: 학습에 방해되는 것들 최소화 혹은 제거하기, 효과적인 학습 파트너 찾기)을 만드는 데 유능하다. 또한 목표진행 과정, 성취 그리고 교사의 피드백, 동료와의 상대비교 같은 행동 결과 역시 자기효능감에 영향을 끼친다. Bandura(1997)는 사람들이 자신의 수행성취, 간접적 경험(예: 모델), 생리적 지표, 사회적 신념의 형태에서 자기효능감 측정을 위한 정보를 얻는다고 가정했다. 성과는 능력에 대한 실재적 지표이기 때문에 자기효능감을 평가하기 위한 가장 신뢰할 수 있는 정보 제공원이다. 성공적 성과는 자기효능감을 상승시킨다. 반면, 실패는 효능감을 낮춘다. 그러나 수많은 성공 혹은 실패 뒤 따르는 한 번의 실패나 성공 경험은 효능감에 큰 영향을 주지 못한다.

개인들은 타인의 성과를 통해 자신의 능력을 인식한다(Bandura, 1997). 타인과의 유사성은 나의 자기효능감을 측정할 단서이다(Schunk, 2012). 비슷한 수준을 가진 타인의 성공을 관찰하는 것은 자신도 성공할 수 있다는 믿음을 줌으로써 관찰자의 자기효능감, 과제몰입동기를 높여 준다. 그러나 이러한 간접적 자기효능감의 증가는 잇따른 실패에 의해 사라질 수 있다. 비슷한 동료의 실패를 목격한 개인은 자기 능력이 부족하다고 믿고, 동기가 감소하며, 심지어 과제를 시도조차 하지 않고 포기할 수 있다.

또한 개인들은 타인의 사회적 확신을 통해 자기효능감을 개발한다(예: 교사가 학생에게 '난 네가 할 수 있다는 걸 알아.'라고 말하는 경우; Bandura, 1997). 타인의 확신은 자신이 성공할 수 있는 능력이 충분하다는 믿음을 길러 준다. 그에 반해, 공허한 칭찬은 효과가 낮다. 비록 긍정적 피드백이 자기효능감을 증가시키기는 하지만, 학생이 계속 실패한다면 효능감은 이내 감소한다(Schunk, 2012). 부정적인 사회적 확신 또한 자기효능감을 떨어뜨린다.

개인은 긴장과 스트레스 같은 생리적 · 정서적 상태에서 자기효능감에 관한 정보를 얻는다(Bandura, 1997). 과제에 관한 강한 정서적 반응은 추후 예상되는 성공 혹은 실패에 관한 단서를 제공한다. 능력에 대한 부정적 생각과 공포경험(예: 시험에 관한 긴장)은 자기효능감을 낮추고 스트레스를 증가시킨다. 공포에 압도되어 실패를 야기할 수도 있다. 학습자는 학업에 대해 덜 긴장해야 더 효과적으로 과제를 수행할 수 있다.

비록 자기효능감이 중요하지만, 효능감만이 행동에 영향을 주는 유일한 요소는 아니다. 학생의 행동을 결정하는 데 다른 수많은 요소가 작용한다. 아무리 높은 자기효능감도 학생의 기술이 부족하면 성공을 보장하지 못한다(Schunk, 2012). 학생이 가치를 두는 것(무엇이 중요한지에 대한 인식, 학습의 유용성) 또한 행동에 영향을 미친다(Wigfield, Tonks, & Eccles, 2004). 심지어 과학적 재능이 있는 학생이라도 과학 과목이 자신의 목표에 적합하지 않다면 과학 수업을 듣지 않을 것이다. 또 중요한 것은 성취 기대 혹은 행동 결과에 대한 신념이다(Bandura, 1997). 학생들은 전형적으로 그들이 잘할 수 있다고 믿는 활동에 몰입한다. 그리고 좋지 못한 결과를 얻을 것이라고 믿는 활동은 피한다. 그러나 만약 학생이 적절한 기술, 과제에 대한 긍정적 가치부여, 결과에 대한 긍정적 기대를 가지고 있다면, 자기효능감은 개인의 동기, 학습, 자기조절, 성공을 결정하는 중요 요인으로 작용한다(Schunk, 2012).

자기효능감은 사람들의 선택 · 추구하는 행동에 영향을 줄 수 있다(Schunk & Pajares, 2009). 개인은 유능감을 느낄 수 있는 과제를 선택하고 그렇지 못한 과제는 피하려는 경향이 있다. 바람직한 결과를 낼 것이라 믿지 않는 한 개인은 그 행동을 꺼릴 것이다.

자기효능감은 또한 학생이 얼마나 노력할지, 장애에 직면해 얼마나 오래 인내할지, 역경에서 얼마나 빨리 회복할지를 알아내는 데 도움이 된다(Schunk & Pajares, 2009). 자기효능감이 높은 학생은 어려운 과제를 그들이 피해야 할 무언가가 아닌 숙달해야 할 도전과제로 여긴다. 그들은 도전적인 목표를 세우고, 과제에 강한 몰입을 유지하며, 실패에 직면해 더 노력하고, 실패 후에도 자기효능감을 빠르게 회복한다.

3) 자기효능감의 작용

연구자들은 자기효능감이 학습과정에 어떻게 작용하는지 연구해 왔다. 그리고 교사의 지도, 학급 환경이 효능감에 미치는 영향도 함께 연구했다(Schunk & Pajares, 2009). 이 연구들은 학습 중 교사의 지도, 사회 · 환경요소가 학습에 대한 정보를 줄 때, 학생들은 이 정보로 후속 학습에 대한 자기효능감을 평가한다는 사실을 밝혔다.

학습을 시작하는 시기에 학생들의 자기효능감은 이전 경험, 개인적 자산(예: 능력, 태도), 사회적 지지에 의해 좌우된다. 이후 교사, 부모, 그 외 요인들이 학습에 꼭 필요한 자원(예: 학습 내용, 자료, 시설)에 접근하도록 도와주며, 자기조절전략을 가르쳐 주고, 기술의 발달을 촉진시킨다.

학습에 몰입함에 따라 학생들은 개인적 요소(예: 목표 설정, 인지적 정보처리 과정)와 상황적 변수(예: 피드백, 사회적 비교)의 영향을 받는다. 이 영향은 자기가 얼마나 잘 학습할 것인지 학생들이 판단할 단서가 된다. 자기효능감은 학생이 잘 해내고 있다는 것을 인지할 때 강화된다. 만약 학생들이 더 노력을 하거나 더 효과적인 학습전략을 사용함으로써 보다 잘할 수 있다고 확신한다면, 낮은 성취나 더딘 학습 속도가 꼭 자기효능감을 낮추지는 않을 것이다(Schunk, 1995). 그 결과, 자기효능감은 그들의 동기를 증진시키고 학습을 지속시킨다.

실험연구들은 다양한 학교급(예: 초 · 중 · 고등학교와 그 이후), 다양한 능력 차이(예: 정규수업 해당 학생, 보충수업 해당 학생, 재능 있는 학생), 다양한 학습 내용(예: 읽기, 쓰기, 수학, 컴퓨터)에서 자기효능감과 변인들 간의 가설적 관계를 지지하는 결과를 보여 주었다(Schunk, 1995, 2012; Schunk & Ertmer, 2000).

자기효능감을 길러 주는 몇몇 교육 · 사회적 과정은 다음의 과정을 포함한다. 학생이 가깝고 구체적인 학습목표를 추구하게 한다. 모델이 될 수 있는 타인의 설명, 기술 실현을 관찰하게 해 준다. 학생의 성과와 그 원인에 관한 피드백을 제공한다. 학생들에게 효과적인 학습전략을 가르치며, 학생들이 그 전략의 시행 과정을 말로 표현하게 해 본다. 보상과 학습과정을 연결해 준다. 학생들에게 스스로 학습과정을 어떻게 평가하고 관찰할지 가르쳐 준다(Schunk & Pajares, 2009). 이 과정들은 그 양상이 매우 다양하지만 학습자에게 학습과정에 대한 정보를 제공하고 자기효능감을 향상시켜 준다는 면에서 공통점을 가진다.

3. 관련 연구

연구자들은 학업적 자기효능감의 다양한 면을 조사해 왔다. 이 장에서는 자기효능감의 학업적 성과 예측, 자기조절학습에 미치는 영향, 교사에게 미치는 영향에 관한 연구들을 살펴볼 것이다.

1) 학업적 성과 예측

연구자들은 학습 혹은 과제 수행에 대한 자기효능감이 성과와 긍정적이고 유의미한 상관관계가 있음을 보고했다(Pajares, 1996; Pajares & Urdan, 2006. Schunk & Pajares, 2009). 자기효능감은 교수적 요인에 의해 설명되는 정도를 제외하더라도 학업 성과를 25% 설명한다. 메타분석 과정을 사용해 Multon, Brown과 Lent(1991)는 자기효능감이 학업적 수행과 상관관계가 있으며(r_m=.38) 14%의 설명력을 가진다는 것을 발견했다. 자기효능감과 학생의 기술 수준이 높은 정도로 동일할 때 더 강한 효과가 관찰됐다. 또한 자기효능감은 자기조절의 구성요소(예: 목표설정, 전략 사용, 수행 과정 관찰)와도 긍정적인 상관관계를 보였다(Schunk & Pajares, 2009).

연구자들은 자기효능감의 예언적 · 중재적 효과를 검증하기 위해 인과적 모델을 사용했다. Schunk(1981)은 경로분석을 실시하여 자기효능감이 수학학습에 있어 학생의 성취와 끈기에 직접적 영향을 준다는 것을 발견했다. Pajare와 Kranzler(1995)는 수학적 자기효능감이 인지적 · 정신적 능력만큼 강력하게 수학학습에 영향을 준다는 점을 입증했다. Zimmerman과 Bandura(1994)는 자기효능감이 성취에 직접적 영향을 끼치며, 또한 목표설정에 간접적 영향을 미친다는 것을 발견했다. Shunk과 Gunn(1986)은 학생의 수학 학업성취는 효과적인 학업전략과 자기효능감에 직접적으로 영향을 받는다고 보고했다. Relich, Debus와 Walker(1986)는 자기효능감이 성취에 직접적 영향을 준다고 말했다. 또한 교사의 교수는 학업성취에 직접적 영향을 주며, 자기효능감과 학업성취 사이를 매개해 간접적인 영향도 미친다고 보고했다.

2) 자기조절학습을 위한 자기효능감

자기효능감은 자기조절학습(self-regulated learning; 학업목표를 체계적으로 달성하기 위해 생각, 느낌, 행동을 학생 스스로 조절하는 학습)에 광범위하게 적용되어 왔다(Zimmerman, 2000). 과제가 요구하는 것에 대한 집중, 효과적인 학습전략 사용, 생산적인 사회 및 학업 환경 조성, 학습 과정 평가, 필요에 따른 전략 수립과 같이 학생이 목표를 설정하고 목표와 관련된 활동을 착수·유지하는 과정이 자기조절학습에 포함된다. 자기조절학습을 위해 자기효능감을 높이고 유지하는 일은 학생의 동기를 증가시키고 학습을 촉진한다(Schunk & Usher, 2011). Zimmerman(2000)은 자기효능감의 역할을 강조하는 자기조절학습모델을 개발했다. 이 순환하고 반복되는 모형은 다음의 3단계로 구성된다.

① 사전숙고(forethought): 핵심 동기신념 갖기, 과제분석
② 수행(performance): 자기통제, 자기관찰
③ 자기성찰(self-reflection): 자기판단, 자기반응

첫째, 사전숙고 단계는 학습에 앞서 과제에 관심과 동기신념을 가지며, 과제를 분석하는 과정을 포함한다. 핵심적 동기신념은 자기효능감, 성과기대, 내적 흥미, 목표지향성(학생이 학습을 원하는 이유)을 포함한다. 과제분석은 목표설정(단기, 장기목표), 전략 계획, 어떤 전략을 쓸지 결정하는 일을 포함한다. 이 과정 각각은 성취와 관련되어 있다. 그런데 자기효능감은 성취의 강한 예측변수이며, 목표 설정과 전략 수립에 영향을 준다(Schunk, 2012; Zimmerman & Bandura, 1994). 사전숙고 단계는 학생들이 조직적이고 활동적으로 과제에 집중하는 수행 단계를 시작할 수 있게 해 준다.

둘째, 수행 단계의 핵심 자기조절 과정은 자기통제(self-control), 자기관찰로 이루어진다. 학생들은 목표의 형상화, 자기교수, 주의집중 등 다양한 방법을 사용해 자기통제력을 발휘한다(Zimmerman, 2002). 자기관찰은 자기점검(self-monitoring), 자기기록을 뜻한다. 학생들은 그들의 인식과 타인의 피드백(예: 교사, 동료, 부모)으로부터 학습과정에 관한 정보를 획득한다. 자기효능감이 높은 학생은 자기효능감이 낮은 학생에 비해 노력을 지속하고 수

행을 조절한다(Pajares, 2008).

셋째, 자기점검, 타인의 피드백에 기초해 학생들은 자기성찰 단계에서 자기판단(self-judgment)을 형성하고 자기반응(self-reaction)을 경험한다. 자기판단은 학습과정과 수행귀인(performance attribution; 수행 결과에 대한 원인 인식)에 관한 자기평가를 포함한다(Schunk, 2012). 이전 자기수행, 타인수행, 절대적 평가규준 등에 의해 도출된 수행기준을 바탕으로 자기평가가 이뤄진다(Zimmerman, 2002). 인과적 귀인은 학습전략과 같이 조절 가능한 원인과 운, 타고난 능력과 같이 조절 불가능한 원인이 반영될 수 있다(Weiner, 1985). 학생은 또한 자신의 수행에 대해 자기만족 반응, 적응-방어적 반응을 보인다. 자기만족은 수행목표와 기준에 비춰 학생이 느끼는 만족감을 의미한다. 적응-방어적 반응은 학생의 수행에 대한 정서적 반응을 포함한다. 방어적으로 반응하는 학생은 자기가치감을 지키기 위해 학습에 대해 무관심, 무기력, 인지적 산만함을 보인다(Garcia & Pintrich, 1994). 적응적으로 반응하는 학생은 동기신념, 과제전략을 수정하는 등의 행동을 포함한 자기조절적 행동이 관찰된다. 자기성찰은 학습자를 사전숙고 단계로 다시 돌아가도록 이끈다. 그리하여 반복되는 자기조절 순환이 완성된다. 자기조절능력에 대해 자기효능감을 느끼는 학생은 설혹 부정적 평가를 받았더라도 학습을 지속한다(Schunk, 2012). 이 학생들은 추후 학습계획을 세울 때 자신이 성취한 진보를 사전숙고 단계에서 사용한 학습전략의 선택, 노력, 적응의 탓으로 귀인하기도 한다.

자기조절능력(self-regulatory competence)의 개발은 어떻게 자기효능감이 자기조절학습의 동기적 힘이 되는지 설명해 준다. Schunk과 Zimmerman (1997)의 자기조절능력 개발 4단계 모델은 다음과 같다.

① 관찰
② 모방

③ 자기통제(self-control)

④ 자기조절(self-regulation)

첫째, 교사, 동료 같은 사회적 모델은 자기조절행동, 자기효능감의 중요한 원천이다. 관찰 단계에서 학생들은 역할 모델 관찰을 통해 전략 짜기, 자기점검, 상황에 맞는 행동수정 등의 다양한 자기조절학습과정에 대해 배운다(Zimmerman, 2000). 학생들은 모델이 칭찬이나 좋은 성적을 받는 모습을 관찰할 것이다. 이 관찰은 자기효능감의 간접적 원천으로 쓰인다.

둘째, 모방 단계에서 학생들은 필요에 따라 모델의 도움을 받으며 모델이 효과를 입증한 행동들을 연습한다(Zimmerman, 2000). 학생은 모델 그리고 자신의 감각, 운동능력으로부터 강화를 받는다. 모델의 피드백 그리고 과제 완성을 위해 자기조절학습을 적용했던 경험과 자신의 능력 인식이 자기효능감을 강화시킨다. 관찰, 모방, 이 앞 두 단계에서 학습자는 자기효능감에 관한 정보를 얻는다. 주로 외부의 사회적 자료(예: 간접적인 경험, 사회적 설득)가 그 정보들이다.

셋째, 자기통제 단계에서 학생들은 내적인 자기효능감을 경험하기 시작한다(Schunk & Zimmerman, 1997). 학생은 자기가 관찰하고 모방했던 것들을 내면화한다. 그러나 학습자는 여전히 모델의 대표적 행동을 모방할 뿐이다. 이 단계에서 학생은 모델의 기준에 맞춰 자신이 얼마나 숙달됐는지 평가하며 자기효능감을 기른다.

넷째, 자기조절 단계에서 학생들은 여러 다른 환경적 · 개인적 조건에 맞춰 그들의 수행을 체계적으로 수정 · 적응시킬 수 있으며 자기효능감 신념에 의해 동기화된다(Zimmerman, 2002). 그들은 이제 상황의 요구에 맞춰 전략사용, 행동수정, 적응이 가능하다. 그리고 상황에 따라 능숙하게 변화를 줄 수 있다.

3) 교사자기효능감

교사(혹은 지도자)자기효능감은 학습을 도와주는 능력에 대한 개인적 신념을 나타낸다(Tschannen-Moran, Woolfolk Hoy, & Hoy, 1998; Woolfolk Hoy, Hoy, & Davis, 2009). 자기효능감은 교사의 행동, 노력, 끈기에 영향을 미친다. 자기효능감이 낮은 교사는 자기능력을 초과한다고 믿는 활동을 계획하지 않으며, 학습에 어려움을 가진 학생을 지속적으로 교수하지 않는다. 또한 더 좋은 학습자료를 찾는 데 노력하지 않고, 학생들이 더 잘 이해할 수 있는 방법으로 재교수하지 않는다(Ashton & Webb, 1986). 높은 자기효능감을 보이는 교사는 도전적인 활동을 개발하고, 학생의 성공을 돕는다. 또한 학습에 어려움을 느끼는 학생을 지속적으로 교수하는 경향을 가진다. 이러한 교사행동은 학생의 학습을 촉진시키는 것은 물론, 교사자기효능감에 관련한 감정을 재확인 · 강화시킨다.

Ashton과 Webb(1986)은 자기효능감이 높은 교사들이 긍정적인 학급 환경(예: 학생이 덜 긴장하고 교사가 덜 비판적인 환경)을 조성하고, 학생의 아이디어를 지지하며, 모든 학생에게 학습에 필요한 자원을 챙겨 주는 경향이 있다고 말했다. 높은 교사자기효능감은 칭찬 사용, 개별 학생에게 주의를 기울임, 학습 점검, 학생의 높은 성취와 정적 연관성을 가진다.

교사집단자기효능감(collective self-efficacy)은 학생의 학습을 증진시킬 수 있다는 교사집단의 능력에 관한 믿음이다(Henson, 2002). 협력하여 공통의 목표를 달성할 때(수행적 성취), 서로 배우거나 롤모델이 되는 멘토를 가졌을 때(간접적 경험), 관리자로부터 격려와 지지를 받았을 때(사회적 설득의 형태), 어려움을 함께 헤치고 스트레스가 완화됐을 때(생리학적 지표) 교사의 집단자기효능감은 개발된다. 집단자기효능감이 향상될 때 교사들은 학생의 학습 증진을 위해 협력하려는 동기가 증가한다. 집단자기효능감은 교사의 직업만족도를 긍정적으로 예측한다(Caprara, Barbaranelli, Borgogni, & Steca, 2003).

4. 자기효능감 측정과 관련 문제

초기 자기효능감 연구는 임상 장면에서 수행되었다(Bandura, 1977). 그 이후 연구자들은 자기효능감을 다양한 환경에 적용해 왔고, 그로 인해 측정 형태를 바꿀 필요성이 생겼다. 자기효능감을 측정하는 방법은 자기효능감의 개념적 · 방법적 문제를 야기했다.

1) 미시분석 방법론

미시분석 방법론(microanalytic methodology)의 초기 연구는 Bandura, Adams와 Beyer(1997)에 의해 뱀 공포증을 가진 성인을 대상으로 자기효능감검사, 행동검사를 실시하는 방식으로 진행되었다. 이 검사도구는 뱀을 만난 강렬한 위협 상황(예: 만진다, 무릎 위에 놓는다)에 대해 묻는다. 참가자들은 어떤 과제가 할 만하다고 느꼈는지 고르고, 그 과제를 할 수 있다고 얼마나 확신하는지 스스로 평가했다. 일반화를 측정하기 위해 참가자들은 다른 종류의 뱀을 사용한 같은 과제의 등급을 매겼다. 이것이 미시적 연구방법론이다. 개별 과제에 대해 평가자가 얼마나 잘 수행할 수 있는지(자기효능감, 기술)가 측정됐다. 참가자들이 얼마나 뱀들을 잘 다룰 수 있을지에 대한 일반적 평가는 없었다. 미시적 방법론은 학생의 느낌, 생각, 행동의 아주 세밀한 측정을 포함한다(DiBenedetto & Zimmerman, 2010). 학생들은 개별적으로 평가받고 개별적이고 특정한 맥락에 답한다. 그리고 평가는 학생의 학습 도중 이루어진다(Cleary, 2012).

초기 교육적 연구에서도 비슷한 방법론을 사용했다. Schunk(1981)은 낮은 수학학습능력을 가진 학생들에게 자아효능감 테스트와 수학 테스트를 보도록 했다. 자아효능감을 측정하기 위해 학생들은 나눗셈 두 문제로 이루어진 문제세트 2벌을 받았다. 각 벌을 구성하는 두 문제는 형태나 난이도가 비슷했다. 문제들을 풀기 전 학생은 한 벌의 문제를 보고 자신이 얼마나 확실히 문제를 풀 수 있을지 평가했다. 그리고 학생은 자기효능감 테스트에서 봤던 문제들과 비슷한 형태와 난이도의 문제를 직접 푼다.

그 후 연구자들은 미시적 방법론을 다양한 방식으로 적용했다. Cleary와 Zimmerman(2001)은 남자 전문가, 비전문가, 초보자 농구선수의 차이를 조사했다. 운동선수들은 2번의 자유투를 성공할 수 있는지에 대한 자기효능감을 평가했다. 목표설정, 전략선택, 귀인도 함께 평가했다. 사전숙고 단계에서 전문가들은 다른 두 그룹에 비해 더 구체적인 자유투 목표를 설정하고 구체적 전략들을 사용했다. 전문가들은 비전문가, 초보자보다 자유투에 대한 더 높은 자기효능감을 가지고 있었다. 다른 그룹에 비해 전문가 그룹은 자기성찰 단계 동안 자신의 성취를 그들의 특정 기술 때문으로 귀인했다.

Kitsantas와 Zimmerman(2002)는 여대생을 배구 전문가, 비전문가, 초보자로 분류했다. 미시적 측정을 통해 자기조절학습(오버핸드 서브 습득)의 사전숙고, 수행, 자기성찰 단계의 여러 세부 과정을 측정할 수 있었다. 다른 참가자들과 비교해서 전문가들은 자기조절학습에 더 집중했고, 오버핸드 서브에 대해 높은 자기효능감을 느꼈다. 또한 더 내적으로 동기화되었고 오버핸드 서브에 관한 더 높은 행동 주체성(agency)과 수단성(instrumentality, 자기행동이 보상을 이끄는 수단이라는 믿음)을 느꼈다. 이 발견은 역량(competency), 회복탄력성에 주목해 온 긍정심리학 이론들을 지지한다(Clonan, Chafoules, McDougal, & Rielry-Tillman, 2004).

DiBenedetto와 Zimmerman(2010)은 과학 성적을 상위, 평균, 하위로 나눈 고등학교 2학년 학생들을 대상으로 실험을 실시했다. 학생들은 토네이도에 관한 글을 읽고 공부한 후 시험을 치렀다. 한 시험은 학생들에게 토네이도가 발달하는 3단계를 설명하도록 요구했다. 학생들이 읽은 글 속에 그림은 없었기 때문에 이 질문은 지문 이해력과 추론능력을 요구했다. 글을 읽고 공부하기 전, 공부하는 동안, 시험이 끝난 후, 미시적 질문들이 제시됐다. 또한 학생이 공부에 얼마만큼의 시간을 쏟았는지 측정됐다. 사전숙고 단계 동안에 학생의 과제전략(목표설정, 전략계획), 동기신념(자기효능감, 내적 흥미, 성과기대)에 대해 질문했다. 수행 단계 동안에는 그들의 자기통제(읽고 공부하는 동안 사용된 전략들), 자기관찰에 대해 질문했다. 자기성찰 단계는 시험이 끝난 후 시작됐다. 자기판단(self-judgments; 자기평가, 귀인), 수행에 대한 반응(만족, 적응적-방어적 반응)에 대해 질문했다.

그 결과, 학생의 성취 수준과 그들의 자기조절, 학습 시간, 과학 수행 간 긍정적 연관성이 발견됐다. 높은 성취를 거둔 학생은 사전숙고 단계에서 전략 수립에 더 충실했고, 더 많은 전략을 사용했다. 수행 단계에서는 더 초인지적으로 생각했다. 자기성찰 단계에서는 평균, 하위 수준의 학생보다 모든 과정에서 더 나은 수행을 보였다. 높은 성취를 거둔 학생들은 자신의 성취귀인을 운, 능력보다 더 자주 전략, 노력 탓으로 돌렸다. 그리고 학습에 더 많은 시간을 투자했다. 이 연구는 미시적 방법론이 어떻게 학습과정 속의 신념, 생각, 행동, 반성에 대한 통찰을 제공할 수 있는지 입증했다. 이러한 통찰은 학생이 도움을 필요로 하는 부분, 학생의 강점에 대한 정보를 교사에게 제공한다.

2) 자기효능감의 일반화

Bandura(1997)가 자기효능감 개념을 제시한 이후 연구자들은 영역별 자기효능감 측정을 넘어 더 일반적 수준에서 자기효능감을 측정하려는 시도를 해 왔다(예: 다른 흥미로운 것들이 있을 때 얼마나 학습을 잘할 수 있나요?, 학교에서 어려움에 처했을 때 얼마나 잘 교사에게 도움을 청할 수 있나요?; Schunk & Pajares, 2009). 이 같은 정의에 도달하기 위해서 학생들은 다양한 학습 상황(예: 수학, 사회, 과학 학습)의 인식들을 통합해야 한다.

일반화된 자기효능감에 대한 증거를 찾은 몇몇 연구가 있다(Smith, 1989). 특정 교육적 조건은 자기효능감을 길러 줄 수도 있다. 학교교육과정은 교육내용을 잘 전달하기 위해 구성된다. 예를 들어, 나눗셈 학습의 경우 어떻게 추측할지, 곱할지, 뺄지를 아는 것이 선행되어야 한다. 이 내용을 숙지한 학생은 나눗셈 학습 시보다 높은 자기효능감을 가지고 접근한다.

설혹 특정한 교육학적 구조가 없다 해도 자기효능감의 일반화는 새로운 기술을 학습하기에 앞서 이미 그와 관련된 기술이 숙달됐다고 판단할 때 발생한다. 예를 들어, 연구 논문을 쓰려면 주제를 정하고, 다른 논문을 살펴보고, 정보를 종합하고 조직해야 하며, 결론을 이끌어야 한다. 이 필수적인 기술에 자신 있는 학생은 사기 능력에 의문을 가진 학생보다 논문 쓰기에서 더 높은 자기효능감을 가질 수 있다.

자기효능감의 일반화에 관한 증거는 자기효능감의 주제 특수성을 반박하지는 않는다. 그러나 일반화된 자기효능감을 정의하기 위해서는 학생이 효능감에 관한 정보의 경중을 어떻게 매기고 조합하는지에 대한 정보가 매우 중요하다. 발달적 요소는 중요한 주제가 될 수 있다. 왜냐하면 우리는 학생이 발달할수록 자신의 능력을 더 바르게 평가할 것이라고 기대할 수밖에 없기 때문이다. 또한 발달하면서 성공에 필요한 기술들을 학생 스스로 알아내야만 한다고 기대한다.

3) 자기평가

또 다른 측정의 주제는 자기평가(calibration)이다. 자기평가란 자기효능감이 얼마나 실제 과제수행과 연관됐는지를 살핀다(Schunk & Usher, 2011). 어떤 과제에 대해 자신의 능력이 충분하다고 생각하고 정말 과제를 훌륭히 수행한 경우, 혹은 과제에 대해 능력이 부족하다고 생각하고 과제를 수행하지 못할 때, 그래서 자기효능감이 정확하게 그들의 수행을 예측할 때 자기평가가 잘 이루어졌다고 할 수 있다. 반대로 자기평가가 부족한 사람은 과제를 위한 능력이 충분하다고 생각했음에도 과제수행력이 떨어지거나, 혹은 과제 수행력이 부족하다고 인식했음에도 과제를 곧잘 수행하곤 한다.

자기평가는 교육적으로 중요하다. 자신의 능력을 과대평가했음에도 성취가 그에 못 미칠 때 학습에 대한 희망을 잃고 동기가 떨어질 수 있다. Bandura(1997)는 자기 능력을 약간 초과하는 자기효능감이 바람직하다고 여겼다. 왜냐하면 적당한 과대평가는 노력, 인내를 향상시키기 때문이다. 그러나 거듭되는 과대평가는 실패를 초래하고 학생의 학습동기를 감소시킨다.

과대평가는 과제가 요구하는 바를 제대로 이해 못한 결과이다. 더 어려운 과제를 경험하는 일은 성공에 필요한 기술들이 무엇인지 학생이 알도록 도와준다. DiBenedetto와 Zimmerman(2010)의 연구에서 높은 성취를 보이는 학생은 평균성취를 보이는 학생보다 과학 과목의 학습 및 수행 능력에 대해 더 정확한 자기평가 신념을 가지고 있었다. 이는 자신을 과대평가하는 학생은 과대평가 때문에 충분히 시험공부를 하지 못할 수도 있다는 사실을 시사한다. 반면, 높은 성취를 보이는 학생은 자신의 능력을 정확히 평가하기 때문에 더 오랜 시간 공부한다.

자기평가는 또한 교수, 사회적 요인의 영향을 받는다(Schunk & Pajares, 2009). 과제수행에 필요한 기술을 가르치는 교수행동이 자기평가를 증가시킬 수 있다(Schunk, 1981). 하지만 사회적 요인에 의해 자기효능감이 낮아지기도 한다. 낮은 능력 집단에 속하며 그곳에서 벗어날 수 없다고 느끼는 학생은 비록 학습에 효능감을 느끼더라도 의기소침해지며 저조한 수행을 보일 수 있다. 성공한다는 보장이 없는데도 차별 없이 학생을 격려하는 교사는(예: 네가 할 수 있다는 걸 알아, 힘내.) 성공하기 위한 기술이 부족함에도 효능감 높은 학생을 길러 낼 수 있다. 학교의 문화도 자기평가에 영향을 준다(Schunk & Pajares, 2009). 동료에게 과도하게 똑똑하다 여겨지는 학생은 또래로부터 고립되지 않기 위해 일부러 낮은 수행을 보이기도 한다. 학생에게 숙달학습환경(mastery learning opportunities)[1]을 제공해 주고, 자신의 과거 수행을 기준으로 숙달 정도를 평가받게 한다면 학생의 자기효능감 및 성취에 대한 만족감을 향상시킬 수 있을 것이다(Zimmerman & DiBenedetto, 2008).

5. 다양성, 발달적 고려사항

자기효능감은 자동적으로 혹은 우연하게 향상되지 않는다. 자기효능감의 개발은 유아기부터 시작된다. 첫 시작은 가족이다. 다른 인간발달과 마찬가지로 자기효능감은 가족의 영향이 가장 크다. 가족요인은 자원(resources)과 자산(assets)을 포함한다(Bradley & Corwyn, 2002). 자원과 자산이란 재정적 · 물질적 자원(수입, 자산), 인적 자원(부모의 교육 수준), 사회적 자원(사회적 네트워크와 유대로 얻어지는 것들)을 들 수 있다. 아이들은 호기심을 불러일으키고 도전을 제공하는 활동, 자료가 풍부한 가정에서 학습에 더 동기화된다. 교육 수준이 높은 부모와 사회적 유대가 넓은 부모일수록 교육을 더 중요하게 여긴다. 또한 자기효능감, 학습을 향상시킬 수 있는 학교, 캠프에 아이를 더 참여시킨다.

가정은 아이들이 타인과 효과적으로 상호작용하는 법을 배우도록 돕고, 자기효능감을 길러 준다(Schunk & Pajares, 2009). 부모는 아이들에게 따뜻한 환경, 책임감, 지지적 환경, 호기심, 탐구심 촉진 등을 즐기며 배울 자료를 제공함으로써 아이의 학업발달을 가속화할 수 있다. 숙달목표를 지향하는 경험[2]이 자기효능감을 향상시키는 가장 강력한 요인이라는 사실을 고려할 때, 숙달 경험을 제공하는 부모는 아동 · 청소년의 효능감을 길러 줄 수 있다. 또한 가족 구성원은 중요한 역할모델이다. 어려움에 맞서 인내하고 노력하는

1), 2) 상대비교가 아닌 과제 자체의 숙달을 목적으로 하는 학습 환경 및 목표—역자 주

모습을 보여 주는 역할모델은 아이의 자기효능감을 향상시킨다. 또한 가족 구성원은 설득력 있는 정보(persuasive information)를 제공한다. 어려운 과제를 시도하는 것을 권장하고 노력을 지지, 응원해 주는 부모는 아동이 도전에 직면했을 때 더 큰 효능감을 느끼도록 만든다.

아동이 성장할수록 또래는 자기효능감 발달의 중요한 요소가 된다(Schunk & Pajares, 2009). 아이들은 비슷한 또래의 성공을 목격할 때, 향후 과제에 대해 더 유능감을 느끼며 동기가 높아진다. 효과적인 동료를 소개해 주는 부모는 간접적인 자기효능감 증진 기회를 제공할 수 있다.

학생이 속한 또래 네트워크 혹은 대규모 또래 그룹은 자기효능감에 영향을 주는 추가적 요소이다. 네트워크는 학생의 사회적 상호작용, 타인관찰, 활동참여 기회를 제공한다. 네트워크 속 학생들은 다양한 측면에서 비슷해지는 경향이 있다. 이 유사성으로 인해 또래의 영향력은 더욱 커진다(Schunk, 2012).

또래 그룹은 사회화를 촉진시킨다. 일 년간 학업동기의 변화는 학기 초 학생이 속한 또래 구성원들에 의해 예측된다(Kindermann, McCollam, & Gibson, 1996). 높은 동기집단에 속한 학생의 동기는 긍정적으로 변한다. 덜 동기화된 집단 속 학생의 동기는 부정적으로 변한다. 또래 그룹 내 학업적 사회화는 학생의 자기효능감에 영향을 준다. 또한 그룹 전체의 자기효능감에도 영향을 미친다(Schunk & Pajares, 2009).

많은 연구는 학교가 학생의 자기효능감 개발에 영향을 준다는 것을 밝혔다. 학생의 자기효능감, 동기는 학교 입학 후 종종 감소한다. 그 원인으로 과열된 경쟁, 특정 기준에 맞춘 평가, 교사가 학생 개개인에게 집중하지 못함, 학교의 등급 변화와 관련된 문제를 들 수 있다(Wigfield & Eccles, 2002). 이러한 관습은 효능감 발달을 지연시키는데, 특히 학업적 도전에 충분히 준비가 안 된 학생들에게 큰 영향을 끼친다.

수행에 대한 낮은 평가를 받았음에도 어려운 성취과제에 대해 과한 자신감을 갖는 아이들이 종종 있다(Schunk & Pajares, 2009). 어린아이의 경우 과제가 익숙지 못하고 과제의 성공을 위해 무엇이 필요한지 몰라 낮은 자기평가(calibration)를 할 수 있다. 아동이 과제에 지나치게 겁먹어 자신이 할 수 있는지 없는지를 섣부르게 결정할 수도 있다. 예를 들어, 뺄셈 과제에서 받아내림이 없음에도 문제가 길다는 이유로 어렵다고 단정해 버리기도 한다. 과제의 다양한 특성을 파악하는 능력이 개발되어야 더 현실적인 효능감 평가가 가능하다. 그래서 경험이 쌓이면 아동의 자기효능감은 다소 떨어질 수 있지만 자기평가능력은 상승한다. 그리고 숙련됨에 따라 자기효능감은 현실적으로 변한다. DiBenedetto와 Bembenutty(2012)는 학기가 지나면서 대학생들의 자기효능감이 떨어진다는 점을 발견했다. 그러나 대학생들의 자기효능감은 학기 초에 비해 그들의 실제 학기 말 성적과 더 일치했다.

비록 초기 자기효능감 연구가 대개 서양 문화권 학생들을 대상으로 실시됐다. 그러나 시간이 지나며 비교문화 연구도 늘어났고, 현재 다양한 문화권으로 확산되어 있다. 자기효능감은 다양한 문화에 걸쳐 동기, 성취에 영향을 주는 중요한 요소로 확인되었다. 하지만 문화 간 차이점 역시 발견되었다.

Klassen(2004b)은 다양한 문화에 걸친 자기효능감 연구들을 검토했고, 비서구 문화권(아시아, 아시아권으로부터의 이민자) 학생들의 자기효능감이 서구권(서유럽, 캐나다, 미국) 학생보다 낮다는 것을 발견했다. 그런데 높은 자기효능감을 지닌 서구권 학생보다 적절한 자기효능감을 가진 비서구권 학생이 실제 학업 성과를 더 잘 예측하는 것으로 나타났다(다시 말해, 비서구권 학생들의 자기평가능력이 높다). 높은 자기효능감은 높은 성취와 동일하지 않다.

개인주의와 집단주의 같은 문화적 차원은 자기효능감과 학업 성과에 영향을 끼친다. Kim과 Park(2006)에 따르면 개인주의적 가치를 강조하는 현존 심리학, 교육학적 이론들(예: 능력, 자기효능감, 내적 흥미)은 동아시아 학생들의 높은 성취를 설명할 수 없다. 이를 설명하기 위해 Kim과 Park은 동아시아권의 유교 관습에 주목했다. 부모-자녀 관계를 촉진시키는 유교 관습에 기반을 둔 사회화 과정은 자기조절, 관계효능감, 사회적 효능감(성공적인 가족, 사회관계에 대한 능력의 지각)을 발달시킨다. 자기조절 효능감은 학생의 학업적 성취의 강력한 예측요소이다. 또한 관계효능감은 동아시아 문화권 학생의 학업성취에 강력한 영향을 끼친다. 몇몇 집단주의 그룹에서 발견되는 낮은 자기효능감은 반드시 낮은 수행이 뒤따른다는 걸 의미하지 않는다. 대신 낮은 자기효능감이 다른 방식으로 자아개념 형성에 영향을 끼치는 것으로 나타난다. 비서구권 문화에서 자기효능감은 서구권 문화와는 다른 지향점을 가질지도 모른다(Klassen, 2004a).

6. 교육적 적용

자기효능감이론과 연구들은 행복, 번영 같은 긍정심리학의 가치를 중시하는 교육실행자들에게 다양한 시사점을 던진다. 첫째, 다른 책에서 언급했던 Pajares(2009)의 권고를 다시 반복한다. 교사는 학생의 학업적 자기효능감을 기르기 위해 진지한 책임감을 가져야 한다. 교사는 학생들이 그들의 최고 강점을 확인하도록 도와야 하고, 분발하는 학생이 자기효능감을 느끼고, 행복을 길러 주는 희망, 낙관성을 느끼도록 도와야 한다.

자기효능감 발달을 위해 숙달 경험(상대비교가 목적이 아닌 과제 자체를 숙달하는 목적을 지닌 학습 경험)은 가장 강력한 영향을 끼친다. 이 사실은 학습 시 기술을 배우고, 연습하고, 다시 반복해 가다듬을 기회를 가지는 것이 중요함을 시사한다. 자신의 학습과정을 관찰할 때 자기효능감은 강화된다. 또한 교사는 비슷한 처지의 역할모델을 제공해 어떻게 기술을 숙달하는지 보여 주고 격려함으로써 학생에게 대리적 경험을 줄 수 있다. 격려는 꼭 현실에 기반을 두어야 한다. 기술이 부족함에도 "넌 할 수 있어."라고 말하는 것은 학생의 사기를 꺾고 자기효능감을 낮추는 일이 될 수 있다. "너희는 과제를 할 때 쉬운 방법을 찾는구나. 스트레스를 덜 받고 할 수 있겠다."처럼 교사는 학생의 생리학적 지표를 확인하고 이용할 수 있다.

교사는 학생의 성공을 도와주기 위한 조력자가 되기를 원할 수 있다. 조력자는 학습 초기에는 필수적이다. 그러나 과도한 도움이 함께한 성공은 '내 성공은 도움 때문이야.'라고 귀인하게 만들기 때문에 자기효능감이 형성되기 힘들다. 스스로의 힘으로 성공시키게 만들어야 더 튼튼한 자기효능감이 형성될 것이다.

가능한 한 최대로 개인 교수 환경을 제공하는 일 또한 자기효능감 형성에 중요하다. 학생들은 같은 방법 혹은 같은 속도로 학습하지 않는다. 과제가 개별적으로 할당되지 않으면 어떤 학생은 성공하겠지만 어떤 학생들은 어려움을 겪을 수밖에 없다. 학습에 어려움을 느끼는 학생들은 계속 자신과 타인을 비교하고 자신의 능력에 의심을 갖는다. 개별화된 교수는 학생의 사회적 비교행위를 최소화시킨다. 교사는 개별 학생들이 개인적 진보(예: '네가 전보다 얼마나 잘하게 됐는지 보자.')에 주목하도록 만들 수 있는데, 이 일은 자기효능감을 형성시키는 데 도움을 준다.

우리는 학생 스스로 학습을 평가할 것을 권장한다. 학생들은 자신의 학습을 평가하는 데 익숙지 않다. 대신 교사의 평가에 의존한다. 그러나 교사가 개별 학생의 진보 모두를 피드백해 줄 수는 없다. 이 문제는 교사가 학생에게 자기 진보를 측정하는 방법을 가르침으로써 해결될 수 있다. 예를 들어, 수학학습에서 교사는 학생에게 다른 여러 유형의 문제를 제시하고 1(거의 진전이 없음)에서 10(큰 진보를 보임)까지 스스로 평가하도록 할 수 있다. 더불어 학생의 평가는 어떤 부분이 숙달됐고, 앞으로 어떤 학습이 필요한지 밝히는 데 사용될 수 있다.

바람직한 교육목표는 학습자들이 현실에 바탕을 둔 낙관성을 느끼게 하는 데 있다. 학생의 능력보다 조금 높은 자기효능감을 느끼게 해 주는 일은 학생의 동기를 높여 준다. 또한 학생이 더 노력하고 인내하도록 돕는다

(Bandura, 1997). 노력하고 인내할 필요성을 간과하게 만드는 과대평가는 바람직하지 못하다. 교사는 학생을 가르칠 때 자기효능감에 잠재적으로 영향을 줄 수 있는 상황, 조건들을 고려해야 한다. 현실에 기반을 둔 낙관성을 기르도록 돕는 일은 학생의 동기를 높이고, 학습을 향상시킬 것이다. 또한 학습에 즐거움을 느끼도록 교실 환경을 개선시키는 일이 될 것이다.

참고문헌

Ashton, P. T., & Webb, R. B. (1986). *Making a difference: Teachers' sense of efficacy and student achievement.* New York, NY: Longman.

Bandura, A. (1977). Self-efficacy: Toward a unifying theory of behavioral change. *Psychological Review, 84,* 191–215. doi:10.1037/0033-295X.84.2.191

Bandura, A. (1986). *Social foundations of thought and action: A social cognitive theory.* Englewood Cliffs, NJ: Prentice Hall.

Bandura, A. (1997). *Self-efficacy: The exercise of control.* New York, NY: Freeman.

Bandura, A., Adams, N. E., & Beyer, J. (1977). Cognitive processes mediating behavioral change. *Journal of Personality and Social Psychology, 35,* 125–139. doi:10.1037/0022-3514.35.3.125

Bradley, R. H., & Corwyn, R. F. (2002). Socioeconomic status and child development. *Annual Review of Psychology, 53,* 371–399. doi:10.1146/annurev.psych.53.100901.135233

Caprara, G. V., Barbaranelli, C., Borgogni, L., & Steca, P. (2003). Efficacy beliefs as determinants of teachers' job satisfaction. *Journal of Educational Psychology, 95,* 821–832. doi:10.1037/0022-0663.95.4.821

Cleary, T. (2012). Emergence of self-regulated learning microanalysis: Historical overview, essential features, and implications for research and practice. In B. J.

Zimmerman & D. H. Schunk (Eds.), *Handbook of self-regulation of learning and performance* (pp. 329-345). New York, NY: Routledge.

Cleary, T., & Zimmerman, B. J. (2001). Self-regulation differences during athletic practice by experts, non-experts, and novices. *Journal of Applied Sport Psychology, 13,* 185-206. doi:10.1080/104132001753149883

Clonan, S. M., Chafouleas, S. M., McDougal, J. L., & Rieley-Tillman, T. C. (2004). Positive psychology goes to school: Are we there yet? *Psychology in the Schools, 41,* 101-110. doi:10.1002/pits.10142

DiBenedetto, M. K., & Bembenutty, H. (2012). Within the pipeline: Self-regulated learning, self-efficacy, and socialization among college students in science courses. *Learning and Individual Differences,* http://dx.doi.org/10.1016/j.lindif.2012.09.015

DiBenedetto, M. K., & Zimmerman, B. J. (2010). Differences in self-regulatory processes among students studying science: A microanalytic investigation. *International Journal of Educational and Psychological Assessment, 5,* 2-24.

Garcia, T., & Pintrich, P. R. (1994). Regulating motivation and cognition in the classroom: The role of self-schemas and self-regulatory strategies. In D. H. Schunk & B. J. Zimmerman (Eds.), *Self-regulation of learning and performance: Issues and educational applications* (pp. 127-153). Hillsdale, NJ: Erlbaum.

Henson, R. K. (2002). From adolescent angst to adulthood: Substantive implications and measurement dilemmas in the development of teacher efficacy research. *Educational Psychologist, 37,* 127-150. doi:10.1207/S15326985EP3703_1

Kim, U., & Park, Y. S. (2006). Factors influencing academic achievement in collectivist societies: The role of self-relational, and social efficacy. In F. Pajares & T. Urdan (Eds.), *Self-efficacy beliefs of adolescents* (pp. 267-286). Greenwich, CT: Information Age.

Kindermann, T. A., McCollam, T. L., & Gibson, E., Jr. (1996). Peer networks and students' classroom engagement during childhood and adolescence. In J. Juvonen & K. R. Wentzel (Eds.), *Social motivation: Understanding children's school adjustment* (pp. 279-312). Cambridge, UK: Cambridge University

Press.

Kitsantas, A., & Zimmerman, B. J. (2002). Comparing self-regulatory processes among novice, non-expert, and expert volleyball players: A microanalytic study. *Journal of Applied Sport Psychology, 14,* 91-105. doi:10.1080/10413200252907761

Klassen, R. M. (2004a). A cross-cultural investigation of the efficacy beliefs of south Asian immigrant and Anglo Canadian nonimmigrant early adolescents. *Journal of Educational Psychology, 96,* 731-742. doi:10.1037/0022-0663.96.4.731

Klassen, R. M. (2004b). Optimism and realism: A review of self-efficacy from a cross-cultural perspective. *International Journal of Psychology, 39,* 205-230. doi:10.1080/00207590344000330

Kristjánsson, K. (2012). Positive psychology and positive education: Old wine in new bottles? *Educational Psychologist, 47,* 86-105. doi:10.1080/00461520.2011.610678

Licht, B. G., & Kistner, J. A. (1986). Motivational problems of learning-disabled children: Individual differences and their implications for treatment. In J. K. Torgesen & B. W. L. Wong (Eds.), *Psychological and educational perspectives on learning disabilities* (pp. 225-255). Orlando, FL: Academic Press.

Multon, K. D., Brown, S. D., & Lent, R. W. (1991). Relation of self-efficacy beliefs to academic outcomes: A meta-analytic investigation. *Journal of Counseling Psychology, 38,* 30-38. doi.apa.org/journals/cou/38/1/30.pdf

Pajares, F. (1996). Self-efficacy beliefs in achievement settings. *Review of Educational Research, 66,* 543-578.

Pajares, F. (2008). Motivational role of self-efficacy beliefs in self-regulated learning. In D. H. Schunk & B. J. Zimmerman (Eds.), *Motivation and self-regulated learning: Theory, research and applications* (pp. 111-139). New York, NY: Taylor & Francis.

Pajares, F. (2009). Toward a positive psychology of academic motivation: The role of self-efficacy beliefs. In R. Gilman, E. S. Huebner, & M. J. Furlong (Eds.), *Handbook of positive psychology in schools* (pp. 149-160). New York, NY: Routledge.

Pajares, F., & Kranzler, J. (1995). Self-efficacy beliefs and general mental ability in mathematical problem-solving. *Contemporary Educational Psychology, 20,* 426-443. http://dx.doi.org/10.1006/ceps.1995.1029

Pajares, F., & Urdan, T. (Eds.). (2006). *Self-efficacy beliefs of adolescents.* Greenwich, CT: Information Age.

Relich, J. D., Debus, R. L., & Walker, R. (1986). The mediating role of attribution and self-efficacy variables for treatment effects on achievement outcomes. *Contemporary Educational Psychology, 11,* 195-216. http://dx.doi.org/10.1016/0361-476X(86)90017-2

Schunk, D. H. (1981). Modeling and attributional effects on children's achievement: A self-efficacy analysis. *Journal of Educational Psychology, 73,* 93-105. doi.apa.org/journals/edu/73/1/93.pdf

Schunk, D. H. (1995). Self-efficacy and education and instruction. In J. E. Maddux (Ed.), *Self-efficacy, adaptation, and adjustment: Theory, research, and application* (pp. 281-303). New York, NY: Plenum.

Schunk, D. H. (2012). Social cognitive theory. In K. R. Harris, S. Graham, & T. Urdan (Eds.), *APA educational psychology handbook: Vol. 1. Theories, constructs, and critical issues* (pp. 101-123). Washington, DC: American Psychological Association.

Schunk, D. H., & Ertmer, P. A. (2000). Self-regulation and academic learning: Self-efficacy enhancing interventions. In M. Boekaerts, P. R. Pintrich, & M. Zeidner (Eds.), *Handbook of self-regulation* (pp. 631-649). San Diego, CA: Academic Press.

Schunk, D. H., & Gunn, T. P. (1986). Self-efficacy and skill development: Influence of task strategies and attributions. *Journal of Educational Research, 79,* 238-244.

Schunk, D. H., & Pajares, F. (2009). Self-efficacy theory. In K. R. Wentzel & A. Wigfield (Eds.), *Handbook of motivation at school* (pp. 35-53). New York, NY: Routledge.

Schunk, D. H., & Usher, E. L. (2001). Assessing self-efficacy for self-regulated learning. In B. J. Zimmerman & D. H. Schunk (Eds.), *Handbook of self-regulation of learning and performance* (pp. 282-297). New York, NY:

Routledge.

Schunk, D. H., & Zimmerman, B. J. (1997). Social origins of self-regulatory competence. *Educational Psychologist, 32,* 195–208. doi:10.1207/s15326985ep3204_1

Seligman, M. E. P., & Csikszentmihalyi, M. (2000). Positive psychology: An introduction. *American Psychologist, 55,* 5–14. doi:10.1037/0003-066X.55.1.5

Smith, R. E. (1989). Effects of coping skills training on generalized self-efficacy and locus of control. *Journal of Personality and Social Psychology, 56,* 228–233. doi:10.1037/0022-3514.56.2.228

Tschannen-Moran, M., Woolfolk Hoy, A., & Hoy, W. K. (1998). Teacher efficacy: Its meaning and measure. *Review of Educational Research, 68,* 202–248.

Weiner, B. (1985). An attributional theory of achievement motivation and emotion. *Psychological Review, 12,* 1–14.

Wigfield, A., & Eccles, J. S. (2002). The development of competence beliefs, expectancies for success, and achievement values from childhood through adolescence. In A. Wigfield & J. S. Eccles (Eds.), *Development of achievement motivation* (pp. 91–120). San Diego, CA: Academic Press.

Wigfield, A., Tonks, S., & Eccles, J. S. (2004). Expectancy value theory in cross-cultural perspective. In D. M. McInerney & S. Van Etten (Eds.), *Big theories revisited* (pp. 165–198). Greenwich, CT: Information Age.

Woolfolk Hoy, A., Hoy, W. K., & Davis, H. A. (2009). Teachers' self-efficacy beliefs. In K. R. Wentzel & A. Wigfield (Eds.), *Handbook of motivation at school* (pp. 627–653). New York, NY: Routledge.

Zimmerman, B. J. (2000). Attaining self-regulation: A social cognitive perspective. In M. Boekaerts, P. R. Pintrich, & M. Zeidner (Eds.), *Handbook of self-regulation* (pp. 13–39). San Diego, CA: Academic Press.

Zimmerman, B. J. (2002). Becoming a self-regulated learner: An overview. *Theory Into Practice, 41,* 64–70.

Zimmerman, B. J., & Bandura, A. (1994). Impact of self-regulatory influences on writing course achievement. *American Educational Research Journal, 31,* 845–862.

Zimmerman, B. J., & DiBenedetto, M. K. (2008). Mastery learning and assessment:

Implications for students and teachers in an era of high-stakes testing. *Psychology in the Schools, 45,* 206-216.

요약: 자기효능감

- 자기효능감의 구인은 웰빙(well-being)에 초점을 맞춘 긍정심리학을 반영한다.
- 자기효능감에 대한 이론과 연구는 학습, 동기, 자기조절에 영향을 끼친다.
- 학생들은 교수적 · 사회-환경적 자원으로부터 자기효능감에 관한 정보를 얻는다. 그리고 자기효능감은 다양한 성취행동에 영향을 끼친다.
- 교사는 얼마나 다양한 교수 측면이 학생의 학습, 동기, 자기효능감에 영향을 끼치는지 알아야만 한다.
- 교사가 학생이 현실에 기반을 둔 낙관성을 기르도록 도와주는 일은 학생들이 성공을 확신하고, 학습에서 즐거움을 찾으며, 학교 밖에서도 학습을 지속하도록 동기를 높이는 데 도움을 줄 수 있다.

자기효능감 추천자료

Bandura, A. (1977). Self-efficacy: Toward a unifying theory of behavior change. *Psychological Review, 84,* 191-215.
자기효능감이론의 시초가 된 출판물이다. 초기 임상적 연구도 담겨 있다.

DiBenedetto, M. K., & Zimmerman, B. J. (2010). Differences in self-regulatory processes among students studying science: A microanalytic investigation. *International Journal of Educational and Psychological Assessment, 5,* 2-24.
미시적 방법론의 탁월한 예시들을 제공한다.

Klassen, R. M. (2004). Optimism and realism: A review of self-efficacy from a cross-cultural perspective. *International Journal of Psychology, 39,* 205–230.
국제적인 환경에서 실행된 자기효능감 연구에 대한 빈틈없는 개관(overview)을 제공한다.

Pajares, F. (2009). Toward a positive psychology of academic motivation: The role of self-efficacy beliefs. In R. Gilman, E. S. Huebner, & M. J. Furlong (Eds.), *Handbook of positive psychology in schools* (pp. 149–160). New York, NY: Routledge.
이 8장 자기효능감은 이 책 첫 판(edition)의 자기효능감 장(chapter)에 기초한다.

Schunk, D. H. (2012). Social cognitive theory. In K. R. Harris, S. Graham, & T. Urdan (Eds.), *APA educational psychology handbook: Vol. 1. Theories, constructs, and critical issues* (pp. 101–123). Washington, DC: American Psychological Association.
사회인지이론의 종합적인 개관(overview)을 제공한다.

제9장
긍정적 동기화

1. 이론적 배경과 정의

사람들은 교육의 궁극적 목표, 학교교육 목표에 대해 수없이 논쟁해 왔다. 미국의 교육은 시험제도에 대한 이해관계, 시험성적에 대한 교사책임 요구, 대학교육 선수학습 등을 통해 학생에게 '교육의 주목적은 시험성적에 있다.'는 메시지를 전달해 왔다(Nichols & Berliner, 2006). '학교교육의 주목적은 지식을 쌓고 배움을 촉진하는 데 있다.'는 생각이 평가의 압박 때문에 잊히곤 한다. 하지만 목표지향이론(goal orientation theory)의 기저에는 교육의 목적이 지식을 쌓고 배움을 촉진하는 데 있다는 생각이 자리 잡고 있다.

목표지향이론[목표이론(goal theory), 성취목표이론(achievement goal theory)이라고 일컫기도 한다]은 학업동기에 관한 사회인지이론이다. 이 이론은 성취에 관한 개인적 의미와 목적에 초점을 맞춘다. 목표지향의 이론적 접근은 다른 이론들과 차이점이 있다. 더 행동주의에 치우친 이론적 접근들은 '목표'라는 용어를 학습목표와 행동목표를 나타내기 위해 사용한다(예: Locke & Latham,

1990). 하지만 목표지향이론에서 '목표'라는 말은 노력하고 성취해야 하는 이유에 대한 보다 넓은 이해를 의미한다. '목표'란 성취하려는 행동의 포괄적 목적이다. 그리고 성공적이라 칭할 수 있는 결과를 이끌어 내는 방법들을 의미한다. 목표지향이론에서는 '학생이 무엇을 성취하려 노력하는가?'보다는 '왜 학생이 성취하려고 하는가?'를 강조한다(Ames & Archer, 1988; Anderman & Wolters, 2006). 이 말의 의미는 목표지향이론이 학생이 얼마나 많이 동기화됐는지 그 상대비교에 집중하기보다는 동기의 본질적 측면에서 동기의 질적 차이에 초점을 맞춘다는 것을 의미한다(Ames, 1987, 1992; Dweck, 1986; Nicholls, 1989).

이 분야에서 계속 논쟁이 있었지만 대부분의 목표지향이론 연구자들은 2가지 주된 범주에 초점을 맞춰 왔다. 연구가 진행되면서 이 2가지 범주는 더 세분화된 기준의 하위 범주로 나뉜다. 주된 범주의 첫 번째는 **숙달목표지향성**[mastery goal orientation; 때로는 배움목표지향성(learning goal orientation), 과제목표지향성(task goal orientation)이라고 불리기도 한다]으로 불린다. 숙달목표지향성이란 배울 내용을 익히고, 향상하고 완전히 숙달하는 데 초점을 맞추는 관점이다. 둘째 범주는 **수행목표지향성**[performance goal orientation; 때로는 자아목표지향성(ego goal orientation), 능력목표지향성(ability goal orientation)으로 불리기도 한다]이다. 수행목표지향성이란 외부적 기준 혹은 상대평가에 맞춰 능력을 입증하는 것에 집중한다. 이 각 지향점들은 더 세부적으로 접근 경향(approach tendency, 성공을 향해 다가서기) 혹은 회피 경향(avoidance tendency, 실패에서 멀어지기)으로 나뉜다.

숙달접근경향성(mastery approach orientation)이란 과제를 능력 **향상**을 위해 스스로 익히고, 진보 · 숙달할 기회로 보는 학생의 경향성을 나타낸다. **숙달회피경향성**(mastery avoidance orientation)이란 과제이해와 과제처리가 뒤떨어지는 것을 피하는 데 집중하는 학생의 경향성을 나타낸다(Cury, Elliot, Da Fonseca, & Mollar, 2006; Elliot, 1999; Hullenman, Schrager, Bodmann, &

Harackiewicz, 2010; Pintrich, 2000).

이와 달리 **수행접근지향성**(performance approach orientation)에서는 과제란 자기 지식과 기술을 남들에게 입증할 기회라고 생각하는 학생의 경향성을 나타낸다. 그들은 성적 같은 점수, 상장 혹은 등수가 자신의 능력을 **증명**할 기회라고 생각한다. 마지막으로 **수행회피경향성**(performance avoidance orientation)은 자신의 낮은 능력, 성적, 혹은 상대적으로 빈곤한 수행 결과를 회피하는 데 집중하는 학생의 경향성을 의미한다(Elliot & Harackiewicz, 1996; Middleton & Midgley, 1997). 이 차이점은 〈표 9-1〉에 요약되어 있다.

〈표 9-1〉 성취목표지향의 주요 범주

	숙달목표지향성 (mastery goal orientation)	수행목표지향성 (performance goal orientation)
접근 경향 (approach tendency)	• 배움, 향상, 완전히 숙달하는 데 집중 • 성공은 진보와 지식을 획득했다는 관점에서 정의됨	• 자신의 기술, 능숙도, 능력을 증명하는 데 집중 • 성공은 성적, 상, 상대평가에 의해 정의됨
회피 경향 (avoidance tendency)	• 낮은 능력, 낮은 이해력을 숨기는 데 집중 • 성공은 기술을 유지하고 실수, 착각을 범하지 않는 것이라는 관점에서 정의됨	• 능숙하지 못함과 능력의 부족을 피하는 데 집중 • 성공은 외부 기준에 비추어 실패하지 않았고 다른 사람들보다 뒤떨어지지 않았다는 관점에 의해 정의됨

개인적 믿음(나는 왜 노력하고 성취해야 하는가?)과 사회적 맥락(본인이 속한 집단이 추구하는 목표지향성), 이 둘 사이에서 개인의 목표지향성이 결정된다. 여러 학교 및 교실은 숙달목표 혹은 수행목표를 지향한다. 이러한 다양한 지향점은 **목표체계**(goal structures)로 유목화될 수 있다(예: Meece, Anderman, & Anderman, 2006; Midgley, 2002; Urdan, 2004b). 이에 따라 우리는 숙달접근, 숙달회피, 수행접근, 수행회피 지향성들이 약간씩 조합된 학급을 생각해 볼 수 있다. 목표지향이론의 중요한 가정은 학급, 학교의 특정 목표체계가 학

생들의 목표지향성에 영향을 미친다는 것이다(Kaplan, Middleton, Urdan, & Midgley, 2002). 이 말은 숙달지향성이 강조된 환경에 있다고 느낄 때 학생들이 숙달지향성을 갖게 되는 경향을 의미한다. 이 가정은 수많은 경험적 연구로 지지되었다(예: Anderman & Midgley, 1997; Bong, 2008; Kim, Schallert, & Kim, 2010; Roser, Midgley & Urdan, 1996; Urdan, 2004a; Wolters, 2004).

2. 주요 연구 개관

20년 넘게 학생의 목표지향성, 교실목표체계에 대한 상당수의 경험적 연구들이 수행되었다. 이들 중 많은 연구가 학령기 학생을 대상으로 정규학교에서 실행되었다. 개인의 목표지향성과 교육적 성과와의 연관성은 각 학교급에 따라 다르게 나타난다는 증거가 있다. 이 말은 대학교 연령대에서 발견된 패턴과 초·중·고등학생에게 나타난 패턴이 다름을 뜻한다(예: Harackiewicz, Barron, & Elliot, 1998; Midgley, Middleton, & Kaplan, 2001). 이 글에서 소개되는 연구 결과들 속에서 우리는 연령별 차이를 강조할 것이다.

1) 교육적 성과와의 관계

(1) 학업성취, 동기, 학교 관련 효과들

가장 일관되게 발견되는 연구 결과는 숙달-접근 목표지향성과 학습 관련 여러 긍정적 성과의 정적 연관성이다. 숙달지향성을 가진 학생은 적절한 과제(예: 너무 어려운 과제, 혹은 너무 쉬운 과제는 피함)를 선택하는 경향이 높았다. 학습과제 해결을 위해 더욱 수준 높은 인지처리 전략(예: 이전 학습 지식을 어떻게 이용해 주어진 과제를 해결할지 생각하기)을 선택했으며 자기조절력도 뛰어났다. 과제의 난이도에도 불구하고 노력하고 노력을 지속하는 경향성이 높았다. 또한 과제에 실패하더라도 능력을 탓하기보다는 노력 부족 탓으로 귀인하였다(E. Anderman & Maehr, 1994; Meece et al., 2006; Urdan, 1997).

목표지향이론 연구 중 가장 흥미로운 발견 중 하나는 숙달목표지향성이 학생의 성적을 직접적으로 예측하는 경우가 매우 드물다는 것이다. 비록 여러 연구가 숙달목표지향성과 성적의 관계를 조사했지만(Shim, Ryan, & Anderson, 2008), 많은 수가 관계성의 증거를 찾지 못했다(Anderman & Wolter, 2006; Meece et al., 2006). 이미 증명된 숙달목표지향성과 노력지속성, 인지전략 사용 간의 연관성을 고려할 때, 이 결과는 매우 놀랍다. 이에 대한 가능성 있는 1가지 설명은 학교의 일반적 평가 방법은 깊이 있는 공부나 몰입과는 거리가 멀다는 것이다. 숙달지향성은 일정 방향으로 학습을 증진시키나 현 학교평가체제에서는 그 향상을 측정하지 못한다(Grant & Dweck, 2003; Meece et al., 2006). 숙달지향성과 성적 간 연구 결과에 대한 또 하나의 설명이 있다. 숙달목표는 학업성취에 직접적 영향은 못 주나 간접적 영향을 줄 수 있다는 것이다. 예를 들어, 청소년을 대상으로 한 종단연구에서 숙달목표와 시사문제 학습 간 연관성이 발견되었다. E. Anderman과 Johnston(1998)은 숙달경향성을 가진 학생들이 학교 밖 새로운 소식에 더 관심을 갖는다는 것을 발견했다. 실제 숙달경향성이 학생의 시사문제에 대한 지식의 양을 예측하는 것으로 나타났다. 그러므로 숙달목표경향을 갖는 것은 결국 지식 습득에 도움이 되는 행동(학교 밖 소식에 집중하는 것)을 예측하는 것과 같다. 이 결과는 학생의 사전지식을 통제한 상태에서도 유의미하게 나타났다.

학습 전략적 측면에서 Lau와 Lee(2008)는 학생이 인식한 학급의 숙달목표지향체계와 학습 전략 사용(시험 보기 전 공부할 계획을 세우는 행동) 간의 높은 연관성을 발견했다. Coutinho와 Neuman(2008)은 또한 숙달-접근 목표지향성을 가진 학생은 깊이 있는 과제처리 과정(즉, 비판적 사고를 사용한 처리 과정)과 피상적 과제처리 과정(예: 기계적인 암기) 모두를 사용하는 경향을 발견했다. 이 결과는 숙달-접근 목표지향성을 가진 학생들이 과제를 학습할 가장 좋은 방법을 찾아 선택, 결정할 수 있는 능력을 가졌다는 것을 뜻한다. 이와 대조적으로 Phan(2009)은 오직 숙달목표지향성과 깊이 있는 과제처리 과정에 관한 연관성만 발견했다. 이 모든 것을 종합해 볼 때, 연구들은 숙달목표지향성을 가진 학생들이 과제에 대해 더 비판적으로 생각한다는 것을 의미한다. 아마도 과제해결 방법 선택 시 더 나은 결정을 한다고 볼 수도 있다.

또한 숙달목표는 다른 많은 장기적 교육 성과와도 연관이 있다. 예를 들어, Halvari, Skjesol과 Bagøien(2001)은 체육수업에서 숙달목표를 지향하는 분위기 형성이 과제 능숙도, 출석, 수업에 대한 긍정적 태도를 예측한다는 것을 발견했다. 또한 숙달목표를 가지는 학생이 선택적 교육과정(수업을 들어도 되고 안 들어도 될 때)에서 더 많이 수강하는 것으로 나타났다. 예를 들어, Harackiewicz와 동료들은 심리학 개론을 수강하는 학생 중 숙달목표를 가진 학생이 나머지 대학생활 동안 심리학 관련 수업을 더 많이 수강하며 전공을 심리학으로 더 많이 선택하는 것으로 나타났다(Harackiewicz, Barron, Tauer, Carter, & Elliot, 2000).

다른 연구는 숙달목표지향성과 내재적 동기를 연결하였다. Spinath와 Steinmayr(2012)는 독일의 11학년 학생 48명을 1년에 걸쳐 추적 연구하였다. 그 결과, 숙달목표지향성은 내재적 동기의 향상을 예측했다. 비슷하게 Jagacinksi, Kumar, Boe, Lam과 Miller(2010)는 심리학개론 수업에서 학기 초 숙달목표를 가진 학생일수록 학기 말에 수업 흥미도가 높다는 것을 발견했다. Sungur와 Senler(2010)는 초등학생(4~8학년)을 대상으로 접근지향 목표(숙달, 수행 모두)를 가진 것과 내재적 동기 간의 긍정적 연관이 있음을 입증했다. 게다가 Gehlbach(2006)은 9~10학년 학생들을 대상으로 1년간 사회수업에서 동기를 조사했다. 그 결과, 높은 숙달목표지향성을 가진 학생일수록 높은 수준의 흥미를 갖는 것으로 나타났다. 마지막으로 Roser와 동료들(1996)은 숙달목표를 갖는 것은 학업적 자기효능감을 높임으로써 간접적으로 성적에 영향을 준다고 보고했다. 그리고 Coutinho와 Newman(2008)에 따르면 숙달접근목표는 대학생들의 높은 자기효능감을 예측하는 것으로 나타났다. 그러므로 학생들이 교실 내 숙달목표지향체계를 인식하는 것은 자기효능감, 내적동기화에 대한 중요한 예측변수일 수 있다. 나아가 학업성취에도 영향을 끼칠 수 있을 것이다.

마지막으로 숙달목표지향성은 교실에 긍정적 영향을 끼친다. Huang(2011)은 학생의 목표지향성과 그들의 정서를 조사한 78개의 글을 메타분석했다. 그는 숙달목표들이 강한 긍정 정서와 연관 있으며, 숙달지향목표들은 학생의 안녕감(well-being)에 긍정적 영향을 미친다는 것을 발견했다. Kaplan과 Maehr(1999)는 숙달목표지향성을 가진다는 것은 학생의 안녕감과 정적 연관이 있는 반면, 수행목표지향성을 가진다는 것은 학교와 안녕감에 대한 부정적 감정과 관련이 있음을 발견했다. 계속된 연구에서 Kaplan과 Midgley(1999)는 문제해결 전략은 목표지향성과 학교 관련 정서들 간의 관계에서 매개요인으로 작용한다는 것을 입증했다. 숙달목표지향성은 수행목표지향성보다 더 적응적 문제해결 전략과 연관이 있다. 그리고 숙달목표지향성을 가진 학생은 더 적응적 문제해결 전략을 사용하며, 이는 긍정적 학교 관련 정서와 연관성을 가진다. 목표지향성과 목표체계들 사이의 연관성에 관한 연구와 목표지향성과 학생의 정서적 성과들에 대해 더 많은 연구가 필요하다. 그러나 결론적으로 이 연구들은 숙달목표가 수행목표보다 학령기 학생의 안녕감과 더 큰 연관성이 있음을 일관적으로 보여 준다.

(2) 학교 내 행동

숙달목표지향성은 모든 종류의 학생들의 긍정적 성과와 관련이 있다. 그런데 특히 부적응적 행동을 하는 학생에게 도움이 될 수 있다. 예를 들어,

Agbuga, Xiang과 McBride(2010)는 방과 후 학교에서의 문제행동을 조사했다. 3~6학년 학생 158명을 조사한 이 연구는 숙달목표지향성을 가진 학생이 다른 학생들보다 문제행동에 덜 가담하려는 경향이 있음을 발견했다. 목표지향성과 문제행동 사이에 연관성이 있다는 이전 연구를 바탕으로 Kaplan과 동료들(2002)은 자기보고서를 이용한 연구에서 개인적 숙달목표지향성은 더 낮은 수준의 문제행동과 연관 있었으며 그와 대조적으로 수행접근, 수행회피 목표지향성은 높은 수준의 문제행동과 연관이 있었음을 보였다. 게다가 이 연구들은 각 교실의 분위기에 따라 문제행동의 수위도 달라진다는 것을 발견했다. 학급이 숙달목표체계를 가진다는 학생의 인식은 낮은 수준의 문제행동과 연관성이 있었고, 반면 수행접근체계를 강조한다는 학생의 인식은 높은 수준의 문제행동과 상관이 높았다. 이 연구 결과들을 해석해 주는 설명은 일찍이 Kaplan과 Midgley(1999)가 논의한 바 있다. Kaplan과 Midgley는 이른 청소년기 학생들의 교실목표체계에 대한 인식이 장기적으로 학업 대처 전략 양상 및 학교 관련 정서들과 연관성이 있음을 발견했다. 학급이 숙달목표체계를 가진다는 학생의 인식은 학생이 적응적 문제 대처 전략을 사용하고 긍정적 정서를 가진다는 것을 예측했다. 반면, 학급이 수행목표체계를 가진다고 학생이 인식한다는 사실은 학생의 부적응적 문제 대처, 부정 정서와 연관성을 가졌다. 학생들의 문제 대처와 정서 양상은 부적응적 행동의 원인으로 작용할 수 있다.

숙달목표지향성은 또한 학생의 학교과제에 대한 끈기와 관련성을 가진다. Sideridis와 Kaplan(2011)은 실패 경험에 직면할 때 숙달목표지향성을 가진 대학생은 수행접근 및 수행회피 지향성을 가진 학생보다 더 오랜 시간을 들여 과제를 수행함을 입증했다. 게다가 Lau와 Nie(2008)는 학생의 숙달목표지향성과 해당 학급의 숙달목표체계에 대한 인식 모두 학생의 문제회피 전략 사용 및 노력 철회와 부적 상관관계를 가진다는 것을 발견했다. 이 결과는 숙달목표를 지향하는 학생들이 문제를 덜 회피하며, 문제가 어렵고 귀찮다고 생각해도 덜 포기한다는 것을 의미한다. 그러므로 교실의 숙달목표체계는 학생의 문제행동예방 측면뿐 아니라 실패나 도전에 맞서 끈기를 고무시킨다는 측면에서도 중요하다.

(3) 자기변명화 현상[1)]

학업적 자기변명화 현상 연구는 적어도 표면적으로 납득하기 어려운 학생의 행동에 대해 탐구한다. 중요한 과제 혹은 시험에 앞서 어떤 학생들은 명백히 문제를 악화시키는 행동에 집중한다. 중요한 과제를 끝마치기보다는 사교활동에 전념하거나 시험 전날 공부하지 않으면서 밤을 새는 행동이 그 예가 될 수 있다. 자기변명화 현상은 성취해야만 하는 과제를 앞두고 일어나는 예방 전략으로 정의된다. 이 전략은 예상되는 낮은 수행 결과에 대해 체면을 세울 핑계를 만드는 것이 목적이다(Urdan & Midgley, 2001). 만약 낮은 성적이 걱정될 경우 자기변명화 현상은 낮은 성적의 그럴듯한 변명거리로 작용할 수 있다. 이 변명은 학생의 학업능력 부족을 감춰 준다. 자기가치감을 단기적으로 보호하기 위해 고안된 이 행동은 불행하게도 장기적으로 학습과 학업성취에 해로운 영향을 끼친다.

자기변명화 행동을 연구해 온 학자들은 수행회피목표가 이 자기변명화 행동과 강한 연관성을 가진다고 일관되게 보고해 왔다(예: Elliot & Church, 2003; Midgley & Urdan, 1995; Urdan, 2004a; Urdan, Midgley, & Anderman, 1998). 즉, 실패를 피하거나 능력에 대한 부정적 평가(바보같이 보이기)를 회피하는 데 집중하는 학생은 문제해결보다 문제를 더 키워 핑계를 만드는 전략에 더 몰입한다. 자신의 능력이 어떻게 평가받는지에만 집중하면 학생은 오히려 수행능력을 저해하는 행동에 몰입한다. 반대로 학급의 숙달목표를 지지하고 숙달목표체계를 인식하는 것은 자기변명화 행동 수준과 연관성을

1) 자기변명화 현상(self-handicapping): 일부러 실패하기 위한 구실을 만드는 현상—역자 주

가진다(Midgley & Urdan, 2001; Pintrich, 2000b). 학생들이 배움과 그 과정에 집중할 때, 결과적으로 성취를 손상시키는 행동에 덜 몰입하게 된다.

(4) 부정행위와 학업적 부정직

부정행위와 표절은 학교에서 볼 수 있는 대표적인 부적절한 행동이다. 많은 연구에서 이 행동들과 목표지향성의 연관성이 발견되었다. 자기변명화 현상에서 살펴본 것과 마찬가지로 숙달목표지향성을 가진 학생은 부정행위 같은 행동을 할 이유가 거의 없다. 과제숙달, 공부내용 이해에 집중하는 학생의 입장에서 부정행위란 문제를 해결하기보다는 문제를 더 키우는 행동이다(Anderman, Griesinger, & Westerfield, 1998). 이와 대조적으로 학생이 자신의 능력을 보여 주려 하거나 능력 부족을 들키지 않는 데 집중할 때, 부정행위는 실행 가능한 대안적 전략이 될 수 있다. 이와 같은 패턴은 경험적 연구들에 의해 지지되었다. 숙달목표지향성을 가진 학생은 동료들보다 부정행위를 덜 한다(이미 알려진 부정행위를 예측하는 요인들을 고려하더라도). 이는 시험에서의 부정행위, 서술형 평가에서의 표절에도 똑같이 적용된다(Stephens & Gehlbach, 2007). Anderman과 Midgley(2004)는 중・고등학생을 대상으로 실시한 부정행위에 관한 자기보고식 검사 연구를 실시했다. 학생들은 숙달목표를 강조하는 학급에서 숙달목표를 덜 강조하는 학급으로 이동했을 때 부정행위가 증가했다. Anderman, Cupp과 Lane(2010)은 부정행위에 폭넓게 연관된 학생들도 학급이 숙달목표체계를 가졌다고 인식할 경우 부정행위를 덜 한다는 것을 발견했다.

이 같은 일관된 연구 결과에도 불구하고 숙달목표, 수행목표 양쪽을 포함해 진행된 연구 결과들을 주목하는 일은 중요하다. 몇몇 연구에서 수행목표는 부정행위에 영향을 준 반면, 숙달목표는 부정행위에 전혀 영향을 주지 않았다. 즉, 2가지 목표지향성을 모두 포함해 분석했을 때 수행목표는 부정행위의 경향성을 점치는 예측변수로 분석된 반면, 숙달목표는 연관성이 없었다(예: Anderman et al., 1998; Murdock, Hale, & Wever, 2001). 다시 말해, 수행목표지향성(능력의 입증 혹은 무능력을 드러내는 상황의 회피를 강조하는 것)은 숙달목표지향성보다 학업적 부정직을 이해하는 데 더 중요한 요소일 수 있다. 학생의 능력을 심사한다는 면에서 학업평가를 바라볼 때 이 같은 결과는 놀라운 일이 아니다.

학교 내 벌어질 수 있는 바람직하지 못한 행동들이 여러 목표지향성과 어떤 관련성이 있는지 다소 의견이 엇갈린다. 수행목표는 학생의 나이, 학습 상황, 특정 행동의 종류에 따라 매우 다양한 차이가 있기 때문에 학교에서의 행동과 복잡한 방식으로 연관성을 갖는다. 그러나 숙달목표는 일관되게 긍정적 믿음, 긍정적 행동들과 연관성을 지닌다. 최소한 바람직하지 않은 결과들과는 연관성이 없다. 그러므로 수행목표경향성을 낮추거나, 낮추도록 이끌어야만 하는가에 대해서는 여전히 논의가 진행 중이다. 하지만 학생을 위해 숙달목표경향성을 강화해야 한다는 사실은 명백하다.

3. 측정 문제

학생 개인의 목표지향성과 교육 환경(교실, 학교 등)의 목표체계에 대한 인식 둘 다 학생 스스로 주관적으로 개념화한다. 그러므로 이를 측정하기 위해서는 자기보고식 측정 방법이 가장 적절하다. 몇 가지 집단 측정조사가 다양한 나이, 다양한 학년의 학생들의 목표경향성을 측정하기 위해 개발되어 왔다. 일반적으로 어린 학생의 응답 타당성이 의심될 때 3학년 이하의 학생에게는 실행을 추천하지 않는다.

가장 잘 알려진 학령기 아동을 대상으로 한 조사도구는 적응적 학습패턴 조사(Patterns of Adaptive Learning Survey: PALS; Midgley et al., 2000)이다. 적응적 학습패턴 조사(이하 PALS)는 처음에 초등학생과 중학생을 대상으로 개발되었고, 이론적 발전을 반영하기 위해 여러 번 개정되었다. 그러나 PALS가 숙달회피경향성 측정을 포함하지 않는다는 사실을 명심해야 한다. 숙달회피경향성은 이 척도가 출판된 후에 제안된 이론이다. PALS의 척도는 중학생 이상의 학생에게도 사용되어 왔다. 고등학생(예: E. Anderman & Midgley, 2004; Gutman, 2006)과 대학생(예: Hsieh, Sullivan, & Guerra, 2007; Shim & Ryan, 2005)에게도 사용되었다. 또한 PALS는 민족적 다양성을 대표하는 학생, 사회경제적 다양성을 대표하는 학생에게도 사용되었으며, 학습장애를 가진 학생과 같이 더 규모가 작은 집단의 학생에게도 사용되었다(E. Anderman & Young, 1994; Barron, Evans, Varanik, Serpell, & Buvinger, 2006). 이 척도의 심리측정적 특성들에 관한 내용은 Midgley와 동료들(1998)에 의해 보고되었다. 이에 더해 척도의 내적 일관성, 개정된 척도의 요인구조에 대한 정보는 측정조사 안내서(www.umich.edu/~pals/manuals.html)에서 찾을 수 있다. 모든 문항, 전문가 지침서, 참고문헌을 포함한 PALS에 관한 모든 정보는 자유롭게 열람 가능하다(www.umich.edu/~pals/).

학생의 목표경향성을 조사하는 또 다른 대안적 측정척도로 학습동기전략척도(Motivated Strategies for Learning Questionnaire: 이하 MSLQ; Pintrich, Smith, Garcia, & McKeachie, 1993)와 성취목표척도(Achievement Goals Scale; Elliot & Church, 1997)가 있다. 이 두 척도 모두 광범위하게 사용되어 왔으며 심리측정적 특성들이 입증되었다. 이 두 척도는 일반적으로 PALS보다 더 나이 많은 학생을 대상으로 한다. MSLQ는 중학생(Pintrich & de Groot, 1990)부터 대학생까지의 연령을 대상으로 시행되었다. 성취목표척도는 주로 대학생을 대상으로 사용되었다(Church, Elliot, & Gable, 2001).

비록 학급목표체계가 학생의 인식에 의해 개념화되지만 교사행동관찰(이론적으로 학생의 목표체계 인식과 관련되어 있다고 여겨지는 교사의 행동들)을 기반으로 학급목표체계를 측정하려는 시도가 있었다. Patrick, Anderman, Ryan, Edelin과 Midgley(2001)은 교실관찰도구를 개발했다. 이 척도의 이름은 적응적 학습양식 관찰(Observing Patterns of Adaptive Learning: 이하 OPAL; Patrick et al., 1997)이다. OPAL은 명백하게 교수양식 차원에 초점을 맞춘다. 사용 가능한 다른 조사척도들과 비교하여 OPAL의 특성(척도가 다양한 상황하에서 유용한지에 관한 정보가 적다)에 관한 정보는 매우 적다. 이 척도의 안내서는 www.umich.edu/~pal/manuals.html에서 열람이 가능하다.

4. 교육적 시사점

교실목표체계가 학생의 목표지향성에 미치는 영향은 지대하다(Bong, 2008; Kim et al., 2010). 교사가 학업목적, 학업성취에 관해 던지는 메시지는 학생 개인의 동기신념에 큰 영향을 미친다. 이 연구들은 주로 초등학교 고학년과 중학생을 대상으로 시행되어 왔지만, 고등학생과 대학생의 숙달목표경향성이 긍정적 성과와 연결된다는 연구도 있었다(Coutinho & Neuman, 2008; Jagacinksi et al., 2010; Sideridis & Kaplan, 2011; Spinath & Steinmayr 2012). 숙달목표체계와 긍정적 성과들 간의 명백한 관련성을 고려하여, 우리는 교사가 확실한 숙달목표체계에 관해 학생들과 의사소통할 것을 제안한다. 숙달목표지향성을 강화하는 메시지는 초기 학령기부터 시작해 일관되게 지속되어야만 한다.

학급 내 숙달목표체계 촉진에 관심 있는 교사들에게 유용한 도구로 TARGET 체계[TARGET: 과제(Task), 권위(Authority), 인정(Recognition), 함께 작업하기(Grouping), 평가(Evaluation), 시간(Time); Ames, 1992]가 있다. 이 체계는 교실 내 숙달목표에 관해 의사소통하도록 도와주는 구체적인 교실 내 관습들을 제시한다. 예를 들어, 교사는 학생들이 함께 작업하도록 모둠을 만들어 주고 협동 자체를 인정해 준다. 또한 학생 개인별로 발전하고 배울 수 있는 시간을 준다. 과제처리속도를 강조하거나 학생의 능력을 입증하는 것에 초점을 맞추지 않는다. 최근 몇몇 연구자는 7번째 요인인 사회적 지지(social support)를 이 체계에 추가해 TARGETS 체계를 만들었다(Patrick & Ryan, 2008). 교실 내 관습과 관련된 이 요인들의 구체적 특징은 〈표 9-2〉에 제시되어 있다.

〈표 9-2〉 숙달목표체계를 촉진하는 교실 관습의 특징

	강조점	지양할 점
과제 (Task)	• 적절한 수준의 도전과제 • 과제를 학습해야 하는 이유 제공 • 다양한 과제를 제시하고 선택권 제공 • 문제해결, 고차적 사고, 복잡성 강조	• 낮은 수준의 과제, 단순 반복학습 남용 • 모든 학생이 같은 과제를 같은 시간에 수행 • 시험에 관해 교수
권위 (Authority)	• 의사결정 과정에 학생들의 적절한 참여 • 자기조절을 위해 선택권과 기회를 제공, 이때 기회는 교사의 관리하에 통제됨 • 문제해결 방법에 대해 학생들의 여러 대안적 관점, 제안, 다양한 방안을 허용	• 오직 위에서 아래로의 의사결정 방식만 허용 • 오직 한 가지 문제해결 방법만 논의
인정 (Recognition)	• 발전, 노력, 지적인 위험 감수 • 학생 성과를 인정하고 치하함 • 학생에게 개인적으로 피드백함	• 공식적으로 최고의 작품이라고 특정 작품을 제시하거나 혹은 또 다른 상대평가적 표현을 보임 • 상대적으로 단순한 작업에 과도한 칭찬 • 학생 간 성취 비교
모둠 작업 (Grouping)	• 융통성 있는 모둠 조직, 상황을 고려해 동질모둠이 아닌 다양한 학생들이 섞인 이질모둠을 조직 • 때로는 학생의 기호, 선택에 기초해 모둠 조직	• 능력별 모둠을 조직해 장기간 배치 • 모둠 내 혹은 모둠 간 경쟁시키기

평가 (Evaluation)	• 교수학습 설계를 위한 진단적 평가 사용 • 학생의 자기평가를 포함시킴 • 다양하고 복합적인 자료를 바탕으로 평가 • 학생의 발전과 노력을 평가에 포함시킴	• 한 가지 시험, 한 가지 형식의 평가에 지나치게 의존 • 학생들 간 비교함
시간 (Time)	• 학습할 내용을 깊게 탐구할 수 있도록 융통성 있게 시간 조절 • 학생 개인별 속도에 맞춰 줌	• 과제해결 시 시간에 맞출 것을 압박 • 모든 학생이 정해진 시간에 과제를 끝마칠 것을 기대함
사회적 지지 (Social Support)	• 개인적 지지와 온정을 일관되게 보여 줌 • 학생의 학습에 헌신하고 신뢰한다는 것을 전달해 교사의 지지를 표현 • 학생 간 상호 지지와 협동을 강화	• 특정 학생에게만 집중하고 관여함 • 학생들의 성공에 대해 관례적인 기대를 표시 • 학생 개인 작업에만 초점을 맞춤

출처: Anderman, Patrick, Hruda, & Linnenbrink (2002); Anderman, Andrzejewski, & Allen (2011); Midgley & Urdan (1992); Patrick (2004) 참조.

교실관습에 대한 이 요인들은 개별적으로 작용하며, 때로는 서로 상호작용하기도 한다. 이 요인들의 구체적 예는 한정된 수의 질적 연구와 다양한 방법 연구들에 의해 제시된 것이다. Patrick과 동료들(2001)은 5학년 학생들에게 그들의 교사가 어떤 목표체계를 가졌는지 물었다. 그리고 그 교사들의 교수 방식, 행동 등을 조사, 기술했다. 이 연구에 따르면 숙달지향경향성을 가진 교사들은 교실 규칙을 만드는 데 학생들을 적극 참여시켰다(TARGETS 체계의 권위 요인). 또한 숙달지향경향성을 지닌 교사는 학생이 자율성을 발휘할 기회를 제공했다. 그리고 피드백을 할 때 성취보다는 학생의 발전에 초점을 두었다. 최근의 여러 질적 연구는 숙달목표경향성을 지지한다고 인식된 교사들이 구체적으로 어떤 행동을 하며 학생들과 어떻게 의사소통하는지에 대해 풍부하고 상세한 자료를 제공했다(Anderman et al., 2011; Turner &

Meyer, 2004). 이 연구들은 숙달지향성을 가진 교사가 도전기회와 배려를 제공한다는 것을 밝혀냈다. 또한 숙달지향 교사는 적절한 속도로 교수하고, 학생이 탐구하도록 격려하며, 학생이 교실에서 긍정 정서를 느끼도록 고취시킨다. 마지막으로 Patrick과 Ryan(2008)은 학생이 교사가 숙달목표지향성을 가졌는지 평가할 때 어떤 점을 중요하게 생각하는지에 대해 조사했다. 학생들은 교사가 과제를 해결할 수 있는 충분한 시간을 제공하는지, 학생의 실수를 받아들이고 재차 기회를 제공하는지, 학생들의 노력을 인식하고 평가하는지, 교사와의 배려적 관계를 형성하는지가 중요하다고 이야기했다. 이 연구는 교실 내 숙달목표체계를 세우는 교사의 구체적인 행동들과 의사소통 방법들을 제시해 준다. 또한 숙달목표지향 교수법이 실제 상황에서 어떻게 펼쳐지는지 보여 줬다는 데 의의가 있다.

마지막으로 숙달목표체계를 개발 · 강화하는 것은 교실 바깥에서도 매우 중요한 일이다. 학교 방침이 개별 교실에서 숙달목표체계를 발전시키려는 노력을 방해할 수도 있다(Maehr & Midgley, 1991). 예를 들어, 읽기수업 시 교실에서는 양질의 읽기와 수준별 읽기를 강조하는 반면, 학교 방침은 가장 많은 책을 읽은 학생에게 포상하거나 특정한 권수만큼 책 읽기를 목표로 한다면 두 가치는 충돌할 수밖에 없다. Maechr와 Midgley(1991)는 교실뿐 아니라 학교 전체에 적용할 수 있는 TARGET 체계를 제안한다. 예를 들어, 과제(Task)라는 측면에서 Maehr와 Midgley(1991)은 다음과 같은 본질적 질문을 던진다. '의미 있고, 도전적이고, 흥미로우며, 중요한 과제인가?' 학교는 교육과정, 구체적 교수학습 프로그램을 설계할 때 이 질문들을 고려해야만 한다. 또한 교육과정 설계 시 학생의 피드백을 고려해야 함을 의미한다. 그리고 다양한 교수학습 경험을 가진 여러 교사의 경험도 포함되어야 한다.

교수학습평가의 관점에서 부진 학생을 만들지 않는다는 정책(No Child Left Behind 정책) 시행 후 주 단위(미국의 행정구역)의 평가, 높은 부담을 주는 평가가 더욱 강력하게 추진되어 왔다. 이 같은 평가의 강화는 학교, 교사, 학생이 수행목표지향성을 갖도록 압박한다. 학생, 교사, 학교, 지역사회는 시험준비와 특정 점수 이상을 획득하는 데 어마어마한 시간과 노력을 쏟는다. 학교와 지역사회 단위의 결정은 학생들이 개인적 발전과 학습에 집중할 수 있도록 완충제 역할을 할 수 있다. 예를 들어, E. H. Anderman, L. H. Anderman, Yough와 Gimbert(2010)는 가치중심평가(valued-added evaluation, 개인의 발전에 초점을 맞춘 장기적 평가)를 제안했다. 또한 그들은 이러한 방식의 평가가 고부담 평가가 학생의 동기에 미치는 부정적 영향의 대부분을 감소시킬 수 있다고 말했다. TARGET 체계는 학생 개인이나 학급뿐 아니라 학교, 지역 단위의 목표지향성체계를 수립하기 위한 방법으로 사용될 수 있다.

결론적으로 목표경향이론의 발전은 지난 수십 년간 학생의 동기에 대한 풍부한 경험적 연구를 이끌었다. 수행목표지향성의 본질이나 함의 같은 몇 가지 논란점에도 불구하고 숙달지향목표경향성이 가진 장점은 널리 인정되고 있다(예: Anderman & Maehr, 1994; Anderman & Wolters, 2006; Meece et al., 1996; Urdan, 1997). 그러나 아마도 더 평가받아야 할 점은 목표지향성이론이 교실, 학교 전체, 나아가 더 넓은 지역사회 단위의 관습을 분석, 평가, 안내하기 위한 구체적 제안들을 제공한 일이다. 초·중·고등학교의 모든 연령대에서 교사는 학생의 목표지향성에 큰 영향을 끼친다는 증거들이 계속 쌓이고 있다. 교육자들이 학생의 심오한 이해, 개인적 발전, 자기향상을 기준으로 삼는 평가를 강조한다면 학생의 학업적·동기적·정서적 성과에 긍정적 영향을 끼칠 것이다.

참고문헌

Agbuga, B., Xiang, P., & McBride, R. (2010). Achievement goals and their relations to children's disruptive behaviors in an after-school physical activity program. *Journal of Teaching in Physical Education, 29,* 278–294.

Ames, C. (1987). The enhancement of student motivation. In M. L. Maehr & D. Kleiber (Eds.), *Advances in motivation and achievement, Vol. 5: Enhancing motivation* (pp. 123–148). Greenwich, CT: JAI Press.

Ames, C. (1992). Classrooms: Goals, structures, and student motivation. *Journal of Educational Psychology, 84,* 261–271.

Ames, C., & Archer, J. (1988). Achievement goals in the classroom: Students' learning strategies and motivation processes. *Journal of Educational Psychology, 80,* 260–267.

Anderman, E. M., Anderman, L. H., Yough, M. S., & Gimbert, B. G. (2010). Value-added models of assessment: Implications for motivation and accountability. *Educational Psychologist, 45,* 123–137.

Anderman, E. M., Cupp, P. K., & Lane, D. (2010). Impulsivity and academic cheating. *Journal of Experimental Education, 78,* 135–150.

Anderman, E. M., Griesinger, T., & Westerfield, G. (1998). Motivation and cheating during early adolescence. *Journal of Educational Psychology, 90,* 84–93.

Anderman, E. M., & Johnston, J. (1998). Television news in the classroom: What are adolescents learning? *Journal of Adolescent Research, 13,* 73–100. doi:10.1177/0743554898131005

Anderman, E. M., & Maehr, M. L. (1994). Motivation and schooling in the middle grades. *Review of Educational Research, 64,* 287–309. doi:10.3102/00346543064002287

Anderman, E. M., & Midgley, C. (1997). Changes in personal achievement goals and the perceived goal structures across the transition to middle schools. *Contemporary Educational Psychology, 22,* 269–298.

Anderman, E. M., & Midgley, C. (2004). Changes in self-reported academic cheating across the transition from middle school to high school. *Contemporary Educational Psychology, 29,* 499-517. doi:10.1016/j.cedpsych.2004.02.002

Anderman, E. M., & Wolters, C. (2006). Goals, values and affect. In P. Alexander & P. Winne (Eds.), *Handbook of educational psychology* (2nd ed., pp. 369-390). Mahwah, NJ: Erlbaum.

Anderman, E. M., & Young, A. J. (1994). Motivation and strategy use in science: Individual differences and classroom effects. *Journal of Research in Science Teaching, 31,* 811-831. doi:10.1002/tea.3660310805

Anderman, L. H., Andrzejewski, C. E., & Allen, J. (2011). How do teachers support students' motivation and learning in their classrooms? *Teachers College Record, 113,* 969-1003.

Anderman, L. H., Patrick, H., Hruda, L. Z., & Linnenbrink, L. (2002). Observing classroom goal structures to clarify and expand goal theory. In C. Midgley (Ed.), *Goals, goal structures, and patterns of adaptive learning* (pp. 243-278). Hillsdale, NJ: Lawrence Erlbaum.

Barron, K. E., Evans, S. W., Baranick, L. E., Serpell, N. Z., & Buvinger, E. (2006). Achievement goals of students with ADHD. *Learning Disability Quarterly, 29,* 137-158. http://www.jstor.org/stable/30035504

Bong, M. (2008). Effect of parent-child relationship and classroom goal structures on motivation, help-seeking avoidance, and cheating. *Journal of Experimental Education, 76,* 191-217.

Church, M. A., Elliot, A. J., & Gable, S. L. (2001). Perceptions of classroom environment, achievement goals, and achievement outcomes. *Journal of Educational Psychology, 93,* 43-54. doi:10.1037//0022-0663.93.1.43

Coutinho, S. A., & Neuman, G. (2008). A model of metacognition, achievement goal orientation, learning style and self-efficacy. *Learning Environment Research, 11,* 131-151. doi:10.1007/s10984-008-9042-7

Cury, F., Elliot, A. J., Da Fonseca, D., & Moller, A. C. (2006). The social-cognitive model of achievement motivation and the 2 X 2 achievement goal framework. *Journal of Personality and Social Psychology, 90,* 666-679. doi:10.1037/0022-3514.90.4.666

Dweck, C. S. (1986). Motivational processes affecting learning. *Journal of Personality and Social Psychology, 31,* 474–482.

Elliot, A. J. (1999). Approach and avoidance motivation. *Educational Psychologist, 34,* 169–189. doi:10.1207/s15326985ep3403_3

Elliot, A. J., & Church, M. A. (1997). A hierarchical model of approach and avoidance achievement motivation. *Journal of Personality and Social Psychology, 72,* 218–222.

Elliot, A. J., & Church, M. A. (2003). A motivational analysis of defensive pessimism and self-handicapping. *Journal of Personality, 71,* 369–396.

Elliot, A. J., & Harackiewicz, J. M. (1996). Approach and avoidance achievement goals and intrinsic motivation: A mediational analysis. *Journal of Personality and Social Psychology, 70,* 461–475.

Gehlbach, H. (2006). How changes in students' goal orientations relate to outcomes in social studies. *Journal of Educational Research, 99,* 358–370. doi:10.3200/JOER.99.6.358-370

Grant, H., & Dweck, C. (2003). Clarifying achievement goals and their impact. *Journal of Personality and Social Psychology, 85,* 541–553. doi:10.1037/0022-3514.85.3.541

Gutman, L. M. (2006). How student and parent goal orientations and classroom goal structures influence the math achievement of African Americans during the high school transition. *Contemporary Educational Psychology, 31,* 44–63. doi.org/10.1016/j.cedpsych.2005.01.004

Halvari, H., Skjesol, K., & Bagøien, T. E. (2011). Motivational climates, achievement goals, and physical education outcomes: A longitudinal test of achievement goal theory. *Scandinavian Journal of Educational Research, 55,* 79–104. doi:10.1080/00313831.2011.539855

Harackiewicz, J. M., Barron, K., & Elliot, A. (1998). Rethinking achievement goals: When are they adaptive for college students and why? *Educational Psychologist, 33,* 1–21.

Harackiewicz, J. M., Barron, K. E., Tauer, J. M., Carter, S. M., & Elliot, A. J. (2000). Short-term and long-term consequences of achievement goals: Predicting interest and performance over time. *Journal of Educational Psychology, 92,*

316–330. doi:10.1037/0022-0663.94.3.638

Hsieh, P., Sullivan, J. R., & Guerra, N. S. (2007). A closer look at college students: Self-efficacy and goal orientations. *Journal of Advanced Academics, 18,* 454-476. doi:10.4219/jaa-2007-500

Huang, C. (2011). Achievement goals and achievement emotions: A meta-analysis. *Educational Psychology Review, 23,* 359–388. doi:10.1007/s10648-011-9155-x

Hullman, C. S., Schrager, S. M., Bodmann, S. M., & Harackiewicz, J. M. (2010). A meta-analytic review of achievement goal measures: Different labels for the same constructs or different constructs with similar labels? *Psychological Bulletin, 136,* 422–449. doi:10.1037/a0018947

Jagacinski, C. M., Kumar, S., Boe, J. L., Lam, H., & Miller, S. A. (2010). Changes in achievement goals and competence perceptions across the college semester. *Motivation and Emotion, 34,* 191–204. doi:10.1007/s11031-010-9165-x

Kaplan, A., Gheen, M., & Midgley, C. (2002). Classroom goal structure and student disruptive behavior. *British Journal of Educational Psychology, 72,* 191–211. doi:10.1348/000709902158847

Kaplan, A., & Maehr, M. L. (1999). Achievement goals and student wellbeing. *Contemporary Educational Psychology, 24,* 330–358. doi:10.1006/ceps.1999.0993

Kaplan, A., Middleton, M. J., Urdan, T. C., & Midgley, C. (2002). Achievement goals and goal structures. In C. Midgley (Ed.), *Goals, goal structures, and patterns of adaptive learning* (pp. 55–84). Mahwah, NJ: Erlbaum.

Kaplan, A., & Midgley, C. (1999). The relationship between perceptions of the classroom goal structure and early adolescents' affect in school: The mediating role of coping strategies. *Learning and Individual Differences, 11,* 187–212. doi:10.1016/S1041-6080(00)80005-9

Kim, J., Schallert, D. L., & Kim, M. (2010). An integrative cultural view of achievement motivation: Parental and classroom predictors of children's goal orientations when learning mathematics in Korea. *Journal of Educational Psychology, 102,* 418–437. doi:10.1037/a0018676

Lau, K., & Lee, J. (2008). Examining Hong Kong students' achievement goals and their relations with students' perceived classroom environment and strategy use. *Educational Psychology, 28,* 357–372. doi:10.1080/01443410701612008

Lau, S., & Nie, Y. (2008). Interplay between personal goals and classroom goal structures in predicting student outcomes: A multilevel analysis of person–context. *Journal of Educational Psychology, 100,* 15–29. doi:10.1037/0022-0663.100.1.15

Locke, E. A., & Latham, G. P. (1990). *A theory of goal setting and task performance.* Englewood Cliffs, NJ: Prentice Hall.

Maehr, M. L., & Midgley, C. (1991). *Transforming school cultures.* Boulder, CO: Westview.

Meece, J., Anderman, E. M., & Anderman, L. H. (2006). Structures and goals of educational settings: Calearning goal structure, students' motivation, and academic achievement. In S. T. Fiske, A. E. Kazdin, & D. L. Schacter (Eds.), *Annual review of psychology* (Vol. 57, pp. 487–504). Stanford, CA: Annual Reviews. doi:10.1146/annurev.psych.56.091103.070258

Middleton, M. J., & Midgley, C. (1997). Avoiding the demonstration of lack of ability: An underexplored aspect of goal theory. *Journal of Educational Psychology, 89,* 710–718. doi:10.1037//0022-0663.89.4.710

Midgley, C. (Ed.). (2002). *Goals, goal structures, and patterns of adaptive learning.* Mahwah, NJ: Erlbaum.

Midgley, C., Kaplan, A., Middleton, M., Maehr, M. L., Urdan, T., Anderman, L., Anderman, E., & Roeser, R. (1998). The development and validation of scales assessing students' achievement goal orientations. *Contemporary Educational Psychology, 23,* 113–131. doi:10.1006/ceps.1998.0965

Midgley, C., Maehr, M. L., Hruda, L. Z., Anderman, E., Anderman, L., Freeman, K. E., . . . Urdan, T. (2000). *Manual for the Patterns of Adaptive Learning Scales (PALS).* Ann Arbor, MI: University of Michigan.

Midgley, C., Middleton, M., & Kaplan, A. (2001). Performance-approach goals: Good for what, for whom, under what circumstances, and at what cost? *Journal of Educational Psychology, 93,* 77–86. doi:10.1037/0022-0663.93.1.77

Midgley, C., & Urdan, T. (1992). The transition to middle level schools: Making it a good experience for all students. *Middle School Journal, 24*(2), 5-14.

Midgley, C., & Urdan, T. (1995). Predictors of middle school students' use of self-handicapping strategies. *Journal of Early Adolescence, 15,* 389-411. doi:10.1177/0272431695015004001

Midgley, C., & Urdan, T. (2001). Academic self-handicapping and achievement goals: A further examination. *Contemporary Educational Psychology, 26,* 61-75. doi:10.1006/ceps.2000.1041

Murdock, T. B., Hale, N. M., & Weber, M. J. (2001). Predictors of cheating among early adolescents: Academic and social motivations. *Contemporary Educational Psychology, 26,* 96-115. doi:10.1006/ceps.2000.1046

Nicholls, J. (1989). *The competitive ethos and democratic education.* Cambridge, MA: Harvard University Press.

Nichols, S. L., & Berliner, D. C. (2006). The pressure to cheat in a high stakes testing environment. In E. M. Anderman & T. B. Murdock (Eds.), *Psychological perspectives on academic cheating* (pp. 289-301). San Diego, CA: Elsevier.

Patrick, H. (2004). Re-examining classroom mastery goal structure. In P. R. Pintrich & M. L. Maehr (Eds.), *Advances in motivation and achievement, Vol. 13, Motivating students, improving schools: The legacy of Carol Midgley* (pp. 233-263). New York, NY: Elsevier.

Patrick, H., Anderman, L. H., Ryan, A. M., Edelin, K. C., & Midgley, C. (2001). Teachers' communication of goal orientations in four fifth-grade classrooms. *Elementary School Journal, 102,* 35-58.

Patrick, H., & Ryan, A. M. (2008). What do students think about when evaluating their classroom's mastery goal structure? An examination of young adolescents' explanations. *Journal of Experimenetal Education, 77,* 99-124.

Patrick, H., Ryan, A. M., Anderman, L. H., Middleton, M. J., Linnenbrink, L., Hruda, L. Z., . . . Midgley, C. (1997). *Observing Patterns of Adaptive Learning (OPAL): A protocol for classroom observation.* Ann Arbor: University of Michigan. Retrieved from http://www.umich.edu/-pals/finalopal.pdf

Phan, H. P. (2009). Relations between goals, self-efficacy, critical thinking and deep processing strategies: A path analysis. *Educational Psychology, 29,* 777-

799. doi:10.1080/01443410903289423

Pintrich, P. R. (2000). Multiple goals, multiple pathways: The role of goal orientation in learning and achievement. *Journal of Educational Psychology, 92,* 544–555. doi:10.1037/0022-0663.92.3.544

Pintrich, P. R., & de Groot, E. (1990). Motivational and self-regulated learning components of classroom academic performance. *Journal of Educational Psychology, 82,* 33–40. doi:10.1037/0022-0663.82.1.33

Pintrich, P. R., Smith, D. A. G., Garcia, T., & McKeachie, W. J. (1993). Reliability and predictive validity of the Motivated Strategies for Learning Questionnaire (MSLQ). *Educational and Psychological Measurement, 53,* 801–813. doi:10.1177/0013164493053003024

Roeser, R. W., Midgley, C., & Urdan, T. (1996). Perceptions of the school psychological environment and early adolescents' psychological and behavioral functioning in school. *Journal of Educational Psychology, 88,* 408–422. doi:10.1037//0022-0663.88.3.408

Shim, S., & Ryan, A. (2005). Changes in self-efficacy, challenge avoidance, and intrinsic value in response to grades: The role of achievement goals. *Journal of Experimental Education, 73,* 333–349. doi:10.3200/JEXE.73.4.333-349

Shim, R., Ryan, A. M., & Anderson, C. J. (2008). Achievement goals and achievement during early adolescence: Examining time-varying predictor and outcome variables in growth-curve analysis. *Journal of Educational Psychology, 100,* 655–671. doi:10.1037/0022-0663.100.3.655

Sideridis, G. D., & Kaplan, A. (2011). Achievement goals and persistence across tasks: The roles of failure and success. *Journal of Experimental Education, 79,* 429–451. doi:10.1080/00220973.2010.539634

Spinath, B., & Steinmayr, R. (2012). The roles of competence beliefs and goal orientations for change in intrinsic motivation. *Journal of Educational Psychology, 104,* 1135–1148. doi:10.1037/a0028115

Stephens, J. M., & Gehlbach, J. (2007). Under pressure or under-engaged: Motivational profiles and academic cheating in high school. In E. M. Anderman & T. B. Murdock (Eds.), *Psychological perspectives on academic cheating* (pp. 107–139). San Diego, CA: Elsevier.

Stevens, T., Hamman, D., & Olivarez, A., Jr. (2007). Hispanic students' perception of White teachers' mastery goal orientation influences sense of school belonging. *Journal of Latinos and Education, 6,* 55-60. doi:10.1080/15348430709336677

Sungur, S., & Senler, B. (2010). Students' achievement goals in relation to academic motivation, competence expectancy, and classroom environment perceptions. *Educational Research and Evaluation, 16,* 303-324. doi:10.1080/13803611.2010.523291

Turner, J. C., & Meyer, D. K. (2004). Are challenge and caring compatible in middle school mathematics classroom? In P. R. Pintrich & M. L. Maehr (Eds.), *Advances in motivation and achievement, Volume 13, Motivating students, improving schools: The legacy of Carol Midgley* (pp. 331-360). Oxford, UK: Elsevier.

Urdan, T. C. (1997). Achievement goal theory: Past results, future directions. In M. L. Maehr & P .T. Pintrich (Eds.), *Advances in motivation and achievement* (Vol. 10, pp. 99-141). Greenwich, CT: JAI.

Urdan, T. C. (2004a). Predictors of academic self-handicapping: Examining achievement goals, classroom goal structures, and culture. *Journal of Educational Psychology, 96,* 251-264. doi:10.1037/0022-0663.96.2.251

Urdan, T. C. (2004b). Using multiple methods to assess students' perceptions of classroom goal structures. *European Psychologist, 9,* 222-231. doi:10.1027/1016-9040.9.4.222

Urdan, T. C., & Midgley, C. (2001). Academic self-handicapping: What we know, what more there is to learn. *Educational Psychology Review, 13,* 115-138. doi:10.1023/A:1009061303214

Urdan, T. C., Midgley, C., & Anderman, E. M. (1998). The role of classroom goal structure in students' use of self-handicapping strategies. *American Educational Research Journal, 35,* 101-122. doi:10.3102/00028312035001101

Wolters, C. A. (2004). Advancing achievement goal theory: Using goal structures and goal orientations to predict students' motivation, cognition, and achievement. *Journal of Educational Psychology, 96,* 236-250. doi:10.1037/0022-0663.96.2.236

요약: 긍정적 동기화

- 학생들은 각기 다른 목표경향성을 가지고 과제에 접근한다. 즉, 학생은 노력하고 성취해야 할 이유, 성취하기 위한 총체적 목적, 그리고 성공을 정의하는 방법을 각자 다르게 인식한다.
- 숙달목표(mastery goal)는 학생의 배움과 능력 향상을 강조한다. 수행목표(performance goal)는 학생의 능력을 남들에게 증명하는 것을 강조한다.
- 숙달목표와 수행목표는 수직선상 반대쪽 양 끝에 위치한 것이 아니다. 어떤 학생이든 숙달목표와 수행목표가 혼합된 목표를 가질 수 있다. 또한 목표는 학습의 주제, 상황, 시간에 따라 다양하게 변할 수 있다.
- 숙달목표는 모든 학교급 학생의 긍정적 학업 성과, 긍정적 행동, 정서와 일관되게 연관성을 갖는 것으로 나타났다. 그러나 수행목표와 관련된 연구 결과들은 훨씬 엇갈린다. 학생의 나이, 교육 환경 그리고 학생이 성공에 초점을 맞추는지 아니면 실패 회피에 초점을 맞추는지에 따라 다양한 연구 결과가 나타난다.
- 학생 개인뿐 아니라 교실, 학교 그리고 성취와 연관된 어떤 집단이든 숙달목표나 수행목표를 가지고 있다고 말할 수 있다. 이를 '목표체계(goal structure)'라고 칭한다.
- 교육 정책, 관습들은 학생과 상호작용하며 특정 목표체계를 강조하고 학생의 개인적 목표 신념의 형성에 영향을 준다. 이 상호작용은 꼭 언어로만 전달되는 것이 아니라 교육 설계, 교육 내용 전달 방법, 평가 방법을 포함한다.

긍정적 동기화 추천자료

Anderman, E. M., & Anderman, L. H. (2013). *Classroom motivation* (2nd ed.). Columbus, OH: Merrill/Pearson.

교육자들을 위한 이 읽기 쉬운 책은 동기에 대한 이론보다는 실천적인 교수방법을 다루고 있다. 목표체계이론을 포함한 여러 최근 이론은 구체적인 교육정책들과 교수의 실제적 예와 관련해 다루어진다.

Anderman, E. M., & Wolters, C. A. (2006). Goals, values and affect. In P. Alexander & P. Winne (Eds.), *Handbook of educational psychology* (2nd ed., pp. 369-390). Mahwah, NJ: Erlbaum.

이 장(chapter)은 학생의 성취목표, 여러 동기적 변인과 연관된 연구증거에 대한 포괄적인 검토를 제공한다.

Maehr, M. L., & Midgley, C. (1991). *Transforming school cultures.* Boulder, CO: Westview Press.

이 책은 목표체계를 기초로 한 학교개혁 노력에 대해 기술한다. 연구팀은 한 초등학교와 중학교에서 학생의 학업동기를 증진시키기 위한 목표체계 개선 작업을 실행했다.

Midgley, C. (Ed.). (2002). *Goals, goal structures, and patterns of adaptive learning.* Mahwah, NJ: Erlbaum.

이 책은 목표체계의 관점에서 실행한 학업동기 종단연구(초등학생에서 중학생으로 전환기와 그 이후)의 발견들을 요약했다.

Patrick, H., Anderman, L. H., Ryan, A. M., Edelin, K., & Midgley, C. (2001). Teachers' communication of goal orientations in four fifth-grade classroom. *Elementary School Journal, 102,* 35-58.

이 논문은 목표체계이론의 관점에서 4명의 교사들의 교수방식을 상세히 기술했다. 이 논문은 교사들이 5학년 교실에서 숙달목표체계를 형성하는 여러 구체적 방법을 제시한다.

제10장

성취 정서

1. 서론

성취 정서는 학생의 학습, 발달, 수행에 있어 필수적이다. 특히 학습활동에서 얻는 즐거움, 성공에 대한 기대, 성취로 인한 자신감 등과 같은 긍정적 성취 정서는 더욱 그러하다. 긍정적인 성취 정서는 학생들이 목표와 도전을 계획하거나, 창의적인 문제해결을 도모하거나, 자기조절의 기반을 닦거나, 자존감과 회복탄력성을 장려함으로써 건강 증진에 기여한다. 때로 분노, 불안, 수치심과 같은 부정적 성취 정서 또한 유용할 때가 있다. 지금까지 시험불안에 대한 연구를 제외하고 이러한 성취 정서들이 연구자들의 주목을 받지 못했지만(Zeidner, 1998), 점차 성취 정서가 학생들의 학업에서 중요한 역할을 한다는 인식이 확대되고 있다. 초기 연구에서 성취 정서는 학생들의 학습과 성취에 결정적으로 중요한 역할을 하는 것으로 밝혀졌다(Efklides & Volet, 2005; Pekrun & Linnenbrink-Garcia, 2013; Schutz & Pekrun, 2007).

이 장에서는 먼저 정서와 성취 정서의 개념에 대해 논의하고, 다음으로 성취 정서에 대한 주요 이론과 실증적인 연구를 제시할 것이다. 다음 절에서는 성취 정서의 다양성, 보편성, 발달에 대한 논의를 다루고, 결론에서 성취 정서의 측정과 교육적 실천을 위한 함의에 대해 논의할 것이다.

2. 정서와 성취 정서의 정의

정서(emotions)란 감정, 인지, 동기, 표현, 생리적인 요소들을 포함하는 조직화된 심리적 과정을 수반하는 다면적인 현상을 의미한다(Shuman & Scherer, in press). 예를 들어, 시험 보기 전 학생의 불안은 긴장되고 불편한 기분(감정), 시험 실패에 대한 걱정(인지), 두근거리는 느낌(생리), 상황에서 벗어나고 싶은 충동(동기), 불안한 얼굴표정(표현)으로 이루어져 있다. 기분(moods)은 강렬함이 덜하고 구체적인 지시 대상이 결여되어 있다는 점에서 정서(emotions)와 차이가 있다.

성취 정서는 성취 활동(예: 공부)이나 성취 결과(성공과 실패; Pekrun, 2006; 〈표 10-1〉 참고)와 관련된 정서를 뜻한다. 수업에 참여하거나, 과제를 수행하고, 시험을 보는 것들과 관련된 대부분의 감정이 성취 정서로 간주되는데, 이는 성취 정서가 능력의 질을 판단하는 활동과 결과를 수반하기 때문이다. 하지만 학문적 환경에서 경험하는 모든 정서가 성취 정서를 의미하는 것은 아니다. 학급 친구에 대한 공감과 같은 사회적 정서들도 이와 비슷한 환경에서 경험되기 때문이다. 성취 정서와 사회적 정서는 성취와 관련된 정서(예: 무시, 질투, 공감, 존경; Weiner, 2007)라는 점에서 공통점이 있다. 또한 학습에 있어 중요한 정서로 주제 정서(topic emotion)와 인식론적 정서(epistemic emotion)가 있다. 주제 정서는 명왕성이 왜소행성[1)]으로 재정의되

1) 소행성과 행성의 중간 형태의 천체를 분류하는 말. 2006년 8월 24일에 열린 국제천문연맹(International Astronimical Union: IAU) 제26차 총회에서 행성으로 알려져 온 명왕성을 왜소

었을 때 학생들이 느낄 수 있는 좌절감과 같이 학습 내용과 관련된 정서이다(Broughton, Sinatra, & Nussbaum, 2013). 인식론적 정서는 학습이나 문제를 해결할 때 내면적으로 지식체계를 인식하는 과정에서 존재하는 정서로서, 인식의 부조화에서 유발된 놀람, 호기심, 혼란 등을 예로 들 수 있다(D'Mello, Lehman, Pekrun, & Graesser, 2014).

과거의 성취 정서 관련 연구들을 살펴보면, 성취 정서는 성공과 관련된 희망이나 자신감 또는 실패와 관련된 불안이나 수치심처럼 성취 결과에서 비롯되는 감정들에 초점을 맞춰 왔다(Weiner, 1985; Zeidner, 1998, in press). 그러나 오늘날에는 학습활동에 내재하는 정서들 또한 성취 정서로 간주하며, 성취 정서를 학습자의 성취 노력과 동등하게 다루고 있다. 학습활동에 내재하는 정서에는 새 학기 시작에서 비롯되는 흥분, 단조로운 과제 수행 중 느끼는 지루함, 시험의 요구가 부당하다고 생각될 때 느끼는 분노 등이 있다.

성취 정서는 〈표 10-1〉과 같이 3차원적 분류로 유목화할 수 있다(Pekrun, Goetz, Titz, & Perry, 2002). 이 분류체계에서 세로축 **대상초점**(object focus)은 활동 중 정서와 활동 결과로 인해 유발된 정서 간의 차이를 나타낸다. 일반적으로 성취 정서는 긍정-부정 정서와 활성화(activation)로 유목화될 수 있는데, 이것이 가로축을 이룬다. 긍정-부정 정서는 즐거움, 유쾌함, 불쾌함, 불안 같은 정서이며, 활성화된 정서는 심리학적으로 불활성화된 정서(이완)와 구분된다(Feldman Barrett & Russell, 1998).

행성(dwarf planet)이라고 새롭게 분류함[네이버 지식백과] (천문우주지식정보, 2010. 7. 1., 한국천문연구원)—역자 주

〈표 10-1〉 성취 정서의 3차원 분류

대상초점	긍정적[a]		부정적[b]	
	활성화	비활성화	활성화	비활성화
활동	즐거움	이완	분노	지루함 불만
예상되는 결과	희망 기쁨[c]	안도(안심)[c]	불안	무기력감 (절망)
회상된 결과	기쁨 자신감	만족 안도(안심) 감사	수치심 분노	슬픔 실망감

a: 긍정적=유쾌한 정서, b: 부정적=불쾌한 정서, c: 기대되는 기쁨/안도(안심)

3. 성취 정서의 이론들

성취 정서에 대한 이론적 연구들은 성취 정서들의 기원에 초점을 두고 있다. 일반적으로 성취 정서는 인지적 평가, 상황적 자각, 유전적 구조, 신경호르몬 과정 그리고 표정이나 자세에서 비롯된 감각적 피드백과 같이 다양한 요인에 의해 영향을 받는다(Davidson, Scherer, & Goldsmith, 2003). 이러한 요인들 중에서 인지적 평가는 성취 정서의 각성(발생)에 중요한 영향을 줄 수 있다. 이처럼 성취 정서에 대한 많은 연구는 자아 관련, 과제 관련 평가의 정서적 적절성에 초점을 둔다. 다음 절에서 이러한 평가 이론의 이론적 기반과 학습 관련 정서 기능에 관한 이론적 연구 및 상호인과성과 정서조절에 대하여 서술하고자 한다.

1) 평가 이론들

(1) 시험불안에 대한 교류적 모형

시험불안은 앞으로 다가올 또는 진행 중인 평가(즉, 시험)에서의 실패에 대한 두려움과 관련된 정서이다. 따라서 많은 연구자는 평가와 관련된 두려움을 시험불안의 주요 결정요인으로 보았다(Zeidjner, 1998, in press). 보다 구체적으로 스트레스와 부정적 정서에 대한 R. S. Lazarus의 교류적 모형에 따르면(Lazarus & Folkman, 1984), 시험불안은 두 종류의 평가를 기반으로 한다. 1차적 평가는 실패의 가능성과 주관적 중요성을 측정하고, 2차적 평가에서는 상황을 해결하기 위한 가능성을 인지적으로 탐색한다. 2가지 평가의 결과에 따라 다른 정서가 생겨날 수 있는데, 예를 들어 불안은 두려움과 실패를 통제하기에 불충분하다고 지각된 상황에서 유발된다.

상황적 평가는 시험문제의 상대적 어려움과 같은 객관적 상황을 기초로 측정하지만, 상황적 평가 역시 개인의 성취 신념에 종종 영향을 받는다. 성취 신념은 개인 능력이 높음에도 불구하고 실패하거나, 중요하지 않은 시험에서의 실패가 자아존중감을 낮추는 것으로 지각될 때, 비합리적 형식(Ellis, 1962)을 수반한다. 이러한 비합리적 신념은 불안과 수치심, 무기력과 같은 부정적인 성취 정서에서 학생들을 취약하게 만든다.

(2) 귀인이론

B. Weiner는 성공과 실패에 따른 성취 정서의 근원을 밝히기 위해 불안 이외의 귀인적 접근을 제시하였다. 그는 성공과 실패의 인과 귀인이 성취 정서의 주요 결정요인이라고 주장하였다. 구체적으로 살펴보면, 성취 결과는 성공이나 실패와 같이 주관적인 평가를 먼저 받는다. 이 결과 평가는 성공에 따른 행복감이나 실패에 따른 좌절, 슬픔 등과 같이 인지적으로 정교화되지 않으며 귀인과 관련 없는 정서를 유발시킨다. 즉, 결과 평가에 대한 즉각적

인 정서 반응 이후에, 차별화된 귀인에 따라 종속된 정서가 유발된다.

인과 귀인의 3차원은 귀인에 종속된 정서를 결정하는 중요한 역할을 한다. ① 성취의 내적 원인과 외적 원인을 구분하는 지각된 **원인의 소재**(예: 노력 대 환경적 상황), ② 지각된 **통제성**(예: 노력 대 통제할 수 없는 능력), 그리고 ③ 지각된 **안전성**(예: 안정적인 능력 대 불안정한 기회)이 그것이다. 예를 들어, Weiner(1985)는 성공을 내적 원인인 능력에 귀인하였을 때 자신감을 경험하고, 실패를 통제할 수 없으며, 내적 원인인 능력 부족에 귀인하였을 때 수치심을 경험한다고 하였다. 또 그는 성공이나 실패를 외적이고 통제할 수 있는 다른 원인에 귀인하였을 때는 각각 감사와 분노를 경험하게 된다고 하였으며, 과거의 성공과 실패를 능력과 같이 안정적인 원인에 귀인하였을 때 각각 희망과 절망을 경험한다고 예상하였다. 최근에 Weiner(2007)는 질투, 경멸, 동정, 존경, 후회, '남의 불행에 대해 갖는 쾌감'과 같은 '도덕적인' 정서를 인과 귀인의 선행요소로 제시하였다.

(3) 통제-가치이론

R. Pekrun이 제시한 통제-가치이론에서는 스트레스 교류 모형과 귀인이론의 구성요인이 폭넓은 성취 정서의 범주를 설명하기 위해 수정되었는데, 이때 결과 정서와 활동 정서가 추가되었다. 이 이론은 개인이 주관적으로 중요하다고 느끼는 활동이나 결과에 대하여 통제 가능이나 통제 불능이라고 느낄 때(지배력이 있거나 지배력을 상실했다고 느낄 때) 성취 정서가 유발된다고 가정한다. 이는 통제와 가치의 평가가 성취 정서의 중요한 결정요인임을 의미한다. 통제평가는 인과적 기대(예: 자기효능감 기대), 성취의 인과적 귀인, 능력 평가(예: 자기유능감) 등과 같이 성취 관련 행동과 결과에서 지각된 통제감과 관련이 있다. 가치평가는 활동과 결과의 주관적 중요성과 연관이 있다.

다른 종류의 통제와 가치평가는 각기 다른 성취 정서를 유발하는 것으로 가정된다(〈표 10-1〉 참조). 지각된 통제감이 높을 때는 즐거움이, 통제감을 완전히 느끼지 못할 때는 무력감이 유발된다. 예를 들어, 시험을 잘 치를 수 있는 능력을 가졌다고 믿는 학생은 미래에 받게 될 시험점수에 대해 즐거움을 느낀다. 통제에 대한 불확실성이 있을 때는 희망과 불안이 촉발되는데, 희망의 경우는 성공이 예측될 때, 불안의 경우는 실패가 예측될 때 발생한다. 예를 들어, 중요한 시험을 통과할 수 있을지에 대해 확신이 없는 학생은 성공을 희망하거나 실패를 두려워하거나 또는 둘 다 일 수 있다. '성공과 실패를 내가 통제할 수 있는가'에 대한 인식에서 자신감, 수치심, 감사, 분노가 유발된다. 또한 이 정서들은 성취 결과를 어디에 귀인하느냐에 따라 발생한다. 더욱이 정서와 관련된 결과들은 성공과 실패의 주관적 중요성에 따라 결정된다. 예를 들어, 중요하다고 생각하는(높은 가치) 시험을 준비하는 데 있어 자신의 무능력함을 느낀다면(낮은 통제), 학생은 걱정을 할 것이다. 반대로, 준비할 수 있거나(높은 통제) 시험에 무관심하다면(낮은 가치), 학생의 불안은 낮아질 것이다.

활동 정서를 고려했을 때, 학습에 대해 즐거움을 느끼는 일은 긍정적인 자기 능력 평가와 과제의 가치에 대한 긍정적 내적 평가를 기초로 한다. 예를 들어, 학생이 학습 과제를 수행하는데 자신감을 느끼고 학습 과제를 높게 평가한다면, 학습을 즐길 것이다. 만약 학습 과제에 대해 자신감이 없거나 무관심하다면, 학습은 즐겁지 않게 된다. 또 활동의 가치에 대해 부정적일 때는 분노와 불만이 촉발되며(예: 어려운 프로젝트를 수행할 때 지나치게 많은 노력이 필요하다고 생각되면 회피하게 됨), 활동에 어떠한 유인가도 없다면 지루함을 경험하게 된다(Pekrun, Goetz, Daniels, Stupnisky, & Perry, 2010).

2) 성취 정서의 기능에 대한 이론들

성취 정서의 기능에 대한 이론적 연구는 학생의 학습과 성취에 영향을 주는 다양한 기제(메커니즘)를 다루고 있다. 이러한 연구에서는 과제 수행, 동기적 과정, 기억 저장 과정, 인지적 문제해결 양식 등의 인지적 자원을 포함하고, 다른 연구 모델에서는 이러한 기제(메커니즘)의 또 다른 하위 요소를 다루고 있다. 즉, 학습을 위한 정서의 기능을 다룬 이론은 지금까지 분할된 상태라고 볼 수 있다.

인지적 자원에 관한 이론에서는 정서가 과제와 관련되지 않은 사고를 만들어 내고, 결국 과제 수행에 필요한 작업기억 자원을 감소시키는 결과를 낳는다고 가정한다. 예를 들어, 다가오는 시험에서의 실패를 걱정하는 학생은 학습 내용에 집중하는 데 어려움을 겪을 수 있다는 것이다. 함축적으로, 정서가 인지적 지원을 요구하는 과제에서 학습과 수행을 악화시킬 수 있다고 본다. 이러한 가정은 초기 시험불안에 대한 간섭과 주의 결핍 모델의 일부에서도 다루어졌는데, 이 모델들은 불안이 과제 집중도를 낮춰 과제와 무관한 사고를 생산하고, 결과적으로 작업기억 용량을 요구하는 과제 수행을 방해한다고 설명하였다(예: Wine, 1971). 인지적 자원을 중심으로 한 이론들(resource-oriented theories)은 이후에 긍정적 정서 상태(Meinhardt & Pekrun, 2003)뿐 아니라 부정적인 정서(Ellis & Ashbrook, 1988)에 대해서도 일반화하였다.

인지적 지원 분할 이론들(resource allocation theories)에서는 부정 정서와 긍정 정서의 해로운 효과를 이야기한다. 이와는 대조적으로, 정보처리양식에 관한 이론은 긍정 정서와 부정 정서가 서로 다른 인지적 문제를 해결하는 것처럼 정서가 수행을 촉진할 수 있다고 제안하였다. 구체적으로, 정서(기분; mood)-정보 접근법(Clore & Huntsinger, 2007)에서는 긍정 정서가 '모든 것이 괜찮다.'를 의미하는 반면에, 부정 정서는 '문제가 많음'을 의미한다고 가정한다. Fredrickson(2001)의 긍정 정서의 확장-형성 모델에서 '모든 것이 괜찮다.'라는 상황은 환경을 창조적으로 탐색하고, 인지적 경계를 넓히며, 새로운 행동을 취하기 위해 안전과 신중함을 내포하는 것으로 밝히고 있다. 이와 달리 행복감을 위협하는 문제가 발생하면 인지적으로 신중한 방법으로 문제에 접근하는 것이 현명하다고 본다. 따라서 긍정 정서 상태는 전체적이고, 창조적이고, 융통성 있는 사고방식을 촉진하는 반면에, 부정 정서 상태는 정보처리에 있어서 분석적이고 세부적인 것에 초점을 맞추는 사고방식을 촉진한다.

이러한 이론에서는 긍정 정서와 부정 정서의 효과를 구분하는 데 초점을 두고 있다. 그러나 긍정과 부정의 두 범주 안에서 정서들은 각기 다른 기능을 할 수 있다. Pekrun(2006)의 통제-가치이론의 일부인 **정서 효과의 인지적 · 동기적 모델**에서는 정서의 긍정-부정성과 활성화 차원을 고려하여, 긍정적 활성화, 긍정적 비활성화, 부정적 활성화, 부정적 비활성화(〈표 10-1〉 참조)와 같은 4가지 정서의 범주를 정리하였다. 이러한 4개 범주의 정서는 학습의 인지적 · 동기적 기제(메커니즘)에 영향을 줄 것이라 기대할 수 있다.

학습의 즐거움과 같은 긍정적 활성화 정서는 일반적으로 인지적 자원을 유지하고 학습 과제에 대한 관심을 집중시킬 것으로 기대된다. 예를 들어, 흥미와 내적 동기를 촉진하고, 학습 자료의 조직화와 정교화 같은 유연하고 창조적인 학습 전략을 촉진하며, 학생의 학습에 대한 자기조절에 있어 긍정적인 효과를 가져올 수 있다. 이와 반대로 지루함이나 무기력감 같은 부정적 비활성화 정서에서는 인지적 자원의 고갈(예: 지루함을 느낄 때 공상에 잠김), 학습동기의 효과 약화, 피상적인 정보처리, 학습전략의 불충분한 사용 등이 나타날 수 있다. 결과적으로, 긍정적 활성화 정서는 많은 학생의 다양한 과제 상황에서 학업적 수행을 촉진시키는 반면에, 부정적 비활성화 정서는 해로운 결과를 가져올 것이라 기대된다.

한편, 긍정적 비활성화 정서(예: 안도, 이완)와 부정적 활성화 정서(예: 분노, 불안, 수치심)의 효과는 보다 복잡하게 나타난다. 예를 들어, 불안이 집중을 흐트러뜨리고 흥미와 내적 동기를 약화시킬 수 있는 반면에, 불안이 실패를 피하기 위해 노력하고자 하는 강한 동기를 유발하고 학업성취에 유익한 세

부적인 학습 방법(예: 엄격한 형태의 반복)을 촉진할 수도 있다. 그러므로 학생의 성취에 영향을 미치는 정서의 종합적인 효과는 보다 다양하게 나타난다.

3) 상호인과성과 정서조절

Pekrun의 통제-가치이론(2006)뿐 아니라 Lazarus의 교류 모형(Lazarus & Folkman, 1984)에서 성취 정서와 선행 사건, 그리고 성취 정서의 효과는 상호인과성에 의해 연결된다. 성취 정서는 학습과 수행에 영향을 미치지만, 수행 결과는 선행하는 평가와 환경적 요인에 상호적으로 영향을 미칠 수 있다. 정비례적 피드백의 순환은 보편적이지만(예: 교사와 학습자의 좌절 · 불안은 상호적으로 서로를 강화시킨다), 반비례적 피드백의 순환 또한 중요하다(예: 학습자의 시험 실패가 불안을 유발시키고, 불안이 다음 시험의 실패를 피하기 위해 학생들을 동기화시킬 때).

상호인과성은 성취 정서의 조절과 처치에 영향을 준다. 성취 정서와 선행 사건, 그리고 성취 정서의 효과는 시간의 흐름에 따라 서로 연결될 수 있으므로, 이 순환적인 피드백 과정에 포함된 요소는 성취 정서를 변화시킬 수 있다. 조절과 처치는 ① 성취 정서 자체(불안을 해결하기 위한 이완 기법이나 지루함을 줄이기 위한 흥미 증진 기법과 같은 정서에 초점을 맞춘 조절과 처치; Sansone, Weir, Harpster, & Morgan, 1992), ② 성취 정서에 깔린 통제와 가치평가(평가에 초점을 맞춘 조절과 처치; 예: 귀인 재훈련; Ruthig, Perry, Hall, & Hladkyj, 2004), ③ 학생의 학문적 성취를 결정하는 능력(능력에 초점을 맞춘 조절과 처치; 예: 학습 기술의 연습), 그리고 ④ 학습 환경(상황에 초점을 맞춘 조절; 예: 학생의 학습에 대한 즐거움을 향상시키기 위해 과제와 환경을 설계함)을 목표로 삼을 수 있다.

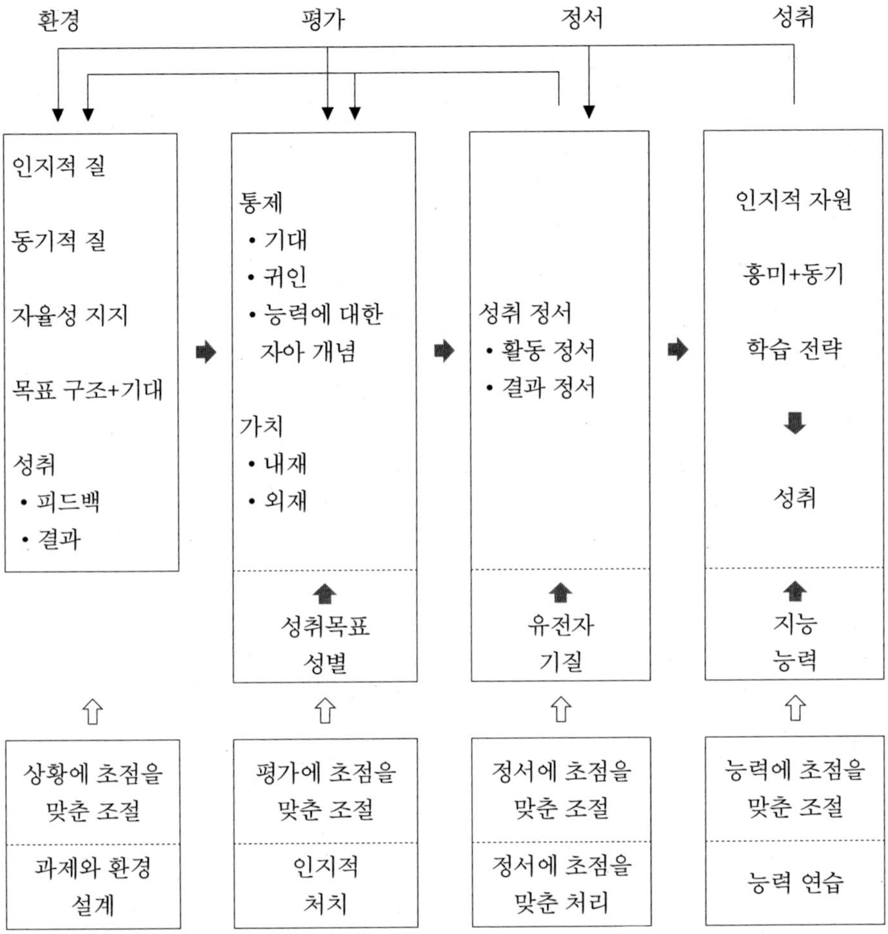

[그림 10-1] 성취 정서, 선행 사건, 효과의 상호 연결고리(Pekrun, 2006)

4. 주요한 연구 결과 개관

시험불안에 대한 연구자들의 관심에 따라, 학습자 불안의 근원과 기능에 대한 연구가 계속되어 왔다. 그러나 불안을 제외한 성취 정서에 대한 연구는 여전히 부족한 실정이다. 이 장에서는 시험불안과 다른 성취 정서들의 근원과 기능, 발달 과정에 관한 주요 연구를 서술할 것이다.

1) 개인적 · 사회적 기원

(1) 평가와 성취목표

지금까지의 실증적 연구들은 평가 이론과 밀접하게 관련되어 있다. 시험불안 관련 연구에서 시험불안이 자아개념이나 자기효능감과 같은 지각된 통제요인들과 부적 관계가 있고, 실패에 대한 기대와는 정적 관계가 있음을 밝히고 있다(Hembree, 1988; Pekrun, Goetz, Frenzel, Barchfeld, & Perry, 2011; Zeidner, 1998). 귀인이론에서는 자신감이나 수치심과 같은 회상된 성취 정서가 성공과 실패의 인과적 귀인과 연결되어 있음을 나타내고 있다(Weiner, 1985). 대부분의 연구들은 학습자에게 성공과 실패에 어떻게 반응할지 묻는 시나리오 접근법을 사용하는데, 이는 귀인과 정서의 관련성에 대한 학습자의 주관적 이론들을 알아보려는 것이다. 이뿐만 아니라 귀인 가정에 대한 타당성을 확인하고자 하는 경험 연구와 현장 연구도 존재한다(Heckhausen, 1991).

통제-가치이론(Pekrun, 2006) 연구에서는 지각된 조절감과 지각된 가치가 희망이나 불안과 같은 결과적 정서나, 즐거움이나 지루함 같은 활동적 정서를 예측하고 있음을 보여 준다(예: Pekrun et al., 2010). Goetz, Frenzel, Stoeger과 Hall(2010)은 긍정적인 성취 정서에 초점을 맞춘 연구를 통해 지각된 조절감과 가치가 긍정적인 성취 정서들을 예측한다고 하였다. 예를 들어, 이 이론에 따르면 활동과 관련된 조절감과 가치가 높을 때 성취 활동의 즐거움은 높아지며, 활동과 관련된 조절감과 가치가 낮을 때 성취 활동의 즐거움 역시 낮아진다는 것이다. 이러한 연구 결과들을 종합해 볼 때, 성취 정서는 학습자의 성취 관련 평가와 밀접한 관계가 있음을 알 수 있다.

학습자의 평가는 그들의 성취목표에 쉽게 영향을 받는다. 예를 들어, 숙달목표를 가진 학습자는 성취 활동의 통제력과 긍정적인 가치에 초점을 맞춘다(Pekrun, Elliot, & Maier, 2006). 수행접근목표의 학습자는 성공을 기대하는 데 집중하지만, 수행회피목표의 학습자는 통제 불능과 실패의 부정적 가치에 집중한다. 실증적 연구들을 살펴보면 학습자의 숙달목표는 학습의 즐거움과, 수행접근목표는 그들의 희망이나 자신감과, 수행회피목표는 그들의 불안과 정적 상관관계가 있다(Linnenbrink & Pintrich, 2002; Pekrun et al., 2006).

(2) 교실의 수업과 시험

구조나 명확성이 없는 교실 수업은 과도한 과제의 요구만큼 학생들의 시험불안과 정적 상관을 나타낸다(Zeidner, 1998, in press). 구조, 명확성 같은 요인의 효과는 통제의 결핍과 실패 기대에 대한 학습자의 평가에 의해 매개된다(Pekrun, 1992). 구조와 공정성이 부재한 시험 또한 학습자의 불안에 영향을 미친다. 더 나아가, 주관식 문항이 선다형 문항보다 불안을 더 유발하는 것처럼 시험의 형식도 불안과 관련이 있다. 주관식 문항은 더 큰 작업기억용량을 요구하는데, 걱정 때문에 인지 자원이 소비되어 작업기억용량을 확보할 수 없게 된다. 결국 불안한 학습자에게 더 큰 두려움을 유발시키며 수행의 질을 떨어뜨리는 결과를 낳는다.

교실 수업과 학습자의 긍정 정서 간의 연관성을 밝히는 몇몇 연구가 있다. 엄격한 반복연습과 연습문제 풀이를 강조하는 교사 중심 수업은 학교에 대한 학생의 긍정적 정서 태도와 부적 상관을 나타낸다(Valeski & Stipek, 2001). 반대로, 알고리즘적 반복된 과정보다는 창의적 해결에 중점을 둔 수업의 인지적 질은 학습에 대한 즐거움과 정적 상관을 나타낸다(Pekrun et al., 2007). 더불어, Pekrun 등(2007)의 연구에 따르면 학습에 대한 학생의 자율성을 장려하는 것 또한 즐거움과 정적 상관을 갖는다. 결과적으로, 교사가 교수에 대한 즐거움과 열정을 가질 때, 긍정 정서가 학생에게 전이되어 학생 역시 즐거움을 느끼게 된다(Frenzel, Goetz, Lüdtke, Pekrun, & Sutton, 2009).

(3) 사회적 환경

부모님과 교사로부터 오는 높은 성취 기대, 성취 후의 부정적 피드백, 실패의 부정적 결과, 그리고 교실에서의 경쟁은 학생들의 시험불안과 정적 상관을 보인다(Zeidner, 1998, in press). 이는 이러한 요인들이 학생들의 지각된 조절감을 낮추고 실패 회피 욕구를 높이기 때문이다. 그런데 많은 연구에서 부모와 교사의 사회적 지원, 협동적인 교실 풍토와 불안 점수 간의 상관관계가 나타나지 않고 있다. 이 놀라운 결과(상관관계의 결여)는 부모, 교사가 제공하는 사회적 지지에 포함된 강압적 요소 때문인 것으로 해석된다. 이 강압적 요소가 사회적 지지의 유익한 영향을 상쇄시키는 것이다. 두 번째로 가능한 설명은 사회적 지지와 불안 사이에 형성된 부정적 피드백 순환 고리의 영향을 들 수 있다. 사회적 지지는 불안을 완화해 주지만(사회적 지지는 불안에 부적 효과를 부여함), 애초에 불안이 사회적 지지를 유발한 것이다(사회적 지지를 받는 데 있어 불안이 정적 효과를 줌). 그러므로 결국 사회적 지지와 불안 두 요소 간에 제로상관(상관관계 없음)이 산출된다.

2) 학습과 수행의 기능

(1) 긍정 정서

전통적으로 긍정 정서는 비현실적인 평가를 유발하고, 피상적인 정보처리를 촉진하며, 도전적인 목표를 수행하고자 하는 동기를 감소시키는 부적응적 기제로 가정되었다. Aspinwall(1998)이 이야기한 바와 같이, 긍정 정서에 대한 전통적인 접근은 "우리의 1차적 목표는 기분이 좋아지는 것이고, 좋은 기분은 우리를 게으른 사고자—잠재적으로 유용한 부정적 정보를 의식하지 못하고, 의미 있는 변인에 대해 반응하지 않는—로 만든다."는 것을 의미한다. 경험적 정서 연구에서는 긍정 정서가 확산적 사고와 유연한 문제해결을 촉진하지만 결과적으로 긍정 정서가 동기와 수행에 해로운 영향을 미칠 수 있다는 모순적인 견해를 내놓았다(Clore & Huntsinger, 2007).

학생 긍정 정서의 효과에 대한 직접적인 연구는 아직까지 부족하나, 활성화된 긍정 정서가 동기와 수행을 향상시킬 수 있다는 연구가 긍정 정서의 효과를 유의미하게 뒷받침하고 있다. 구체적으로 학습의 즐거움, 희망 그리고 자신감은 학생의 흥미, 노력, 학습 자료의 정교화, 학습의 자기조절능력, 학업성취와 정적 상관이 있고, 결과적으로 이러한 정서가 학생의 성취에 유용함을 주장하는 연구들이 있다(Pekrun et al., 2002, 2011). 그러나 일부 연구에서는 긍정 정서상태의 측정이 수행지표와는 상관관계가 없음이 밝혀졌다(Linnerbrink, 2007; Pekrun, Elliot, & Maier, 2009). 이에 대한 한 가지 가능한 설명은 사용된 도구가 긍정 정서의 활성화 변인과 비활성화 변인을 명확하게 구분하지 못했기 때문일 수 있다. 다시 말하면, 상관관계가 없음으로 나타난 이유는 과제 관련 즐거움이 아닌 과제와 무관한 긍정 정서의 측정이기 때문이라는 것이다.

(2) 부정적으로 활성화된 정서

시험불안의 효과는 많은 선행 연구를 통해 분석되어 왔다(Hembree, 1988; Zeidner, 1998, in press). 이러한 경험적 연구들을 통해 시험불안이 인지적 자원을 요구하는 복잡하거나 어려운 과제(예: 어려운 지능측정 시험)의 수행을 방해함을 증명하였다. 반면에 시험불안은 쉽고 덜 복잡한 과제 수행에는 악영향을 끼치지 않거나 오히려 수행의 향상을 돕는 것으로 나타났다. 결과적으로 이러한 연구들은 시험불안이 학생의 학업 수행과 부적 상관이 있음을 밝히고 있다(Hembree, 1988; Zeidner, 1998). 그러나 수행과의 상관이 제로상관이나 정적 상관을 보이기도 하였는데, 이는 앞서 언급된 바와 같이 불안과 성취 관계의 복잡성 때문이다. 불안은 많은 학생에게 악영향을 미치지만, 열심히 공부하고자 하는 동기를 유발시켜 회복탄력성이 높은 학생들에게서는 전반적인 수행을 촉진하기도 한다.

한편, 학생의 분노와 수치심의 효과를 증명하는 몇몇 연구가 있다. 이 연구들은 학교에서 학생의 분노가 과제와 무관한 사고와는 정적 상관을 보이고, 학업적 자기효능감, 흥미, 학습에서 자기조절, 수행과는 부적 상관을 보이고 있음을 밝히고 있다(Boekaerts, 1993; Pekrun et al., 2011). 이와 유사하게, 학생의 성취 관련 수치심은 그들의 노력과 학업 수행과는 부적 상관이 나타났다(Pekrun et al., 2011). 그러나 불안과 마찬가지로 수치심의 작동 원리 속에 내재된 패턴 역시 매우 복잡하다. 예를 들어, Turner와 Schallert(2001)는 부정적 시험 결과에 내해 수치심을 느끼는 학생이 학업목표 달성에 헌신하고 목표를 달성할 수 있다는 긍정적 기대를 유지할 때 오히려 동기가 상승했다고 하였다.

(3) 부정적으로 비활성화된 정서

생리적 · 인지적 활성화의 감소는 부정적 비활성화 정서(예: 지루함, 무기력감)를 잘 설명하고 있다. 빈도는 낮지만 파괴적 성취 정서인 무기력감처럼 지루함은 일찍이 학생들이 높은 빈도로 경험하는데도 거의 주목을 받지 못한다. 작업에서의 지루함은 일찍이 단조로운 조립라인 작업에서 유발된다고 알려졌는데(예: Wyatt, 1930), 최근에는 영재아에게서 경험된다고 논의되고 있다. 경험 연구에 의하면, 지루함은 학생들의 주의집중, 학습 동기, 학습전략과 부적 상관을 보이며, 학업성취의 부정적 예측요인으로 밝혀졌다(Ahmed, van der Werf, & Minnaert, 2013; Pekrun et al., 2010). 이와 유사하게 학생들의 성취 관련 무기력감은 동기, 학습행동, 성취와 부적 상관이 나타난다(Pekrun et al., 2011).

요약해서 말하면, 정서는 학생의 동기, 학습, 성취에 큰 영향을 미친다. 일반적으로 긍정 정서는 긍정적 영향을, 부정적 비활성화 정서는 부정적인 영향을 미친다. 불안, 분노, 수치심 같은 부정적 활성화 정서는 보다 복합적이다. 그러나 교육적 관점에서 회복 탄력적이고 높게 동기화된 학생들에게 부정적 비활성화 정서들이 가지는 이로운 영향은 일반적 학생들에게 미치는 부정적 영향보다 훨씬 크게 나타나고 있다. 또한 학업적인 효과를 넘어서 성취 관련 불안과 수치심은 학생의 장기적 정신건강, 사회적 적응, 신체 건강에 심각한 결과를 가져올 수 있다(Zeidner, 1998).

5. 다양성, 보편성, 그리고 발달

1) 성취 정서의 다양성과 보편성

성취 정서의 일반적인 구조 기제(메커니즘)는 마음(mind)의 보편적인 특성과 관련이 있다. 하지만 과정 변수, 강도, 지속성과 같은 성취 정서의 구체적인 내용과 관련 대상, 정서 발생의 빈도는 개개인, 성별, 성취 상황, 사회·문화적 맥락에 따라 다양하게 나타날 수 있다. 따라서 성취 정서의 기본적인 구조와 인과적인 기제(메커니즘)는 보편적인 원리를 따르는 반면, 발생과 그 양상은 변화와 다양성의 원리를 따를 것으로 예상된다(Pekrun, 2009).

예를 들어, 수학에서 여학생과 남학생의 평가와 성취 정서의 관계는 두 성별에 있어서 구조적으로 동일하였다(Frenzel, Pekrun, & Goetz, 2007; Goetz, Bieg, Lüdtke, Pekrun, & Hall, in press). 하지만 여학생의 경우 수학 영역에서 지각된 통제감이 현저히 낮게 나타났다. 결과적으로 여학생들은 수학에 있어서 더 많은 불안과 수치심을 느낄 뿐 아니라 즐겁지 않다고 보고하고 있다. 성취 상황을 고려해 보면, 수학, 과학, 그리고 국어에서 경험하는 학생들의 정서는 과목 영역에 따라 평균 수준은 다르지만 과목에 상관없이 동일한 내적 구조와 연결고리를 갖고 있다(Goetz, Frenzel, Pekrun, Hall, & Lüdtke,

2007). 이와 유사하게, 중국과 독일 학생의 성취 정서에 대한 문화적 차이를 비교해 보면, 성취 정서의 평균 수준이 문화에 따라 다름을 알 수 있는데, 중국 학생들은 성취 관련 큰 즐거움, 자신감, 불안, 수치심, 그리고 적은 스트레스를 보고하였다. 그럼에도 불구하고 지각된 통제감, 중요한 타인의 기대, 그리고 학업적 성취와 관련된 성취 정서의 기능적 연결은 조사된 전 문화에 걸쳐 동일하게 나타났다.

2) 학창 시절을 통한 발달

성취 정서는 또한 연령에 따라 달라진다. 하지만 성취 정서를 경험하는 기본적인 능력은 어린 시절에 일찍이 개발된다. 2, 3세의 아이는 성공적으로 과업을 수행했거나 또는 실패했을 때 자부심과 수치심을 표현할 수 있는데 이것은 그들이 성공과 실패 간의 내 · 외부적 인과관계를 구분할 수 있음을 의미한다. 초등학생 시절 동안, 그들은 능력이나 노력과 같은 다른 내 · 외적 원인을 구분하고 인과관계적 기대를 발달시키고 기대와 가치 관련 정보를 인지적으로 결합하는 능력을 갖게 된다. 함축적으로, 학생들은 그들의 학업 성과를 통해 성취 정서의 주요한 유형을 경험하는 인지적 능숙함을 발달시킨다.

학교에서 이러한 성취 정서가 발달된다는 경험적 증거는 희박하다. 하지만 시험불안에 대한 연구는 예외적으로 많은 경험적 증거가 누적되었다. 시험불안에 대한 연구에서 시험불안에 대한 평균 점수가 초등학교의 초기에는 낮게 나타나지만, 점점 높아지는 것으로 나타났다(Hembree, 1988). 이러한 양상은 이 시기 자기효능감 감소, 학업적 자아 인식의 현실성 반영, 실패 관련 피드백의 누적에서 기인된다. 초등학교 졸업 후, 평균적인 불안점수는 중학교, 고등학교, 대학교를 거치며 높은 수준으로 안정화되고 고정된다. 하지만 집단 수준에서의 안정성에도 불구하고, 개인 차원의 불안은 변화 가능하다. 개인의 불안 수준 변화에서 중요한 요인은 학교와 교실에서의 기준 그룹의 변화이다(Zeidner, 1998). 평균적으로 높은 능력 수준의 교실에서 친구에 비해 낮은 성취를 보일 가능성은 높게 나타나며, 낮은 평균능력 수준의 교실에서는 낮게 나타난다. 그러므로 낮은 평균능력 수준에서 높은 평균능력 수준의 교실로 환경이 변화할 때 불안이 높아지는 한편, 학생이 낮은 평균능력 수준의 교실에 편입될 때 불안이 낮아질 수 있다.

불안의 평균 수준의 증가와 함께 학습의 즐거움과 같은 긍정 정서는 초등학교 시절에 낮아지는 것으로 나타났다(Helmke, 1993). 즐거움의 감소는 중학교 시절 동안에도 지속될 수 있는데(Pekrun et al., 2007), 이는 과목 관련 흥미도와 학교에 대한 일반적인 태도 점수가 하락하는 것과 맥락을 같이한다(예: Fredricks & Eccles, 2002). 이러한 발달 양상에 영향을 미치는 중요한 요소로 중학교에서의 교사 중심 수업, 학업적 요구의 증가, 청소년기 학업적 관심과 비학업적인 관심 간의 갈등, 그리고 청소년 정체감 형성의 일부인 뚜렷한 주관적 취향 등을 들 수 있다.

3) 측정에 대한 접근법

정서의 복합적인 특성 때문에 성취 정서를 측정하는 다양한 방법이 존재한다. 자기보고는 빈번하게 사용되는 방법이며, 정서들을 구분하여 설명을 제공할 수 있는 이점이 있다. 대안적 방법들로 생리적 과정의 측정과 얼굴표정, 자세의 관찰 등이 있다.

(1) 자기보고식 측정

대부분의 자기보고식 측정도구는 시험불안 측정에 많이 사용된다. 자기보고 척도는 시험을 앞두고 불안을 경험하며 반응하는 습관적 경향뿐 아니라 시험에 대한 학생들의 순간적인 감정적 반응(시험불안)을 측정하기 위해 사용된다. 시험불안에 대한 초기 연구에서, 측정도구는 1차원적 구조를 가지고 있었다[예: 시험불안질문지(Test Anxiety Questionnaire: TAQ); Mandler & Sarason, 1952]. 시험불안에 대한 감정적이고 생리적인 요소(정서성)와 인지적 요소(걱정)를 구분하려고 한 Liebert와 Morris(1967)의 연구에 이어, 최근의 방법들은 시험불안의 다면적인 성장을 고려하고 있다[예: 시험불안 목록(Test Anxiety Inventory: TAI); Spielberger, 1980]. 오늘날 많은 시험불안 척도는 적절한 심리적 특성들을 포함하는데, 내적신뢰도 계수는 .85 이상이고, 구조적 타당성은 확인적 요인분석을 통해, 외적 구인 타당도는 학업적 학습과 수행과의 상관관계를 통해 증명되었다(Zeidner, 1998).

시험불안을 제외한 성취 정서의 측정은 여전히 부족한 현실이며, 그 밖에 성취 정서 측정도구로 성취정서질문지(Achievement Emotions Questionnaire: AEQ; Pekrun et al., 2011)가 있다. 성취정서질문지(AEQ)는 학업적 성취 상황인 수업 참여, 공부, 시험의 3차원적 범주를 포함하여 성취 정서의 다양성을 측정하는 다차원적 도구이다. 최근 버전에서 성취정서질문지(AEQ)는 각각의 범주에서 9가지의 성취 정서(즐거움, 희망, 자신감, 안도감, 분노, 불안, 수치심, 무기력감, 지루함)를 측정한다. 원래 버전은 대학생이 경험하는 성취 정서를 측정하였는데, 학교 급에 따라 초등학생, 중학생, 고등학생의 성취 정서를 측정하는 영역 특수적인 성취정서질문지(AEQ)로 구성되었다(Lichtenfeld, Pekrun, Stupnisky, Reiss, & Murayama, 2012; Pekrun et al., 2011). 성취정서질문지(AEQ)의 심리측정 정도를 보증하는 신뢰도 계수는 알파범위 .75~.93이다. 또한 확인적 요인분석을 통해 성취정서질문지(AEQ)의 구조적 타당성이 입증되었고, 외적 타당도는 학급 풍토와 건강뿐 아니라 학습자의 평가, 동기, 학업적 행동, 학업적 성취 그리고 학업중단과의 상관관계를 통해 입증되었다(Pekrun et al., 2011).

(2) 평가의 대안적 방법

성취 정서를 측정하는 자기보고식 방법에는 몇 가지 한계가 있다. 자기보고식 방법은 편견에 영향을 받기 쉽고(예: 사회적 적합성에 따라 응답함), 잠재의식의 과정을 다룰 수 없으며, 충분한 해결책을 가지고 정서적 과정의 역동을 분석하기에 적절하지 않다. 이러한 약점들을 보완하기 위한 대안적 방법은 다음과 같다. 먼저, 신경촬영법[예: 기능적 자기공명영상(functional Magnetic Resonance Imaging: fMRI), 뇌전도(electroencephalogram)]은 생리학적 뇌의 반응을 측정하여 정서적 과정이 내재된 뇌 시스템과 인지적 성취와의 연결을 확인할 수 있다(Immordino-Yang & Christodoulou, in press). 두 번째로 말초 생리학 측정은 성취 정서를 야기하는 부분인 생리학적 활성화와 비활성화 과정을 검사할 수 있다(예: Spangler, Pekrun, Kramer, & Hofmann, 2002). 마지막으로 얼굴표정이나 자세표현, 언어적 화법의 운율적 특성과 같은 비언어적 행동의 관찰을 통해 학문적 상황에서 다양한 별개의 정서를 평가할 수 있다(Reisenzein, Junge, & Huber, in press).

안면 근육 활동 부호화 체계(Facial Action Coding System: FACS; Ekman & Rosenberg, 1997)와 같이 표현적 행동을 분석하는 시스템은 이 시스템에 바탕을 둔 지능적인 교육뿐 아니라 자동적 정서해독 시스템을 개발하는 데 사용되고 있다('분위기나 감정과 관련된 신체적 특성을 지각하는 컴퓨터 기술'; Calvo & D'Mello, 2012). 이와 같이 새로운 기술적 발달은 잠재적으로 우수한 측정의 질을 확보할 수 있다는 점과 관찰자가 해독하는 데 드는 시간을 절약할 수 있다는 점에서 유망하다. 하지만 이 시스템 사용에 있어 한 가지 분명한 한계는 학문적 상황에서 성취 정서가 부분적으로만 드러난다는 사실이다. 따라서 완벽한 행동 관찰을 위해서는 자기보고식 방법이나 생리적 평가가 함께 필요하다(Reisenzein et al., in press).

6. 교육적 실천을 위한 함의

이 장에서 다룬 연구들은 성취 정서가 학습자의 학습과 학업 수행에 깊이 영향을 미치고 있음을 시사한다. 따라서 교육자는 이러한 성취 정서를 고려해야 한다. 하지만 시험불안을 제외하고 성취 정서 교육의 중요성에 대한 정보가 현저히 부족한 상황이며, 이러한 상황에서 교육적 실행을 위해 확정적인 결론을 내리는 것은 시기상조일 수 있다. 평가이론(Pekrun, 2006)과 시험불안 연구(Zeidner, 1998, in press)에 근거하여 판단해 볼 때 다음에 소개되는 것들은 학생들이 긍정적 성취 정서를 개발하고 부정적 정서는 감소시키며, 미리 막을 수 없었던 부정적인 정서에서 유발된 에너지를 생산적으로 사용하도록 돕기 위해 교육자들이 고려해야 할 요소들이다([그림 10-1] 참조).

1) 수업의 인지적 질

구조화가 잘된 수업과 명확한 설명은 학생들의 능숙함과 조절감을 키워 학생들이 스스로 정서를 조절할 수 있도록 돕는다. 수업의 인지적 질을 높임으로써 학생의 적응적 정서는 장려하고, 부적응적 정서는 줄일 수 있다.

2) 수업의 동기적 질

교사는 그들의 행동을 통해 간접적인 메시지와 학업적 가치를 수반하는 직접적 메시지를 전달한다. 가치와 관련된 정서를 유발하는 데 매우 중요한 2가지 방법은 다음과 같다. 첫째, 학생들의 요구가 학습 상황에서 만족될 때 긍정 정서는 발전한다. 예를 들어, 학생들이 사회적 친밀감을 느끼고자 하는 요구를 만족시키기 위해 협동학습을 강조하는 학습 상황은 학습을 즐겁게 만든다. 둘째, 교사 스스로의 즐거움, 열정은 관찰학습과 감정 전이를 통해 학생들의 긍정 정서를 촉진한다.

3) 자율성과 자기조절학습의 지지

학습자의 자기조절학습을 지지하는 학습 상황은 학습자의 통제감과 이와 관련된 긍정 정서를 증가시킬 수 있다. 더불어, 이러한 환경은 학생들의 자율성에 대한 요구를 충족시켜 긍정 정서를 발전시킬 것이다. 하지만 이러한 유익한 효과는 학업적 자율성에 대한 학습자의 능숙함, 학습자가 느끼는 필요성, 자기조절 학습을 촉진하는 환경, 자원의 조화에 달려 있다. 이 같은 조건이 충족되지 못한 자기조절학습은 통제감을 상실하거나 부정적 정서를 유발할 수 있다. 따라서 교사는 자율성에 대한 요구를 학습자의 능력과 필요에 맞춰 적용해야 한다.

4) 목표구조와 성취 기대

학업성취는 개인적 숙달기준, 경쟁적인 상대와의 비교에 기초한 규준 또는 협조적인 그룹 활동에 적용되는 기준에 의해서 정의될 수 있다. 이러한 각각의 기준들은 개인적(숙달), 경쟁적(상대평가), 그리고 교실에서의 협조적 목표체계를 암시한다(Johnson & Johnson, 1974). 목표체계와 성적은 학습자가 성공을 경험하고 통제감을 지각할 수 있는 기회를 결정하며, 그들의 정서에까지 영향을 미친다. 구체적으로 경쟁적 목표구조는 그 자체로 일부 학습자는 성공을 경험하는 반면, 다른 학습자들을 실패를 경험하여 불안과 무기력감을 높인다. 유사하게, 교사와 부모님의 지나치게 높은 기대가 내포된 지시는 통제감을 낮추고 부정적 정서를 유발할 수 있다. 이에 따라 정서의 측면에서 볼 때, 교육자는 기대 수준을 학습자의 수준에 맞추어야 하고, 학생들 사이에 개인적 경쟁을 부추기는 목표체계를 지양해야 한다.

5) 시험 참여, 피드백, 성취의 결과

교육자는 시험의 구조와 공정성을 높여 학생들의 시험불안을 줄일 수 있다(예: 요구, 주제, 성적 산출 방법의 정확한 정보를 제공함). 더불어, 구조화된 문항 형식을 사용하고 재시험의 기회를 제공할 때 시험불안을 줄일 수 있다(Zeidner, 1998). 더 나아가, 누적된 성공과 실패가 학습자의 성취 정서에 중요한 영향을 미치는 요인이 된다(Pekrun, 1992). 성공 경험은 지각된 통제감과 이와 관련된 긍정 정서를 키워 주는 반면, 반복되는 실패는 주관적으로 통제감을 감소시키고 결과적으로 부정적 정서를 유발한다. 따라서 성공과 실패의 결과를 인지하는 것이 중요하다. 학문적 성공이 (미래의 직업 선택 기회와 같이) 장기적으로 이득이 되는 결과를 만든다고 볼 때, 긍정적 미래와 관련된 정서는 증가하지만, 학문적 실패는 학습자의 불안과 무기력감을 키운다. 요약하면, 성공 경험을 제공하고, 실수를 실패보다는 성장의 기회로 정의하고, 성과와 이득이 되는 결과를 연결시키고, 부정적 결과를 유발하는 고위험 부담의 시험을 피하는 것이 학생들의 적응적 정서를 발전시키는 데 도움이 된다.

7. 결론

성취 정서는 학교에서 자주 경험하는 기능적으로 중요한 감정 중 하나이다. 하지만 1950년대부터 시작된 시험불안에 대한 연구를 제외하고(Zeidner, 1998), 성취 정서에 대한 연구는 이제 막 시작되는 시기라고 볼 수 있다. 연구자들은 성취 정서의 중요성을 인식하기 시작하였고, 이 분야에서 이루어진 단편적 연구는 앞으로 통합될 필요가 있다. 또 수행뿐 아니라 행복과 건강을 위해서도 성취 정서의 기능에 대해 좀 더 관심을 기울일 필요가 있다. 이러한 명확한 중요성에도 불구하고 불안을 제외하고는 성취 정서를 유발하는 학업 상황의 조절, 처치, 고안에 대해 연구된 바가 거의 없다. 기껏해야 학생들의 긍정적 성취 정서를 키울 수 있는 학습 상황을 만들려는 시도가 부분적인 성공을 거두었을 뿐이다(Glaeser-Zikuda, Fuss, Laukenmann, Metz, & Randler, 2005). 하지만 시험불안 처치에 대한 성공적인 사례를 바탕으로 미래의 연구가 학문적 상황을 성공적으로 조성하여 적응적인 성취 정서가 장려되고 부적응적 정서는 감소시킬 수 있음을 보여 주고 있다.

참고문헌

Ahmed, W., van der Werf, G., Kuyper, H., & Minnaert, A. (2013). Emotions, self-regulated learning, and achievement in mathematics: A growth curve analysis. *Journal of Educational Psychology, 105,* 150–161. doi:10.1037/a0030160

Aspinwall, L. (1998). Rethinking the role of positive affect in self-regulation. *Motivation and Emotion, 22,* 1–32. doi:10.1023/A:1023080224401

Boekaerts, M. (1993). Anger in relation to school learning. *Learning and Instruction, 3,* 269–280.

Broughton, S. H., Sinatra, G. M., & Nussbaum, E. M. (2013). "Pluto has been a planet by whole life!" Emotions, attitudes, and conceptual change in elementary students' learning about Pluto's reclassification. *Research in Science Education, 43,* 529–550. doi:10.1007/s11165-011-9274-x

Calvo, R. A., & D'Mello, S. K. (Eds.). (2012). *New perspectives on affect and learning technologies.* New York, NY: Springer.

Clore, G. L., & Huntsinger, J. R. (2007). How emotions inform judgment and regulate thought. *Trends in Cognitive Sciences, 11,* 393–399. doi:10.1016/j.tics.2007.08.005

Davidson, R. J., Scherer, K. R., & Goldsmith, H. H. (Eds.). (2003). *Handbook of affective sciences.* Oxford, UK: Oxford University Press.

D'Mello, S., Lehman, B., Pekrun, R., & Graesser, A. (2014). Confusion can be beneficial for learning. *Learning and Instruction, 29,* 153–170. doi:10.1016/j.learninstruc.2012.05.003

Efklides, A., & Volet, S. (Eds.). (2005). Feelings and emotions in the learning process [special issue]. *Learning and Instruction, 15,* 377–515. doi:10.1016/j.learninstruc.2005.07.006

Ekman, P., & Rosenberg, E. L. (Eds.). (1997). *What the face reveals: Basic and applied studies of spontaneous experssion using the Facial Action Coding System (FACS).* New York, NY: Oxford University Press.

Ellis, A. (1962). *Reason and emotion in psychotherapy.* New York, NY: Lyle Stuart.

Ellis, H. C., & Ashbrook, P. W. (1988). Resource allocation model of the effect of depressed mood states on memory. In K. Fiedler & J. Forgas (Eds.), *Affect, cognition, and social behavior* (pp. 25–43). Toronto, Canada: Hogrefe International.

Feldman Barrett, L., & Russell, J. A. (1998). Independence and bipolarity in the structure of current affect. *Journal of Personality and Social Psychology, 74,* 967–984. doi:10.1037/0022-3514.74.4.967

Fredricks, J. A., & Eccles, J. (2002). Children's competence and value beliefs from childhood through adolescent: Growth trajectories in two male-sex-typed domains. *Developmental Psychology, 38,* 519–533. doi:10.1037//0012-1649.38.4.519

Fredrickson, B. L. (2001). The role of positive emotions in positive psychology: The broaden-and-build theory of positive emotions. *American Psychologist, 56,* 218–226. doi:10.1037/0003-066X.56.3.218

Frenzel, A. C., Goetz, T., Lüdtke, O., Pekrun, R., & Sutton, R. (2009). Emotional transmission in the classroom: Exploring the relationship between teacher and student enjoyment. *Journal of Educational Psychology, 101,* 705–716.

doi:10.1037/a0014695

Frenzel, A. C., Pekrun, R., & Goetz, T. (2007). Girls and mathematics-a "hopeless" issue? A control-value approach to gender differences in emotions towards mathematics. *European Journal of Psychology of Education, 22,* 497-514.

Frenzel, A. C., Thrash, T. M., Pekrun, R., & Goetz, T. (2007). Achievement emotions in Germany and China: A cross-cultural validation of the Academic Emotions Questionnaire-Mathematics (AEQ-M). *Journal of Cross-Cultural Psychology, 38,* 302-309. doi:10.1177/0022022107300276

Glaeser-Zikuda, M., Fuss, S., Laukenmann, M., Metz, K., & Randler, C. (2005). Promoting students' emotions and achievement-Instructional design and evaluation of the ECOLE-approach. *Learning and Instruction, 15,* 481-495. doi:10.1016/j.learninstruc.2005.07.013

Goetz, T., Bieg, M., Lüdtke, O., Pekrun, R., & Hall, N. C. (in press). Do girls really experience more anxiety in mathematics? *Psychological Science.*

Goetz, T., Frenzel, A. C., Pekrun, R., Hall, N. C., & Lüdtke, O. (2007). Between- and within-domain relations of students' academic emotions. *Journal of Educational Psychology, 99,* 715-733. doi:10.1037/0022-0663.99.4.715

Goetz, T., Frenzel, A. C., Stoeger, H., & Hall, N. C. (2010). Antecedents of everyday positive emotions: An experience sampling analysis. *Motivation and Emotion, 34,* 49-62. doi:10.1007/s11031-009-9152-2

Heckhausen, H. (1991). *Motivation and action.* New York, NY: Springer.

Helmke, A. (1993). Die Entwicklung der Lernfreude vom Kindergarten bis zur 5. Klassenstufe [Development of enjoyment of learning from kindergarten to grade 5]. *Zeitschrift für Pädagogische Psychologie, 7,* 77-86.

Hembree, R. (1988). Correlates, causes, effects, and treatment of test anxiety. *Review of Educational Research, 58,* 47-77. doi:10.3102/00346543058001047

Immordino-Yang, M. H., & Christodoulou, J. A. (in press). Neuroscientific contrigutions to understanding and measuring emotions in educational contexts. In R. Pekrun & L. Linnenbrink-Garcia (Eds.), *Handbook of emotions in education.* New York, NY: Taylor & Francis.

Johnson, D. W., & Johnson, R. T. (1974). Instructional goal structure: Cooperative, competitive or individualistic. *Review of Educational Research, 4,* 213-240.

doi:10.3102/00346543044002213

Lazarus, R. S., & Folkman, S. (1984). *Stress, appraisal, and coping.* New York, NY: Springer.

Lichtenfeld, S., Pekrun, R., Stupnisky, R. H., Reiss, K., & Murayama, K. (2012). Measuring students' emotions in the early years: The Achievement Emotions Questionnaire-Elementary School (AEQ-ES). *Learning and Individual Differences, 22,* 190-201. doi:10.1016/j.lindif.2011.04.009

Liebert, R. M., & Morris, L. W. (1967). Cognitive and emotional components of test anxiety: A distinction and some initial data. *Psychological Reports, 20,* 975-978.

Linnenbrink, E. A. (2007). The role of affect in student learning: A multi-dimensional approach to considering the interaction of affect, motivation, and engagement. In P. A. Schutz & R. Pekrun (Eds.), *Emotion in education* (pp. 107-124). San Diego, CA: Academic Press.

Linnenbrink, E. A., & Pintrich, P. R. (2002). Achievement goals theory and affect: An asymmetrical bidirectional model. *Educational Psychologist, 37,* 69-78.

Mandler, G., & Sarason, S. B. (1952). A study of anxiety and learning. *Journal of Abnormal and Social Psychology, 47,* 166-173.

Meinhardt, J., & Pekrun, R. (2003). Attentional resource allocation to emotional events: An ERP study. *Cognition and Emotion, 17,* 477-500. doi:10.1080/02699930244000039

Pekrun, R. (1992). Expectancy-value theory of anxiety: Overview and implications. In D. G. Forgays, T. Sosnowski, & K. Wrzesniewski (Eds.), *Anxiety: Recent developments in self-appraisal, psychophysiological and health research* (pp. 23-41). Washington, DC: Hemisphere.

Pekrun, R. (2006). The control-value theory of achievement emotions: Assumptions, corollaries, and implications for educational research and practice. *Educational Psychology Review, 18,* 315-341. doi:10.1007/s10648-006-9029-9

Pekrun, R. (2009). Global and local perspectives on human affect: Implications of the control-value theory of achievement emotions. In M. Wosnitza, S. A. Karabenick, A. Efklides, & P. Nenniger (Eds.), *Contemporary motivation research: From global to local perspectives* (pp. 97–115). Cambridge, MA: Hogrefe.

Pekrun, R., Elliot, A. J., & Maier, M. A. (2006). Achievement goals and discrete achievement emotions: A theoretical model and prospective test. *Journal of Educational Psychology, 98,* 583–597. doi:10.1037/0022-0663.98.3.583

Pekrun, R., Elliot, A. J., & Maier, M. A. (2009). Achievement goals and achievement emotions: Testing a model of their joint relations with academic performance. *Journal of Educational Psychology, 101,* 115–135. doi:10.1037/a0013383

Pekrun, R., Goetz, T., Daniels, L. M., Stupnisky, R. H., & Perry, R. P. (2010). Boredom in achievement settings: Control-value antecedents and performance outcomes of a neglected emotion. *Journal of Educational Psychology, 102,* 531–549. doi:10.1037/a0019243

Pekrun, R., Goetz, T., Frenzel, A. C., Barchfeld, P., & Perry, R. P. (2011). Measuring emotions in students' learning and performance: The Achievement Emotions Questionnaire (AEQ). *Contemporary Educational Psychology, 36,* 36–48.

Pekrun, R., Goetz, T., Titz, W., & Perry, R. P. (2002). Academic emotions in students' self-regulated learning and achievement: A program of quantitative and qualitative research. *Educational Psychologist, 37,* 91–106.

Pekrun, R., & Linnenbrink-Garcia, L. (Eds.). (in press). *Handbook of emotions in education.* New York, NY: Taylor & Francis.

Pekrun, R., vom Hofe, R., Blum, W., Frenzel, A. C., Goetz, T., & Wartha, S. (2007). Development of mathematical competencies in adolescence: The PALMA longitudinal study. In M. Prenzel (Ed.), *Studies on the educational quality of schools* (pp. 17–37). Münster, Germany: Waxmann.

Reisenzein, R., Junge, M., & Huber, O. (in press). Observational approaches to the measurement of emotions. In R. Pekrun & L. Linnenbrink-Garcia (Eds.), *Handbook of emotions in education.* New York, NY: Taylor & Francis.

Ruthig, J. C., Perry, R. P., Hall, N. C., & Hladkyj, S. (2004). Optimism and attributional retardation: Longitudinal effects on academic achievement, test anxiety, and voluntary course withdrawal in college students. *Journal* of *Applied Social Psychology, 34,* 709-730. doi:10.1111/j.1559-1816.2004.tb02566.x

Sansone, C., Weir, C., Harpster, L., & Morgan, C. (1992). Once a boring task always a boring task? Interest as a self-regulatory mechanism. *Journal of Personality and Social Psychology, 63,* 379-390.

Schutz, P. A., & Pekrun, R. (Eds.). (2007). *Emotion in education.* San Diego, CA: Academic Press.

Shuman, V., & Scherer, K. R. (in press). Concepts and structure of emotions. In R. Pekrun & L. Linnenbrink-Garcia (Eds.), *Handbook of emotions in education.* New York, NY: Taylor & Francis.

Spangler, G., Pekrun, R., Kramer, K., & Hofmann, H. (2002). Students' emotions, physiological rcactions, and coping in academic exams. *Anxiety, Stress and Coping, 15,* 413-432.

Spielberger, C. D. (1980). *Test Anxiety Inventory: Preliminary professional manual.* Palo Alto, CA: Consulting Psychologist Press.

Turner, J. E., & Schallert, D. L. (2001). Expectancy-value relationships of shame reactions and shame resiliency. *Journal of Educational Psychology, 93,* 320-329. doi:10.1037/0022-0663.93.2.320

Valeski, T. N., & Stipek, D. J. (2001). Young children's feelings about school. *Child Development, 72,* 1198-1218.

Weiner, B. (1985). An attributional theory of achievement motivation and emotion. *Psychological Review, 92,* 548-573.

Weiner, B. (2007). Examining emotional diversity on the classroom: An attribution theorist considers the moral emotions. In P. A. Schutz & R. Pekrun (Eds.), *Emotion in education* (pp. 73-88). San Diego, CA: Academic Press.

Wine, J. D. (1971). Test anxiety and the direction of attention. *Psychological Bulletin, 76,* 92-104.

Wyatt, S. (1930). The problem of monotony and boredom in industrial work. *Industrielle Psychotechnik, 7,* 114-123.

Zeidner, M. (1998). *Test anxiety: The state of the art.* New York, NY: Plenum.

Zeidner, M. (in press). Anxiety in education. In R. Pekrun & L. Linnenbrink-Garcia (Eds.), *Handbook of emotions in education.* New York, NY: Taylor & Francis.

요약: 성취 정서

- **정의**: 성취 정서는 성취활동(예: 학습의 즐거움, 지루함)이나 성취 결과(성공과 실패; 예: 희망, 불안, 자신감, 수치심)와 관련된 정서이다.
- **평가 결정요인**: 성취에 대한 지각된 통제감은 긍정적 성취 정서를 예측하고, 지각된 통제감 부재는 부정적 성취 정서를 예측한다. 성취에 대한 가치 부여는 긍정적 성취 정서와 부정적 성취 정서와 정적 관계가 있다(예: 중요성이 높을수록 보다 강렬한 정서).
- **발달**: 평균적으로 성취 불안은 초등학교 시절에 걸쳐 증가하고 그 이후에는 비교적 높은 수준이 유지되지만 긍정적 성취 정서는 학창 시절 내내 감소한다.
- **긍정 정서의 영향**: 학습의 즐거움과 같은 긍정 활성화 정서는 학생의 집중도, 흥미, 학습동기, 유연한 학습 전략 사용, 학습의 자기조절, 학업성취를 촉진한다.
- **부정 정서의 영향**: 불안, 분노, 수치심과 같은 부정적 비활성화 정서는 집중도와 내적 동기를 감소시키는 반면, 실패를 피하기 위한 동기를 유발하고 철저한 학습 전략의 사용을 촉진할 수도 있다. 지루함이나 무기력감 같은 부정적 비활성화 정서는 집중도, 동기, 전략 사용에 부정적 효과를 준다. 두 종류의 부정 정서는 학업성취와 부적 관계에 있다.
- **상호인과성**: 성취 정서, 개인적이고 사회적인 선행인자, 그리고 효과는 상호인과성에 의해 연결되어 있다.
- **정서조절**: 성취 정서는 정서의 구성요소를 직접적으로 목표로 삼고 평가와 능력, 학습 환경(각각의 정서 초점, 평가 초점, 숙달 초점, 상황 초점 조절)을 바꿈으로써 변화될 수 있다.
- **다양성과 보편성**: 성취 정서는 개인, 성별, 학업적 상황, 사회문화적 맥락에 따라 다르다. 하지만 평가 선행인자와 활동 결과의 관계는 보편적 원리를 따른다.
- **측정**: 성취 정서를 측정하는 방법은 자기보고식 측정, 신경 촬영법, 말초 생리학적 과정 측정, 행동 관찰 등이 있다.
- **교육적 함의**: 교육자는 교육의 인지적 · 동기적 질을 높이고, 충분한 자율성을 제공하고, 숙달 목표 지향체계와 성취 기준을 사용하며, 성취에 대한 긍정적인 피드백을 제공하고, 부담이 큰 시험을 지양함으로써 학생들이 적응적인 성취 정서를 발달시키고 부적응적 정서를 감소시키도록 도와야 한다.

성취 정서 추천자료

Pekrun, R. (2006). The control-value theory of achievement emotions: Assumptions, corollaries, and implications for educational research and practice. *Educational Psychology Review, 18,* 315-341. doi:10.1007/s10648-006-9029-9

Pekrun의 통제-가치이론의 개요를 제공한다. 이 이론은 기원, 기능, 상황적 특수성, 개인차이 및 성취 감정 조절을 다룬다.

Pekrun, R., & Linnenbrink-Garcia, R. (Eds.). (in press). *Handbook of emotions in education.* New York, NY: Taylor & Francis.

교육 분야에서 정서에 대한 첫 번째 핸드북이다. 여기에서는 정서 구조, 정서 및 정서조절에 대한 주요 이론들, 다양한 학문 영역과 환경에서의 정서, 측정 및 방법론에 대한 접근법에 대한 장들을 포함한다.

Schutz, P. A., & Pekrun, R. (Eds.). (2007). *Emotion in education.* San Diego, CA: Academic Press.

성취 정서에 대한 이론과 연구에 대한 개요를 제공한다.

Weiner, B. (1985). An attributional theory of achievement motivation and emotion. *Psychological Review, 92,* 548-573.

Weiner의 귀인이론에 대한 개요를 제공한다. 이 이론은 성취 정서의 선행으로서 귀인(인과적 속성)을 다룬다.

Zeidner, M. (1998). *Test anxiety: The state of the art.* New York, NY: Plenum.

시험불안에 대한 연구들의 종합적인 검토를 제공한다. 여기에서는 기원, 발달, 개인차이, 성취에 미치는 영향 및 치료 등에 대한 증거 요약을 포함한다.

제11장 창의성

1. 서론

교육자들과 심리학자들은 오랫동안 창의성을 중요하게 여겨 왔지만 창의성을 교육목표로 삼는 데 대한 관심은 등한시되어 왔다(Aljughaiman & Mowrer-Reynolds, 2005; Beghetto & Plucker, 2006; Guilford, 1950; Vygotsky, 1967/2004). 창의성을 학교에서 더욱 중요한 교육목표로 삼아야 한다는 주장은 최근에 꾸준히 증가해 왔다. 실제로 이 책의 첫 판이 출간된 후 몇 년간 교육에서의 창의성은 대중매체의 헤드라인으로 주목받았고(예: 『Newsweek』 『Wall Street Journal』), 지식인들이 폭넓게 선호하는 대담 주제가 되었으며(예: TED talks), 대중적인 정보자원(예: blog posts)과 다양한 학문적 성과물(예: 책, 학술전문 저널)에서도 자주 강조되어 왔다. 이처럼 창의성에 대한 관심이 증가된 것은 디지털 세대의 증가된 복잡성과 예측 불가능한 특성을 다룰 수 있는 기본적 역량이 바로 창의성이라고 보기 때문이다(Craft, 2011). 창의성은 전 세계 여러 나라의 국가교육과정에서 하나의 중점 기술로 포함되어 왔다

(Beghetto, 2010; Craft, 2007). 미국의 초 · 중 · 고 교육과정에서도 창의성이 해낼 수 있고 해내야 할 역할에 대한 관심이 꾸준히 증가되어 왔다(Beghetto & Kaufman, 2013). 최근 미국의 교육과정 지침에서는 창의성을 학생 발달의 주요 요소로 선정했다. 예컨대 21세기 기술을 위한 파트너십(www.P21.org)에서는 핵심적인 학습 기술의 하나로 창의성을 포함시켰다.

미국의 학교와 교실에서 학생의 창의적 잠재력 발달을 잠재적으로 억압해 온 결과 학교의 '창의성 위기' 보고서가 나오면서 창의성에 대해 보다 새로운 관심을 갖는 계기가 되었다(Bronson & Merryman, 2010; Kim, 2011). 대부분의 교사는 창의성의 억압과 창의성에 대한 관심 사이 그 어딘가에 머물러 있다. 교사들이 창의성의 가치를 인식할지라도 법에 규정된 책임 규준을 따르다 보면 학생들의 시험점수를 높여야 한다는 압력을 받는다. 이러한 현실에서는 학생들의 창의성을 길러 주기 위해 교육과정을 무시하거나 심지어 교육과정을 혼란스럽게 하는 주제를 다루기도 한다(Beghetto & Kaufman, 2010의 에세이 참조). 창의성에 대한 새로운 관심을 넘어서 학급에서 실질적인 변화가 이루어지려면 교사와 연구자들이 창의성의 특성뿐 아니라 학업 성적과 창의성의 공존 방법에 대해서 분명하게 이해해야 한다.

이 장에서는 창의성에 대한 일반적인 정의와 개념에 대해 논의한 후 창의성에 대해 더 포괄적으로 접근하는 4가지 창의성 모델에 대해 자세히 설명한다. 다음으로 학생들의 창의성 발달 촉진에 필요한 환경에 대해 논의하되, 창의성 발달에 도움이 되는 교육 환경 유형 및 학생들에게 창의성이 필요할 때와 필요하지 않을 때를 분별하도록 가르치는 것의 중요성을 제시한다. 마지막으로 이 장의 내용을 요약 · 정리한 후 창의성에 대해 더 탐구할 수 있는 몇 가지 중요한 자료를 제시하고자 한다.

2. 창의성이란 무엇인가

1950년대까지 창의성에 대한 연구는 거의 없었다. 그때까지 심리학 연구 목록 중 창의성에 대한 연구는 0.2% 이하였다(Guilford, 1950). 1950년 미국심리학회 기조연설에서 Guilford는 창의성 연구의 실제적 적용과 과학적 가치를 설득력 있게 주장했다(Kaufman, 2009). Guilford의 영향력 있는 연설 이후 전 세계에 걸쳐서 다양한 영역(예: 심리학, 사회학, 철학, 예술, 교육)을 대표하는 수많은 학자에게서 창의성은 주요 연구 주제로 발전해 왔다.

전 세계에 걸쳐 창의성을 어떻게 연구해 왔는지 개념화하는 한 가지 방법은 어떤 인물의 창의성을 연구했는가에 초점을 두는 것이다. 창의성 연구의 초점은, 예를 들어 국제적으로 유명한 영화감독 Steven Spielberg, 그의 배관공(누수를 창의적으로 고침), 컴퓨터과학자인 그의 아버지와 음악가인 그의 어머니(둘 다 자수성가함), 그의 누이 Mikaela 또는 그녀의 5학년 때 선생님 중에서 누구를 연구하는가에 따라 달라진다. 따라서 창의성을 측정하는 최상의 방법은 창안자에 따라 다를 수 있다. 무엇에 초점을 두느냐에 관계없이 창의성에 대한 최적의 정의는 현재 2가지 요소로 구성된다. 첫째, 창의적인 아이디어는 다르고, 새롭고, 혁신적인 것을 보여 줄 필요가 있다. 둘째, 창의적인 아이디어는 과제에 적합해야 한다. 따라서 창의적인 반응은 특정한 맥락에서 독창적이면서도 적합하게 반응하는 것이다(Sternberg, 2007; Plucker, Beghetto, & Dow, 2004).

3. 4가지 창의성 모델

1) Big-C 접근

창의성 연구는 두 방향 중 하나를 택하는 경향이 있다. 첫 번째 방향은 전통적으로 탁월한 개인의 성과에 초점을 둔다. 이러한 연구와 이론의 유형은 전형적으로 'Big-C' 창의성 연구로 불린다. 이러한 연구의 예로 수 세기 동안 이어진 탁월한 클래식 오페라 작곡가(예: Simonton, 1977, 1997) 또는 전설적인 과학자(Simonton, 2009)의 창의적인 기여를 탐구하는 것을 들 수 있다. 많은 Big-C 연구가 전기나 참고문헌에서 취한 자료를 분석하는 역사측정학적 방법을 사용하기 때문에 개인적인 인터뷰만으로는 불가한 교차집단 패턴 검토가 이루어진다. 그동안 다수의 창의성 이론은 Big-C 개념에 집중해 왔다. 예컨대, 창의성 기여의 추진이론(Sternberg & Kaufman, 2012; Sternberg, Kaufman, & Pretz, 2002)은 개인의 창의적 행위가 어떻게 전반적인 분야를 잠재적으로 변화시키는가에 집중해 왔다. 연구자들은 창의성 기여의 8가지 유형을 요약하였는데, 각 유형은 창안자가 한 분야에 영향을 미치는 각기 다른 방식을 나타낸다. 먼저 소개되는 앞의 4가지 유형은 모두 기존 패러다임의 틀 안에 있는 유형이다. 가장 기본적인 유형은 단지 다른 이의 과거 업적을 그대로 재생산하는 복제(replication) 유형이다. 다음 유형은 기존의 개념에 대해 다른 관점을 제시하는 시도인 재정의(redefinition) 유형이다. 이 유형은 감독이 고전극을 어떻게 다시 구상하는가와 유사하다. 세 번째 유형은 연구 분야를 약간 한 발 앞서가는 전진증강(forward incrementation) 유형이다. 이 유형에서 창안자는 한 편의 소설을 약간 변형하듯 기존의 것에서 작은 변화를 만든다. 이러한 첨가는 대체로 획기적인 것은 아니다. 기존에 추구해 온 방향 내에서 연구 분야를 취하기 때문이다. 네 번째 유형은 선전진증강(advanced forward incrementation) 유형이다. 이 유형은 기존 연구 분야에서 훨씬 앞서 나아간다. 이 유형에서 창안자는 종종 너무 시대를 앞서 나가서 어려움을 겪기도 한다. 한편, 나머지 4가지 유형은 현재의 패러다임을 거부하고 이를 대체하는 시도에 해당하는 추진이론으로 논의되었다. 먼저 재정향(redirection) 유형은 새로운 방향으로 연구를 진행하려는 시도를 나타낸다. 다음으로 재구성/재정향(reconstruction/redirection) 유형은 대부분의 창의성 유형이 앞을 향하는 것과 다르게 연구가 진행되었던 과거의 한 지점으로 회귀하여(과거의 재구성) 그 지점에서 새롭게 시작하면서도 현재보다 앞으로 나아가 다른 방향으로 진행한다. 아마 가장 급진적인 유형은 재시작(reinitiation) 유형일 것이다. 재시작 유형의 창안자는 연구 분야를 (예전에 접근해 보지 않았던) 새로운 시작점으로 옮겨 거기에서 새롭게 진행하려고 시도한다(예: Marcel DuChamp는 예술 전시에 소변기를 접목하고 그것이 예술이라고 선언함). 마지막 유형은 2가지 다른 영역이 어우러져 새로운 아이디어를 만드는 통합(integration) 유형이다(예: 초소형 컴퓨터와 휴대폰을 결합한 아이폰).

2) Little-c 접근

창의성에 대한 다른 두드러진 접근은 비전문가나 뛰어나지 않은 평범한 개인들이 매일 행하는 창조적 활동에 초점을 둔다(예: Richards, 2007). 이러한 접근에 따른 이론과 연구를 대개 'little-c'에 집중한다고 일컫는다. little-c 창의성에 초점을 둔 영역은 모든 사람이 창의적 잠재력을 가지고 있다는 주장의 타당화를 목표로 한다(개관을 위해 Kaufman & Baer, 2005; Plucker et al., 2004 참조). little-c 연구의 예로 창의성에 대한 비전문가의 인식(예: 창의성에 대한 비전문가의 개념은 전문가가 창의성의 구성 개념을 정의하는 방법과 다를 수 있음)과 창의성에 대한 신념에 대해서 문화 간 비교 조사하는 것을 들 수 있다.

창의성 투자이론(Sternberg & Lubart, 1995)과 같은 몇몇 창의성 이론은 little-c 접근에 근거한다. 창의성 투자이론에서 창의성의 열쇠는 주목을 적게 받아 온 아이디어나 연구 영역을 명확하게 하고, 이러한 아이디어를 연구하여 다른 사람들에게 그 중요성을 설득하는 것이다. 그리고 다른 사람들이 이 주제를 연구하기 시작할 때에는 또 다른 인기 없는 다른 연구 영역으로 이동한다. Sternberg와 Lubart(1995)는 창의적이기 위한 6가지 변인으로 지능, 지식, 인성, 환경, 동기, 사고방식을 꼽았다. 실제로 창의적인 사람을 묘사할 때 이 6가지 변인의 패턴이 있다. 예컨대, 창의성을 가치 있게 여기고 육성하는 환경에서 태어난 사람은 창의성을 가치 있게 여기지 않는 (심지어 벌하는) 환경에시 자란 사람보다 더 창의적으로 성장하는 경향이 있다. 또 다른 이론인 Amabile의 창의성 요소 모델(1996)은 창의성이 나타나기 위한 3가지 변인의 필요성을 주장하는데, **영역 관련 기술**(특정한 연구 영역의 지식, 해당 영역의 기술이나 재능의 소유), **창의성 관련 기술**(모호함을 견디는 것과 같은 인성적 특성, 다른 관점을 생각해 내는 능력, 창의적 초인지 소유, 자율성, 위험을 감수하는 의지), **과제 동기**(예: 과제에 대한 내재적 관심 혹은 깊은 관심)가 이에 해당한다.

3) Bic-C와 Little-c를 넘어서

Big-C와 little-c의 구분은 창의성의 수준을 명확히 하는 데 유용했지만 여전히 모호한 점이 있다. 지극히 창의적이고 기량이 뛰어난 사람이지만, Big-C 수준에 못 미치는 사람은 little-c 창안자로 보아야 하는가? 그렇다면 그때 little-c는 매우 넓은 범주가 된다. 그러면 이러한 모델이 초중고 학습과 대학 수준 학습에서 어떻게 적용될 수 있을까?

학생들이 새로운 개념을 배우거나 새로운 은유를 형성하면서 만들어 낸 창의적인 해석은 대부분의 창의성 개념에 비추어 볼 때 그동안 별로 관심받지 못했다. 예컨대, 더 일찍이 소개된 창의성의 일반적 정의는 특정한 사회문화적 맥락에서의 참신성과 유용성의 결합을 강조했다(예: Plucker et al., 2004). 그러한 정의는 사회문화적 맥락(예: 8학년 시 동아리와 노턴의 시집)이 참신하고 새롭게 여겨지는 것이 무엇인가를 결정하는 중요한 역할을 한다는 것을 강조한다. 이러한 창의성의 핵심 요소(즉, 참신성, 유용성, 사회적 맥락)는 little-c 모델에서 가장 중요한 것으로 보인다. 예컨대, 아마추어 시인이 친구와 몇몇 시를 공유할 경우 친구가 자신의 시를 Robert Frost나 T. S. Eliot의 시와 비교함으로써 비평을 시작할 것이라 기대하지는 않는다. 실제 출판 가능한 작품 수준에 이르려면 대부분 거의 10년 정도는 걸린다(Hayes, 1989). 그 친구는 시에 새롭고 독창적인 요소가 있는지와 시의 기본적 전통을 따르고 있는지를 확인함으로써 그 시를 평가할 것이다. 반면에 Bic-C 수준의 경우 참신성과 유용성의 두 요소가 이미 자동으로 존재한다고 가정한다. Emily Dickenson이나 W. B. Weats의 시를 분석하는 연구자는 시가 참신하거나 유용한지 확인할 필요가 없다. 오히려 더 큰 질문은 이 시들이 그 분야에 어떻게 영향을 미쳤고 젊은 작가 세대에게는 어떤 영향을 미쳤는가를 묻는 것이다.

시 쓰는 법을 배우는 학생들이 지닌 창의적 통찰은 어디에서 시작되는 것일까? 한 학생의 시에 대한 첫 노력을 참신성이나 유용성으로 판단할 수는 없을 것이다. 그렇듯 창의성의 일반적 정의(little-c)를 (참신성과 유용성이 외적 판단에 달려 있기 때문에) 여기에 적용할 수가 없다. 그러나 중요하게도 학생들의 초기 시들은 자신에게 개인적으로 새롭고 의미 있는 작업이 될 수 있다. 그 시가 아직은 그 분야의 참신함을 나타내지는 못하지만 (시 쓰기와 같은) 한 분야를 배우는 바로 그 과정은 학생들이 창의적인 통찰과 해석을 경험할 수 있는 기회를 제공한다.

창의성의 Big-C와 little-c 개념만으로는 창의성의 복잡한 특성을 포착하기에 충분하지 않다. 따라서 Kaufman과 Beghetto(2009, 2013; Beghetto &

Kaufman, 2007)는 4가지 창의성 모델이 현재의 모델에서 제안하는 것을 넘어 'Pro-c'와 'mini-c'의 두 범주를 더 포함할 것을 제안한다. **Pro-c 창의성**은 아직 전설적인 지위를 얻지 못한 전문가 수준의 창의성이다. 만약 Jascha Heifitz가 Big-C 바이올린 연주자라면 Pro-c 바이올린 연주자는 로스엔젤레스 필하모닉의 수석 연주자가 될 수 있을 것이다. 그리고 **mini-c 창의성**은 배움의 과정에 내재하는 자기발견이나 개인적으로 의미 있는 통찰과 해석을 얻는 것(Beghetto & Kaufman, 2007)으로서 창의성 위계 중 가장 낮은 수준으로 볼 수 있다. little-c를 mini-c와 구분하는 한 가지 예는 공공의 오케스트라에서 바이올린을 연주하는 것은 little-c 범주인 반면, 바이올린 레슨을 시작하는 6학년은 mini-c의 범주라 할 수 있다.

mini-c는 학령기 아동·청소년에게 대부분 적용할 수 있기에, 우리는 여기에서 mini-c에 초점을 둔다. mini-c 창의성은 전통적인 창의성 개념을 넓혀서 창의적 통찰과 해석을 포함하고 있다. 일반적으로 그러한 통찰과 해석은 little-c(또는 Bic-C까지)에 기여하도록 개발될 수 있다(Beghetto & Kaufman, 2007). 이러한 방법으로 mini-c 창의성은 더 성숙하고 영향력 있는 창의성 형태(little-c와 Bic-C)로 자연스럽게 발전하게 하는 역할을 할 수 있다. 예컨대, 벨크로(일명 찍찍이)의 발명(Big-C)은 스위스 알프스에서 도보 여행을 하는 동안 옷에 달라붙는 가시 돋친 식물을 관찰한 후 얻은 George de Mestral의 mini-c 통찰에서 시작되었다. 물론 (벨크로처럼) mini-c 통찰이 Big-C 상품 제조로 이어지기 위해서는 전문적 지식, 인내, 자원, 그리고 어느 정도의 행운도 필요하다(Simonton, 2009). 그러나 분명하고 창의적인 최종 산물(이 사례에서는 벨크로)을 얻는 과정이 mimi-c (개인 내) 통찰에서부터 시작되었음을 인식하는 것이 중요하다. 비록 모든 이의 통찰이 혁신적이고 강력한 산물을 곧바로 이끌어 내지는 않더라도, 그러한 산물 발생의 시작(예: mini-c 통찰)은 거의 매일 일어나고 있고 누구에게나(세계적으로 유명한 발명가나 초등학생에게도) 가능하다.

4) 학교와 교실에서 mini-c 창의성의 전망

mini-c 개념은 교육자들이 학교와 교실에서 창의성을 위한 공간을 마련하도록 돕는다는 점에서 전망이 밝다. 탁월한 수준의 타개책이나 높은 수준의 생산성에 초점을 둔 전통적인 창의성 개념을 적용할 경우, 학생들의 창의성(즉, 어떤 분야에서의 획기적인 전환점과 높은 수준의 생산성)이 나타날 가능성이 낮은 활동에 시간을 보내고 있는 것을 교육자가 타당화하기 어렵다. 따라서 교사들 대부분이 창의성을 가치 있게 여기면서도 자신의 교실에서 창의성과의 관련성이나 그 중요성을 관찰하고 인지하는 데 실패하게 된다(Beghetto, 2007; Beghetto & Plucker, 2006).

학교와 교실에서 창의성이 소외되는 것은 창의적인 학생에 대한 부정적인 고정관념과 인식에서 비롯되기도 한다. 이러한 부정적인 신념과 인식은 여러 문화권에 걸쳐 나타나며 오랜 역사를 갖는다. 예컨대, 서구 문화권의 일부 교사는 총명한 학생들보다 창의적인 학생들을 더 낮게 평가하는데, 그 이유는 창의성이 부적합하고 충동적이며 방해가 되는 행동과 관련이 있다고 이해하기 때문이다(예를 들어, Dawson, 1997; Scott, 1999). 다른 연구에서는 교사가 창의성의 의미를 충분히 명확하게 알지 못한 채 자신이 창의적인 학생들에 대해 호의적이라고 느낀다고 밝혔다(예를 들어, Runco, Johnson, & Baer, 1993). 예컨대 한 연구에서 교사들은 창의적인 학생들을 좋아한다고 보고하면서 창의성을 '바르게 행동하는' 또는 '적합한'과 같은 형용사로 정의했다. 이러한 인식은 같은 교사들에게 창의적인 사람을 묘사하는 데 더 전형적으로 사용되는 문구, 즉 '충동적' 또는 '불가능하다고 말하는 것을 시도하는' 등이 주어졌을 때는 부정적 반응으로 변하는 것을 보여 주었다(Westby & Dawson, 1995).

몇몇 다른 연구에서는 창의성에 대한 교사의 이해가 부족함을 밝혔다. 예컨대, Diakidoy와 Phtiaka(2002)는 교사들이 창의성을 주로 예술과 관련지으며, 지식은 창의성의 유의미한 요소로 보지 않는다는 것을 발견했다[Seo,

Lee, & Kim(2005)의 연구 참조]. 더욱이 de Souza Fleith(2000)는 교사들이 자신의 태도가 학생들의 창의성에 영향을 줄 수 있다고 분명하게 말하면서도 자기평가, 보상 또는 내적 동기 등의 개념은 창의성과 관련되는 것으로 여기지 않고 있음을 밝혔다. 이렇듯 창의성에 대한 부정적이고 잘못된 교사들의 인식은 문화를 초월하여 나타나기도 한다. 예컨대, Tan(2003)은 싱가포르의 교사들이 더 창의적이고 위험을 감수하는 학생보다 (친절하고 다정하며) 예의 바른 태도를 지닌 학생을 선호한다고 보고했다. Chan과 Chan(1999)도 중국 문화에서는 규범을 따르지 않거나 눈에 띄는 행동은 오만하거나 반항적인 것으로 해석될 수 있다고 주장하면서 중국 교사들이 사회적으로 바람직하지 않은 특질과 학생의 창의성을 관련짓는다고 밝혔다. 터키의 교사들에게서도 같은 결과가 나왔다(Güncer & Oral, 1993).

mini-c 창의성은 교사들이 학생의 창의성에 대해 다르게 생각할 수 있는 대안을 제공한다. 실제로 mini-c 창의성은 창의적인 잠재력 계발에 내재하는 창의적인 과정을 강조한다. mini-c 개념은 교실에서 나타나기 쉬운 대부분의 창의성이 전통적인 창의성 개념과 다르며, 교사가 관심을 가지고 이를 길러 줄 필요가 있음을 인식하도록 돕는다. 중요한 것은 mini-c 창의성이 더 긍정적인 조망으로 창의성을 재구성한다는 점이다. mini-c는 창의성이 어떤 비범한 것이라서 별도의 교육과정을 통해 나타나기보다 오히려 학생들이 매일 핵심적인 교육과정 주제를 배우는 과정에서 창의적인 통찰과 해석을 통해 나타난다는 점을 강조한다. 교사들이 이러한 점을 인식할 때 학생들의 창의적인 잠재력 계발을 돕는 지지적인 피드백을 제공하며 더 나은 태도를 취할 수 있을 것이다.

교사의 지지적인 피드백은 학생의 창의성 발달에 중요한 주제가 된다. 예컨대, Beghetto(2006)의 연구에서 중·고등학교 학생들이 보고한 바에 따르면, 교사가 학생들에게 제공한 창의성에 대한 긍정적 피드백은 학생이 자신의 창의성에 대한 신념을 갖는 것을 가장 강하게 예측했다. 그러므로 교사들은 학생들이 자신의 창의성에 대한 확신을 갖도록 지지적인 피드백을 제공하기 위해 적극적으로 전략을 찾고 개발할 필요가 있다. 그렇게 하는 것은 학생들이 mini-c 해석을 통해 현실 세계를 혁신하고 발전시키도록 도울 수 있다.

교실에서 이러한 피드백이 어떻게 가능할 수 있을까? Beghetto(2007)는 어떻게 교사가 mimi-c 해석에서 little-c 표현으로 발전하도록 격려할 수 있을지를 다음의 3가지 측면에서 논의하였다. 첫째, 학생들이 그들이 배운 것을 어떻게 해석하는지 듣고 이해하는 시간을 갖는다. 둘째, 학생들이 자신의 관여나 행동이 한계에서 벗어나거나 관습이나 과제 기준에 맞지 않을 때가 언제인지 인식하도록 돕는다. 셋째, 학생들이 특정한 영역이나 과제에 대한 기술 개발을 연습할 수 있는 다양한 기회를 제공한다. 이러한 제안은 실질적인 권고가 될 뿐만 아니라(Beghetto, 2005 참조), 교사가 학생의 mini-c 창의성에 대한 가치를 인식하는 방법에 대한 구체적인 예시가 된다.

4. 창의적 표현을 지원하는 환경

학교와 교실의 정책, 실천, 그리고 과정은 학생들의 의욕을 북돋우는 신념과 차후 성취행동에 영향을 미칠 목표 관련 메시지로 가득하다(Pintrich & Schunk, 2002). 학생들에게 등급을 매기는 것을 비롯하여 복도와 교실에 학생의 업적을 전시하는 우등생 명단과 같은 모든 것은 학교가 무엇을 가치 있게 평가하는지를 알려 주며 학생들이 성취지향 행동에 참여하거나 또는 회피하는 근거가 될 수 있다. 예컨대, 교실에서 학생의 글을 (완결된 산출물로 이어질 초안이 아니라) 완결된 산출물로서 전시하면, 타인을 능가해야 한다거나 자신의 기술 부족이 드러나지 않는 것이 중요하다고 여겨 (의도하지 않은) 스트레스를 유발할 수 있다.

동기 연구가들은 학습 환경에 의해 강조되는 메시지를 숙달목표 구조와 수행목표 구조라는 2가지 주요 유형으로 분류했다(이 책의 9장 참조). 숙달목표 구조는 내재적 동기와 관련되는 반면, 수행목표 구조는 외재적 동기 부여와 관련된다(Pintrich & Schunk, 2002). 여러 조사 연구(Amabile, 1996; Amabile, Hennessey, & Grossman, 1986; Amabile, Hill, Hennessey, & Tighe, 1994)는 학생이 과제에 대해 내재적 동기를 지닐 때 창의성이 전형적으로 증가한다고 보고한다. 그러나 동기와 목표체계 및 창의성의 관계가 완벽하게 필연적으로 관련되지는 않는다. 비록 제한된 실험에서 학급의 목표체계가 학생의 창의성에 영향을 미치기는 했지만, 창의성, 학급의 목표체계, 그리고 학생의 동기적 신념 간의 개념적 연관성은 복잡 미묘하며, 숙달/수행목표는 종종 좋음/나쁨으로 이분화되지 않고 이를 초월하여 보다 폭넓게 해석될 수 있다. 예컨대, Beghetto(2006)는 중 · 고등학생의 창의성과 자기효능신념(즉, 창의성에 대한 자기평가) 간의 긍정적 관련성을 밝혔다. 흥미롭게도, 학생의 창의성 및 자기효능신념과 수행접근신념 간에도 긍정적 관련성이 나타났다. 이러한 결과는 숙달 및 수행 접근신념과 창의성 자기효능신념에 대한 최적의 '조합 방식'이 있을 수 있음을 보여 준다(Barron & Harackiewicz, 2001). 즉, 숙달 및 수행 목표가 적절하게 조합되었을 때 창의성 자기효능신념을 강화하고 지지하는 사례가 있을 수 있다.

이러한 주장에 대해서는 연구가 더 필요한데, (특히 외적 보상이 가져오는 부정적인 영향을 조절할 수 있는 숙달목표가 없을 경우) 외적 보상이 창의성에 미칠 잠재적으로 부정적인 영향을 간과해서는 안 된다. 실제로 창의적인 작업에 보상을 주게 되면 결과뿐 아니라 다양한 방법에서 창의적이어야 한다는 기대로 압박을 가할 수 있다. 한 연구에서는 내재적 동기를 강조하는 환경에서 제시된 과제에서도 외적 보상을 제공하는 것이 수행에 부정적 영향을 미쳤다(Cooper, Clasen, Silvar-Jalonen, & Butler, 1999). 다른 연구자들은 보상이 지혜롭게 주어지면 유익할 수 있다고 주장한다. 예컨대, 보상이 창의적인 활동 이후에 이루어지면 개인의 내재적 동기뿐 아니라 창의성도 부정적 영향을 받지 않으며 실제로 증가될 수 있다고 했다(Eisenberger & Selbst, 1994). Eisengerger와 Shanock(2003)은 보상의 유해와 유익에 대한 많은 연구를 개관하면서 여러 논쟁에는 방법적인 문제도 포함된다고 결론지었다. 특히 그들은 창의적 수행에 대한 보상은 내재적 동기와 (mini-c 또는 little-c 수준에서 전통적으로 측정한) 창의성 모두를 증가시키는 반면, 관습적인 수행에 대한 보상은 내재적 동기와 창의성 모두를 감소시킨다고 주장했다.

학교 환경, 동기, 그리고 창의성 사이의 밀접한 연관성을 고려할 때 교육자들은 창의성을 계발하고 표현하려는 학생의 의지에 영향을 미칠 학교와 학급의 정책, 실천, 그리고 절차를 통해서 동기부여 메시지를 어떻게 보낼 수 있을지를 적극적으로 고려할 책임이 있다. Beghetto(2005)는 교육 환경에서 학생의 창의성을 지원하기 위해 다음과 같이 일반적인 권고를 제공한다. ① 도전적이지만 현실적인 목표를 설정하되, (단순히 과제가 주어지고 좋은 성적을 위해 동기화시키기보다는) 흥미롭고 개인적으로 의미 있는 과제의 특성에 초점을 두라. ② 새로운 아이디어의 생성을 격려하고 주어진 과제에 대해서 가장 유망하고 적합한 아이디어를 선택했을 때 학생을 도와줌으로써 창의적인 표현을 지원하라. ③ 평가의 압력을 최소화하라. ④ 학생이 과제에 몰입하는 근본적인 이유는 과제를 성공적으로 완수할 수 있음을 남에게 보여 주기 위한 것이기보다 자기향상을 위한 것임을 인식하도록 도우라. ⑤ 학생들이 실수에서 배우고, 실수는 학습의 자연스러운 과정임을 인식하도록 도우라. ⑥ 학생들의 성적이 단지 등급과 시험 점수가 아니라 어떤 의미를 갖는지 (즉, 그들이 무엇을 잘했는지 그리고 어떻게 미래에 더 향상될 수 있을지 등을) 생각하도록 도우라.

5. 창의성이 필요할 때와 필요하지 않을 때를 분별하도록 가르치기

최근 창의성에 대한 관심이 높아지고 정책 입안자와 경영자들이 창의성을 세계적으로 점점 더 중요한 교육목표로 만드는 데 관심을 가지게 되면서(Craft, 2007; www.P21.org), 교사들과 학생들에게 전달되는 메시지는 그들이 언제, 어디서나, 어떻게든 창의적이기 위해 분투해야 한다는 것이다. 우리는 이러한 잘못된 메시지의 전달을 우려한다.

창의적인 기술을 개발하기 위해서는 창의성이 필요할 때와 필요하지 않을 때를 분별하는 것도 익혀야 한다. 이러한 지식은 창의적인 메타인지로서(Kaufman & Beghetto, 2013), 창의적인 자기지식(1가지 영역 내에서 그리고 일반적인 영역 모두에서 자신의 창의적 강점과 한계를 아는 것)과 함께 맥락적 지식(언제, 어디서, 어떻게, 그리고 왜 창의적이어야 하는지를 아는 것)을 갖는 것을 뜻한다. 선행 연구에서 창의적인 사람이 더 높은 창의적인 메타인지(creative metacognition: CMC)를 지닌다는 근거가 제시되었다. 예컨대, Silvia(2008)는 확산적 사고 과제에 대한 최고의 답을 고르도록 요청했을 때 더 창의적인 사람이 더 정확하게 최고의 응답을 선택하는 경향이 있음을 발견했다. 마찬가지로 Runco와 동료들(Runco & Dow, 2004; Runco & Smith, 1992)은 독창적으로 반응하는 사람 또한 확산적인 사고 과제에 대해서 가장 독창적인 답을 더 좋게 평가하는 경향이 있음을 밝혔다. 이러한 통찰은 창의성이 가장 억제되어야 하는 시기를 결정할 때에도 유용하다. 예를 들어, 어떤 학생은 곱셈 시험을 보는 동안에 나비에 대한 창의적인 아이디어를 떠올릴 수 있겠지만, 이때 최상의 행동은 그 시험을 먼저 잘 끝내는 것이다.

추후 연구되어야 할 중요한 영역은 교사가 학생들의 창의성을 최고로 격려하면서 동시에 학생들이 '상황을 잘 파악'해서 창의적인 아이디어, 통찰,

행동을 표현할지 말지 그리고 표현한다면 어떻게 표현할 것인지를 결정하도록 가르치는 방법을 개발하는 것이다. 그 출발점은 교사가 학생들에게—창의적인 강점(그들이 이미 잘하는 것은 무엇인지)과 한계(그들이 배우고 향상시킬 필요가 있는 분야는 어디인지)를 강조하는—유익한 피드백을 어떻게 제공하는가에 있다. 예를 들어, 연구자들은 창의적인 메타인지(CMC)의 계발을 지원하는 Goldilocks 피드백 원리(Beghetto와 Kaufman, 2007)의 사용 방법을 계발할 수 있다. 특히 이 원리는 (학생의 동기를 막을 만큼) 너무 가혹하지도, (현실세계 기준에 대한 이해와 관심이 부족하여) 너무 관대하지도 않은 균형 있는 적절한 피드백 제공이 중요함을 강조한다.

참고문헌

Aljughaiman, A., & Mowrer-Reynolds, E. (2005). Teachers' conceptions of creativity and creative students. *Journal of Creative Behavior, 39,* 17-34. doi:10.1002/j.2162-6057.2005.tb01247.x

Amabile, T. M. (1996). *Creativity in context: Update to the social psychology of creativity.* Boulder, CO: Westview.

Amabile, T. M., Hennessey, B. A., & Grossman, B. S. (1986). Social influences on creativity: The effects of contracted-for reward. *Journal of Personality and Social Psychology, 50,* 14-23. doi:10.1037/0022-3514.50.1.14

Amabile, T. M., Hill, K. G., Hennessey, B. A., & Tighe, E. M. (1994). The work preference inventory: Assessing intrinsic and extrinsic motivational orientations. *Journal of Personality and Social Psychology, 66,* 950-967. doi:10.1037/0022-3514.66.5.950

Barron, K. E., & Harackiewicz, J. M. (2001). Achievement goals and optimal motivation: Testing multiple goal models. *Journal of Personality and Social*

Psychology, 80, 706–722. doi:10.1037/0022-3514.80.5.706

Beghetto, R. A. (2005). Does assessment kill student creativity? *Educational Forum, 69,* 254-263. doi:10.1080/00131720508984694

Beghetto, R. A. (2006). Creative self-efficacy: Correlates in middle and secondary students. *Creativity Research Journal, 18,* 447–457. doi:10.1207/s15326934crj1804_4

Beghetto, R. A. (2007). Ideational code-switching: Walking the talk about supporting student creativity in the classroom. *Roeper Review, 29,* 265–270. doi:10.1080/02783190709554421

Beghetto, R. A. (2010). Creativity in the classroom. In J. C. Kaufman & R. J. Sternberg (Eds.), *Handbook of creativity* (pp. 447–466). New York, NY: Cambridge University Press.

Beghetto, R. A., & Kaufman, J. C. (2007). Toward a broader conception of creativity: A case for "mini-c" creativity. *Psychology of Aesthetics, Creativity, and the Arts, 1,* 13–79. doi:10.1037/1931-3896.1.2.73

Beghetto, R. A., & Kaufman, J. C. (Eds.). (2010). *Nurturing creativity in the classroom.* New York, NY: Cambridge University Press.

Beghetto, R. A., & Kaufman, J. C. (2013). Fundamentals of creativity. *Educational Leadership, 70,* 10–15.

Beghetto, R. A., & Plucker, J. A. (2006). The relationship among schooling, learning, and creativity: "All roads lead to creativity" or "You can't get there from here?" In J. C. Kaufman & J. Baer (Eds.), *Creativity and reason in cognitive development* (pp. 316–332). Cambridge, UK: Cambridge University Press. doi:10.1017/CBO9780511606915.019

Bronson, P. O., & Merryman, A. (2010, July 19). The creativity crisis. *Newsweek,* 44–50.

Chan, D. W., & Chan, L. K. (1999). Implicit theories of creativity: Teachers' perception of student characteristics in Hong Kong. *Creativity Research Journal, 12,* 185–195. doi:10.1207/s15326934crj1203_3

Cooper, B. L., Clasen, P., Silva-Jalonen, D. E., & Butler, M. C. (1999). Creative performance on an in-basket exercise: Effects of inoculation against extrinsic reward. *Journal of Management Psychology, 14,* 39–56.

doi:10.1108/02683949910254747

Craft, A. (2007). Possibility thinking in the early years and primary classroom. In A. G. Tan (Ed.), *Creativity: A handbook for teachers* (pp. 231–249). Singapore: World Scientific.

Craft, A. (2011). *Creativity and education futures: Learning in a digital age.* Staffordshire, UK: Trentham Books.

Dawson, V. L. (1997). In search of the wild bohemian: Challenges in the identification of the creatively gifted. *Roeper Review, 19,* 148–152. doi:10.1080/02783199709553811

de Souza Fleith, D. (2000). Teacher and student perceptions of creativity in the classroom environment. *Roeper Review, 22,* 148–153. doi:10.1080/02783190009554022

Diakidoy, I. N., & Phtiaka, H. (2002). Teachers' beliefs about creativity. In S. P. Shohov (Ed.), *Advances in psychology research* (Vol. 15, pp. 173–188). Hauppauge, NY: Nova Science.

Eisenberger, R., & Selbst, M. (1994). Does reward increase or decrease creativity? *Journal of Personality and Social Psychology, 66,* 1116–1127. doi:10.1037/0022-3514.66.6.1116

Eisenberger, R., & Shanock, L. (2003). Rewards, intrinsic motivation, and creativity: A case study of conceptual and methodological isolation. *Creativity Research Journal, 15,* 121–130. doi:10.1207/S15326934CRJ152&3_02

Guilford, J. P. (1950). Creativity. *American Psychologist, 5,* 444–454. doi:10.1037/h0063487

Güncer, B., & Oral, G. (1993). Relationship between creativity and nonconformity to school discipline as perceived by teachers of Turkish elementary school children, by controlling for their grade and sex. *Journal of instructional Psychology, 20,* 208–214.

Hayes, J. R. (1989). *The complete problem solver* (2nd ed.). Mahwah, NJ: Erlbaum.

Kaufman, J. C. (2009). *Creativity 101.* New York, NY: Springer.

Kaufman, J. C., & Baer, J. (Eds.). (2005). *Creativity across domains: Faces of the muse.* Mahwah, NJ: Erlbaum.

Kaufman, J. C., & Beghetto, R. A. (2009). Beyond big and little: The Four C Model of Creativity. *Review of General Psychology, 13,* 1–12. doi:10.1037/a0013688

Kaufman, J. C., & Beghetto, R. A. (2013). In praise of Clark Kent: Creative metacognition and the importance of teaching kids when (not) to be creative. *Roeper Review, 35,* 155–165.

Kaufman, J. C., & Sternberg, R. J. (2007). Resource review: Creativity. *Change, 39,* 55–58.

Kim, K. H. (2011). The creativity crisis: The decrease in creative thinking scores on the Torrance Tests of Creative Thinking. *Creativity Research Journal, 23,* 285–295. doi:10.1080/10400419.2011.627805

Lim, W., & Plucker, J. (2001). Creativity through a lens of social responsibility: Implicit theories of creativity with Korean samples. *Journal of Creative Behavior, 35,* 115–130. doi:10.1002/j.2162-6057.2001.tb01225.x

Paletz, S., & Peng, K. (2008). Implicit theories of creativity across cultures: Novelty and appropriateness in two product domains. *Journal of Cross-Cultural Psychology, 39,* 286–302. doi:10.1177/0022022108315112

Pintrich, P. R., & Schunk, D. H. (2002). *Motivation in education: Theory, research, and applications* (2nd ed.). Upper Saddle River, NJ: Merrill/Prentice Hall.

Plucker, J. A., Beghetto, R. A., & Dow, G. T. (2004). Why isn't creativity more important to educational psychologists? *Educational Psychologist, 39,* 83–96. doi:10.1207/s15326985ep3902_1

Richards, R. (Ed.). (2007). *Everyday creativity and new views of human nature: Psychological, social, and spiritual perspectives.* Washington, DC: American Psychological Association Press. doi:10.1037/11595-000

Runco, M. A., & Dow, G. T. (2004). Assessing the accuracy of judgments of rioriginality on three divergent thinking tests. *Korean Journal of Thinking & Problem Solving, 14,* 5–14.

Runco, M. A., Johnson, D. J., & Bear, P. K. (1993). Parents' and teachers' implicit theories of children's creativity. *Child Study Journal, 23,* 91–113.

Runco, M. A., & Smith, W. R. (1992). Interpersonal and intrapersonal evaluations of creative ideas. *Personality and Individual Differences, 13,* 295–302.

Scott, C. L. (1999). Teachers' biases toward creative children. *Creativity Research*

Journal, 12, 321–337. doi:10.1207/s15326934crj1204_10

Seo, H., Lee, E., & Kim, K. (2005). Korean science teachers' understanding of creativity in gifted education. *Journal of Advanced Academics, 16,* 98–105.

Silvia, P. J. (2008). Discernment and creativity: How well can people identify their most creative ideas? *Psychology of Aesthetics, Creativity, and the Arts, 2,* 139–146. doi:10.1037/1931-3896.2.3.139

Simonton, D. K. (1977). Creative productivity, age, and stress: A biographical time-series analysis of 10 classical composers. *Journal of Personality and Social Psychology, 35,* 791–804. doi:10.1037/0022-3514.35.11.791

Simonton, D. K. (1997). Creative productivity: A predictive and explanatory model of career trajectories and landmarks. *Psychological Review, 104,* 66–89. doi:10.1037/0033-295X.104.1.66

Simonton, D. K. (2009). *Genius 101.* New York, NY: Springer.

Sternberg, R. J., & Kaufman, J. C. (2012). When your race is almost run, but you feel you're not yet done: Application of the Propulsion Theory of Creative Contributions to late-career challenges. *Journal of Creative Behavior, 46,* 66–76. doi:10.1002/jocb.005

Sternberg, R. J., Kaufman, J. C., & Pretz, J. E. (2002). *The creativity conundrum.* Philadelphia, PA: Psychology Press.

Sternberg, R. J., & Lubart, T. I. (1995). *Defying the crowd: Cultivating creativity in a culture of conformity.* New York, NY: Free Press.

Tan, A. G. (2003). Student teachers' perceptions of teacher behaviors for fostering creativity: A perspective on the academically low achievers. *Korean Journal of Thinking and Problem Solving, 13,* 59–71.

Vygotsky, L. S. (2004). Imagination and creativity in childhood (M. E. Sharpe, Inc., Trans.) *Journal of Russian and East European Psychology, 42,* 7–97. (Original work published 1967)

Westby, E. L., & Dawson, V. L. (1995). Creativity: Asset or burden in the classroom? *Creativity Research Journal, 8,* 1–10. doi:10.1207/s15326934crj0801_1

요약: 창의성

- 창의성은 독창성에 과제 적합성이 더해진 것이다.
- 다른 유형의 창의적 영향이 존재한다.
- 다른 수준의 창의성이 존재한다.
- 학급의 특성은 창의적 표현을 지원할 수 있다.
- 학급의 특성은 창의적 표현을 억제할 수 있다.
- 창의성 발휘에 적합한 시간과 장소가 있다.

창의성 추천자료

Beghetto, R. A. (2010). Creativity in the classroom. In J. C. Kaufman & R. J. Sternberg (Eds.), *The Cambridge handbook of creativity* (pp. 447-466). Cambridge, UK: Cambridge University Press.
*The Cambridge handbook of creativity*에 포함되어 교실에서의 창의성을 깊이 있게 다룬다.

Beghetto, R. A., & Kaufman, J. C. (2007). Toward a broader conception of creativity: A case for mini-c creativity. *Psychology of Aesthetics, Creativity, and the Arts, 1,* 73-79. doi:10.1037/1931-3896.1.2.73
저자들이 처음으로 mini-c 개념을 제안한 자료이다.

Kaufman, J. C. (2009). *Creativity 101.* New York, NY: Springer.
창의성에 대한 연구 분야를 개관한 단행본 자료이다.

Kaufman, J. C., & Beghetto, R. A. (2009). Beyond big and little: The Four C Model of Creativity. *Review of General Psychology, 13,* 1-12. doi:10.1037/a0013688
이 자료에서 저자들은 완전한 4가지 창의성 모델을 제시한다.

제12장
학생 참여

1. 정의와 이론적 배경

많은 연구자들과 교육자들은 학생 참여를 학생이 학교에서 성공하기 위한 중요한 요인으로 보았다. 비록 학생이 학교에 출석하는 것이 자신의 의지와 상관없는 강제적인 일이더라도, 학생과 학습 환경 사이의 복잡한 상호작용(Appleton, Christenson, & Furlong, 2008)을 포함하는 학생 참여는 학생의 긍정적 교육성과 및 사회적 성과를 촉진하는 필수적인 요인이라는 것이다(O'Farrell & Morrison, 2003). 지금까지 연구자들은 학생 참여와 관련 개념들을 분석하여 이에 대한 정교하고 구체적인 이해를 발전시켜 왔다(Appleton et al., 2008; Unrau & Quirk, in press). 그들은 학생 참여의 조력자, 지표 및 성과의 측정과 검사에 중점을 두고 진행되어 온 연구들을 통해서 학생 참여와 관련된 요인으로 학교 시스템 요인뿐만 아니라 학생 개인 요인이 있음을 밝혀 왔다(Sharkey, You, & Schnoebelen, 2008). 이 장에서는 학생 참여의 정의, 이론, 조력자, 지표, 성과들을 소개하고, 미래의 방향과 실제적 시사점에 대해 논의해 보고자 한다.

그동안 학생 참여의 정의, 측정 및 관련 개념은 변해 왔지만(O'Farrell & Morrison, 2003), 연구자들은 학생 참여가 학교 환경에서 학생의 정서, 믿음, 생각, 행동을 포함하는 다차원 구조를 갖는다는 점에는 동의한다(Appleton et al., 2008). 지금까지 학생 참여를 개념화하기 위해 제안된 다양한 구조 중에서 오늘날 연구에서 가장 일반적으로 적용되는 2가지는 3요인 구조(Fredricks, Blumenfeld, & Paris, 2004)와 4요인 구조(Appleton et al., 2008)이다.

Fredricks와 동료들(2004)은 학생 참여와 관련된 연구들을 종합하여 정서, 행동, 인지 차원이 포함된 3요인 구조를 제안하였다. 이 관점에서 정서적 참여란 학교에서의 흥미, 지루함, 행복, 슬픔, 불안을 포함하는 학생의 감정적 반응을 뜻한다. 행동적 참여는 파괴적인 행동의 부재, 학생의 학습 참여, 학업 과제, 학교와 관련된 활동의 참여뿐만 아니라, 학교 규칙을 따르고 규범을 준수하는 것과 같은 긍정적 수행을 포함한다. 마지막으로 인지적 참여는 학습, 자기조절, 지식과 기술을 얻기 위한 전략 등 학생의 지적 투자를 의미한다.

이후에 Appleton과 동료들(2008)은 학생 참여에 있어 학업, 행동, 인지, 심리 차원을 포함하는 4요인 구조를 제안하였다. 4요인 구조는 학생 참여와 관련 있는 연구 중 특히 Finn(1989), Connell과 Wellborn(1991), McPartland (1994)의 연구를 기초로 하였다. 4요인 구조는 Fredricks과 동료들(2004)의 3요인 구조와 비슷하지만, 학업적 참여를 포함하고 있다. 학업적 참여란 학점 취득, 숙제 완성, 과제 시간 등의 행동적 측면을 포함하는 전통적 학업행동을 의미한다. 또한 4요인 구조에서는 학생 참여의 심리적 차원도 제시하였는데, 심리적 차원은 앞에서 제시한 정서적 참여 개념과 비슷하지만, 소속감뿐만 아니라 학생의 교사와 동료와의 관계를 구체화하여 제시하는 특징이 있다.

학생 참여에 대한 연구는 Hirschi(1969)의 비행에 대한 연구에서 기원하는데, 그는 반사회적 행동을 설명하기 위해 사회적 유대 이론을 제안하였다. 그는 애착, 관여, 참여, 신념의 4가지 사회유대 변인을 통해 학교 유대를 개념화하였다. 이 이론에 의하면 사람들은 타인이나 조직과의 유대 때문에 사회의 규칙과 규범을 따르지만, 그들이 사회적으로 유대가 형성되지 않으면 범죄에 빠지기 쉽다. 이후에 Gottfredson과 Hirschi(1990)는 사회통제이론에서 자기통제가 사회적 유대와 비행관계를 매개하는 것으로 수정하였다. 즉, 충동성, 무감각, 고감각 추구, 부족한 의사결정능력 등의 특성을 보이는 낮은 자기통제력(self-control)을 가진 학생은 다른 사람들과의 사회적 유대를 효과적으로 갖지 못하고, 비행행동을 보일 수 있다는 것이다. 또한 그들은 모니터링, 강화, 벌 등을 통한 성인과의 애착 형성이 자기통제력을 촉진한다고 주장하였다(Gottfredson & Hirschi, 1990).

초기 사회적 유대 모델은 비행 연구에서 학생 참여에 영향을 주는 기초 과정을 이해하기 위해 발달적, 생태학적, 교류적 영향을 통합하였다. 사회적 발달 모델에서는 각 발달 단계에서 다른 환경이나 '사교력(어울리는 힘)'에 따라 다양한 사회 참여 기회가 주어지는 것을 강조하였다(Maddox & Prinz, 2003). 사회 생태학 모델은 가족관계나 학교 분위기 등 가족, 학교, 개인적 영역에 추가되는 영향력을 통합하여 한층 더 깊이 있는 이해의 시각을 갖게 하였다(Maddox & Prinz, 2003). 생태 발달적 관점(Fraser, 1996)은 참여를 위한 기회를 제공하는 환경적 요인과 개인의 교류적 특성을 고려하여 정교화하였다. 즉, 학생은 사회적 환경에 의해 영향을 받기 때문에 이로 인해 학생 참여는 수시로 변하고, 다양한 사회적 환경 안에서 그들이 과거에 경험한 것에 기초하여 학생 참여를 이해할 필요가 있다. 다시 말하면, 학생 참여는 변화될 수 있으며, 좋든 싫든 이러한 사회 환경적 개입에 의해 영향을 받을 수 있다.

2. 아동 · 청소년 대상 주요 연구

학생 참여에 대한 포괄적인 기초연구에 의하면, 학생 참여는 개인 특성, 또래관계, 가족 영향, 교사와의 상호작용 등과 같은 개인적 요인과 환경적 맥락에 의해 영향을 받는다. 예를 들어, You와 Sharkey(2009)는 다층 성장 곡선 분석을 통해 학생 수준 요인(자아존중감, 통제 영역, 또래 성적, 부모 기대, 친구와의 단절 등)과 학교 수준 요인(학교 안전, 교사 지지, 숙제에 대한 교사의 규칙 등)이 학생 참여의 초기 상태 및 발전 정도와 유의미하게 관련 있다고 하였다. Garcia-Reid(2007)는 청소년기의 다른 분야 요인들의 복잡한 상호작용을 설명하는 학생 참여에 대한 연구에서 교사지지, 친구지지, 부모지지는 학교 참여에 직접적이며 긍정적인 영향을 미치고, 주변 이웃으로부터 위험이 존재하지 않을 때 학생들이 더욱 적극적으로 참여하게 된다고 주장하였다. 이러한 연구들은 학생 삶의 다양한 측면에서 여러 요인이 학생의 학교 참여를 어떻게 촉진하거나 저해하는가에 대해 이해하는 것이 중요함을 시사하고 있다.

1) 개인 특성

학생 참여는 몇몇의 개인 특성과 관련이 있다. 예를 들어, 학생 참여는 높은 수준의 진로 계획과 기대(Kenny, Blustein, Haase, Jackson, & Perry, 2006), 학업적 자아 개념(Seaton & Taylor, 2003)과 정적 상관관계가 있고, 성공에 대한 낮은 기대, 낮은 자아존중감(Jessor, Turbin, & Costa, 1998)과는 부적 상관관계를 보인다. 일반화된 자기효능감, 목표 지향(Caraway, Tucker, Reinke, & Hall, 2003), 학교에서의 자기효능감, 자아존중감, 다른 사람과의 관계 인식의 질은 학생 참여와 긍정적인 관계가 있다(Connell, Halpern-Felsher, Clifford,

Crichlow, & Usinger, 1998). 게다가 학기 초 중학생의 삶의 만족도가 다섯 달이 지난 후에도 그들의 인지적 참여를 예측할 수 있다는 연구 결과도 있다(Lewis, Huebner, Malone, & Valois, 2011). 이러한 연구들은 학생의 내적 특성이 그들의 학교에서의 참여 수준에 영향을 준다고 설명하고 있다. 그러나 이러한 많은 내적 특성은 외적 요인에 의해 영향을 받는다.

2) 또래관계

학생의 또래관계는 다양하게 발달하고 학생 참여에 있어 중요한 역할을 한다. 학생들이 중학교에서 고등학교로 올라가면서 학교에 순응하는 태도, 과외활동 참여, 학습에 대한 가치 부여는 감소하는 경향을 보인다(Wang & Eccles, 2012). 사회 연결망(social network)은 학교교육에 대한 학생의 태도, 그들의 학업 동기, 중학교 입학과 같은 성공 등에 중요한 영향을 미치며(Furlong et al., 2003), 또래와의 유대감(Furrer & Skinner, 2003)과 우정의 질(Perdue, Manzeske, & Estell, 2009)은 학생의 이후 학교 참여 정도를 예측할 수 있게 한다. Li, Lynch, Kalvin, Liu와 Lerner(2011)는 중학생을 대상으로 한 종단연구에서 또래지지 정도가 행동적 차원과 정서적 차원에서 학생의 학교 참여를 예측할 수 있다고 하였다. 반면에 문제행동이나 학교폭력(비행, 왕따)과 연관된 친구의 존재는 학생의 학교 참여와 부정적인 관계가 있는 것으로 나타났다.

3) 가족 요인

학생 참여는 또한 가족 및 가정 관련 요인들에 의해 영향을 받는다. 관련 연구를 살펴보면 부모와 지지적인 관계를 보이는 초 · 중학생의 학교 참여 가능성이 더 높게 나타났다(Wentzel, 1998). 라틴아메리카계의 학생 및 그들의 가족 표본을 대상으로 한 학생의 자기보고식 조사 결과에 따르면 부모 자녀 관계의 질이 그들의 참여, 성적, 학업성취를 유의미하게 설명하였다(Murray, 2009). 또한 교육에 대한 가족의 참여와 자녀에 대한 교육적 기대는 이전의 학업성취를 통제했을 때에도 초등학교와 고등학교에서의 학생 참여와 관계가 있는 것으로 나타났다(Gutman & Midgley, 2000). 특히 학교에 대한 학부모들의 참여는 경제적으로 어려운 학생에게 중요할 수 있다. Cooper와 Crosnoe(2007)는 경제적으로 어렵지만 참여 성향이 높은 부모가 있는 학생이 경제적으로 양호하면서 참여하거나 참여하지 않는 부모가 있는 학생보다 더욱 학업 지향적이라고 보고하였다. 한편, 부모의 양육 태도는 학생 참여에 직접적 · 간접적으로 영향을 준다. Simons-Morton과 Chen(2009)은 권위 있는 양육은 학생 참여에 직접적으로 영향을 줄 뿐만 아니라, 문제행동 친구와의 관계를 저지하고 학교에서의 적응을 도움으로써 학생 참여를 촉진한다고 하였다.

4) 학교 기반 요인

학교 기반 요인은 가족 요인(Sharkey et al., 2008), 부모의 질, 또래관계(Elmore & Huebner, 2010) 이상으로 학생 참여에 영향을 준다. 교사가 분명한 기대를 전달하고, 일관된 피드백을 제공하며, 학생에게 긍정적인 관심을 보이고, 그들의 작업에 대해 형식적 · 비형식적 평가를 제공하며, 의사 결정 시 학생의 의견을 고려하면서 학생을 존중하는 태도를 보이면, 학생은 높은 수준의 참여를 할 가능성이 많아진다(Skinner, Wellborn, & Connell, 1990; Wentzel, 1998). 또한 학생들이 의견을 표현하고, 생각을 나누고, 위험을 감수하는 것이 안전하게 느껴지는 교실 환경은 학생들의 소속감을 촉진하고 더욱 긍정적 영향을 주는 환경이 될 수 있다. Patrick, Ryan과 Kaplan의 연구(2007)는 학생이 교사에 의해 감정적으로 지지받는다고 느낄 때, 그들의 작업에 대해 토론할 수 있고, 그들의 또래들에게서 학습적인 지지를 받으며, 자기조절 전략을 사용하면서 작업 관련 상호작용에도 참여할 가능성이 높다는 것을 보여 준다. 그리고 교실의 정서적 분위기는 학생의 성적을 예측할 수 있게 하며, 학생 참여가 교실 분위기와 학업 성적 간의 관계를 매개하는 것으로 나타났다(Reyes, Brackett, Rivers, White, & Salovey, 2012). 즉, 긍정적 정서와 관련된 상호작용이 일어나는 교실은 학생 참여를 촉진하고, 결과적으로 학생의 학업 성취를 향상시킨다.

교실뿐만 아니라 학교 전체의 환경은 학생 참여의 발달과 유지에 중요한 영향을 준다. 도시 빈민가에 살고 있는 아프리카계 미국인 고등학생을 대상으로 한 연구에서, Nasir, Jones와 McLaughlin(2011)은 대인관계가 좋고 제도적으로 학교와 유대감을 느끼는 학생은 높은 성적과 졸업률을 나타낸다고 보고하였다. 그러나 대인관계가 단순하거나 학교와 아무런 유대감이 없는 학생은 오히려 최악의 결과를 나타냈다. 학교 분위기는 학교의 구조 및 규제 메커니즘에 의해 영향을 받는다. 엄한 규율과 학생 성공에 대한 기대가 높은 학교의 학생은 학교에 더 열중하는 경향을 보이지만(Willms, 2003), 반면 지나치게 엄격하거나 제멋대로인 규율 절차(무관용)는 학습 환경을 방해하고, 학생 참여에 부정적 영향을 주는 것으로 나타났다(Gonsoulin, Zablocki, & Leone, 2012). 엄한 규율 정책은 학생에게 자신이 학교에서 진정으로 환영받지 못한다는 메시지를 줄 수 있고, 문제가 있는 학생이 긍정적 대처 전략을 발달시키는 데 전혀 도움이 되지 않았다(Morrison, Anthony, Storino, & Dillon, 2001). 결국 학생 참여는 개인, 또래, 가족, 교실, 학교 환경과 같은 많은 요인에 의해 영향을 받기 때문에, 학생 참여 증진을 위해서는 아동 · 청소년 삶의 다양한 측면을 고려할 필요가 있다.

3. 교육 성과와의 관계

기존의 연구들을 분석하면 학생 참여는 긍정적 결과를 촉진하고 부정적 결과를 예방하는 구조적 개념을 형성하고 있다. 최근의 연구들은 세계 여러 나라의 다양한 학생을 대상으로 학생 학업 참여의 장기적 영향과 행동 결과를 밝히는 데 진전을 보이고 있다. 또한 연구자들은 학생 하위 집단과 사회적 참여 사이에 나타나는 관계의 양방향성에 대하여 연구를 시작하였다.

1) 학업 성취

지금까지의 연구는 다양한 학생 집단(Irvin, 2012; Li & Lerner, 2011; Seelman, Walls, Hazel, & Wisneski, 2011)과 발달 단계(Ladd & Dinella, 2009)에 걸쳐 학생 참여에 대한 여러 관점과 학업 성취(Skinner et al., 1990) 간의 긍정적 관련성을 제안해 왔다. 그동안 대부분의 연구가 행동적 참여와 학업 성취(Fredricks et al., 2004) 간의 관계를 탐구해 왔지만, 최근 정서적 · 인지적 참여 지표와 학생의 학업 수행에 대한 각각의 영향력에 중점을 둔 연구가 점차 증가하고 있다(Sciarra & Seirup, 2008).

또한 연구는 다양한 개인적 요인, 환경적 요인, 학생 참여 및 학업 성취 간의 관계를 설명하는 발달 과정 모델에 집중해 왔다. 예를 들어, Reyes와 동료들(2012)은 교사나 기관의 성격과 같은 다른 잠재적인 영향 요인을 통제했을 때 교실의 정서적 분위기와 학생의 성적 간의 긍정적 관계는 학생 참여에 의해 매개된다고 하였다. 다른 최근의 연구들을 보면 또래관계(Liem & Martin, 2011), 또래 피해자, 노력 제어(Iyer, Kochenderfer-Ladd, Eisenberg, & Thompson, 2010), 교실 환경(Dotterer & Lowe, 2011), 교사와 학생의 관계(Hughes, Luo, Kwok, & Loyd, 2008), 학생의 학업 성취 간의 관계가 다양한 학생 참여에 의해 매개되고 있음을 보여 준다. 이러한 연구 결과는 다양한 요인의 상호 연결 시스템 내에서 학생 참여가 학생의 학업 성취에 영향을 주는 중요한 역할을 하고 있음을 나타낸다.

전통적으로 학생 참여와 학업 성취 간의 관계를 조사하는 연구들은 학생 참여 형태나 다양한 참여 프로파일이 학업 성취와 어떻게 관련되어 있는지를 고려하지 않고 요인 지향 접근을 시도해 왔다(Janosz, 2012). 최근에 몇몇 연구는 개인 지향 접근을 통해 이러한 문제들을 조사해 왔다. 예를 들어, Li와 Lerner(2011)는 5학년에서 8학년까지의 학생 표본 1,977명을 대상으로 학생 참여와 성취 요인을 조사하여 4가지 발달적 학생 참여 양상을 확인하였다. 연구 결과, 학생 참여 양상은 행동적 · 정서적 결과 및 학업을 예측했고, 발달적 학생 참여 양상이 여러 학생의 인구 통계학적 특성(예: 성별, 인종/민족, 가족의 사회경제적 지위)과 관련이 있다는 것을 설명하였다. 덧붙여 연구는 다양한 모습 또는 학생 참여 형태(행동, 정서, 인지 차원을 통해)가 다른 학생 집단에서도 공통적으로 발생하고 있으며, 이러한 학생 참여 모습이 종단적 결과나 성취 경로와 어떻게 관련되어 있는지 좀 더 이해할 필요가 있음을 시사하고 있다.

2) 학교에서의 행동

학생 참여에 대한 과거 연구들은 학생 참여가 삶의 부정적 발달 결과에 대한 완충제로서 중요한 역할을 하는 것을 강조하였다(Maddox & Prinz, 2003). 학생 참여는 오랜 기간 동안 약물 남용(Guo, Hawkins, Hill, & Abbott, 2001), 우울증(Mylant, Ide, Cuevas, & Meehan, 2002), 학교 중퇴(Archambault, Janosz, Fallu, & Pagani, 2009), 10대 임신(Manlove, 1998), 그리고 반사회적 비행행동(Morrison, Robertson, Laurie, & Kelly, 2002)과 같은 부정적 행동 결과의 위험을 줄이는 것과 관련되어 왔다.

학생 참여와 비행 사이의 관계가 밝혀지면서, 보다 정교한 연구가 계속되고 있다. 예를 들어, Li, Zhang, Arbeit와 Schwartz(2011)는 7년에 걸친 자료에서 학생이 집을 떠나 지낸 시간을 분석하였는데, 이를 통해 학생 참여가 낮은 비행행동과 약물 사용을 예측함을 밝혀냈다. 학생 참여 형태와 비행 간의 관계 및 양방향성의 중요한 차이를 발견하기 위해서 Harschfield와 Gasper(2011)는 주로 시카고 도심의 아프리카계 미국인과 라틴 아메리카계 학생을 대상으로 해마다 두 번 종단적 조사 자료를 수집하여 검토하였다. 그들은 비행의 일반적 원인(부모 애착과 또래 비행)을 통제하고 정서적 · 행동적 · 인지적 참여를 측정하였다. 정서와 행동적 참여는 비행의 감소를 예측했지만, 놀랍게도 인지적 참여는 비행의 증가를 예측하였다. 반면에 비행이 인지적 참여를 감소시키는 것으로 예측되었지만, 비행이 정서적 또는 행동적 참여를 감소시키는 것은 아닌 것으로 나타났다. 이러한 결과는 학생 참여의 복잡성을 의미하며, 추후 연구에서 이러한 현상에 대해 더욱 연구할 필요가 있음을 시사한다.

최근의 연구들은 학생 사이의 복잡한 상호작용, 그들의 사회적 · 교육적 환경, 학교 중퇴에 대하여 더 깊게 통찰하고 있다(Rumberger & Rotermund, 2012). 1988년 국가교육 종단 연구의 자료를 구조방정식 모델로 분석한 Ream과 Rumberger(2008)는 행동적으로 참여하는 학생들은 교육적 성과를 촉진시킬 수 있는 참여 수준이 비슷한 또래들을 만나 친구가 되지만, 참여하지 않는 학생은 학교에서 이탈하는 또래들을 만나 친구가 된다고 하였다. Janosz, Archambault, Morizot와 Pagani(2008)는 학생의 학교 참여 모습을 확인하기 위해 종단연구에 참여한 13,300명의 학생(프랑스어가 가능한 캐나다 퀘벡에 거주하는 학생)을 대상으로 연구를 수행하였다. 그들은 불안정한 참여 형태를 보이는 학생들이 학교를 그만두기 쉽다는 것을 밝혀냈는데, 안정된 학생 참여를 보이는 집단의 학생들은 학생 참여가 일시적으로 증가하거나 증가하는 경로에 있는 학생들보다 학교를 중퇴할 확률이 훨씬 낮게 나타났다. 결론적으로 Janosz와 동료들(2008)은 안정적인 참여가 부정적인 결과로부터 학생의 삶을 보호할 수 있다고 주장하였다.

또한 인종과 국적을 초월하여 여러 유형의 피해를 경험한 학생을 대상으로 한 학생 참여 관련 연구들이 있다(O'Brennan & Furlong, 2010). 미국 남부의 농촌 지역에 살고 있는 가난한 아프리카계 미국인 학생을 대상으로 한 참여 연구에서, 중학교에서의 행동 참여는 9학년 남학생의 공격성(또래평가)을 낮게 예측하였다. 반면, 중학교에서의 심리적 참여는 9학년 여학생의 공격성(또래평가)에서 주 효과가 나타났다(Irvin, 2012). 방글라데시의 7학년부터 10학년까지 1,452명의 학생을 대상으로 한 임의표본 연구에서는 참가자들이 학교에 정서적으로 연결된 느낌이 있다면, 그들이 학교 폭력에 더 쉽게 대처 개입을 할 수 있을 것이라고 예측하였다(Ahmed, 2008).

오늘날 학생 참여와 긍정적 결과 사이의 관계에 대한 연구는 아직 부족한 실정이다. Carter, McGee, Taylor와 Williams(2007)는 뉴질랜드의 652명 청소년의 건강 증진과 건강 손상 행동을 구체화하고, 가족, 또래, 학생 참여 연관성의 관계를 조사하였다. 가족, 또래, 학교 요인이 건강 행동과 어떻게 관련되어 있는지 로지스틱 회귀분석을 통해 분석한 결과, 학생 참여는 건강 행동과 높은 수준의 건강 촉진 행동을 가장 많이 설명하였다. 앞으로는 긍정적 건강 행동 증진을 위한 학생 참여 역할에 대해 좀 더 규명할 필요가 있다.

4. 학생 참여 측정 방법 및 문제

심리학적 구조를 측정하는 가장 중요한 첫 단계는 조작적 정의를 명확하게 개념화하는 것이다(Dawis, 1987). 연구 결과를 종합해 볼 때, 학생 참여를 정의하는 방법이 아직 정립되지 않았고, 이론적 모호함들로 인해 다양한 방법으로 심리학적 구조를 측정하고 있어서, 이러한 문제들이 앞으로 해결되어야 할 과제로 남아 있다(Fredricks & McColskey, 2012). 학생 참여를 정의하거나 개념화하는 방법 이상으로, 연구자들은 심리학적 구조 측정을 위해 다양한 방법을 사용해 왔다. Fredricks와 동료들(2011)은 1979년 이후의 연구에서 사용되어 온 학생 참여 측정도구에 대하여 종합적인 보고를 하였다. 21개의 학생 참여 측정도구를 검토한 결과, 대다수가 학생의 자기보고를 사용하였고(67%), 관찰 측정(19%), 교사의 측정 보고(14%) 순으로 사용되었다. 또한 '몰입(flow)' 연구에서는 경험 표집법(Experience Sampling Method: ESM; Hektner, Schmidt, & Csikszentmihalyi, 2007)을 사용하였는데, 이것은 일정한 시간마다 자기보고식 설문지에 응답하도록 알려 주는 전자 장치를 가지고 다니면서 다양한 시점마다 나타나는 자신의 행동적 · 정서적 · 인지적 반응을 찾아 응답하는 방법이다. 마지막으로, 비교적 적은 수의 연구들은 왜 어떤 학생들은 참여하고 어떤 학생들은 학교 경험에서 이탈하게 되는지를 자세히 파악하기 위해 인터뷰를 활용하였다(Conchas, 2001). 이러한 연구에 사용된 방법들은 모두 장단점이 있다. 예를 들어, 자기보고 측정도구는 능률적이고 상대적으로 저렴한 비용으로 많은 표본에서 시행될 수 있다. 반면에 그것은 사회적으로 기대되는 바람직한 응답을 하려는 편향성을 막기에 취약하고, 시간과 공간 변화에 따라 달라지는 참여의 변화를 민감하게 파악하지 못한다는 한계가 있다.

학생 참여를 측정하는 방법들을 정리하면서 Fredricks와 동료들(2011, 2012)은 특별한 도구를 사용할 수 있는 심리적 측정 증거를 요약하여 제시하였다. 각각의 자기보고식 참여가 신뢰성 있는 정보로서 이용 가능한지 측정한 결과, 대부분 일반적인 허용 기준을 초과하는 높은 신뢰도 계수가 나타났다(Cronbach's alpha .70 이상; Leary, 2004). 그러나 측정도구의 30%는 같은 허용 기준에서 낮은 신뢰도 계수를 나타냈는데, 이것은 참여 측정도구의 신뢰도가 신중하게 고려되어야 함을 보여 준다. 비슷하게, 일반적으로 학생 성취(Pintrich & DeGroot, 1990)와 참여(Fredricks et al., 2011) 간의 상관관계에서 대부분의 참여 측정의 준거 타당도가 확보되었으나, 참여 척도 차원을 경험적으로 지지하기 위한 요인 분석 결과(Betts, Appleton, Reschly, & Christenson, 2010), 구성타당도를 확보한 척도가 적은 수에 불과하였다.

학교에서 학생의 참여에 대한 정보를 수집하기 위해 연구자와 실무자들이 사용할 수 있는 여러 가지 측정도구가 있다. 그러나 앞으로 현재의 측정도구와 정보의 기초하에 더 많은 추가 연구가 필요하다. 예를 들어, 참여 실제 지표(Unrau & Quirk, in press)에서 참여를 촉진하는 동기나 맥락적 요인을 더 잘 구분하기 위해서는 추가적 척도 연구와 개념적 명료성에 대한 연구가 필요하다. 방법적 측면에서 볼 때, 대부분의 현재 측정도구로는 평가자가 학생의 실제 참여 정도를 정확히 확인할 수 없는 한계가 있다. 또한 학생 참여는 일반적으로 상태 변수와 발달적 과정으로 개념화되었는데, 대부분의 측정도구는 특별한 시점에 있어 학생 참여에 대해서만 초점을 둔다. 따라서 학생 참여의 과정을 더 잘 이해하기 위해서 개발되어야 할 측정도구는 시간의 흐름에 따른 발달 경로를 고려할 필요가 있다. 결론적으로, 앞으로의 연구는 다양한 문화, 언어, 인종을 대상으로 요인 분석과 항상성 테스트(Betts et al., 2010)에 특별한 관심을 가지고 다양한 심리 측정도구에 대하여 보다 더 깊게 탐구할 필요가 있다.

5. 교육적 적용

지금까지 연구를 통해 밝혀진 것처럼 학생 참여는 청소년기의 많은 긍정적 결과와 관련이 있다. 이러한 연구들은 학교가 학생 참여를 촉진하고 학교 기반 요인을 수정하여 학생의 이탈을 막는 데 중요한 역할을 해야 한다고 제시한다(Sharkey et al., 2008). 교육자들은 청소년기의 긍정적 발달 강화라는 궁극적 목표를 가지고 학생 참여를 촉진하는 실제적 개입을 통해 학교 공동체의 구성원으로서 학생의 정체성을 촉진할 수 있다.

Furlong과 동료들(2003)은 학생 참여를 학교 개입의 높은 수준에서 낮은 수준까지의 연속선상에 있는 행동의 집합으로 개념화했는데, 최근의 경험적 연구들이 높은 안정성 단계, 감소 단계, 낮음 단계(Li & Lerner, 2011)에서 각각의 참여 발달 양상의 차이를 확인하면서 그들의 개념을 지지하고 있다. 따라서 학생 참여를 북돋우는 전략들도 다차원적인 수준에서 이루어질 필요가 있다. Furlong, Pavelski, 그리고 Saxton(2002)은 학교 환경 안에서의 5가지의 예방 노력 영역을 제안했다.

첫째, 학교는 학생 대부분과의 관계를 재확인할 수 있는 학교 및 교실 전체의 활동을 기획할 필요가 있다. 긍정적인 학생-교사관계와 협동학습 수업전략 사용, 교실 안에서 상호존중을 촉진하는 다양한 학급 변인은 긍정적 학습 공동체에서 학생의 소속감을 향상시키고, 학생 참여를 촉진시킬 수 있다(Furlong et al., 2003). 또한 학생의 자율성, 능력, 관계성의 향상은 학생 참여와 학업 성취를 증가시키는 것으로 밝혀졌다(Connell & Wellborn, 1991). 예를 들어, 관계형 학습(예: 그룹 의사결정, 성적보다 신뢰)을 강조하는 학교에서는 전통적 학교 수업 전략(Johnson, 2008)을 강조하는 학교보다 학교에서의 학생 참여, 흥미, 즐거움을 더 많이 조성할 수 있다.

학교 전체 학생의 참여를 이끄는 다양한 방법적 개입은 희망적인 결과를 예상할 수 있다. 연구자들은 학교 결합 양상에 대한 사회 발달적 개입의 효과를 연구하였는데, 계층적 선형 모델을 사용하여 분석한 결과 완전한 개입을 받은 13세에서 18세까지의 학생들은 통제 집단보다 유의미하게 학교에서 유대감을 느끼고 있었다(Hawkins, Guo, Hill, Battin-Pearson, & Abbott, 2001). 학생 참여에 대한 희망을 보여 주는 학교 전체 프로그램으로 'CarrerStart'(Orthner et al., 2010)과 'Right Respecting Schools'(Covell, 2010) 등의 예가 있다.

둘째, 학교는 학교에 가까스로 참여하거나 보편적 전략에 반응하지 않는 학생들과의 관계를 재연결할 수 있도록 해야 한다. 예를 들어, 학교는 긍정적 행동 지지 전략을 실시하거나 위기 청소년을 방과 후 프로그램에 참여시킬 수 있다. 이러한 프로그램의 예로 'Check & Connect(C&C)'가 있는데, 이러한 개입은 학생 참여와 학교 수료를 용이하게 한다(Anderson, Christenson, Sinclair, & Lehr, 2004). C&C 모델은 관계 구축의 핵심 요소, 위험요인에 대한 일상적인 모니터링, 개별화된 개입, 목표 학생에 대한 계속적 모니터링, 문제해결 기술 교육, 학교와의 협력 구축, 학업행동의 지속적 강화 등을 포함한다. 이 프로그램에서, 관련 자료는 개입 계획을 안내하고 각각의 학교 현장에서 프로그램을 향상시키는 데 체계적으로 사용된다(Stout & Christenson, 2009). 학교에서 이탈의 위험에 처해 있는 학생들에게 통합 연령의 또래 멘토(Karcher, 2009)와 성인 멘토링(Holt, Bry, & Johnson, 2008)을 제공하여 학생 참여를 향상시킬 수도 있다.

셋째, 학교는 집중적 개입을 통하여 심각한 정서적 · 행동적 어려움을 보이는 학생들과의 관계를 재구축할 필요가 있다. 비행과 반사회적 행동 등 심각한 학교 관련 문제를 가진 학생들에게 개인, 동료, 학교, 가족 영역과 연합된 복합적 개입이 효과적임을 보여 주는 연구들이 있다. 예를 들어, The Fast Track Project(Conduct Problems Prevention Research Group, 2011)는 심각한 행동 문제를 가진 청소년을 위한 다각적인 예방 및 개입 프로그램이다. 프로그램에는 부모 교육, 학업 개인지도, 아동 사회 기술 훈련, 부모-자녀 상호작용, 동료 집단 모임, 개인 지도뿐만 아니라 1학년에서 10학년까지 다양한 단계의 보편적 학교 기반 개입(PATHS) 등이 포함된다. 심각한 학교 관련 문제를 감소시키고 학생 참여를 향상시키기 위한 효과적인 개입으로 가족 진단(Dishion & Stormshak, 2007), 사회 기술 그룹, 행동관리 프로그램, 그룹 및 개인 상담 등도 있다.

넷째, 학교에서 심각하거나 만성적인 폭력의 피해자였던 소그룹 학생을 대상으로, 학교는 학교 안전 의식과 소속감을 새롭게 하는 개입을 실시하여 학교와 학생의 관계를 회복시켜야 한다. 소외계층 학생을 위해서는 사회 환경적 개입을 통해 유대감 회복 기회를 마련할 필요가 있다. 만약 학생이 학교와 다른 환경(가정, 사회)으로부터 소외되고 분리되어 있다면, 애착과 자기효능감 개발을 위한 기회를 제공하고 개입을 위해서 여러 관련 기관과의 연계 도움을 활용해야 한다.

마지막으로 학교는 가정, 사회와 같은 여러 환경으로부터 부정적 영향을 받고 있는 학생의 관계를 보호하기 위해 부정적 환경의 영향을 경계할 필요가 있다. 학생과 교사 사이의 관계를 보호하고 지지하는 것은 이러한 보호 관계의 한 부분이 된다. Hughes와 Kwok(2007)은 학생 참여와 성취에 대한 학생과 교사, 부모와 교사의 관계의 영향에 대해 조사하였는데, 그들은 교사와 학생, 학부모의 관계의 질이 학생의 배경과 교실 참여 간의 관계를 설명한다고 하였다. 교실 참여는 학생-교사 사이 관계, 부모-교사관계, 그리고 이듬해의 학생 성취를 매개하였다. 특히 학교는 학생이 저소득층 가족이나 소수민족 출신일 때 학교에 대한 학부모의 참여뿐만 아니라 부모와 교사 사이의 관계를 개발하는 데 중점을 두어야 한다. 또한 교사는 부모와 성공적인 관계를 구축할 수 있는 방법과 지지적인 교실 환경을 만들기 위한 훈련을 받아야 한다.

이처럼 모든 수준에서 학교 참여를 다룰 때, 학교의 도움은 전체 학생의 참여를 늘리고, 미래의 이탈을 예방하며, 현재 이탈한 학생의 참여를 증가시킬 수 있다. 궁극적으로, 학교 사회의 구성원임을 인식하게 하는 것은 청소년의 긍정적 발달(Voelkl, 2012)과 밀접한 관련이 있다. 따라서 학교는 학생이 계속적으로 참여하고 보상받는 경험을 할 수 있는 공동체 환경을 조성하기 위해 노력해야 한다. 이러한 경험은 학생들에게 학교 구성원으로서 자신이 가치가 있고 자신도 공헌하고 있음을 느끼게 한다. 학교는 학생 참여를 보편적, 목적 지향적, 집중적 수준으로 다루는 학교 실제 및 개입 방안을 개발함으로써 학습자인 동시에 개인으로서 학생이 번영하도록 도울 수 있다.

6. 다양성과 발달적 고려

지금까지 다양한 사회문화 계층에 걸쳐 학생 참여의 지속적인 이점을 주장해 왔다. 이처럼 모든 학생의 참여를 향상시키는 것이 학생들에게 매우 중요하다. 불행하게도, 학생 참여에서 소외된 학생은 그들보다 혜택받는 또래에 비해 학생 참여에 소극적인 성향을 보인다. 예를 들어, 초등학교에 입학한 라틴아메리카계 영어 언어 학습자는 영어 유능 학습자에 비해 참여 정도가 낮은 편이다(Morrison, Cosden, O'Farrell, & Campos, 2003). 장애가 있는 학생 또한 학생 참여 수준이 낮게 나타날 수 있다. Reschly와 Christenson(2006)은 학습 장애나 정서행동 장애를 가진 학생은 일반적인 성취감을 보이는 또래들보다 낮은 참여를 나타낸다고 보고하였다. 학생 참여 변수는 장애와 상관없이 학생들의 학교 중퇴와 학교 수료를 예측하는 중요한 요인이 되는데, 장애가 있는 학생은 낮은 참여 수준으로 인해 부정적 성과를 낼 위험이 더 높게 나타난다. 따라서 발달적 또는 사회적 위기 압력에 처한 학생에게 학교 참여를 지원해 줄 많은 추가적 개입이 필요하다.

다양한 집단 비교 연구에서 집단 구성원에 따라 학생 참여를 높일 수 있는 독특한 요인이 발견되었다. 예를 들어, Liljeberg, Eklund, Fritz, 그리고 af Klinteberg(2011)는 788명의 청소년을 대상으로 성별(sex)에 따른 차이를 조사하였는데, 학교 애착, 학교 헌신, 교사 애착이 남학생 비행을 예측하는 것으로 나타났다. 반면, 여학생의 비행은 교사 애착 변수만이 예측하였다. 양방향 효과 검사에서, 빈약한 학교 헌신이 남여 성별 모두에서 비행을 예측하였고, 여학생들에서만 학교 애착이 비행을 예측하였다. 또한 최근의 연구들은 성소수자 학생들의 학교 참여에 초점을 두고 있다. 이 연구들은 성소수자 학생들의 경우 학교에서 도움을 받을 수 있는 어른이 존재할 때 그들의 학생 참여가 증진되며, 두려움으로 인한 등교 거부를 줄일 수 있음을 보여 주고 있다(Seelman et al., 2011). 이처럼 학생 참여 촉진 효과가 집단에 따라 다르게 나타날 수 있으므로, 추후 연구에서는 학교 참여가 누구를 위하여, 어떤 상황에서, 무슨 역할을 하는지를 좀 더 탐색할 필요가 있다.

참고문헌

Ahmed, E. (2008). "Stop it, that's enough": Bystander intervention and its relationship to school connectedness and shame management. *Vulnerable Children and Youth Studies: An International Interdisciplinary Journal for Research, Policy and Care, 3,* 203-213.

Anderson, A. R., Christenson, S. L., Sinclair, M. F., & Lehr, C. A. (2004). Check & Connect: The importance of relationships for promoting engagement with school. *Journal of School Psychology, 42,* 95-113. doi:10.1016/j.jsp.2004.01.002

Appleton, A. R., Christenson, S. L., & Furlong, M. J. (2008). Student engagement with school: Critical conceptual and methodological issues of the construct. *Psychology in the Schools, 45,* 369-386. doi:10.1002/pits.20303

Archambault, I., Janosz, M., Fallu, J.-S., & Pagani, L. S. (2009). Student engagement and its relationship with early high school dropout. *Journal of Adolescence, 32,* 651-670. doi:10.1016/j.adolescence.2008.06.007

Betts, J. E., Appleton, J. J., Reschly, A. L., & Christenson, S. L. (2010). A study of the factorial invariance of the Student Engagement Instrument (SEI): Results from middle and high school students. *School Psychology Quarterly, 25,* 84-93. doi:10.1037/a0020259

Caraway, K., Tucker, C. M., Reinke, W. M., & Hall, C. (2003). Self-efficacy, goal orientation, and fear of failure as predictors of school engagement in high school students. *Psychology in the Schools, 40,* 417-427. doi:10.1002/pits.10092

Carter, M., McGee, R., Taylor, B., & Williams, S. (2007). Health outcomes in adolescence: Associations with family, friends, and student engagement. *Journal of Adolescence, 30,* 51–62. doi:10.1016/j.adolescence.2005.04.002

Conchas, G. Q. (2001). Structuring failure and success: Understanding the variability in Latino school engagement. *Harvard Educational Review, 71,* 475–504. Retrieved from http://search.proquest.com/docview/619598568?accountid=14522

Conduct Problems Prevention Research Group. (2011). The effects of the Fast Track preventive intervention on the development of conduct disorder across childhood. *Child Development, 82,* 331–345. doi:10.1111/j.1467-8624.2010.01558.x

Connell, J. P., Halpern-Felsher, B. L., Clifford, E., Crichlow, W., & Usinger, P. (1995). Hanging in there: Behavioral, psychological, and contextual factors affecting whether African American adolescents stay in high school. *Journal of Adolescent Research, 10,* 41–63. doi:10.1177/0743554895101004

Connell, J. P., & Wellborn, J. G. (1991). Competence, autonomy, and relatedness: A motivational analysis of self-system processes. In M. R. Gunnar & L. A. Sroufe (Eds.), *Self-processes and development* (Vol. 23.). Hillsdale, NJ: Erlbaum. doi:10.1177/0743554895101004

Cooper, C. E., & Crosnoe, R. (2007). The engagement in schooling of economically disadvantaged parents and children. *Youth & Society, 38,* 372–392. doi:10.1177/0044118X06289999

Covell, K. (2010). School engagement and rights-respecting schools. *Cambridge Journal of Education, 40,* 39–51. doi:10.1080/03057640903567021

Dawis, R. V. (1987). Scale construction. *Journal of Counseling Psychology, 34,* 481–489. doi:10.1037/0022-0167.34.4.481

Dishion, T. J., & Stormshak, E. A. (2007). The ecological family intervention and therapy model. In T. J. Dishion & E. A. Stormshak (Eds.), *Intervening in children's lives: An ecological, family-centered approach to mental health care* (pp. 49-67). Washington, DC: American Psychological Association. doi:10.1037/11485-004

Dotterer, A. M., & Lowe, K. (2011). Classroom context, school engagement, and academic achievement in early adolescence. *Journal of Youth and Adolescence, 40,* 1649-1660. doi:10.1007/s10964-011-9647-5

Elmore, G. M., & Huebner, E. S. (2010). Adolescents' satisfaction with school experiences: Relationships with demo-graphics, attachment relationships, and school engagement behavior. *Psychology in the Schools, 47,* 525-537. doi:10.1002/pits.20488

Finn, J. D. (1989). Withdrawing from school. *Review of Educational Research, 59,* 117-142. doi:10.3102/00346543059002117

Fraser, M. W. (1996). Aggressive behavior in childhood and early adolescence: An ecological-developmental perspective on youth violence. *Social Work, 41,* 347-357.

Fredricks, J. A., Blumenfeld, P. C., & Paris, A. H. (2004). School engagement: Potential of the concept, state of the evidence. *Review of Educational Research, 74,* 59-109. doi:10.3102/00346543074001059

Fredricks, J., & McColskey, W. (2012). The measurement of student engagement: A comparative analysis of various methods and student self-report instruments. In S. L. Christenson, A. L. Reshley, & C. Wylie (Eds.), *Handbook of research on student engagement* (pp. 763-782). New York, NY: Springer. doi:10.1007/978-1-4614-2018-7_37

Fredricks, J., & McColskey, W., with Meli, J., Mordica, J., Montrosse, B., & Mooney, K. (2011). *Measuring student engagement in upper elementary through high school: A description of 21 instruments* (Issues & Answers Report, REL 2011-No. 098). Washington, DC: U.S. Department of Education, Institute of Education Sciences, National Center for Education Evaluation and Regional Assistance, Regional Education Laboratory Southeast. Retrieved from http://ies.ed.gov/ncee/edlabs

Furlong, M. J., Pavelski, R., & Saxton, J. (2002). The prevention of school violence. In S. Brock, P. Lazarus, & S. Jimerson (Eds.), *Best practices in school crisis management* (pp. 131-150). Washington, DC: National Association of School Psychologists.

Furlong, M. J., Whipple, A. D., St. Jean, G., Simental, J., Soliz, A., & Punthuna, S. (2003). Multiple contexts of school engagement: Moving toward a unifying framework for educational research and practice. *The California School Psychologist, 8,* 99-114.

Furrer, C., & Skinner, E. (2003). Sense of relatedness as a factor in children's academic engagement and performance. *Journal of Educational Psychology, 95,* 148-162. doi:10.1037/0022-0663.95.1.148

Garcia-Reid, P. (2007). Examining social capital as a mechanism for improving school engagement among low-income Hispanic girls. *Youth & Society, 39,* 165-182. doi:10.1177/0044118X07303263

Gonsoulin, S., Zablocki, M., & Leone, P. E. (2012). Safe schools, staff development, and the school-to-prison pipeline. *Teacher Education and Special Education, 35,* 309-319. doi:10.1177/0888406412453470

Gottfredson, M., & Hirschi, T. (1990). *A general theory of crime.* Stanford, CA: Stanford University Press.

Guo, J., Hawkins, J. D., Hill, K. G., & Abbott, R. D. (2001). Childhood and adolescent predictors of alcohol abuse and dependence in young adulthood. *Journal of Studies on Alcohol, 62,* 754-762. NIHMS18670

Gutman, L. M., & Midgley, C. (2000). The role of protective factors in supporting academic achievement of poor African American students during the middle school transition. *Journal of Youth and Adolescence, 29,* 223-248. doi:10.1023/A:1005108700243

Hawkins, J. D., Guo, J., Hill, K. G., Battin-Pearson, S., & Abbott, R. D. (2001). Long-term effects of the Seattle Social Developmental Intervention on school bonding trajectories. *Applied Developmental Science, 5,* 225-236. doi:10.1207/S1532480XADS0504_04

Hektner, J. M., Schmidt, J. A., & Csikzentmihalyi, M. (2007). *Experience sampling method: Measuring the quality of everyday life.* Thousand Oaks, CA: Sage.

Hirschfield, P. J., & Gasper, J. (2011). The relationship between school engagement and delinquency in late childhood and early adolescence. *Journal of Youth and Adolescence, 40,* 3-22. doi:10.1007/s10964-010-9579-5

Hirschi, T. (1969). *Causes of delinquency.* Berkeley, CA: University of California Press.

Holt, L. J., Bry, B. H., & Johnson, V. L. (2008). Enhancing school engagement in at-risk, urban minority adolescents through a school-based, adult mentoring intervention. *Child & Family Behavior Therapy, 30,* 297-318. doi:10.1080/07317100802482969

Hughes, J., & Kwok, O. (2007). Influence of student-teacher and parent-teacher relationships on lower achieving readers' engagement and achievement in the primary grades. *Journal of Educational Psychology, 99,* 39-51. doi:10.1037/0022-0663.99.1.39

Hughes, J. N., Luo, W., Kwok, O., & Loyd, L. K. (2008). Teacher-student support, effortful engagement, and achievement: A 3-year longitudinal study. *Journal of Educational Psychology, 100,* 1-14. doi:10.1037/0022-0663.100.1.1

Irvin, M. J. (2012). Role of student engagement in the resilience of African American adolescents from low-income rural communities. *Psychology in the Schools, 49,* 176-193. doi:10.1002/pits.20626

Iyer, R. V., Kochenderfer-Ladd, B., Eisenberg, N., & Thompson, M. (2010). Peer victimization and effortful control: Relations to school engagement and academic achievement. *Merrill-Palmer Quarterly, 56,* 361-387. doi:10.1353/mpq.0.0058

Janosz, M. (2012). Outcomes of engagement and engagement as an outcome: Some consensus, divergences, and unanswered questions. In S. L. Christenson, A. L. Reschley, & C. Wylie (Eds.), *Handbook of research on student engagement* (pp. 695-703). New York: Springer. doi:10.1007/978/1-4614-2018-7_33

Janosz, M., Archambault, I., Morizot, J., & Pagani, L. S. (2008). School engagement trajectories and their differential predictive relations to dropout. *Journal of Social Issues, 64,* 21-40. doi:10.1111/j.1540-4560.2008.00546.x

Jessor, R., Turbin, M. S., & Costa, F. M. (1998). Risk and protection in successful outcomes among disadvantaged adolescents. *Applied Developmental Science, 2,* 194-208. doi:10.1207/s1532480xads0204_3

Johnson, L. S. (2008). Relationship of instructional methods to student engagement in two public high schools. *American Secondary Education, 36,* 69-87.

Karcher, M. (2009). Increases in academic connectedness and self-esteem among high school students who serve as cross-age peer mentors. *Professional*

School Counseling, 12, 292–299. doi:10.5330/PSC.n.2010-12.292

Kenny, M. E., Blustein, D. L., Hasse, R. F., Jackson, J., & Perry, J. C. (2006). Setting the stage: Career development and the student engagement process. *Journal of Counseling Psychology, 53,* 272–279. doi:10.1037/0022-0167.53.2.272

Ladd, G. W., & Dinella, L. M. (2009). Continuity and change in early school engagement: Predictive of children's achievement trajectories from first to eighth grade? *Journal of Educational Psychology, 101,* 190–206. doi:10.1037/a0013153

Leary, M. R. (2004). *Introduction to behavioral research methods* (4th ed.). Boston, MA: Pearson Education.

Lewis, A. D., Huebner, E. S., Malone, P. S., & Valois, R. F. (2011). Life satisfaction and student engagement in adolescents. *Journal of Youth Adolescence, 40,* 249–262. doi:10.1007/s10964-010-9517-6

Li, Y., & Lerner, R. M. (2011). Trajectories of school engagement during adolescence: Implications for grades, depression, delinquency, and substance use. *Developmental Psychology, 47,* 233–247. doi:10.1037/a0021307

Li, Y., Lynch, A. D., Kalvin, C., Liu, J., & Lerner, R. M. (2011). Peer relationships as a context for the development of school engagement during early adolescence. *International Journal of Behavioral Development, 35,* 329–342. doi:10.1177/0165025411402578

Li, Y., Zhang, W., Liu, J., Arbeit, M. R., & Schwartz, S. J. (2011). The role of school engagement in preventing adolescent delinquency and substance use: A survival analysis. *Journal of Adolescence, 34,* 1181–1192. doi:10.1016/j.adolescence.2011.07.003

Liem, G., & Martin, A. J. (2011). Peer relationships and adolescents' academic and non-academic outcomes: Same-sex and opposite-sex peer effects and the mediating role of school engagement. *British Journal of Educational Psychology, 81,* 183–206. doi:10.1111/j.2044-8279.2010.02013.x

Liljeberg, J. F., Eklund, J. M., Fritz, M. V., & af Klinteberg, B. (2011). Poor school bonding and delinquency over time: Bidirectional effects and sex differences. *Journal of Adolescence, 34,* 1–9. doi:10.1016/j.adolescence.2010.03.008

Maddox, S. J., & Prinz, R. J. (2003). School bonding in children and adolescents: Conceptualization, assessment, and associated variables. *Clinical Child and Family Psychology Review, 6,* 31–49. doi:10.1023/A:1022214022478

Manlove, J. (1998). The influence of high school droupout and school disengagement on the risk of school-age pregnancy. *Journal of Research on Adolescence, 8,* 187–220. doi:10.1207/s15327795jra0802_2

McPartland, J. M. (1994). Dropout prevention in theory and practice. In R. J. Rossi (Ed.), *Schools and students at risk: Context and framework for positive change* (pp. 255–276). New York, NY: Teachers College.

Morrison, G. M., Anthony, S. A., Storino, M., & Dillon, C. (2001). An examination of the disciplinary histories of the individual and educational characteristics of students who participate in an in-school suspension program. *Education and Treatment of Children, 24,* 276–293.

Morrison, G. M., Cosden, M. A., O'Farrell, S. L., & Campos, E. (2003). Changes in Latino students' perceptions of school belonging over time: Impact of language proficiency, self-perceptions, and teacher evaluations. *California School Psychologist, 8,* 87–98.

Morrison, G. M., Robertson, L., Laurie, B., & Kelly, J. (2002). Protective factors related to antisocial behavior trajectories. *Journal of Clinical Psychology* (Special Issue: A second generation of resilience research), *58,* 277–290.

Murray, C. (2009). Parent and teacher relationships as predictors of school engagement and functioning among low-income urban youth. *Journal of Early Adolescence, 29,* 376–405. doi:10.1177/0272431608322940

Mylant, M., Ide, B., Cuevas, E., & Meehan, M. (2002). Adolescent children of alcoholics: Vulnerable or resilient? *Journal of American Psychiatric Nurses Association, 8,* 57–64. doi:10.1067/mpn.2002.125037

Nasir, N. S., Jones, A., & McLaughlin, M. (2011). School connectedness for students in low-income urban high schools. *Teachers College Record, 113,* 1755–1805.

O'Brennan, L. M., & Furlong, M. J. (2010). Relations between students' perceptions of school connectedness and peer victimization. *Journal of School Violence, 9,* 375–391. doi:10.1080/15388220.2010.509009

O'Farrell, S. L., & Morrison, G. M. (2003). A factor analysis exploring school bonding and related constructs among upper elementary students. *The California School Psychologist, 8,* 53-72.

Orthner, D. K., Akos, P., Rose, R., Jones-Sanpei, H., Mercado, M., & Woolley, M. E. (2010). CareerStart: A middle school student engagement and academic achievement program. *Children & Schools, 32,* 223-234. doi:10.1093/cs/32.4.223

Patrick, H., Ryan, A. M., & Kaplan, A. (2007). Early adolescents' perceptions of the classroom social environment, motivational beliefs, and engagement. *Journal of Educational Psychology, 99,* 83-98. doi:10.1037/0022-0663.99.1.83

Perdue, N. H., Manzeske, D. P., & Estell, D. B. (2009). Early predictors of school engagement: Exploring the role of peer relationships. *Psychology in the Schools, 46,* 1084-1097. doi:10.1002/pits.20446

Pintrich, P. R., & DeGroot, E. (1990). Motivational and self-regulated learning components of classroom academic performance. *Journal of Educational Psychology, 82,* 33-40. doi:10.1037/0022-0663.82.1.33

Ream, R. K., & Rumberger, R. W. (2008). Student engagement, peer social capital, and school dropout among Mexican American and non-Latino White students. *Sociology of Education, 81,* 109-139. doi:10.1177/003804070808100201

Reschly, A., & Christenson, S. L. (2006). Research leading to a predictive model of dropout and completion among students with mild disabilities and the role of student engagement. *Remedial and Special Education, 27,* 276-292. doi:10.1177/07419325060270050301

Reyes, M. R., Brackett, M. A., Rivers, S. E., White, M., & Salovey, P. (2012). Classroom emotional climate, student engagement, and academic achievement. *Journal of Educational Psychology, 104,* 700-712. doi:10.1037/a0027268

Rumberger, R. W., & Rotermund, S. (2012). The relationship between engagement and high school dropout. In S. L. Christenson, A. L. Reschly, & C. Wylie (Eds.), *Handbook of research on student engagement* (pp. 491-513). New York, NY: Springer.

Sciarra, D. T., & Seirup, H. J. (2008). The multidimensionality of school engagement and math achievement among racial groups. *Professional School Counseling, 11,* 218–228. doi:10.5330/PSC.n.2010-11.218

Seaton, E. K., & Taylor, R. D. (2003). Exploring familial processes in urban, low-income African American families. *Journal of Family Issues, 24,* 627–644. doi:10.1177/0192513X03024005003

Seelman, K. L., Walls, E. N., Hazel, C., & Wisneski, H. (2011). Student school engagement among sexual minority students: Understanding the contributors to predicting academic outcomes. *Journal of Social Service Research, 38,* 3–17. doi:10.1080/01488376.2011.583829

Sharkey, J. D., You, S., & Schnoebelen, K. (2008). Relations among school assets, individual resilience, and student engagement for youth grouped by level of family functioning. *Psychology in the Schools, 45,* 402–418. doi:10.1002/pits.20305

Simons-Morton, B., & Chen, R. (2009). Peer and parent influences on school engagement among early adolescents. *Youth & Society, 41,* 3–26. doi:10.1177/0044118X09334861

Skinner, E. A., Wellborn, J. G., & Connell, J. P. (1990). What it takes to do well in school and whether I've got it: A process model of perceived control and children's engagement and achievement in school. *Journal of Educational Psychology, 82,* 22–32. doi:10.1037/0022-0663.82.1.22

Stout, K. E., & Christenson, S. L. (2009). Staying on track for high school graduation: Promoting student engagement. *The Prevention Researcher, 16,* 17–20.

Unrau, N., & Quirk, M. (in press). Reading motivation and reading engagement: Clarifying commingled conceptions. *Reading Psychology.*

Voelkl, K. E. (2012). School identification. In K. E. Voelkl (Ed.), *Handbook of research on student engagement* (pp. 193–218). New York, NY: Springer. doi:http://dx.doi.org/10.1007/978-1-4614-2018-7_9

Wang, M., & Eccles, J. S. (2012). Social support matters: Longitudinal effects of social support on three dimensions of school engagement from middle to high school. *Child Development, 83,* 877–895. doi:10.1111/j.1467-8624.2012.01745.x

Wentzel, K. R. (1998). Social relationships and motivation in middle school: The role of parents, teachers, and peers. *Journal of Educational Psychology, 90,* 202-209. doi:10.1037/0022-0663.90.2.202

Willms, J. D. (2003). *Student engagement at school: A sense of belonging and participation.* Paris, France: OECD: Programme for International Student Assessment.

You, S., & Sharkey, J. D. (2009). Testing a developmental-ecological model of student engagement: A multilevel latent growth curve analysis. *Educational Psychology, 29,* 659-684. doi:10.1080/01443410903206815

요약: 학생 참여

- 학생 참여는 학교에서의 학업적, 행동적, 인지적, 심리적 참여를 포함하는 다차원적인 구념이다.
- 다양한 사회문화적 집단 대상 연구에서 학생 참여는 청소년의 성공을 촉진하고 청소년의 문제를 예방하는 데 중요한 역할을 하는 것으로 나타났다.
- 학생 참여는 학생 개인, 또래 집단, 가족, 교실, 학교를 포함하는 다양한 환경에서의 교류 등에 의해 영향을 받는다. 이러한 맥락을 고려한 개입이 학생 참여를 증진시킬 수 있다.
- 학생 배경에 대한 과거의 연구는 특히 학생의 부정적 결과에 대한 위험에 초점을 두어 왔다. 앞으로 연구는 생애에서 발달적 결과를 향상시키는 회복탄력성 향상 과정으로서 학생 참여를 이해할 필요가 있다. 추후 연구는 학생 참여와 낙관성, 희망 등과 같은 긍정심리학 구념과의 관계도 탐색할 필요가 있다.
- 측정 전략은 학생 참여를 보다 적절히 평가하기 위해 개선될 필요가 있다.
- 추후 연구는 다양한 학생 참여 양상 유형과 학생 참여의 양방향적 영향을 포함해서 학생 참여 발달을 이해하는 데 초점을 둘 필요가 있다.
- 추후 연구는 학교 참여가 누구를 위하여, 어떤 상황에서 무슨 역할을 하는지 알기 위해 성별, 성, 장애, 인종, 사회경제적 지위(SES), 국적을 포함한 다양한 집단을 대상으로 연구할 필요가 있다.

학생 참여 추천자료

Appleton, A. R., Christenson, S. L., & Furlong, M. J. (2008). Student engagement with school: Critical conceptual and methodological issues of the construct. *Psychology in the Schools, 45,* 369-386. doi:10.1002/pits.20303
지금까지 연구들을 통해 참여 구조를 조사하고, 미래의 학문적 발전을 위해 관점들을 통합하는 방법을 제안한다.

Fredricks, J., & McColskey, W., with Meli, J., Mordica, J., Montrosse, B., & Mooney, K. (2011). *Measuring student engagement in upper elementary through high school: A description of 21 instruments* (Issues & Answers Report, REL 2011-No. 098). Washington, DC: U.S. Department of Education, Institute of Education Sciences, National Center for Education Evaluation and Regional Assistance, Regional Educational Laboratory Southeast. Retrieved from http://ies.ed.gov/ncee/edlabs
21가지의 학생 참여 측정 지표를 검토하고 요약한 보고서이다.

Furlong, M. J., Whipple, A. D., St. Jean, G., Simental, J., Soliz, A., & Punthuna, S. (2003). Multiple contexts of school engagement: Moving toward a unifying framework for educational research and practice. *The California School Psychologist, 8,* 99-114.
현재의 연구와 실습을 조직하고 다양한 영향을 설명하는 학생 참여를 위한 개념적 틀을 제시한다.

Li, Y., & Lerner, R. M. (2011). Trajectories of school engagement during adolescence: Implications for grades, depression, delinquency, and substance use. *Developmental Psychology, 47,* 233-247. doi:10.1037/a0021307
성별, 사회경제적 지위(Socioeconomic Status: SES) 및 인종/민족에 따라 다른 학생 참여의 궤적에 대한 종단연구이다. 궤적은 부정적 결과와 관련이 있다.

Sharkey, J. D., You, S., & Schnoebelen, K. (2008). Relations among school assets,

individual resilience, and student engagement for youth grouped by level of family functioning. *Psychology in the Schools, 45,* 402-418. doi:10.1002/pits.20305
학교 자산이 가족의 기능과 상관없이 내적 자산의 영향을 뛰어넘어 학생 참여에 영향을 미친다는 것을 보여 주는 다양한 표본을 사용한 횡단연구이다.

제13장

삶의 만족

1. 서론

이전의 연구에서 삶의 만족도(Life Satisfaction: LS)를 기술한 장에서 Suldo, Huebner, Friedrich와 Gilman(2009)은 학생 행복이 교육의 핵심 목표가 되어야 한다는 Noddings(2003)의 견해를 인용하였다. "행복과 교육은 긴밀하게 연관되어 있기 때문"(p. 1)이라는 것이다. 그러나 Noddings는 그녀의 주장을 뒷받침할 만한 임상적 근거는 거의 제시하지 못했다. 초판에서 연구자들은 그 당시에 참고할 수 있었던 몇 개의 제한적인 문헌을 요약하였다. 그러나 이후 연구 논문이 상당히 늘어났다(Proctor, Linley, & Maltby, 2009a). 현재의 연구를 기반으로, 삶의 만족도 관점에서 행복이 학생들의 핵심적인 교육과정이나 결과와 연관되어 있다는 그녀의 주장에 대한 근거들을 비판적으로 평가하였다. 이 과정에서 그 관계(행복과 교육의 관계)가 유의미하지만 복합적인 측면을 지니고 있다는 잠정적인 결론을 내렸다. 행복이 학업 성취보다는 학교생활이나 학업적 자아개념과 더 밀접하게 연관되어 있다는 것이다.

덧붙여, 지금까지 진행된 연구를 통해 취학아동의 긍정적 삶의 만족을 증진시킬 수 있는 몇 가지 추천할 만한 사항을 제시하였다.

2. 정의와 이론적 배경

심리적 · 사회적 지표 연구에서 삶의 만족도 연구는 긍정적인 주관적 안녕(subjective well-being: SWB)에 대한 Diener의 연구(Diener, 1984)에서 많은 영향을 받았다. 비록 주관적 안녕감(SWB)의 정의에 대해서는 논란이 많지만, 전반적인 삶의 만족은 긍정적인 정서를 자주 경험하고, 부정적인 정서는 적게 경험하는 것과 마찬가지로 주요 요소라는 것이 받아들여지고 있다(Diener, 1984). 학계에서 일반적으로 사용되고 있는 Shin과 Johnson(1978)의 정의는 다음과 같다. "개인의 삶의 질에 대한 전반적인 평가는 그 사람 자신이 선택한 기준에 따른다."(p. 478)는 것이다. 따라서 전반적인 삶의 만족도는 자신의 삶 전체에 대해 통합적으로 평가하는 삶의 질에 대한 인지적 판단이라고 할 수 있다. 개개인은 삶의 특정 영역이 전체적인 삶의 만족에 영향을 미치는 정도가 다르기 때문에(예: 가족관계의 중요성, 경제적 자원, 육체적 건강), 이러한 인지적 판단은 특정 영역으로 표현되는 문항보다는 포괄적인(domain-free) 문항(예: '나는 괜찮은 삶을 살고 있다.')을 통해 더 자주 측정된다. 그럼에도 특정 영역에 대한 만족도 평가는 구체적인 경험과 밀접하게 연관된 판단(예: '나는 가족과 화목한 생활을 하고 있다.') 등의 형태로 이루어질 수 있고, 그렇게 되어 왔다. 연구를 통해 삶의 만족에 대한 판단이 순간적인 경험을 넘어서 보다 안정적인 주관적 안녕감(SWB)이라는 척도로까지 확장되었음을 알 수 있다(Kim-Prieto, Diener, Tamir, Scollon, & Diener, 2005). 또한 전반적인 삶의 만족에 대한 판단은 3학년 정도의 학생 수준에서 긍정 정서, 부정 정서, 그리고 관련 개념(예: 자기존중감)의 척도들과 구별될 수 있다(Huebner, 1991a).

3. 측정 방법과 쟁점

아동 · 청소년의 삶의 만족에 대한 연구가 꽤나 새로운 연구 영역이라는 점을 고려해 볼 때 연구와 임상을 목적으로 개발된 적절한 측정도구가 거의 전무한 상태이다. 그럼에도 불구하고, 이 분야에 대한 연구 성과물이 지속적으로 늘어나고 있다(Proctor, Linley, & Maltby, 2009a). 삶의 만족의 정의에서 핵심적 요소는 삶의 만족은 개인의 주관적 경험이 드러나야 하기 때문에 이 구인을 측정하기 위해 고안된 척도는 전형적인 자기보고 형식을 갖춰야 할 것이다. 청소년용 삶의 만족 척도는 1차원적이거나 다차원적으로 범주화가 가능하다. 1차원적 측정은 특정 영역에 제한을 두지 않은 질문(domain-free questions)을 통해 삶의 만족 정도를 전반적으로 평가하거나(예: Students' Life Satisfaction Scale; Huenber, 1991b), 구체적인 영역을 다루는 여러 문항에 대한 응답을 합산하여 삶의 만족에 대한 총점수를 도출하여 평가한다(예: Perceived Life Satisfaction Scale; Adelman, Taylor, & Nelson, 1989). 종합적 삶의 질 척도-학생용(Comprehensive Quality of Life Scale-Student Version; Cummins, 1997) 또는 다면적 학생 삶의 만족 척도(Multidimensional Students' Life Satisfaction Scale; Huebner, 1994)와 같은 다차원적 측정은 다양한 영역에 대한 청소년의 만족도를 개별적으로 산출한다(예: 학교, 가족, 친구).

몇몇 삶의 만족 척도는 납득할 만한 내적 일관성, 유의미한 안정성 그리고 구인타당도뿐만 아니라 예측타당도도 수용할 만한 수준을 제시하고 있다(Huebner & Hills, 2013; Proctor, Linley & Maltby, 2009b). 요인분석 연구를 통해 볼 때 다양한 국가의 청소년에 대한 몇몇 측정치는 비교가 가능함을 시사하고 있다(Gilman et al., 2008). 또한 연구들은 삶의 만족이 비교적 안정적인 특성이 있음에도 청소년 삶의 만족은 계획하지 않은 삶의 변화뿐만 아니라 계획된 개입에 의해서도 의미 있게 변동한다는 것을 보고하고 있다(Farrell,

Valois, Meyer, & Tidwell, 2003; Froh, Sefick, & Emmons, 2008). 예를 들어, 거주 처치 프로그램에 참여하는 학생들에 대한 종단연구는 그들의 전반적인 그리고 특정 영역에서의 삶의 만족이 일상생활에서 더 많은 스트레스를 받을 때 기저선 밑으로 떨어지고, 그들의 환경이 나아질 때에는 기저선 위로 올라가는 것을 보여 주고 있다(Gilman & Handwerk, 2001).

청소년의 자기보고 방식은 기분이나 상황에 따라 영향을 받을 수 있을 뿐만 아니라 자신을 괜찮은 사람으로 보이고자 하는 반응을 유발할 수 있다는 것이다. 그러나 연구에서는 이러한 염려가 현실적인 결과로 나타나는 임상적 자료는 거의 제시되지 않고 있다(Proctor et al., 2009b).

요약하면, 현재까지의 연구는 다음과 같은 결과를 제시하고 있다.

몇몇 청소년 삶의 만족(LS) 척도들은 연구 및 응용적 목적을 위해 수용할 만한 신뢰성과 타당성을 가지고 있다. 학생들의 삶의 만족에 대한 관심이 증가하고 있는 상황에서 보다 정제된 측정 방법이 사용 가능할 것으로 여겨진다. 미취학아동과 저학년 초등학생들을 포함한 매우 어린 학생들의 삶의 만족을 평가하는 데 당면하는 문제들을 해결하기 위해서는 매우 혁신적인 접근법이 요구될 것이다. 현재까지 8세 미만의 아동을 위한 적합한 측정도구는 없다. 예외로는 개인 복지 지수-유아용(Personal Wellbeing Index-Preschool Version: PWI-PS; Cummins & Lau, 2005)을 보기 바란다.

4. 아동과 청소년에 대한 주요 연구

1) 삶의 만족 수준과 관련 요인

여러 나라의 아동에 대한 연구는 대부분의 어린이와 청소년이 그들의 삶에 대해 전반적으로 만족한다는 것을 보여 준다(Proctor et al., 2009a). 그럼에도 불구하고 개인차는 나타나고 있으며, 상당히 많은 청소년이 그들의 삶에 대해 불만족을 보고하고 있다. 더욱이 삶의 만족에 대한 다면적 척도를 사용한 몇몇 연구에서는 만족에 대한 평균 수준에서 편차가 많음을 보여 주고 있다. 예를 들어, 미국에서 시행된 2개의 연구에서 중학생들은 학교생활과 같은 특정 영역에서보다는 전반적인 삶에 대해 더 만족함을 보여 주었다(Huebner, Drane, & Valois, 2000; Huebner, Valois, Paxton, & Drane, 2005). Huebner 등의 연구(2000)에서 11%의 학생은 전반적인 삶의 만족에서 낮은 레벨을 보고했지만(즉, 중간 점수 이하의 점수), 거의 23%의 학생은 학교생활에 대한 만족도를 낮게 보고하였고, 이 중 10%의 학생은 그들의 학교 경험을 "끔찍하다."고 묘사하였다.

연구자들은 이러한 전체적 · 영역별 삶의 만족(LS)에서 개인차를 일으키는 선행조건과 결과들을 조사하였다. 초기 연구들은 삶의 만족의 차이를 일으키는 원인에 대해 초점을 맞추었다면, 최근 연구자들은 삶의 만족 정도와 그에 관련된 변인들(예: 긍정 정서)에 대해 더 많은 관심을 보이기 시작했다. 실제로 상관관계 연구, 종단연구, 실험연구에 대한 메타분석은 삶의 만족(LS)은 안정적인 수입, 깊이 있는 대인관계, 우수한 정신건강, 장수와 같은 성인기의 바람직한 결과와 상관관계가 있을 뿐만 아니라 이러한 것들의 원인이 되기도 한다는 결론을 제시하였다(Lyubormirsky, King, & Diener, 2005). 학교생활에서 나타나는 결과와 관련해서 대학생의 낮은 삶의 만족은 이후의 대인관계 거부(Furr & Funder, 1998), 학업 중단(Frisch et al., 2005)을 예측하고 있다.

아동에 대한 삶의 만족 연구는 성인을 대상으로 한 연구에 비해 드물다. 그럼에도 연구들은 삶의 만족의 차이에 따른 가능한 결과들을 포함하여 다양한 양상의 삶의 만족에 관한 상관관계들을 밝혀냈다. 예를 들어, 횡단연구들은 삶의 만족과 긍정적 인지(예: 희망, 감사, 적응적 귀인양식), 대처행동(예: 접근적 대처행동), 빈번한 긍정 정서, 양호한 대인관계, 그리고 정신적 · 신체적 건강과 긴밀한 상관관계가 있음을 보여 주고 있다(Proctor et al., 2009 참조). 최근 몇몇 단기 종단연구는 높은 삶의 만족이 청소년에게 보호 요인으로 작용할 수 있다는 점을 지지하고 있다. 예를 들어, 종단 분석들은 전체적으로 낮은 삶의 만족이 또래관계의 희생양이 되거나 무시당하는 것(Martin, Huebner, & Valois, 2008), 부모의 정서적 지지 철회(Saha, Huebner, Suldo, & Valois, 2010), 학교생활로부터 고립되는 것(Lewis, Huebner, Malone, & Valois, 2011)을 가늠하는 유의미한 예측변인이 될 수 있음을 보여 주고 있다. Suldo와 Huebner(2004)는 전체적으로 높은 삶의 만족을 보이는 청소년은 높은 스트레스를 유발하는 사건을 경험한 후에도 외현적 행동을 잘 나타내지 않는다고 하였다. 이러한 발견은 삶의 만족이 긍정적인 청소년 발달에 중대한 기여를 한다는 것을 강조한다. 따라서 개인차 원인에 대한 연구는 아동 · 청소년의 긍정적인 삶의 만족 발달에 영향을 주는 핵심적인 위험 요인과 보호 요인을 밝혀낼 필요가 있음을 제기하고 있다. 다음 절에서는 삶의 만족과 관련된 학교 관련 요인과 개인내, 개인 간 요인들에 대한 연구를 검토할 것이다.

2) 인구통계학적 요인과 개인내 요인

성인과 유사하게, 학령기 학생의 전체적 삶의 만족과 사회경제적 지위의 관계는 크지 않은 것으로 보인다. 특히 기본적 욕구가 충족될 때는 더욱 그렇다(Proctor et al., 2009a). 이와 유사하게 다른 인구통계학적 변인들의 관계(예: 성별, 부모의 혼인관계)도 그리 크지 않았다. 그러나 성격과 기질적 변수는 전체적인 삶의 만족과 중간 정도의 관계를 나타냈다. 예를 들어, 삶의 만족은 신경증과는 부적인 관계를 보였으며(Fogle, Huebner, & Laughlin, 2002), 외향성과는 정적인 관계가 있는 것(Heaven, 1989)으로 제시되고 있다. 인지적 변인들에 대한 연구에서는 더 강력한 관계가 있음을 보여 주고 있다. 한 예로, 자신의 삶에서 일어나는 사건들을 스스로 통제할 수 있다고 믿는 청소년은 스스로 통제할 수 없다고 생각하는 청소년보다 높은 삶의 만족을 보였다(Gilman & Huebner, 2006; Nevin, Carr, Shevlin, Dooley, & Breaden, 2005). 또 다른 예로는 적응적 귀인양식, 높은 수준의 개인적 기준, 자부심 그리고 희망적 사고를 보고한 청소년은 높은 삶의 만족을 보이고 있었다(Extremera, Durán, & Rey, 2007; Gilman & Ashby, 2003; Rigby & Huebner, 2005; Valle, Huebner, & Suldo, 2006).

장애가 있는 것이 전반적인 삶의 만족에 어떤 영향을 미치는지에 대해 진행된 연구들은 명료한 결과를 보이지 않았다. 예를 들어, 심각한 청각상실 진단을 받은 학생들은 낮은 수준의 삶의 만족을 보인 반면(Gilman, Easterbrooks, & Frey, 2004), 인지적 장애를 가진 학생들은 장애가 없는 학생들과 비슷한 수준의 삶의 만족을 보였다(Brantley, Huebner, & Nagle, 2002; Shogren, Lopez, Wehmeyer, Little, & Pressgrove, 2006). 또한 청소년의 삶의 만족은 IQ와는 관계가 없는 것으로 나타났다(Huebner & Alderman, 1993).

3) 환경적 요인

환경적 요인이 삶의 만족에 영향을 미친다고 연구 결과에서 제시하고 있지만, 차이를 만들어 내는 특정한 환경적 요소가 무엇인지에 대해서는 알려진 것이 거의 없다. 진행된 연구는 주로 삶의 만족과 청소년의 가족, 이웃, 학교와 친구관계에 대해 지각한 전반적인 질과의 관계에 초점을 맞추었다. 이러한 각각의 맥락적 요인들은 아동의 삶의 만족에 유의미한 영향을 미치는 것으로 보인다. 예를 들어, 전체적인 삶의 만족이 매우 높다고 보고한 청소년(즉, 조사 대상의 상위 20%)은 교사, 가족, 또래들로부터 더 큰 사회적 지지를 받고 있다고 보고하고 있다(Gilman & Huebner, 2006; Suldo & Huebner, 2006). 다양한 연구는 이러한 각각의 집단(교사, 가족, 또래)이 나름대로 중요하다는 것을 확인시켜 주고 있다. 8세부터 18세까지는 긍정적인 부모-자녀

관계가 또래관계보다 더 강한 관련이 있는 것으로 나타났다(Huebner, 1991b; Man, 1991). 고등학생에게서는 지각된 긍정적 부모-자녀관계가 신체적 외모나 학문적 자아 개념보다도 전반적인 삶의 만족에 더 관계가 있는 것으로 나타났다(Dew & Huebner, 1994). 보다 구체적으로, 한 질적 연구는 긍정적인 가족·가정 환경의 주요 요소들을 다음과 같이 규명하였다. 안전하고 편안한 집, 사랑이 있는 분위기, 개방적이고 신뢰하는 의사소통, 지속적인 부모의 살핌과 청소년의 활동에 대한 관여, 가족 내에서 중요사항을 공유하고 있다는 느낌, 아동이 가족 외 사람들과의 관계 맺기를 할 때 보여 주는 가족의 지지(Joronen & Åstedt-Kurki, 2005)이다.

부모-자녀관계가 청소년의 삶의 만족에 대한 더 강력한 예측인자라는 것이 밝혀졌지만, 유달리 후기 청소년이나 여성에게는 긍정적인 또래관계 또한 청소년의 삶의 만족에 대한 강한 예측인자이기도 했다. 높은 삶의 만족을 보고한 청소년은 또한 높은 수준의 또래 애착을 보고하였다(예: 높은 충성도, 상호 간 배려, 헌신으로 특징지어지는 관계; Nickerson & Nagle, 2004). 이후의 연구들은 또래관계가 긍정적이고 지지적인 상호작용을 자주 나타냄으로써 더 높은 수준의 삶의 만족을 촉진한다고 규명하고 있다(Martin, Huebner, & Valois, 2008).

아동의 전체적인 삶의 만족과 자주 발생하거나(예: 매일) 갑작스럽게 일어나는 삶의 사건과의 관계에 대해서 몇몇 연구가 이루어졌다. McCullough, Huebner와 Laughlin(2000)은 인생의 사건은 전체적인 자아개념과 함께 삶의 만족에 대한 예측에서 유의미한 차이를 만들어 낸다고 밝히고 있다. 갑작스럽게 발생하는 생의 주요 사건(예: 부모의 별거)과 더불어 만성적인 경험(예: 지속되는 가족의 불화)이 독특한 차이를 발생시킨다고 하였다. 더 나아가, 그들은 부정적인 일상적 사건만이 청소년의 긍정 및 부정 정서와 관계가 있다고 보고한 반면, 긍정적인 일상 사건만이 그들의 삶의 만족에 관계되는 것으로 밝히고 있다. 이 결과는 긍정적인 일상 경험이 부정적인 일상 사건보다 학생의 삶의 만족에 더 크게 영향을 미친다는 것을 보여 준다. 그러나 Ash와 Huebner(2001)는 긍정적이거나 부정적인 만성적 인생 경험이나 갑작스러운 인생의 사건들이 청소년의 전체적인 삶의 만족에 유의미하게 연관되어 있다고 하였다. 덧붙여 긍정적이거나 부정적인 장기간 지속되는 사건은 긍정적이거나 부정적인 갑작스러운 사건 이상으로 유의미한 차이를 나타내고 있다고 하였다. 비록 더 많은 연구가 필요하지만, 이 연구들은 매일의 경험에 대한 중요성을 강조하며, 특히 매일의 긍정적인 경험(예: 자주 교사-학생 간의 긍정적 상호관계를 경험하는 것)은 짧은 긍정적 경험(예: 상 받는 것)보다 청소년의 삶의 만족을 더 증진시킬 수 있다.

4) 학교 관련 요인

앞서 언급한 Noddings(2003)의 책『행복과 교육(Happiness and Education)』에서 "행복한 사람들은 비열하거나, 폭력적이거나, 잔인하지 않다." 그리고 "학생들은 행복할 때 가장 잘 배운다."(p. 2)라고 결론지었다. 또한 그녀는 미국을 포함한 많은 나라에서 훈육의 관점으로 보는 교육에서는 학생들의 행복을 관찰하고 이해하고 증진시키기 위해 노력하지 않는다는 점을 지적하고 있다. 행복에 대한 관심을 기울여야 한다는 이러한 주장의 부족함에도 불구하고 상당히 많은 연구가 아동의 삶의 만족에 중요한 영향을 미치는 학교 관련 요인들의 중요성에 대해 탐색해 왔다. 많은 연구가 학교에서 아동의 만족이 중요하다는 것을 밝혔으나, 전체적인 삶의 만족이 가족, 친구, 자기, 삶의 환경에 대한 만족과는 강한 연관성을 나타낸 반면, 학교에서의 만족과는 중간 정도의 연관성을 나타냈다(r= .30 정도). 학교 만족과 전체적인 삶의 만족은 문화의 기능에 따라 다양하고, 같은 문화 안에서도 하위 집단 사이에서도 다양하게 나타나는 것으로 보인다. 예를 들어, Park과 Huebner(2005)는 대한민국 학생에게서는 미국 학생보다 학교 만족이 삶의 만족과 더 강하게 연관된다는 것을 밝혔다. 더 나아가 Ash와 Huebner(1998)는 재능이 있는 학생에게서 그렇지 않은 또래보다 학교 만족이 삶의 만족에 더 강한 예측인자가 됨을 밝혔다. 결과적으로 전체적인 학교 맥락과 전체적인 삶의 만족과의 연관에 대한 Oberle, Schonert-Reichl과 Zumbo(2011)의 연구에서 학생들의 삶의 만족에 대한 평균치는 학교에 따라 유의미하게 차이가 나타난다고 제시하였다. 학교의 특별한 측면에 대해서 탐색하지는 않았지만, 학교와 학생의 삶의 만족에 대한 유의미한 연관성에 대해 제시하는 것은 학교 경험의 효과가 교문 밖까지 확장되어 학생들의 전반적인 삶의 만족에 영향을 준다는 점을 지지하고 있다.

최근의 변수 중심과 인간 중심의 접근 방법은 종합적인 학생 평가에서 긍정성 지표를 포함하는 것이 중요하다고 보고 있다. 변수 중심 연구의 한 예로, Lewis, Huebner, Reschly와 Valois(2009)는 긍정 정서 척도를 포함시키는 것은 학생들의 학교 참여 수준과 사회적 대처행동을 예측하는 데 있어서 부정적 감정과 관련하여 타당도를 높이는 것에 기여할 수 있다고 하였다. 인간 중심 분석을 하는 데 있어서 Gilman과 Huebner(2006)는 높은 삶의 만족을 보이는 학생들은 평균적인 학생들에 비해 더 높은 수준의 희망, 낮은 사회적 스트레스 그리고 교사에 대한 긍정적인 태도를 나타낸다고 하였다. 더 나아가, Antaramian, Huebner, Hills와 Valois(2010)는 내면화 문제행동과 외현화 문제행동을 재는 척도와 더불어 삶의 만족에 대한 긍정적 지표들을 포함하는 평가를 활용하여 뚜렷하게 차별화되는 4개의 청소년 집단으로 나눌 수 있다고 하였다. 4개의 집단 중 하나는 낮은 수준의 삶의 만족과 낮은 수준의 정신병리 증상을 나타내는 학생들로 구성되어 있다(약 10%). 이 아동들('취약한' 학생으로 언급되는)은 전통적인 방식인 정신건강의 병리 기반 측정에 의해서는 전형적인 것으로 규정되지 않는다. 그러나 이러한 취약한 학생들은 동일하게 낮은 수준의 정신병리 증상을 나타내지만, 높은 수준의 전반적인 삶의 만족을 나타내는 학생들에 비해서 유의미하게 낮은 수준의 행동적 · 인지적 · 정서적인 학교 참여를 보여 주고 있다. 이러한 취약한 학생들은 낮은 삶의 만족과 높은 정신병리 증상을 나타내는 '문제를 안고 있는' 학생 집단과 유사하다(Suldo & Shaffer, 2008 참조). 5개월의 추수 연구에서 이 취약한 학생들의 54%는 위험한 상태에 여전히 남아 있었으며, 임상적으로 유의미한 수준의 심리 증상으로 진행되었다(Kelly, Hills, Huebner, & McQuillin, 2012).

다음 절에서는 삶의 만족과 가장 중요하게 관련이 있는 학교 관련 변인들에 대해 다루고자 한다.

(1) 학교 관련 사회적 지지

학교의 사회적 분위기와 학교 경험에 대한 학생들의 지각은 그들의 학업 성취와 학교활동뿐만 아니라 그들의 삶의 만족과 밀접하게 연관되어 있다(Flanagan & Stout, 2010; Suldo, Shaffer, & Riley, 2008; Wang, 2009). 특히 학교에서 안전하다고 느끼지 못하는 학생들(예: 위협당하거나, 상해를 입거나, 물건을 도난당하거나 파손을 입을 수도 있다고 두려워하는 것)은 학교에서 안전하다고 느끼는 학생들에 비하여 낮은 삶의 만족을 나타낸다(Valois, Zullig, Huebner, & Drane, 2001). 놀라울 것도 없이, 신체적으로 또는 친구관계에서 또래로부터 피해를 입었다고 보고하는 학생들은 낮은 수준의 삶의 만족을 보여 주고 있다(Flouri & Buchanan, 2002). 예를 들어, Flaspohler, Elfstrom, Vanderzee, Sink와 Birchmeier(2009)는 괴롭히거나 또는 괴롭힘을 당한 학생은 삶의 만족의 감소를 경험하지만 친구나 교사에게 지지를 받는 경우에는 괴롭힘의 영향이 완화된다고 기술하고 있다. 더욱이 Martin 등(2008)은 친구들로부터 친사회적 행동을 받아 본 적이 없는 학생들은 낮은 삶의 만족을 경험할 가능성이 높으며, 삶의 만족은 친구들로부터 괴롭힘을 받는 것만큼이나 점잖은 무시에 의해서도 영향을 받는다고 밝히고 있다. 결과적으로 소수집단 청소년에 대한 연구에서 다른 청소년들로부터 인지된 차별을 포함하는 삶의 사건들은 삶의 만족에 부정적인 영향을 주고 있다고 제시하고 있다

(Seaton, Caldwell, Sellers, & Jackson, 2010).

친구관계가 학생들의 삶의 만족에서 매우 중요하기는 하지만, 학교의 사회적 분위기와 삶의 만족의 관계의 중요성을 시험한 연구들은 친구, 부모 그리고 교사의 지지에 대한 상대적 중요성에 있어서 엇갈리는 결과를 보고하고 있다. Suldo 등(2008)은 6개의 다른 학교 분위기 차원(학생관계, 교사-학생관계, 부모 관여를 포함하는)에서 교사-학생관계와 부모 관여만이 학생들의 삶의 만족에 대한 고유한 예측인자라는 것을 밝혔다. 그러나 Suldo, Thalji-Raitano, Hasemeyer, Gelley와 Hoy(2013)의 후속 연구에서 세 가지 모두의 사회적 지지(학생관계, 교사-학생관계, 부모 관여)가 통계적으로 유의미하였고, 중학생의 삶의 만족과는 개별적으로 관계가 있음을 밝혔다.

Danielsen, Samdal, Hetland와 Wold(2009)는 부모의 지지와 친구의 지지만이 초기 청소년의 삶의 만족도에 유의미하게 직접적인 영향을 미친다는 것을 밝혔다. Suldo, McMahan, Chappel과 Loker(2012)는 미국의 고등학생들에게서 이러한 점을 관찰하였고, 사회적 지지와 삶의 만족에 성차가 있다는 것, 특히 여학생의 경우 더 강한 정적 상관에 있음을 찾아냈다. 이러한 연구들이 학교와 관련된 사회적 지지와 삶의 만족에 대한 강한 연관성을 보여 주었지만, 이 연구들은 모두 인과적 추론을 제한시키는 횡단연구라는 중요한 한계를 지니고 있다. 이러한 한계를 극복하기 위해 Siddall, Jiang과 Huebner(2013)는 교사-학생관계, 친구 그리고 부모의 지지가 학습에 미치는 지속적인 효과를 측정하기 위해 미국 중학생을 대상으로 5개월간 삶의 만족의 변화를 추적하였다. 학생들의 삶의 만족을 통제했을 때, 초기에 부모의 개입이 5개월 후의 학생들의 전체적인 삶의 만족에 영향을 미친다는 결과를 보여 주었다. 이러한 결과는 초기 청소년의 삶의 만족에 있어서 가까운 변인(예: 학생-교사 관계)만큼이나 보다 먼 변인(예: 학교생활에 대한 부모의 개입)도 중요하다는 것을 시사해 주고 있다.

(2) 학업

몇몇 연구는 전체적인 삶의 만족과 학업적 성공의 관계를 탐색하였는데, 대부분의 연구는 약한 정도에서 중간 정도의 관계를 보고하였다. 예를 들어, Gilman과 Huebner(2006)는 매우 낮은 삶의 만족을 보이는 학생들(하위 20%)은 평균이거나 높은 수준의 삶의 만족을 보이는 학생들(GPAs M= 3.42, 3.49)보다 유의미하게 낮은 GPA 점수(GPAs M=3.01)를 나타내고 있다고 밝혔다. 전체 표집에서 삶의 만족과 자기보고 GPA 점수의 상관관계는 .32였다. 그러나 전체 삶의 만족과 실제 GPA 점수의 상관관계는 약 .14(Huebner, 1991b)에서 .29(Cheng & Furnhan, 2002)로 낮게 나타났다. 이전에 언급한 정신건강의 이중요인 모델(dual-factor model)에서 평가했을 때, 취약한 학생(낮은 수준의 심리적 증상을 동반한 낮은 삶의 만족)과 긍정적인 정신건강 학생(낮은 심리적 증상을 동반한 높은 수준의 삶의 만족)들의 학점에서 효과 크기(Cohen's d)가 .52로 나타나는 결과를 얻었다(Antaramian et al., 2010).

흥미롭게도 Quinn과 Duckworth(2007)는 미국의 5학년 학생들의 삶의 만족과 학업적 성취에는 상호호혜적인 관계가 있음을 보고하였다. 구체적으로 보면 보다 높은 삶의 만족을 보이는 학생들은 (이전 성적을 통제했을 때) 이후의 성적에서 보다 높은 등급을 얻었으며, 반대로 높은 등급을 보이는 학생들 또한 (이전 삶의 만족을 통제했을 때) 높은 삶의 만족을 예상할 수 있었다.

비록 (GPA로 측정된) 학업 성취와 전체적인 삶의 만족의 연관성이 중간 수준에 머물기는 하지만, 한 가지 확실한 결과는 보다 높은 삶의 만족을 보고한 청소년이 보다 높은 학업적 자기효능감을 보고한다는 것이다(Suldo & Huebner, 2006). 홍콩의 청소년에게서 삶의 만족과 지각된 학업 능력의 관계는 .52인 것으로 관찰되었다(Leung & Bond, 2004). 따라서 학생들의 기대와 학교에서 보인 수행 정도는 모두 그들의 삶의 만족과 연관될지도 모른다. 그러나 삶의 만족은 최소한 보여진 능력이 학교 성적으로 수치화되었을 때, 보여진 능력보다 인지된 능력에 더 강하게 관계되는 것으로 여겨진다.

(3) 학생 행동과 참여

전체적인 삶의 만족과 학생들의 행동 문제의 관계는 더 자주 연구되었다(검토를 위해 Proctor et al., 2009a를 참조). 몇몇 단일 방식의 연구는 자기보고 평가에서 나타난 낮은 삶의 만족과 자기보고에서 보인 내면화 및 외현화 행동 사이에는 상대적으로 높은 연관성을 나타내었다(예: Haranin, Huebner, & Suldo, 2007). 그러한 단일 방식의 연구들을 넘어서, Huebner와 Alderman(1993)은 교사가 기술한 내면화 및 외현화 행동의 합산 점수와 학생이 보고한 삶의 만족 간의 상관관계가 .35라고 밝혔다. 연구들은 또한 삶의 만족과 육체적 싸움, 학교에서의 무기 소지(Valois et al., 2001), 자살 생각이나 행동(Valois, Zullig, Huebner, & Drane, 2004a)과 같은 특정 위험행동과는 유의미한 관계가 있음을 밝히고 있다. 증가하는 교실에서의 행동 문제는 학교에서의 더 많은 불만족과 관계가 있었다(Elmore & Huebner, 2010).

학교에 이루어지는 특별활동에 참여하는 것은 학생의 삶의 만족과 유의미하게 긍정적 관계를 나타내는 것으로 보인다. 예를 들어, Gilman(2001)은 구조화된 특별활동에 참여하는 것이 더 높은 삶의 만족과 관련이 있는 보호 요인으로 작용하는 것 같다고 밝히고 있다. 또한 Vilhjalmsson과 Thorlindsson(1992)은 삶의 만족과 클럽이나 동아리 모임에 참여하는 것 사이에 긍정적인 관계가 있다고 제시하였다. 특히 스포츠 팀에서 활동하는 것은 학생의 사회적 · 신체적 건강에 모두 긍정적인 영향을 미칠 수 있다고 밝히고 있다. 삶의 만족은 활력적인 활동(Vilhjalmsson & Thorlindsson, 1992)에 참여하는 것과 긍정적인 관계가 있으며, 일주일에 20분 미만의 운동을 하는 것과는 부적인 관계를 나타내었다고 보고되었는데(Valois, Zullig, Huebner, & Drane, 2004b), 이를 통해 Valois와 동료들은 스포츠 팀에서 활동하지 않는 것이 삶의 만족과 반비례한다는 것을 밝히고 있다.

(4) 학교 참여와 학업 중단

학교생활에서의 학생 참여는 높은 수준의 전체적 삶의 만족과 상당히 관련되어 있다. 예를 들어, Lewis와 동료들(2011)은 삶의 만족과 행동적, 인지적, 정서적인 참여 사이에 상당히 유의미한 횡적 상관관계가 있다고 하였다. 또한 장기적인 분석 연구에서는 학생의 인지적 참여와 삶의 만족 사이에는 유의미한 상호 관련성이 있음을 밝히고 있다. 이와 더불어 여러 연구에서는 낮은 수준의 학교 참여 정도와 종국적인 학업 중단을 관련짓고 있다. 학생의 전체적인 삶의 만족, 학교 참여, 학업 중단 사이의 이러한 연관성은 Frisch와 동료들(2005)이 낮은 삶의 만족이 대학생의 중퇴를 상당히 잘 예측한다고 밝힌 이유를 설명해 줄 수 있을 것이다. 종합해 볼 때, 이 연구는 학교 참여와 삶의 만족이 상당히 연관되어 있으며, 아동의 전반적인 발달에 있어서 학교의 역할을 다시 한 번 지지하고 있다는 점을 시사하고 있다.

(5) 학교 관련 변인 요약

종합해 볼 때, 비록 더 많은 연구가 필요하겠지만, 아동의 삶의 만족과 학교 관련 요인에 대한 기존 연구로부터 2가지 잠정적인 중요한 결론을 도출할 수 있다. 첫째, 행복과 교육은 밀접한 관련이 있다는 Noddings의 주장은 학령기 아동의 전체적인 삶의 만족과 연관된 넓은 범위의 학교 관련 변인에 의해 지지받고 있는 것으로 보인다. 이러한 발견은 Suldo, Shaffer와 Riley(2008)가 주장한 삶의 만족에 관한 사회 인지 모델과 다르지 않다. 사회 인지 모델은 인지요인(예: 학문적 자기효능감)이 전체적인 삶의 만족뿐만 아니라 상황요인(학교와 연관된 사회적 지지)과 학교 만족 사이의 관계를 조정한다는 모델이다. 둘째, 행복한 학생이 가장 잘 배우고 행동한다는 Noddings의 주장 역시 어느 정도 입증되는 것으로 나타났다. 비록 삶의 만족이 GPA에 의해 측정될 때에 나타나는 학업 성취에 미치는 영향력보다는 교실에서의 행동에 미치는 영향력이 더 크다는 것을 입증하는 자료가 더 설득력 있기는 하다. 그러나 학생 개인차 변인, 환경적 영향, 학생들의 삶의 만족, 학교 기능 사이에서의 복잡한 관계를 완전히 이해하기 위해서는 더 많은 연구가 이루어져야 한다. 분명한 것은 사회 인지 모델에서의 몇몇 관계는 상호호혜적 관련성을 지닐 수 있고, 부가적인 요인들이 다양한 관계를 조절하기도 할 것이다(예: 성격, 문화적 · 발달적 요인). 높은(또는 낮은) 삶의 만족은 시간의 경과에 따라 달라질 수도 있으므로 장기간의 예측연구가 특히 필요하다. 예를 들어, 삶의 만족이 높은 학생은 1년이 지나 더 나은 교실행동과 학업적 성공을 보여 줄 뿐 아니라 그러한 행동이 더 상승 도약을 이끌어 내어 미래에 더 뛰어난 학문적 자원을 획득할 가능성을 높일 수 있을 것이다(예: 후속적인 교사 지지, 더 도전적인 학급에 배정, 높아진 또래 수용). 마지막으로, 특정 영역을 재는 척도(예: 가족 만족도)는 전체적인 만족도 척도보다 어떠한 조건(예: 부모의 이혼)의 영향에 더 민감할 수도 있을 것이다.

5. 교육적 적용과 연구의 시사점

질병이나 안녕(well-being)과 관련 있는 요인들을 포함시키는 방향으로 심리학의 중심을 확장하려는 임상 작업은 단지 질병이 없다는 것만으로 청소년이 잘 성장하는 데 충분하지 않다는 것을 일관성 있게 보여 주고 있다. 정신건강과 교육적 기능의 부정적 · 긍정적 측면을 평가하는 척도 개발은 안녕이라는 과학 분야를 열 수 있도록 촉진시켜 주고 있다. 이것은 학교 전문가들에게 청소년의 안녕을 더 종합적인 방식으로 촉진해야 한다는 것을 고취해야 한다. 청소년이 하나의 맥락이 다른 맥락(예를 들어, 또래, 지역사회)과 밀접하게 관련이 있는 학교에서 많은 시간을 보낸다는 점을 고려하여, 학교는 그들의 전체적인 삶의 만족을 증진시킬 중요한 기회를 제공한다.

1) 삶의 만족을 증가시키기 위한 개입

현재의 연구는 학령기 학생의 삶의 만족은 다양한 개인적 변인과 맥락적 변인에 영향을 받는 것을 보여 주고 있다. 비록 개인적 변인과 맥락적 변인(예: 스트레스를 주는 삶의 사건)이 전체적인 삶의 만족과 유의미한 상관성을 보여 준다 하더라도, 변화 가능한 사회적, 인지적 그리고 행동적 특징들이 훨씬 더 강한 연관성이 있다는 것을 보여 준다. 청소년의 삶의 만족을 개선하기 위한 관점에서 포괄적인 2개의 접근법이 고려되어 왔다. 한 가지 접근법은 아동의 삶의 만족과 관련된 구체적이고 경험적으로 입증된 조건(예를 들어, 교사-학생 간의 빈약한 관계와 같은)을 구체적으로 규명하고 학교 경험을 통해 그러한 조건이 발현되게 하는 노력을 기울이는 것을 포함하고 있다. 예를 들어, 교사가 교사-학생의 관계가 증진되면 학생의 삶의 만족이 증진될 것이라는 희망으로 학교에서 자신의 행동을 변화시킬 수 있다(Noddings, 2003). 이러한 전략은 이 책의 여러 장에서 논의되었으므로 여기에서 더 이상 논의하지 않을 것이다.

또 한 가지 접근 방법은 삶의 만족과 다른 가능한 결과들을 촉진시키기 위해 고안된 한시적이고 구조화된(예: 매뉴얼화된) 개입 방법을 개발하고 적용하는 것을 포함한다. 이러한 표준화된 접근 방법은 일반적으로 학기가 진행되는 동안 특정 시점에 교육과정 속에 편성할 수 있다. 초판 출간 이후에 몇몇 구조화된 프로그램은 지속적으로 삶의 만족을 증가시킬 수 있다는 관점에서 기대할 수 있는 결과를 보여 주었다. 미래를 위한 희망 세우기(Building Hope for the Future; Marques, Lopez, & Paris-Ribeiro, 2011), 평화롭고 긍정적인 방법으로 반응하기(Responding in Peaceful and Positive Ways; Farrell et al., 2003), 감사 프로그램(Gratitude Interventions; Froh et al., 2008) 등은 주목할 만한 프로그램들이다.

이러한 개입 프로그램들을 이용한 연구들은 개입 전략의 범위가 다양하다. 몇몇 연구는 한 가지 개입 전략을 사용한 반면, 다른 연구들은 다양한 전략을 혼합하고 있다. 여기서 활용되는 활동들은 연구마다 색다르며, 활동 중에는 '최고의 자아(best possible self)'에 대한 글쓰기, 감사 연습, 갈등관리 기술 익히기, 성격의 강점 활용하기, 긍정적 생각 연습하기 등이 포함되기도 하지만, 여기에 국한되지는 않는다. 예를 들어, 최근의 연구는 '받은 축복 세어 보기(counting one's blessings)'를 통해 감사의 생각을 연습하는 것이 삶의 만족을 강화시킨다는 것을 보여 주었다(Froh et al., 2008). 다른 예로 Proctor 등(2011)은 학교 교육과정에 성격 강점 훈련을 하는 것(예를 들어, 강점 체조)이 삶의 만족을 증진시키는 유망한 전략이라는 것을 보여 주었다.

다양한 요소의 개입 프로그램을 활용한 연구는 아직 초기 단계이다. 51개의 개입 프로그램 연구에 대한 메타분석 결과, 긍정심리 프로그램이 심리적 안녕감(SWB)(평균 r = .29)을 유의미하게 증가시켰다고는 하지만, 2개를 제외한 모든 연구는 성인을 대상으로 하였기 때문에 아동 · 청소년에 대해서 추론하기에는 제약이 있다(Sin & Lyubormirsky, 2009). 아동 · 청소년을 대상으로 한 2개의 연구는 미미한 수준이거나(r = .04) 부적인 효과 크기(r = -.15)를 나타내는 결과를 보였다. 이러한 결과는 청소년에게 긍정심리 프로그램을 수행한 최근 학위논문이나 연구와 맥을 같이하고 있다. 예를 들어, Long과 Davis(2011)는 표현 글쓰기 프로그램(예: 미래의 인생 목표 또는 그들이 감사하는 것에 대해서 5일 동안 15분씩 글쓰기)이 25명의 소년 범죄자의 심리적 안녕감(SWB)에 미치는 영향을 평가하였다. 연구 결과는 긍정성과 기분이 향상됨을 나타냈지만 삶의 만족을 향상시키지는 못하였다. 미발표 박사학위논문에서 Savage(2011)는 프로그램 활동을 통해 부정 정서를 감소시키고, 긍정 정서와 삶의 만족을 증가시키는 것을 목표로 한 긍정심리 프로그램(예: 감사 글쓰기, 친절한 행동하기, 성격 강점 활용하기)에 노출된 54명의 초기 청소년의 심리적 안녕감(SWB)의 변화를 조사하였다. 결과가 유의미성에 근접하는 추세를 보였지만, 그 효과는 통계적으로 유의미하게 나타나지 않았다.

프로그램의 효과는 기간, 내용 충실성, 깊이 수준뿐만 아니라 참여자 요인도 관련이 있을 수 있다. 예를 들어, 감사 프로그램의 효과를 지지하기 위한 연구의 일부는 감사 프로그램을 부정적 영향을 유도하는 통제 조건(예: 매일 귀찮은 일 기록하기)과 비교하기도 하였다. 보다 중립적인 통제 조건을 활용했을 때는 감사 프로그램의 이점이 줄어들었다. Froh, Kashdan, Ozimkowski와 Miller(2009)는 특성상 높은 긍정 정서를 가진 사람들은 심리적 안녕감(SWB)의 상승에 덜 영향을 받을 것이고, 반면에 낮은 긍정 정서를 가진 사람들은 개선될 여지가 많을 것이라는 가정에 기초한 연구를 실시하여 이 쟁점에 대한 입장을 표명하였다. 특히 그들은 감사 프로그램(예: 고마운 사람에게 감사 편지 보내기) 또는 통제 집단(예: 하루의 사건들을 적어 보기)에 무작위로 배정된 89명의 청소년을 대상으로 긍정 정서의 개인차에 따라 감사 프로그램이 심리적 안녕감(SWB)에 영향을 미치는지에 대해 실험하였다. 결과는 그들의 가설을 뒷받침해 주었다. 높은 긍정 정서를 가진 청소년에 비해 낮은 긍정 정서를 보고한 청소년이 실시 후 즉각적으로 이루어진 사후검사와 2개월 뒤의 검사에서 더 긍정적인 감정을 보고하였다. 이 결과들은 Sin과 Lyubomirsk(2009)가 메타분석을 통해 발견한 결과와 일치하였다. 그 결과는 우울 상태는 긍정 프로그램이 심리적 안녕감(SWB)에 미치는 효과를 조절해 주는데, 임상적인 우울증을 가지고 있는 개인은 우울증이 없는 대조군에 비교하여 안녕감이 증진되는 것을 경험하였다는 것이다. 물론 개인적 선호와 자기 선택이 긍정심리 프로그램의 활용과 유용성에 영향을 미쳤을 수도 있다(Lyubomirsky, Dickerhoof, Boehm, & Sheldon, 2011).

이 책의 초반 이후 수행된 연구들은 삶의 만족을 향상시키기 위해 설계된 프로그램을 포함해서 긍정심리 프로그램의 효과에 영향을 미치는 특정 조건들을 계속해서 더 정확하게 기술하고 있다. 성인 연구는 긍정 활동과 프로그램이 적기에 실시되고 상황에 따라 적절한 변화를 주는 것이 삶의 만족을 증진시키고 유지하는 데 필수적일 것이라고 보여 주고 있다(Boehm,

Lyubormirsky, & Sheldon, 2011). 즉, 더 높은 삶의 만족은 개인이 지속적으로 다양한 전략을 활용할 때 가장 잘 유지된다는 것이다(Sin & Lyubomirsky, 2009). 그렇더라도 대부분의 이러한 연구는 성인을 대상으로 이루어졌고, 성인과는 심리적, 인지적, 신체적인 특징이 다른 청소년에게 적용되는 다양한 방법의 효과성을 이해하기 위해서는 추가적인 연구가 필수적이다.

이 장에서 검토된 연구들은 학생들의 학교에서의 삶의 만족을 포함한 심리적 안녕감(SWB)에 대한 관심이 증가하고 있다는 것을 나타내고 있다. 초판이 출간된 이후 발표된 많은 연구는 학생의 학교 경험이 삶의 만족과 밀접하게 연관되어 있다는 Noddings(2003)의 주장을 지지하는 상당한 양의 추가적이고 임상적인 지지를 제공한다. 따라서 현재의 긍정적인 학교생활의 질을 높여 주는 것뿐 아니라 학생들이 미래를 보다 효과적으로 준비하게 하기 위해서 학교 전문가들이 학생들의 학업적 · 사회정서적(예: 삶의 만족) 욕구에 주의를 기울여야 한다. 왜냐하면 삶의 만족과 학교행동 및 성공은 연관되어 있기 때문에, 한 영역을 강화하는 노력은 효과성을 극대화시킬 뿐만 아니라 다른 영역에서의 변화도 이끌어 내야만 한다.

몇몇 학교에서는 이러한 사실이 학생들에 대한 그들의 주요 목적은 전통적인 학업 영역의 성공을 넘어서는 것이라는 의미를 갖는다. 이러한 안녕감의 목적을 달성하기 위해서, 개인요인과 학교 분위기와 같은 체제요인에 대해 주의를 기울이는 것이 모든 학생의 삶의 만족을 발전시키는 데 필요하다. 문헌에서 제안하는 바와 같이 긍정적이며 일상적인 학교 경험(예: 학교 직원과의 빈번한 긍정적 상호작용, 소그룹 활동)을 촉진하는 것은 대규모의 일회적 혹은 간헐적으로 이루어지는 교실 혹은 학교 전체에서의 행사(예: '올해의 학생'과 같은 연간 시상식에서의 저녁식사 제공, 분기별 성적표 배부) 또는 특정 시간에 실시하기로 계획되어 운영되지만 학생들이 지속적으로 참여하지 않는, 임상적으로 타당성이 입증된 구조화된 전략들 못지않게 학생들의 높은 삶의 만족을 유지하는 데 효과적일 것이다.

청소년의 삶의 만족을 증진시키기 위해 포괄적이고 임상적으로 타당한 구조화된 전략들을 활용하는 것이 제약이 있다는 점을 감안할 때, 학교에서는 그들의 상황과 관련된 증거 기반 전략을 선택하는 것을 고려하는 것이 아마도 가장 현실적일 것이다. 이 계획은 3가지 중요한 요소를 포함해야만 한다. 첫째, 학교 관리자는 학생들의 안녕(삶의 만족을 포함하여)과 핵심적인 관련 요인(예: 학교 분위기)을 모니터링할 수 있도록 학교 전반의 학업 척도와 함께 종합적인 학교 전반의 평가 시스템을 개발하고 시행하여야 한다. 이중요인 모델과 일치하는 이 탐색적 노력은 부정적인 건강 지표(심리적 증상, 위기행동)에만 제한하지 말아야 하고, 학생들의 안녕의 수준과 변화에서의 미묘한 차이를 종합적으로 평가할 수 있는 '긍정적' 지표를 포함해야 한다. 둘째, 이 결과에 기초하여, 학교 전문가는 더 강력한 개입 전략을 필요로 하는 개인이나 학생 단체를 위한 개별화된 노력과 함께, 모든 아동의 삶의 만족을 증진하기 위한 학교 전반의 노력을 포함한 다층적인 개입 전략을 구안해야 한다. 셋째, 학교 전문가는 지속적으로 프로그램의 성공을 평가하고 성공을 보장하도록 그에 맞게 변화를 만들어야 한다. 지면의 제약으로, 이러한 접근에 대한 더 자세한 설명은 Huebner와 Hills(2013)의 논문을 참조하기 바란다.

참고문헌

Adelman, H. S., Taylor, L., & Nelson, P. (1989). Minors' dissatisfaction with their life circumstances. *Child Psychiatry & Human Development, 20,* 135-147. doi:10.1007/BF00711660

Antaramian, S. P., Huebner, E. S., Hills, K. J., & Valois, R. F. (2010). A dual-factor model of mental health: Toward a more comprehensive understanding of youth functioning. *American Journal of Orthopsychiatry, 80,* 462-472.

doi:10.1111/j.1939-0025.2010.01049.x

Appleton, J. J., Christenson, S. L., & Furlong, M. J. (2008). Student engagement with school: Critical conceptual and methodological issues of the construct. *Psychology in the Schools, 45,* 369–386. doi:10.1002/pits.20303

Ash, C., & Huebner, E. S. (1998). Life satisfaction reports of gifted middle-school children. *School Psychology Quartely, 13,* 310–321. doi:10.1037/h0088987

Ash, C., & Huebner, E. S. (2001). Environmental events and life satisfaction reports of adolescents: A test of cognitive mediation. *School Psychology International, 22,* 320–336. doi:10.1177/0143034301223008

Boehm, J. K., Lyubormirsky, S., & Sheldon, K. M. (2011). A longitudinal experimental study of comparing the effectiveness of happiness-enhancing strategies in Anglo Americans and Asian Americans. *Cognition and Emotion, 25,* 1152–1167. doi:10.1080/02699931.2010.541227

Brantley, A., Huebner, E. S., & Nagle, R. J. (2002). Multidimensional life satisfaction reports of adolescents with mild mental disabilities. *Mental Retardation, 40,* 321–329. doi:10.1352/0047-6765(2002)040〈0321:MLSROA〉2.0.CO;2

Cheng, H., & Furnham, A. (2002). Personality, peer relations, and self-confidence as predictors of happiness and loneliness. *Journal of Adolescence, 25,* 327–339. doi:10.1006/jado.2002.0475

Cummins, R. A. (1997). *Manual for the Comprehensive Quality of Life Scale-student (Grades 7–12): ComQol-S5.* Melbourne, Australia: Deakin University School of Psychology.

Cummins, R. A., & Lau, A. L. (2005). *Personal Wellbeing Index-Pre-School* (PWI-PS: 3rd ed.). Available from http://www.deakin.edu.au/research/acqol/instruments/wellbeing-index/pwi-ps-english.pdf-567.71KB-06-10-2010

Danielsen, A. G., Samdal, O., Hetland, J., & Wold, B. (2009). School-related social support and students' perceived life satisfaction. *Journal of Educational Research, 102,* 303–320. doi:10.3200/JOER.102.4.303-320

Dew, T., & Huebner, E. S. (1994). Adolescents' perceived quality of life: An exploratory investigation. *Journal of School Psychology, 33,* 185–199.

doi:10.1016/0022-4405(94)90010-8

Diener, E. (1984). Subjective well-being. *Psychological Bulletin, 95,* 542-575. doi:10.1037/0033-2909.95.3.542

Elmore, G. M., & Huebner, E. S. (2010). Adolescents' satisfaction with school experiences: Relationships with demographics, attachment relationships, and school engagement behavior. *Psychology in the Schools, 47,* 525-537. doi:10.1002/pits.20488

Extremera, N., Durán, A., & Rey, L. (2007). Perceived emotional intelligence and dispositional optimism-pessimism: Analyzing their role in predicting psychological adjustment among adolescents. *Personality and Individual Differences, 42,* 1069-1079. doi:10.1016/j.paid.2006.09.014

Farrell, A. D., Valois, R. F., Meyer, A. L., & Tidwell, R. P. (2003). Impact of the RIPP violence prevention program on rural middle school students. *Journal of Primary Prevention, 24,* 143-167. doi:10.1023/A:1025992328395

Flanagan, C., & Stout, M. (2010). Developmental patterns of social trust between early and late adolescence: Age and school climate effects. *Journal of Research on Adolescence, 20,* 748-773. doi:10.1111/j.1532-7795.2010.00658.x

Flaspohler, P. D., Elfstrom, J. L., Vanderzee, K. L., Sink, H. E., & Birchmeier, Z. (2009). Stand by me: The effects of peer and teacher support in mitigating the impact of bullying on quality of life. *Psychology in the Schools, 46,* 636-649. doi:10.1002/pits.20404

Flouri, E., & Buchanan, A. (2002). Life satisfaction in teenage boys: The moderating role of father involvement and bullying. *Aggressive Behavior, 28,* 126-133. doi:10.1002/ab.90014

Fogle, L. M., Huebner, E. S., & Laughlin, J. E. (2002). The relationship between temperament and life satisfaction in early adolescence: Cognitive and behavioral mediation models. *Journal of Happiness Studies, 3,* 373-392. doi:10.1023/A:1021883830847

Fredrickson, B. L. (2008). Promoting positive affect. In M. Eid & R. J. Larsen (Eds.), *The science of subjective well-being* (pp. 449-468). New York, Ny: Guilford.

Frisch, M. B., Clark, M. P., Rouse, S. V., Rudd, M. D., Paweleck, J. L., Greenston, A., & Kopplin, D. A. (2005). Predictive and treatment validity of life satisfaction and the Quality of Life Inventory. *Assessment, 12,* 66–78. doi:10.1177/1073191104268006

Froh, J. J., Kashdan, T. B., Ozimkowski, K. M., & Miller, N. (2009). Who benefits the most from a gratitude intervention in children and adolescents? Examining positive affect as a moderator. *Journal of Positive Psychology, 4,* 408–422.

Froh, J. J., Sefick, W. J., & Emmons, R. A. (2008). Counting blessings in early adolescents: An experimental study of gratitude and subjective well-being. *Journal of School Psychology, 46,* 213–233. doi:10.1080/17439760902992464

Furr, R. M., & Funder, D. C. (1998). A multimodal analysis of personal negativity. *Journal of Personality and Social Psychology, 74,* 1580–1591. doi:10.1037/0022-3514.74.6.1580

Gilman, R. (2001). The relationship between life satisfaction, social interest, and frequency of extracurricular activities in adolescent students. *Journal of Youth and Adolescence, 30,* 749–767.

Gilman, R., & Ashby, J. S. (2003). A first study of perfectionism and multidimensional life satisfaction among adolescents. *Journal of Early Adolescence, 23,* 218–235. doi:10.1177/0272431603023002005

Gilman, R., Easterbrooks, S. R., & Frey, M. (2004). A preliminary study of multidimensional life satisfaction among deaf/hard of hearing youth across environmental settings. *Social Indicators Research, 66,* 143–164. doi:10.1023/B:SOCI.0000007495.40790.85

Gilman, R., & Handwerk, M. (2001). Changes in life satisfaction as a function of stay in a residential setting. *Residential Treatment for Children and Youth, 21,* 19–41. doi:10.1300/J007v18n04_05

Gilman, R., & Huebner, E. S. (2006). Characteristics of adolescents who report very high life satisfaction. *Journal of Youth and Adolescence, 35,* 311–319. doi:10.1007/s10964-006-9036-7

Gilman, R., Huebner, E. S., Tian, L., Park, N., O'Byrne, J., Schiff, M., . . . Langknecht, H. (2008). Cross-national adolescent multidimensional life satisfaction reports: Analyses of mean scores and response style differences. *Journal of Youth and Adolescence, 37,* 142–154. doi:10.1007/s10964-007-9172-8

Haranin, E. C., Huebner, E. S., & Suldo, S. M. (2007). Predictive and incremental validity of global and domain-based adolescent life satisfaction reports. *Journal of Psychoeducational Assessment, 25,* 127–138. doi:10.1177/0734282906295620

Heaven, P. (1989). Extraversion, neuroticism, and satisfaction with life among adolescents. *Personality and Individual Differences, 10,* 489–492. doi:10.1016/0191-8869(89)90029-9

Huebner, E. S. (1991a). Further validation of the Students' Life Satisfaction Scale: The independence of satisfaction and affect ratings. *Journal of Psychoeducational Assessment, 2,* 363–368. doi:10.1177/073428299100900408

Huebner, E. S. (1991b). Correlates of life satisfaction in children. *School Psychology Quarterly, 6,* 103–111. doi:10.1037/h0088805

Huebner, E. S. (1994). Preliminary development and validation of a multidimensional life satisfaction scale for children. *Psychological Assessment, 6,* 149–158. doi:10.1037/10403590.6.2.149

Huebner, E. S., & Alderman, G. L. (1993). Convergent and discriminant validation of a children's life satisfaction scale: Its relationship to self- and teacher-reported psychological problems and school functioning. *Social Indicators Research, 30,* 71–82. doi:10.1007/BF01080333

Huebner, E. S., Drane, J. W., & Valois, R. F. (2000). Levels and demographic correlates of adolescent life satisfaction reports. *School Psychology International, 21,* 281–292. doi:10.1177/0143034300213005

Huebner, E. S., & Hills, K. J. (2013). Assessment of life satisfaction in children and youth. In D. Saklofske, V. Schwean, & C. R. Reynolds (Eds.), *Oxford handbook of psychological assessment of children and adolescents* (pp. 773–787). New York, NY: Oxford University Press.

Huebner, E. S., Valois, R. F., Paxton, R. J., & Drane, J. W. (2005). Middle school students' perceptions of quality of life. *Journal of Happiness Studies, 6,* 15–24. doi:10.1007/s10902-004-1170-x

Joronen, K., & Åstedt-Kurki, P. (2005). Familial contribution to adolescent subjective well-being. *International Journal of Nursing Practice, 11,* 125–133. doi:10.1111/j.1440-172X.2005.00509.x

Kelly, R. M., Hill, K. J., Huebner, E. S., & McQuillin, S. D. (2012). The longitudinal stability and dynamics of group membership in the dual-factor model of mental health: Psychosocial predictors of mental health. *Canadian Journal of School Psychology, 27,* 337-355. doi:10.1177/0829573512458505

Kim-Prieto, C., Diener, E., Tamir, M., Scollon, C., & Diener, M. (2005). Integrating the diverse definitions of happiness: A time-sequential framework of subjective well-being. *Journal of Happiness Studies, 6,* 261-300. doi:10.1007/s10902-005-7226-8

Leung, K., & Bond, M. H. (2004). Social axioms: A model of social beliefs in multicultural perspective. In M. P. Zanna (Ed.), *Advances in experimental social psychology* (pp. 119-197). San Diego, CA: Elsevier.

Lewis, A. D., Huebner, E. S., Malone, P. S., Valois, R. F. (2011). Life satisfaction and student engagement in adolescents. *Journal of Youth and Adolescence, 40,* 249-262. doi:10.1007/s10964-010-9517-6

Lewis, A. D., Huebner, E. S., Reschly, A, & Valois, R. F. (2009). Incremental validity of positive emotions in predicting school satisfaction, engagement, and academic success. *Journal of Psychoeducational Assessment, 27,* 397-408. doi:10.1177/0734282908330571

Long, J. J., & Davis, J. O. (2011). Pen and paper: A prescription for adolescents' emotional and psychological well-being? *Journal of Correctional Education, 62,* 7-25.

Lyubomirsky, S., Dickerhoof, R., Boehm, J. K., & Sheldon, K. M. (2011). Becoming happier takes both a will and a proper way: An experimental longitudinal intervention to boost well-being. *Emotion, 11,* 391-401. doi:10.1037/a0022575

Lyubomirsky, S., King, L., & Diener, E. (2005). The benefits of frequent positive affect: Does happiness lead to success? *Psychological Bulletin, 131,* 803-855. doi:10.1037/0033-2909.131.6.803

Man, P. (1991). The influence of peers and parents on youth life satisfaction in Hong Kong. *Social Indicators Research, 24,* 347-365. doi:10.1007/BF00383734

Marques, S. C., Lopez, S. J., & Pais-Ribeiro, J. L. (2011). Building hope for the future: A program to foster strengths in middle school students. *Journal of*

Happiness Studies, 12, 129–152. doi:10.1007/s10902-009-9180-3

Martin, K., Huebner, E. S., & Valois, R. F. (2008). Does life satisfaction predict victimization experiences in adolescence? *Psychology in the Schools, 45,* 705–714. doi:10.1002/pits.20336

McCullough, G., Huebner, E. S., & Laughlin, J. E. (2000). Life events, self-concept, and adolescents' positive subjective well-being. *Psychology in the Schools, 37,* 281–290. doi:10.1002/(SICI)1520-6807(200005)37:3〈281::AID-PITS8〉3.0.CO;2-2

Nevin, S., Carr, A., Shevlin, M., Dooley, B., & Breaden, C. (2005). Factors related to well-being in Irish adolescents. *Irish Journal of Psychology, 26*(3–4), 123–136. doi:10.1080/03033910.2005.10446215

Nickerson, A. B., & Nagle, R. J. (2004). The influence of parent and peer attachments on life satisfaction in middle childhood and early adolescence. *Social Indicators Research, 66,* 35–60. doi:10.1023/B:SOCI.0000007496.42095.2c

Noddings, N. (2003). *Happiness and education.* Cambridge, UK: Cambridge University Press.

Oberle, E., Schonert-Reichl, K. S., & Zumbo, B. D. (2011). Life satisfaction in early adolescence: Personal, neighborhood, school, family, and peer influences. *Journal of Youth and Adolescence, 40,* 889–901. doi:10.1007/s10964-010-9599-1

Park, N., & Huebner, E. T. (2005). A cross-cultural study of the levels and correlates of life satisfaction among adolescents. *Journal of Cross-Cultural Psychology, 36,* 444–456. doi:10.1177/0022022105275961

Proctor, C. L., Linley, P. A., & Maltby, J. (2009a). Youth life satisfaction: A review of the literature. *Journal of Happiness Studies, 10,* 583–630. doi:10.1007/s10902-008-9110-9

Proctor, C. L., Linley, P. A., & Maltby, J. (2009b). Youth life satisfaction measures: A review. *Journal of Positive Psychology, 4,* 128–144. doi:10.1080/17439760802650816

Proctor, C., Tsukayama, E., Wood, A. M., Maltby, J., Eades, J. F., & Linely, P. A. (2011). Strengths Gym: The impact of a character strengths-based intervention on the life satisfaction and well-being of adolescents. *Journal of Positive Psychology, 6,* 377-388. doi:10.1080/17439760.2011.594079

Quinn, P. D., & Duckworth, A. L. (2007, May). *Happiness and academic achievement: Evidence for reciprocal causality.* Poster session presented at the annual meeting of the American Psychological Society, Washington, DC.

Rigby, B. T., & Huebner, E. S. (2005). Do causal attributions mediate the relationship between personality characteristics and life satisfaction in adolescence? *Psychology in the Schools, 42,* 91-99. doi:10.1002/pits.20026

Saha, R., Huebner, E. S., Suldo, S. M., & Valois, R. F. (2010). A longitudinal study of adolescent life satisfaction and parenting. *Child Indicators Research, 3,* 149-165. doi:10.1007/s12187-009-9050-x

Savage, J. A. (2011). *Increasing adolescents' subjective well-being: Effects of a positive psychology intervention in comparison to the effects of therapeutic alliance, youth factors, and expectancy for change.* Unpublished Doctoral Dissertation, University of South Florida. *ProQuest LLC.*

Seaton, E. K., Caldwell, C. H., Sellers, R. M., & Jackson, J. S. (2010). An intersectional approach for understanding perceived discrimination and psychological well-being among African American and Caribbean Black youth. *Developmental Psychology, 46,* 1372-1379. doi:10.1037/a0019869

Seligman, M. E. P., Steen, T. A., Park, N., & Peterson, C. (2005). Positive psychology progress: Empirical validation of interventions. *American Psychologist, 60,* 410-421. doi:10.1037/0003-066X.60.5.410

Shin, D. C., & Johnson, D. M. (1978). Avowed happiness as an overall assessment of the quality of life. *Social Indicators Research, 5,* 475-492. doi:10.2307/27521880

Shogren, K. A., Lopez, S. J., Wehmeyer, M. L., Little, T. D., & Pressgrove, C. L. (2006). The role of positive psychology constructs in predicting life satisfaction in adolescents with and without cognitive disabilities: An exploratory study. *Journal of Positive Psychology, 1,* 37-52. doi:10.1080/17439760500373174

Siddall, J., Jiang, X., & Huebner, E. S. (2013). A prospective study of differential sources of school-related social support and adolescents' global life satisfaction. *American Journal of Orthopsychiatry, 83,* 107-114. doi:10.1111/

ajop.12006

Sin, N. L., & Lyubomirsky, S. (2009). Enhancing well-being and alleviating depressive symptoms with positive psychology interventions: A practice-friendly meta-analysis. *Journal of Clinical Psychology, 65,* 467-487. doi:10.1002/jclp.20593

Suldo, S. M., & Huebner, E. S. (2004). Does life satisfaction moderate the effects of stressful life events on psychopathological behavior during adolescence? *School Psychology Quarterly, 19,* 93-105. doi:10.1521/scpq.19.2.93.33313

Suldo, S. M., & Huebner, E. S. (2006). Is extremely high life satisfaction during adolescence advantageous? *Social Indicators Research, 78,* 179-203. doi:10.1007/s11205-005-8208-2

Suldo, S. M., & Huebner, E. S., Friedrich, A. A., & Gilman, R. (2009). Life satisfaction. In R. Gilman, E. S., Huebner, & M. J. Furlong (Eds.), *Handbook of positive psychology in the schools* (pp. 27-35). New York, NY: Routledge.

Suldo, S. M., McMahan, M. M., Chappel, A. M., & Loker, T. (2012). Relationships between perceived school climate and adolescent mental health across genders. *School Mental Health, 4,* 69-80. doi:10.1007/s12310-012-9073-1

Suldo, S. M., & Shaffer, E. J. (2008). Looking beyond psychopathology: The dual-factor model of mental health in youth. *School Psychology Review, 37,* 52-68.

Suldo, S. M., Shaffer, E. J., & Riley, K. N. (2008). A social-cognitive-behavioral model of academic predictors of adolescents' life satisfaction. *School PsychologyQuartlery, 23,* 56-66. doi:10.1037/1045-3830.23.1.56

Suldo, S. M., Thalji-Raitano, A., Hasemeyer, M., Gelley, C. D., & Hoy, B. (2013). Understanding middle school students' life satisfaction: Does school climate matter? *Applied Research in Quality of Life, 8,* 169-182. doi:10.1007/s11482-012-9185-7

Valle, M. F., Huebner, E. S., & Suldo, S. M. (2006). An analysis of hope as a psychological strength. *Journal of School Psychology, 44,* 393-406. doi:10.1016/j.jsp.2006.03.005

Valois, R. F., Zullig, K. J,. Huebner, E. S., & Drane, J. W. (2001). Relationship between life satisfaction and violent behaviors among adolescents. *American Journal of Health Behavior, 25,* 353-366. doi:10.5993/AJHB.25.4.1

Valois, R. F., Zullig, K. J,. Huebner, E. S., & Drane, J. W. (2004a). Relationship between life satisfaction and suicide ideation and behavior. *Social Indicators Research, 66,* 81–105. doi:10.1023/B:SOCI.0000007499.19430.2f

Valois, R. F., Zullig, K. J,. Huebner, E. S., & Drane, J. W. (2004b). Physical activity behaviors and perceived life satisfaction among public high school adolescents. *Journal of School Health, 74,* 59–65. doi:10.1111/j.1746-1561.2004.tb04201.x

Vilhjalmsson, R., & Thorlindsson, T. (1992). The integrative and physiological effects of sport participation: A study of adolescents. *Sociological Quartlery, 33,* 637–647. doi:10.1111/j.1533-8525.1992.tb00148.x

Wang, M. (2009). School climate support for behavioral and psychological adjustment: Testing the mediating effect of social competence. *School Psychology Quarterly, 24,* 240–251. doi:10.1037/a0017999

요약: 삶의 만족

- 삶의 만족은 중요한 개인 및 맥락적 변인과 의미 있는 관계망을 보여 준다.
- 임상적으로 지지되고, 발달적으로도 적절한 전체 및 영역별 삶의 만족 척도가 몇몇 연구와 아동·청소년을 대상으로 한 응용적 목적으로 유용하다. 한 사례의 예는 Huebner와 Hills(2013)에서 찾아볼 수 있다.
- 대부분의 학령기 아동과 청소년은 그들의 삶에 만족하고 있다고 보고하고 있다.
- 삶의 만족이 높은 학생들은 심리적으로나 건강 면에서, 학교 성취에서 더 낫다고 보고하고 있다. 삶의 만족은 학업적 성공보다는 학생들의 교실행동과 더 높은 상관관계가 있을 수도 있다.
- 한 집단은 낮은 수준의 삶의 만족과 낮은 수준의 심리 증상을 보고하기도 한다. 이러한 '취약한' 학생들은 학교 관여 수준이나 성적에 있어서 높은 수준의 삶의 만족이나 낮은 심리 증상을 보이는 '긍정적 정신건강' 학생들보다 유의미하게 낮은 결과를 보인다. 그러한 차이는 안녕에 대한 부정적·긍정적 척도를 통합하는 종합적인 평가의 중요성을 강조하는 것이다.

• 학교 관련 경험은 삶의 만족에 중요한 역할을 한다. 계속 이어지는 매일의 경험이 다양한 일회적 삶의 사건보다 삶의 만족에 더 강하게 관련이 있는 것이 나타났다. 몇 가지 임상적으로 타당한 프로그램이 보고되었다.

삶의 만족 추천자료

Antaramian, S. P., Huebner, E. S., Hills, K. J., & Valois, R. F. (2010). A dual-factor model of mental health: Toward a more comprehensive understanding of youth functioning. *American Journal of Orthopsychiatry, 80,* 462–472.

학생들의 참여와 학문적 성취에 미치는 주관적 웰빙의 중요성에 대한 영향력이 있는 개인 중심성에 대한 연구이다.

Diener, E. (2009). *The science of well-being: The collected works of Ed Diener. Social Indicators Research Series,* Vol. 37. Dordrecht, Netherlands: Springer.

주관적 웰빙의 기본 과학에 대한 주도적인 연구자들의 주요 논문집이다.

Huebner, E. S., & Hills, K. J. (2013). Assessment of subjective well-being in children and adolescents. In D. Saklofske, V. Schwean, & C. R. Reynolds (Eds.), *Oxford handbook of psychological assessment of children and adolescents* (pp. 773-787). Oxford, UK: Oxford University Press.

실재와 사례 연구에서의 시사점을 포함한 것으로 삶의 만족을 포함하여 청소년의 주관적 웰빙을 평가하는 문헌 고찰이다.

Noddings, N. (2003). *Happiness and education.* New York, NY: Cambridge University Press.

교육의 수단과 목적으로서의 행복에 대한 철학적 논문이다.

Suldo, S. M., Shaffer, E. J., & Riley, K. N. (2008). A social-cognitive-behavioral model of academic predictors of adolescents' life satisfaction. *School*

Psychology Quarterly, 23, 56–66.

학교 분위기와 학생들의 전반적인 삶의 만족과의 관계에 미치는 인지적 조절 요인에 대한 중요한 임상적 연구이다.

찾아보기

인명

내용

ㄱ

ㅅ

¤ 편저자 소개

◆ Michael J. Furlong

미국 캘리포니아 대학교 상담심리, 임상심리, 학교심리학과 교수

◆ Rich Gilman

미국 신시내티 대학교 메디컬 스쿨 소아과 교수. 신시내티에 위치한 아동병원 메디컬 센터의 아동청소년 정신과에서 근무

◆ E. Scott Huebner

미국 사우스캐롤라이나 대학교 심리학과 학교심리프로그램 교수

¤ 공저자 소개

◆ Rich Gilman

Cincinnati Children's Hospital Medical Center, University of Cincinnati Medical School, Cincinnati, Ohio, USA

◆ E. Scott Huebner

Department of Psychology, University of South Carolina, Columbia, South Carolina, USA

◆ Michael J. Furlong

Department of Counseling, Clinical, and School Psychology, University of California Santa Barbara, Santa Barbara, California, USA

◆ Tyler L. Renshaw

Department of Psychology, Louisiana State University, Baton Rouge, Louisiana, USA

◆ Erin Dowdy

Department of Counseling, Clinical, and School Psychology, University of California Santa Barbara, Santa Barbara, California, USA

◆ Jennica Rebelez

Department of Counseling, Clinical, and School Psychology, University of California Santa Barbara, Santa Barbara, California, USA

◆ Douglas C. Smith

Department of Psychology, Southern Oregon University, Ashland, Oregon, USA

◆ Meagan D. O'Malley

WestEd, Los Alamitos, California, USA

◆ Sueng-Yeon Lee

Department of Psychology, Ewha Womans University, Seoul, Korea

◆ Ida Frugård Strøm

Norwegian Centre for Violence and Traumatic Stress Studies Building, Oslo, Norway

◆ Susana C. Marques

Faculty of Psychology and Educational Sciences, Porto University, Porto, Portugal

◆ Shane J. Lopez

Gallup Organization, Omaha, Nebraska, USA

◆ Sage Rose

Department of Research, Counseling, Special Education, and Rehabilitation, Hofstra University, Hempstead, New York, USA

◆ Cecil Robinson

Department of Educational Studies in Psychology, Research Methodology and Counseling, University of Alabama, Tuscaloosa, Alabama, USA

◆ Peter Boman

School of Cultural and Professional Learning, Queensland University of Technology, Brisbane, Queensland, Australia

◆ Amanda Mergler

School of Cultural and Professional Learning, Queensland University of Technology, Brisbane, Queensland, Australia

◆ Giacomo Bono

Psychology Department, California State University, Dominguez Hills, Carson, California, USA

- **Jeffrey J. Froh**

Psychology Department, Hofstra University, Hempstead, New York, USA

- **Rafael Forrett**

Psychology Department, California State University, Dominguez Hills, Carson, California, USA

- **Tracy L. Spinrad**

Arizona State University, Tempe, Arizona, USA

- **Nancy Eisenberg**

Arizona State University, Tempe, Arizona, USA

- **Maureen Buckley**

Counseling Department, Sonoma State University, Rohnert Park, California, USA

- **Carolyn Saarni**

Counseling Department, Sonoma State University, Rohnert Park, California, USA

- **Dale H. Schunk**

School of Education, The University of North Carolina at Greensboro, Greensboro, North Carolina, USA

- **Maria K. DiBenedetto**

Zicklin School of Business, Baruch College, CUNY, New York, New York, USA

- **Lynley H. Anderman**

Department of Educational Studies, College of Education and Human Ecology, The Ohio State University, Columbus, Ohio, USA

- **Stephanie Levitt**

Department of Educational Studies, College of Education and Human Ecology, The Ohio State University, Columbus, Ohio, USA

- **Reinhard Pekrun**

Department of Psychology, University of Munich, Munich, Germany

- **James C. Kaufman**

Department of Educational Psychology, University of Connecticut, Storrs, Connecticut, USA

- **Ronald A. Beghetto**

College of Education, University of Oregon, Eugene, Oregon, USA

- **Jill D. Sharkey**

Department of Counseling, Clinical, and School Psychology, University of California, Santa Barbara, Santa Barbara, California, USA

- **Matthew Quirk**

Department of Counseling, Clinical, and School Psychology, University of California, Santa Barbara, Santa Barbara, California, USA

- **Ashley M. Mayworm**

Department of Counseling, Clinical, and School Psychology, University of California, Santa Barbara, Santa Barbara, California, USA

- **Kimberly J. Hills**

Department of Psychology, University of South Carolina, Columbia, South Carolina, USA

- **James Siddall**

Department of Psychology, University of South Carolina, Columbia, South Carolina, USA

¤ 역자 소개

◆ **김광수**(Kim Kwangsoo)
서울대학교 교육상담 석사
서울대학교 교육상담 박사
현 서울교육대학교 교육전문대학원 교수

〈대표 저서 및 역서〉
한국형 초등학교 생활지도와 상담(2판, 공저, 학지사, 2014)
학교폭력의 예방과 상담(2판, 공저, 학지사, 2016)
용서를 통한 치유와 성장(공저, 학지사, 2016)
아동성격강점검사 전문가 지침서(공저, 인싸이트, 2016)
아동성격강점카드 전문가 지침서(공저, 인싸이트, 2017)
용서하는 삶(공역, 시그마프레스, 2014)

◆ **김경집**(Kim Kyongjib)
서울대학교 교육상담 석사
연세대학교 교육상담 박사
현 서울교육대학교 겸임교수

〈대표 저서 및 역서〉
담임교사와 함께 하는 학급상담(공저, 공동체, 2010)
선생님과 함께 하는 우리반 독서치료(공저, 학지사, 2012)
아동성격강점검사 전문가 지침서(공저, 인싸이트, 2016)
아동성격강점카드 전문가 지침서(공저, 인싸이트, 2017)
셀프카운슬링(공역, 학지사, 2012)

◆ **하요상**(Ha Yosang)
서울교육대학교 상담교육 석사
University of Central Florida Counselor Education 박사
현 공주교육대학교 교육학과 교수

〈대표 저서〉
용서를 통한 치유와 성장(공저, 학지사, 2016)
아동성격강점검사 전문가 지침서(공저, 인싸이트, 2016)
아동성격강점카드 전문가 지침서(공저, 인싸이트, 2017)

◆ **양곤성**(Yang Gonsung)
서울교육대학교 상담교육 석사
현 서울신우초등학교 교사

〈대표 저서〉
심리학 교실을 부탁해(우리교육, 2016)
초등상담백과(공저, 지식프레임, 2016)
선생님도 아프다(팜파스, 2017)
아동성격강점카드 전문가 지침서(공저, 인싸이트, 2017)

◆ **기경희**(Ki Kyunghee)
서울교육대학교 상담교육 석사
서울교육대학교 상담교육 박사과정
현 서울당곡초등학교 교사

〈대표 저서〉
아동성격강점카드 전문가 지침서(공저, 인싸이트, 2017)

◆ **한선녀**(Han Seonnyeo)
가톨릭대학교 상담교육 석사
서울교육대학교 상담교육 박사과정 수료
현 서울양진초등학교 교사

〈대표 저서〉
용서를 통한 치유와 성장(공저, 학지사, 2016)
아동성격강점카드 전문가 지침서(공저, 인싸이트, 2017)

학교긍정심리학 1

–학생의 긍정적 심리특성과 발달–

Handbook of Positive Psychology in Schools (2nd Edition)

2017년 9월 20일 1판 1쇄 인쇄
2017년 9월 25일 1판 1쇄 발행

엮은이 • Michael J. Furlong · Rich Gilman · E. Scott Huebner
옮긴이 • 김광수 · 김경집 · 하요상 · 양곤성 · 기경희 · 한선녀
펴낸이 • 김진환
펴낸곳 • (주) 학지사
04031 서울특별시 마포구 양화로 15길 20 마인드월드빌딩
대표전화 • 02)330-5114 팩스 • 02)324-2345
등록번호 • 제313-2006-000265호

홈페이지 • http://www.hakjisa.co.kr
페이스북 • https://www.facebook.com/hakjisa

ISBN 978-89-997-1387-3 93370

정가 18,000원

이 도서의 국립중앙도서관 출판시도서목록(CIP)은 서지정보유통지원시스템 홈페이지(http://seoji.nl.go.kr)와 국가자료공동목록시스템(http://www.nl.go.kr/kolisnet)에서 이용하실 수 있습니다.
(CIP 제어번호: CIP2017023214)